酒店管理与数字化运营专业新形态一体化系列教材

酒店前厅客房服务与数字化运营

主编 刘伟

中国教育出版传媒集团

高等教育出版社·北京

内容提要

本书顺应现代酒店业数字化运营的发展趋势，按照"从服务到管理、从管理到运营"的思路，根据酒店一线管理人员能力要求构建教学内容。全书共设置 16 章，包括前厅部概述、预订管理、礼宾服务管理、前台接待与销售管理、收银业务管理等，内容符合岗位实际要求，具有较强的针对性和实操性。

教师如需获取本书授课用 PPT、电子教案、习题答案等配套资源，请登录"高等教育出版社产品信息检索系统"（http://xuanshu.hep.com.cn/）免费下载。

本书可作为高等职业教育专科、本科酒店管理专业的教材，也可供相关从业人士作为业务参考书使用。

图书在版编目（CIP）数据

酒店前厅客房服务与数字化运营／刘伟主编．
北京：高等教育出版社，2025.9． -- ISBN 978-7-04-062523-3

Ⅰ．F719.2

中国国家版本馆 CIP 数据核字第 20248F7H05 号

Jiudian Qianting Kefang Fuwu yu Shuzihua Yunying

策划编辑 张 卫	责任编辑 李 倩	封面设计 王 琰	版式设计 徐艳妮
责任绘图 杨伟露	责任校对 马鑫蕊	责任印制 高 峰	

出版发行	高等教育出版社	网　　址	http://www.hep.edu.cn
社　　址	北京市西城区德外大街 4 号		http://www.hep.com.cn
邮政编码	100120	网上订购	http://www.hepmall.com.cn
印　　刷	固安县铭成印刷有限公司		http://www.hepmall.com
开　　本	787mm×1092mm 1/16		http://www.hepmall.cn
印　　张	21		
字　　数	520 千字	版　　次	2025 年 9 月第 1 版
购书热线	010-58581118	印　　次	2025 年 9 月第 1 次印刷
咨询电话	400-810-0598	定　　价	59.00 元

本书如有缺页、倒页、脱页等质量问题，请到所购图书销售部门联系调换
版权所有　侵权必究
物　料　号　62523-00

前言

党的二十大对加快建设网络强国、数字中国作出一系列新部署,提出要加快发展数字经济,促进数字经济和实体经济的深度融合,这为中国酒店业的发展指明了新的方向。前厅部与客房部是酒店的核心部门,前厅客房服务与数字化运营既是酒店运营管理中的重要内容,也是广大院校酒店类专业的专业核心课程,针对本课程编写一本理论与实践有机结合的教材是编者努力的目标。

一、教材编写的指导思想

(一)全面贯彻党的二十大精神

党的二十大提出要立德树人,发扬工匠精神,实施科教兴国和人才强国战略,加快发展数字化经济,实现高质量发展。本教材努力融入这些发展理念和指导思想,坚定文化自信、守正创新和问题导向的编写原则,体现教材的思政性,为实现中国式现代化培养德才兼备的人才。本教材在酒店管理方式、方法、理念及案例的选用方面,力求体现中国文化和中国特色。

本教材使用了大量以碧水湾温泉度假村、广州南沙大酒店等为代表的国内优秀企业的服务和管理案例,以体现中国服务和管理的理论与实践,弘扬中国文化。广州从化碧水湾温泉度假村的服务和管理模式是基于中国文化的"中国服务"和中国管理模式的代表,入选"中国服务"十大旅游产品创意案例。本教材作者面向国内业界和旅游院校已连续成功主持近30期"碧水湾现象暨碧水湾积分制管理研讨会",在旅游业界和旅游院校引起强烈反响和广泛好评。

(二)体现酒店数字化运营与管理的理念和方法

数字经济是全球未来的发展方向,数字化也是我国确定的国家发展战略。习近平总书记在2018年全国网络安全和信息化工作会议上的讲话中,特别强调"要推动互联网、大数据、人工智能和实体经济深度融合,加快制造业、农业、服务业数字化、网络化、智能化"。无疑,数字化运营将成为酒店业发展的方向,本教材的内容也包含了酒店数字化运营与管理的理念和方法。

(三)遵照《国家中长期教育改革和发展规划纲要(2010—2020年)》的要求

本教材遵照《国家中长期教育改革和发展规划纲要(2010—2020年)》的要求,根据职业教育的培养目标和应用导向设计内容和结构,融入"做中学""用中学""产学结合"等现代性、实用性观念,其编写模式和内容体系易于为应用型本科院校和职业院校学生所接受。

(四)打造国内旅游职业院校权威教材

通过二维码等形式,在教材中插入图片、酒店管理案例视频等多媒体教学内容,配合"刘伟酒店网"等配套学习网站,力图以先进的理念、实用的方法、丰富的内容、创新的形式、精美的印刷，努力打造国内旅游院校酒店管理专业的新形态一体化权威教材。

二、教材的特点

（一）应用导向

本教材以应用为导向，针对职业院校学生的特点和人才培养目标，在理论与实操之间找到一个平衡点，以便更好地适应和满足经济社会发展对技能型人才的需求。

（二）数字引航

为突出数字化管理的内容，本次修订加入了"移动端房务数字化管理"的内容。本教材数字化管理的内容从酒店管理系统引入，其中充分运用现代信息技术，创新教材呈现形式，进一步加强数字化、立体化教学资源建设，使内容更加生活化、动态化、形象化。本教材还创新性地建设和使用了数字化配套网络教学资源，是真正的新形态一体化教材。

（三）理念先进

在当今全球化进程不断加速、酒店行业变革日新月异的时代背景下，本教材以前瞻性的视野和敏锐的洞察力，精准把握国内外酒店管理的发展趋势。作者深入研究国内外酒店市场的动态变化，密切关注消费者需求的升级迭代及新兴科技对酒店行业的深度渗透，将一系列先进的酒店管理理念融入教材内容之中。

（四）方法实用

本教材所涵盖的众多管理方法和理论并非纸上谈兵，而是经过实践检验，被世界著名酒店管理集团广泛采用并取得显著成效的宝贵经验。这些方法和理论源于酒店行业的实际运营场景，针对酒店管理中常见的各种问题和挑战，提供了切实可行的解决方案。

（五）"困惑"导入

为了增强可读性，每章都以酒店房务经理人员在实际工作中遇到的困惑引入本章内容，并在该章末尾附上国内外高星级酒店及酒店集团的职业经理人（来自洲际酒店集团、香格里拉酒店集团、万豪酒店集团、粤海酒店集团等）对此困惑的答复，这是本教材的一大亮点。读者会从这些答复中得到很多有益的启发。在此，对这些答复提供者将自己的知识和经验无私地奉献给各位读者表示感谢。

（六）体例创新

体例创新是提升教材质量与吸引力的关键要素。本教材每章正文前都设置了与该章内容紧密相关的开章导图，让读者在阅读正文之前，就能对该章的大致内容有一个初步的认知，增强了教材的鲜活性。

（七）专家支持

本教材在编写过程中，得到以下专家和顾问的大力支持。

杨结：广州南沙大酒店总经理

张添：广州白天鹅宾馆总裁

李峰：广州岭南集团副总经理

韦正东：广州岭南花园集团美的鹭湖酒店群总经理（国家级星评员）

唐伟良：珠海来魅力酒店总经理（原恒大酒店集团副总裁，国家级星评员）

曾莉：广州从化碧水湾温泉度假村董事长（总经理）

Hugentobler：上海洲际深坑大酒店总经理（原深圳华侨城洲际大酒店总经理，洲际酒店集团华南区总裁）

徐桂生：杭州金陵金马酒店（五星级）总经理[原南京金陵酒店国际酒店管理公司副总经理，曾任九寨沟国际大酒店（五星级）总经理、宁波南苑酒店驻店总经理]

张谦：粤海华驰大酒店（四星级）总经理（原北海天湖大酒店总经理，湖南华都国际大酒店总经理）

夏国跃：中国饭店协会酒店资产管理专业委员会常务副理事长（原中国远洲酒店管理公司CEO，杭州皇冠大酒店总经理，龙禧大酒店总经理）。

陈浩：康城建国国际酒店总经理（原桂林假日宾馆总经理，香格里拉沈阳商贸酒店中方总经理，海德华美达酒店总经理）

冯健：广州东方宾馆副总经理

Franco Lo（美籍）：广州花园酒店总经理

三、特别鸣谢

本教材具有产教融合的鲜明特色，国内领先的酒店管理系统供应商深度参与编写工作，采用 GS 捷云酒店管理系统、蓝豆云酒店客房管理系统编写。在此，向开发软件的全域型酒店旅游行业软件服务商深圳市捷信达电子有限公司及广州蓝豆云公司表示感谢！（对酒店数字化管理系统有教学实验需求的院校，也可与作者直接联系。作者联系方式：weiliuw@163.com）还要感谢我的学生汤怡静，她为本教材制作了教学课件。最后，期望本教材的出版能够为旅游院校教学质量的提高，以及国内旅游院校酒店管理专业数字化课程的建设做出贡献。

2025 年 6 月于广州

目录

第一章　前厅部概述 ... 1
 第一节　前厅部的地位、作用和主要任务 ... 3
 第二节　前厅部的组织机构 ... 4
 第三节　前厅部管理人员的岗位职责与素质要求 ... 7

第二章　预订管理 ... 15
 第一节　预订的方式与种类 ... 17
 第二节　预订渠道与酒店计价方式 ... 19
 第三节　预订业务管理 ... 20

第三章　礼宾服务管理 ... 27
 第一节　酒店"金钥匙" ... 29
 第二节　门童的岗位职责与素质要求 ... 33
 第三节　行李服务管理 ... 36
 第四节　贴身管家服务 ... 41

第四章　前台接待与销售管理 ... 47
 第一节　前台接待业务流程 ... 49
 第二节　前台销售的艺术与技巧 ... 54
 第三节　客房分配 ... 58
 第四节　行政楼层管理 ... 60
 第五节　提高前厅部服务质量的途径 ... 65

第五章　收银业务管理 ... 75
 第一节　前台收银业务 ... 77
 第二节　结账业务管理 ... 80
 第三节　夜审工作 ... 86

第六章　宾客关系管理 ... 93
 第一节　建立客历档案 ... 95
 第二节　大堂副理 ... 98
 第三节　宾客关系主任 ... 104
 第四节　宾客服务中心管理 ... 107
 第五节　与客人沟通的技巧 ... 111
 第六节　客人投诉及其处理 ... 116

目录

第七章　房价与收益管理 125
- 第一节　客房定价的方法与价格策略 127
- 第二节　房价体系与平均房价 128
- 第三节　酒店收益管理 130

第八章　客房部概述 137
- 第一节　客房部的地位、作用及主要任务 139
- 第二节　客房类型与客房设备 140
- 第三节　客房员工的素质要求 147

第九章　客房组织管理 153
- 第一节　客房部组织机构 155
- 第二节　客房定员 158
- 第三节　客房部经理 160
- 第四节　楼层主管 163
- 第五节　楼层领班 165

第十章　客房服务质量管理 171
- 第一节　房务中心的管理 173
- 第二节　客房服务项目及其服务规程 178
- 第三节　提高客房服务质量的途径 185
- 第四节　客房个性化服务 191

第十一章　客房卫生管理 197
- 第一节　客房清扫作业管理 199
- 第二节　客房的计划卫生 206
- 第三节　公共区域的清洁卫生 208
- 第四节　客房设施、设备的清洁保养 213
- 第五节　客房清洁质量的控制 216

第十二章　棉织品与洗衣房管理 225
- 第一节　棉织品管理 227
- 第二节　洗衣房管理 228

第十三章　客房部预算与成本控制 235
- 第一节　客房部预算 237
- 第二节　客房物品与设备管理 242
- 第三节　客用品的管理 244

第十四章　客房部安全管理 253
- 第一节　客房部的主要安全问题及其防范 255
- 第二节　火灾的预防、通报及扑救 261

第十五章　客房部人力资源管理 267
- 第一节　员工服务意识的培养 269
- 第二节　员工的培训 271
- 第三节　员工的激励 281

  第四节 管理人员的管理方法与技巧 ………………………………………………… 288
  第五节 员工的考核与评估 ………………………………………………………… 292

第十六章 房务管理的发展趋势 ……………………………………………………… 301
  第一节 前厅服务与管理的发展趋势 …………………………………………… 303
  第二节 客房服务与管理的发展趋势 …………………………………………… 306
  第三节 移动端房务数字化管理 ………………………………………………… 310

参考文献 ………………………………………………………………………………………… 321

二维码资源目录

资料：做好预订工作的体会	23
资料：门童为什么要穿显眼的制服	36
资料："我"是如何委派工作的	41
资料：洲际大酒店行政楼层的服务项目	65
资料：摸一下自己的脸	68
资料：客人即将溜走	86
资料：宾客服务经理一次完美的服务补救	109
资料：怎样当好客房部领班	167
视频：仪表、仪容、礼貌、礼节的培训	190
资料：客人类型和服务方法	196
视频：酒店清洁机器人	198
资料：楼层领班查房表	218
资料：客房检查的内容和标准	220
视频："蒙眼铺床"绝技	220
资料：我当一天领班	286
资料：五杯茶水的故事	290
资料：领班的语言沟通艺术	292

第一章　前厅部概述

前厅是酒店的门面,决定了客人对酒店的第一印象和最后印象(刘伟 摄)

前厅部是酒店对客服务的"前台",既是酒店的接待部门,又是酒店的销售部门(销售以客房为主的酒店产品)。它与客房部一起构成酒店的房务部门。

本章主要介绍前厅部的组织机构、地位、作用、主要任务及以前厅部经理为主的各级管理人员的岗位职责与素质要求。

学习目标

- 了解前厅部的地位、作用和主要任务。
- 了解和掌握前厅部的组织机构及其设置的原则。
- 了解前厅部各班组的基本职能。
- 了解前厅部管理人员的职责与素质要求。

关键术语

前厅部 组织机构 作用 任务 大堂 前台 前厅部经理 前厅部主管 职务说明书

> **经理的困惑**
>
> ——酒店前厅部组织机构应该如何设计？
>
> 前几年，大家还在讨论酒店前台接待处、问讯处、收银处是否需要合并，短短几年时间，无论是大型酒店还是小酒店，无论是高档酒店还是低端酒店，几乎所有酒店都对这几个传统部门进行了合并。近几年，酒店前厅部除了传统的大堂副理、宾客关系主任等岗位，又出现了"酒店服务大使""大堂大使""酒店小管家"等宾客服务和管理岗位。面对激烈的市场竞争，未来酒店前厅部组织机构到底应该如何设计？大堂副理岗位还有必要保留吗？前厅部还应该设计哪些新的部门（班组）和岗位？

第一节 前厅部的地位、作用和主要任务

一、前厅部的地位和作用

前厅部（Front Office）是招徕并接待客人、推销客房住宿及餐饮等酒店服务，同时为客人提供各种综合服务的部门。前厅部的工作对酒店市场形象、服务质量乃至管理水平和经济效益有至关重要的影响。

第一，前厅部是酒店的营业橱窗，反映酒店的整体服务质量。一家酒店服务质量和档次的高低，从前厅部就可以看出来。有人把前厅喻为酒店的脸面，这张"脸"是否漂亮，不仅取决于大堂的设计、布置、装饰和灯光等硬件设施的好坏，更取决于前厅部员工的精神面貌、办事效率、服务态度、服务技巧和礼貌礼节。

第二，前厅部决定了客人对酒店的第一印象和最后印象。前厅部是客人抵店后首先接触的部门，客人对酒店的第一印象即来源于此。从心理学上讲，第一印象非常重要，客人总是带着第一印象来评价一个酒店的服务质量。如果第一印象好，那么即使在住店期间遇到不如意的地方，客人也会认为这是偶然的，可以原谅；反之，如果第一印象不好，客人会认为这家酒店出现服务质量问题是必然的，酒店在他们心目中的不良形象就很难改变，而且他们还会对酒店服务更加挑剔。客人离开酒店时是从前厅离开的，因此，前厅也是给客人留下最后印象的地方，而最后印象在客人脑海里停留的时间最长。前厅部员工如果服务态度不好、工作效率不高，就会给客人留下不良的最后印象，使其在客人住店期间为客人所提供的良好服务"前功尽弃"。

第三，前厅部具有经济作用。前厅部是酒店的销售中心，前厅部员工（特别是前台员工和预订部门员工）承担着接受客人预订、推销酒店客房相关服务的任务，其工作质量的好坏还直接影响到酒店的开房率和酒店接待客人的数量。

第四，前厅部具有协调作用。前厅部犹如酒店的大脑，在很大程度上控制和协调着整个酒店的经营活动。由这里发出的每一项指令、每一条信息，都将直接影响酒店其他部门对客人的服务质量。

第五，前厅部的工作影响酒店决策的科学性。前厅部是酒店的信息中心，它所收集、加

工和传递的信息是酒店管理者进行科学决策的依据。比如，很多酒店根据前厅部所提供的客人的预订信息来决定未来一个时期内房价的高低。

第六，前厅部是建立良好宾客关系的重要环节。建立良好的宾客关系有利于提高客人的满意度，争取更多的回头客，而前厅部是客人接触最多的部门，因此是建立良好宾客关系的重要环节。

二、前厅部的主要任务

1. 客房预订

接受客人预订是前厅部的主要任务之一。

2. 接待登记

前厅部不仅要接待住店客人，为他们办理住店手续、分配房间等，还要接待其他消费客人及来访客人等。

3. 礼宾服务

礼宾服务包括在机场、车站接送客人，在门口迎宾，为客人提供行李搬运服务、出租车服务、商务服务和问询服务等。

4. 房态控制

酒店客房的使用状况是由前台控制的。准确、有效的房态控制有利于提高客房利用率及对客服务的质量。

5. 账务管理

账务管理包括建立客人账户、登账和结账等各项工作。

6. 信息管理

前厅部要负责收集、加工、处理和传递有关经营信息，包括酒店经营的外部市场信息和内部管理信息（如开房率，营业收入，客人的投诉、表扬，客人的住店、离店、预订及在有关部门的消费情况等）。前厅部不仅要收集这类信息，而且要对其进行加工、整理，并传递到客房部、餐饮部等酒店经营部门和管理部门，作为服务、经营管理的依据。

7. 推销服务

除了酒店营销部外，前厅部的预订处（宾客服务中心）和前台接待处也要负责向没有预订的零散客人推销客房等酒店产品和服务。

第二节　前厅部的组织机构

【情境导入】

某日下午，在一 VIP 团队抵达某星级酒店后，员工们穿梭于前台区域，各司其职，异常忙碌。员工们的服务态度、服务流程、工作效率都无可挑剔。这能否算是一次成功的接待呢？领队排斥的目光和客人烦躁的举止告诉我们，答案是否定的。通过调查，焦点集中于一个事实：客人当日入住时间为 16：00 左右，正值酒店交接班当口，两个班次的员工加上督导人员多达 7 人，前台人声鼎沸、熙熙攘攘，经过旅途的颠簸早已劳累不堪的客人并未在酒店享受到应有的闲适与安逸。正是这个疏忽，使这次 VIP 团队的接待流于平庸。

在上述情境中，前厅部"两部四岗"（接待处、问询处归属于房务部，结算处、外币兑换处归属于财务部）管理体制与组织机构的不当，使得交接班的地点、时间、方式等未能进行总体上的考虑，未能避开客流，也未能酌情安排，人员、岗位之间不能相互协助和相互照应……

一、前厅部组织机构设置

（一）前厅部组织机构设置的原则

1. 从实际出发

前厅部组织机构设置应该从酒店的性质、规模、地理位置、经营特点及管理方式等实际出发，而不能生搬硬套。比如，规模小的酒店可以将前厅部并入客房部，而不必独立设置。

2. 机构精简

一方面，酒店应防止出现机构臃肿、人浮于事的现象，尤其要注意"因事设人"，而不能"因人设事""因人设岗"。另一方面，酒店也要注意"机构精简"并不意味着机构的过分简单化，不能出现职能空缺的现象。

3. 分工明确

酒店应明确岗位人员的职责和任务，明确上下级隶属关系及信息传达的渠道和途径，防止出现管理职能空缺、重叠或相互打架的现象。

4. 效率优先

前厅部组织机构和工作岗位设置是否合理，重点要看工作效率。每一个员工、每一个岗位是否得到充分的利用，是判断组织机构设置是否合理的重要原则。

（二）前厅部组织机构图

酒店规模大小不同，前厅部组织机构也有很大区别。

（1）大酒店管理层次多，小酒店管理层次少。例如，大酒店前厅部可能有"经理—主管—领班—服务员"四个层次，而小酒店可能只有"经理—领班—服务员"三个层次。不过，21 世纪酒店管理的发展趋势是组织机构扁平化，包括前厅部和客房部在内的酒店各部门将尽可能地减少管理层次，以提高沟通和管理效率，降低管理费用。

（2）大酒店组织机构内容多，小酒店组织机构内容少。例如，很多大酒店前厅部设有车队，而小酒店没有。

（3）大酒店前厅部很多职能分开，由不同的岗位负责，小酒店则可能将职能合二为一，甚至合三为一、合四为一。考虑到酒店前厅部与客房部的联系甚为密切，大多数酒店都将其前厅部和客房部合二为一，称为"客务部"或"房务部"。也有的酒店考虑到前厅部具有销售功能，将前厅部划归酒店的公关销售部，而将客房部设置为独立的部门。

大中型酒店前厅部的组织机构可参照图1-1进行设置。

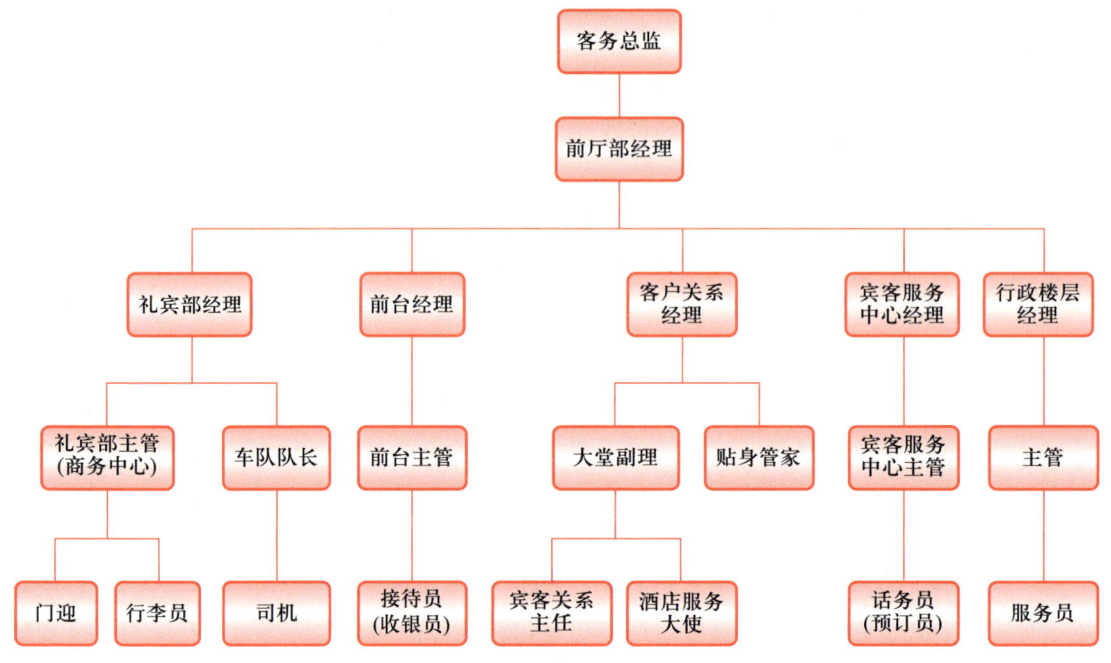

图1-1 大中型酒店前厅部的组织机构图

二、前厅部各班组的职能

(一) 预订处

酒店的预订处有些设在市场营销部,有些则设在前厅部。如果设在前厅部,预订处既可以独立设立,也可以设置在前厅部的宾客服务中心。

预订处主要具有如下职能和职责。

(1) 负责酒店的订房业务,接受客人电话、互联网、传真、信函或口头等形式的预订。

(2) 负责与有关公司、旅行社等提供客源的单位建立业务关系,尽力推销客房并了解委托单位的接待要求。

(3) 密切与前台接待处的联系,及时向前厅部经理及前台有关部门提供有关客房预订的资料和数据,向上级提供贵宾客人的抵店信息。

(4) 参与前厅部对外订房业务的谈判及合同的签订。

(5) 制订预订报表(包括每月、半月、每周和明日客人抵达预报)。

(6) 参与制订全年客房预订计划。

(二) 宾客服务中心

宾客服务中心主要具有如下职能。

(1) 全方位服务。满足住店客人所有合理、合法的需求,设有宾客服务经理。

(2) 话务服务。接转电话,提供请勿打扰电话服务、叫醒服务,回答电话问询,接受电话投诉,电话找人,传播或消除紧急通知或说明,播放背景音乐,等等。

(3)预订服务。在夜间,预订部员工下班后,话务员可接听预订电话,为客人提供预订服务。一些酒店的预订部(订房中心)就设在宾客服务中心。

(三)礼宾部

礼宾部主要为客人提供迎送服务、行李服务和各种委托代办服务,故在一些酒店又被称为"委托代办处""大厅服务处"或"行李处"。

礼宾部主要由礼宾部主管("金钥匙")、领班、迎宾员、行李员等组成。其主要职责是:在门厅或机场、车站迎送客人;负责客人的行李运送、寄存及安全保护;提供雨伞的寄存和出租服务;公共区域找人;陪同散客进房和提供介绍服务,分送客用报纸、信件;代客召唤出租车;协助管理和指挥门厅入口处的车辆停靠,确保入口处交通畅通和安全;回答客人问询,为客人指引方向;传递有关通知单;负责客人委托的其他代办事项。

(四)前台

前台主要指前台接待处,负责接待、收银、为客人办理入住登记和结账退房工作。前台接待处通常配备主管、领班和接待员。其主要职责是:推销客房,接待住店客人,为客人办理入住登记手续,分配房间;掌握住客动态及信息资料,控制房间状态;制定客房营业日报等表格;协调对客服务工作。

前台收银工作包括为客人办理结账业务、外币兑换业务、贵重物品保管业务,管理住店客人的账卡,与酒店各营业部门的收款员进行,联系催收、核实账单、夜间审核全酒店的营业收入及账务情况等。

(五)宾客关系部

随着酒店竞争的日趋激烈,宾客关系显得越来越重要,高端大型酒店纷纷开始设立宾客关系部,负责处理宾客关系,提高客人的满意度。

宾客关系部可设宾客关系经理、大堂副理、宾客关系主任、酒店服务大使、酒店贴身管家等岗位。

(六)行政楼层

行政楼层又被称为酒店的"店中店",是专门为高端客人提供服务的楼层。入住该楼层的客人需要支付更多的费用,同时也享有更多的特权,如入住更好的房间,享受更好的服务设施、免费下午茶,甚至可以享受免费洗衣服务等。

第三节 前厅部管理人员的岗位职责与素质要求

一、前厅部经理

(一)前厅部经理的职责

前厅部经理要将管理原理运用到工作中去,并通过前厅部员工的共同努力,使得来到酒店的每一位客人都能感受到热情、关爱,享受到安全、高效的酒店服务。前厅部经理在工作中会遇到来自不同方面的各种挑战，如对前厅部员工进行有关酒店管理系统的培训、在提供服务与追求利润之间保持一种平衡、在部门内部及与其他部门之间保持良好的沟通等。

为了实施有效的管理，前厅部经理有权支配以下基本要素：员工、设备、客房、预算资金和各种销售机会。前厅部经理通过支配上述要素，完成酒店的各项利润指标。

基于酒店经营的指导思想和有关规章制度，前厅部经理需要对前厅部员工进行适当的培训。经过培训，每一位员工都应当树立正确的服务意识，了解良好的服务态度对于客人及整个酒店业的重要性。前厅部经理应保证前厅部的工作环境和气氛能够激发员工的士气，培养其团队精神。

对于酒店而言，每多一间未出租的客房就意味着多失去一次销售的机会，这是对前厅部经理的直接挑战。因此，前厅部经理必须推动前厅部与酒店市场营销部门密切合作，实施广告促销和现场销售策略。对前厅部员工进行培训，使他们能够抓住每一次销售机会，销售酒店产品，能够确保酒店各项利润指标的完成。

由前厅部经理和酒店总经理共同完成的预算方案，表明前厅部经理对酒店的经济效益和资金运用情况具有很强的控制能力。工资的确定、设施设备及用品的采购、每日销售机会的掌握及对客人交费情况的精确记录，都使得前厅部经理能够有机会表现其管理技能。

下面通过前厅部经理的职务说明书介绍前厅部主要管理人员的岗位职责和素质要求。

（二）前厅部经理的职务说明书

下面是前厅部经理的职务说明书。

前厅部经理

直接上级：房务总监/总经理

直接下属：前厅部副经理、各主管、大堂副理、文员

岗位职责：

（1）全面主持部门工作，提高部门工作效率和服务质量，力争最大限度地提高房间出租率。

（2）贯彻执行总经理下达的营业及管理指示。

（3）根据酒店计划，制定前厅部各项业务指标和规划。

（4）按照有关要求，制作未来一个星期、一个月或其他时间段的客房销售预测表。

（5）对各分部主管下达工作任务并指导、落实、检查和协调。

（6）组织主持每日主管工作例会，传达酒店例会工作要点，听取汇报，布置工作，解决难题。

（7）确保员工做好前厅部各项统计工作，掌握并预测房间出租情况、订房情况、客人到店和离店情况及房间账目收入等。

（8）参与制订并最终提交前厅部员工的预算草案。

（9）负责前厅部员工的招聘和培训工作。

（10）在前厅部员工之间建立和发展良好的沟通体系。

（11）检查、指导前厅部所有员工及其工作表现（包括员工的仪容、仪表和制服的卫生情况），对前厅部的日常运作进行监管（包括预订、入住登记和结账离店等过程），保证酒店及部门规章制度和服务质量标准得到执行，确保前厅部各部门工作的正常运转。

(12)每月审阅各部门主管提供的员工出勤情况。
(13)对前厅部员工进行定期评估,并按照奖惩条例进行奖惩。
(14)建立与酒店其他部门经理之间良好、有效的沟通与协调制度,以便为客人提供优质的服务。
① 与销售部协调。每天与进、离店的团队协调配合,在团队到达前七天内及时了解该团队的具体要求,并联合销售部做好团队的善后工作。同时,参与酒店客房及其他产品和服务的销售计划的制订。
② 与客房部及工程部协作。确保大厅及公共区域卫生状况良好,设施设备运转正常。
③ 与电脑部经理紧密配合,熟悉电脑程序,确保电脑的安全使用。
④ 就与客人的账务纠纷与酒店财务总监及有关部门经理沟通。
(15)协助总经理处理发生在大堂的特殊事件。
(16)每日、每月批阅由大堂副理提交的客人投诉记录及汇总表,亲自处理贵宾的投诉和其他客人提出的疑难问题。
(17)密切保持与客人的联系,经常向客人征求意见,了解情况,及时反馈,并定期提出有关接待服务工作的改进意见,供总经理等领导参考决策。
(18)如总经理或其他管理部门领导要求,应履行其他义务。
(19)检查贵宾接待工作,包括亲自查房、迎送。
(20)了解夜审情况。
(21)与社区或商务公司领导人保持良好的业务关系。

二、前厅部其他管理人员

(一)前厅部副经理

下面是前厅部副经理的职务说明书。

前厅部副经理

直接上级:前厅部经理
直接下属:前厅各组主管
岗位职责:
(1)协助前厅部经理管理前台的各项日常工作,当前厅部经理不在时,代行其职,保证前厅部各环节的正常运转。
(2)检查前厅部各部门工作情况(包括仪表仪容、工作表现等),为前厅部经理撰写报告。
(3)及时处理客人投诉并及时反馈。
(4)对贵宾的接待工作予以关注。
① 根据报告,检查当天贵宾的到店情况,确认其特殊要求是否已落实。
② 检查贵宾房间及房间内鲜花、水果、刀叉等是否准备好。如发现房间等有差错,应及时通知有关部门。

(5)处理超额预订问题。

(6)检查酒店的后台工作(夜班)。检查大厅和客人活动区域,包括门外停车区。确保检查的每个区域都没有问题(如发现有意外情况,及时与有关部门联系并记入交班本)。

(7)与保安部配合,对可疑客人加以控制。

(8)报告并记录酒店内的一切异常情况。

① 事故报告必须在同一天内呈送前厅部经理及有关部门经理和酒店领导。

② 如有酒店财产、物品丢失或人员伤亡,写明情况及时通知客人并索要费用。

(9)亲自培训员工。

(10)与电脑部经理协调配合,保证电脑系统正常运行。

(11)执行前厅部经理或管理部门交给的其他任务。

素质要求:

(1)头脑灵活,反应快。前厅部随时可能出现各种复杂的情况和事件,要求前厅部副经理灵活、妥善地加以处理,因此,前厅部副经理必须具有灵敏的头脑,反应要快。

(2)熟悉前厅部、客房部、销售部的工作,略懂餐饮、工程、财务等方面的知识。

(3)具备较高英语水平,能用英语处理日常事务。

(4)了解市场状况,掌握酒店经营及管理动态。

(5)擅长处理各类投诉。

(6)善于交际,风度优雅、谈吐大方。

(二)前台主管

下面是前台主管的职务说明书。

前 台 主 管

直接上级:前厅部副经理

直接下属:领班

岗位职责:

(1)协助前厅部经理检查和控制前厅的工作程序,全面负责前厅的接待和问询等日常工作,督导员工为客人提供高效、优质的服务。

(2)主持前厅工作例会,上传下达,做好与相关部门的沟通、合作与协调工作。

(3)随时处理客人的投诉和各种要求。

(4)每天检查员工的仪表及工作情况。

(5)对员工进行培训并定期评估其工作情况。

(6)下班之前与预订部核对当日及次日的房态。

(7)检查有特殊要求客人的房间并保证这些特殊要求得到满足。

(8)及时申领物品,保证前台有足够的办公用品。

(9)协助大堂副理检查大厅卫生、陈列酒店介绍等宣传品,并在用餐时间临时接替大堂副理的工作。

(10)完成前厅部经理或其他管理部门领导所交给的任务。

素质要求：
(1) 思维敏捷，具有协作精神。
(2) 熟悉本部门的各项工作程序和标准。
(3) 五官端正，口齿清楚，气质高雅。
(4) 英语口语水平良好。
(5) 有三年以上国际酒店前台领班以上职务工作经验。
(6) 能够适应超时工作。

（三）前台领班

下面是前台领班的职务说明书。

前 台 领 班

直接上级：前台主管

直接下属：接待员/收银员

岗位职责：

(1) 协助前台主管进行日常工作。
(2) 检查、督导前台员工是否按照工作程序和标准为客人提供优质的服务。
(3) 对客人的要求及投诉尽最大努力满足并重视，遇到不能解决的问题及时报告主管。
(4) 确保入住登记单详细、准确、清晰、符合有关部门的规定。
(5) 通知有关部门关于到店房、换房、VIP房和特殊安排房等情况。
(6) 每天检查和准确控制房态。
① 每日定时（9：00、16：00和23：00）根据客房部提供的房态表核对房态。
② 每天定时（12：00、17：00和22：00）认真检查已结账的房间是否从电脑中销号。
③ 如有换房或调价，应记录存档。
(7) 详细记录交班事项，对于重要事件或需下一班继续完成的事项都应详细记录，并在交班时在记录单上签名。
(8) 确保所有的文件、邮件和留言的发送、记录、存档无误。
(9) 遇特殊情况，如客人未按期到店、延长住店时间、提前离店、投诉及其他紧急事件，处理不了的要及时上报主管或大堂副理。
(10) 完成经理分派的其他工作任务。

素质要求：

(1) 五官端正，气质高雅，口齿清楚。
(2) 了解旅游景点及娱乐等方面的知识和信息。
(3) 能够熟练地进行打字和电脑操作。
(4) 具备良好的英语口语水平。
(5) 有两年以上酒店前厅工作经验。
(6) 有一定的管理能力。
(7) 性格活泼，思维敏捷，理解能力和自控能力强，善于应变。

本章小结

■ 前厅部犹如酒店的大脑，是酒店的中枢神经系统和对客服务的指挥中心，是酒店的营业橱窗，决定了客人对酒店的第一印象和最后印象，因此，前厅部对于提高酒店服务质量和建立良好的宾客关系，具有重要意义。

■ 前厅部的主要任务：销售客房、接待客人、为客人办理住店和离店手续，并为客人提供问询服务、预订服务等各种综合服务。

■ 前厅部的工作目标：为客人提供热情、高效的服务；控制房态，提高客房利用率；建立良好的宾客关系。

■ 前厅部的组织机构因规模、性质的不同而不同，设置时要从实际出发，遵循机构精简、分工明确的原则。为了提高工作效率，减少部门之间的摩擦和矛盾，很多酒店将前厅部与客房部合二为一，统称为"房务部"，设房务总监。还有不少酒店考虑到前厅部具有销售的性质，将前厅部与销售部合二为一，统一划归销售部管理，这样可以统一客房分配、统一销售政策，减少部门摩擦，防止部门利益冲突、损害酒店利益及客人利益的情况发生。

■ 前厅部组织机构设置还有一个发展趋势，那就是岗位合并、一专多能。传统的酒店都分设接待处、问询处等岗位，但近年来，国内外很多酒店为了节省人力，纷纷将上述岗位合二为一，甚至合三为一，压缩编制、精简员工，由一个服务员负责接待、问询及收银工作。

■ 前厅部管理人员的基本素质要求：五官端正，气质高雅，口齿清楚；了解旅游景点及娱乐等方面的知识和信息；有良好的英语口语水平和一定的前厅管理工作经验；思维敏捷，理解能力和自控能力强，善于应变。

课堂讨论

酒店前厅部设置了宾客关系主任岗位，还需要设置酒店服务大使岗位吗？

思考题

1. 前厅部的地位和作用表现在哪些方面？
2. 前厅部组织机构设置的原则有哪些？请画一张大型酒店的前厅部组织机构图。
3. 简述前厅部各班组的职能。
4. 前厅部经理应该具备哪些素质？
5. 简述前厅部经理的岗位职责。

知识拓展

前厅部经理的一日工作安排

7：00 与夜审员一起讨论前一天晚上的活动情况，并注意发现未平衡的账目。

7：30 向预订员了解当日预订抵店情况。

8：00 迎接早班前台工作人员，并向他们传达来自夜审员和预订员的信息。帮助前台收银人员为客人办理结账手续。

8：30 分别与客房管家及工程部经理进行沟通，确定前厅部员工应该注意的一些潜在的问题。

9：00 与市场营销总监沟通，讨论有关促销计划问题；与宴会部经理一起商讨有关即将在酒店举行宴会的单位和组织的问题。

9：30 与行政总厨沟通，了解当日酒店餐饮部为各餐厅推出的特色菜，打印相关信息并分发给总机话务员等前厅部有关岗位人员。

9：45 召开前厅部员工会议，讨论当日有关经营信息的问题。处理客人账务方面的有关争议。

11：00 与总经理讨论下一年度的财政预算问题。

12：30 了解本周的预订情况并预测下一周的预订情况。

13：00 与公司商务客户共进午餐。

14：15 与预订部员工一起确定为满足团队预订需要保留的客房。

14：30 了解上个月预算执行情况的反馈信息，与财务总监确定下个月的预算目标。

14：45 向工程部经理了解18楼水管维修工作的进展情况。

15：00 迎接中班员工上班，并向他们交代有关预订、客房分配及待售客房等信息。

15：15 协助前台接待员接待刚刚抵店的某一旅游团队。

16：00 对两名应聘前台工作岗位者进行面试。

16：45 协助前台接待员为客人办理住宿登记手续。

17：15 协助预订员处理已经确认的预订信息、更新有关预订资料。

17：45 电话告知夜审员有关晚上夜审事宜的当前信息。

18：00 向保安部经理了解即将在舞厅举办的有关艺术展览的保安问题。

18：30 填写报修单，请工程部对前台有关机器进行预防性维修。

18：45 准备翌日"待完成工作"计划。

// 酒店经理人对"经理的困惑"的答复 //

——酒店前厅部组织机构应该如何设置？

武湛(恒大酒店集团海南海花岛酒店群房务总监)：

在传统酒店岗位设置中，大堂副理的职责一般是受酒店总经理或管理层委托并代为处理客人对酒店设施设备、人员、出品、服务等方面的投诉，监督各部门的工作，协调各部门的关系，保证酒店的正常经营秩序，为客人提供更优质的服务。总结起来，大堂副理的职责主要有以下几点：

（1）巡查各部门工作，维持酒店大堂秩序。

（2）处理客人的投诉，统筹协调酒店出现的各类突发事件，采取应急措施。

（3）跟进酒店贵宾接待。

大堂副理岗位是否有必要保留，取决于这个岗位的职责是否可以合理分配到其他岗位中或者增加岗位细化分工。

从精简机构、一岗多能的角度来说，近几年在新冠感染疫情的影响下，旅游行业受到巨大冲击，各大酒店、餐饮企业都在寻求更合理的人员配备方式，优化人员结构和配置。第一，将"巡查工作"的职责分配到各部门中去，前台、礼宾中心、商超精品店、客房、公共区域、餐厅和健身房等各区域对应的管理部门要承担对各自区域内员工仪容仪表、礼仪礼貌、卫生状况、设备运行和安全等的巡查职责，各部门的管理层要切实负起责任，落实定时巡查制度，部门内可自行执行"值班主管"等制度，配合值班经理做好巡查、维护秩序等工作。第二，对于"处理客诉"的职责，如要将其分配到各部门，需要真正提升各部门员工整体素质，提高其处理事项和问题的灵活性、及时性和有效性。这首先需要各部门配备一批专业能力强、综合素质高的员工，在处理业务时相对灵活、专业，把问题解决在萌芽状态；其次需要各部门的管理层深入一线，解决问题。第三，关于"贵宾接待"，酒店各部门都会参与其中，贵宾的接待标准和要求比酒店正常的标准服务和流程更加个性化、细节化。近年来，越来越多的酒店把酒店常客、团队会务组、在线旅游服务商等列为酒店贵宾接待等级，更加重视各渠道重要客人的口碑与评价。酒店可以尝试整合各部门资源，成立"贵宾接待小组"，按贵宾级别实施对应的机制和政策，这样也可以分解大堂副理的职责。

从细化分工、提升服务的角度来说，为提升酒店在各OTA平台的影响力和排名，各酒店都重视服务的口碑与评价，有的酒店设立了"酒店服务大使""酒店小管家"等岗位。在一定意义上，这些新岗位其实细化了大堂副理的岗位职责，将"贵宾接待"的分工细化，设立专门的岗位或团队服务于某一类客群，从而提供更好的服务。"巡查工作"也可以细化分工，设立像餐厅"食品安全官"一样的"服务质量监督官""质量检查监督小组"等岗位或团队，聚焦服务质量问题和潜在的隐患，针对性地去解决。"处理客诉"职责也可以指派专门的岗位或团队承担，专业的人做专业的事，能收获更好的效果。

以下是海南海花岛欧堡酒店的组织机构图。

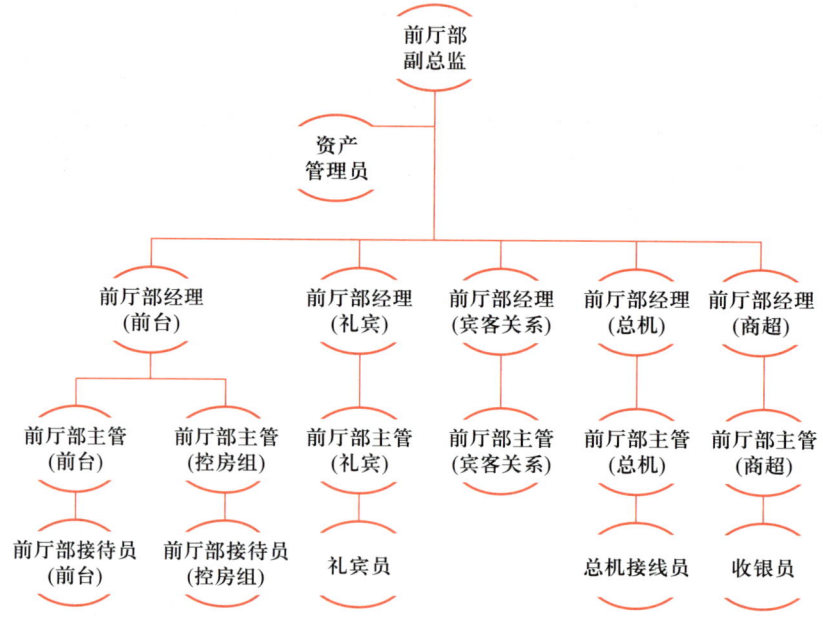

图1-2 海花岛欧堡酒店前厅部组织机构

其中，商超也就是传统酒店的商务中心、精品店，主要负责提供商务打印、复印等服务，以及各精品店收银监督、对账，精品店补货、商品售卖、收银等工作。

第二章 预订管理

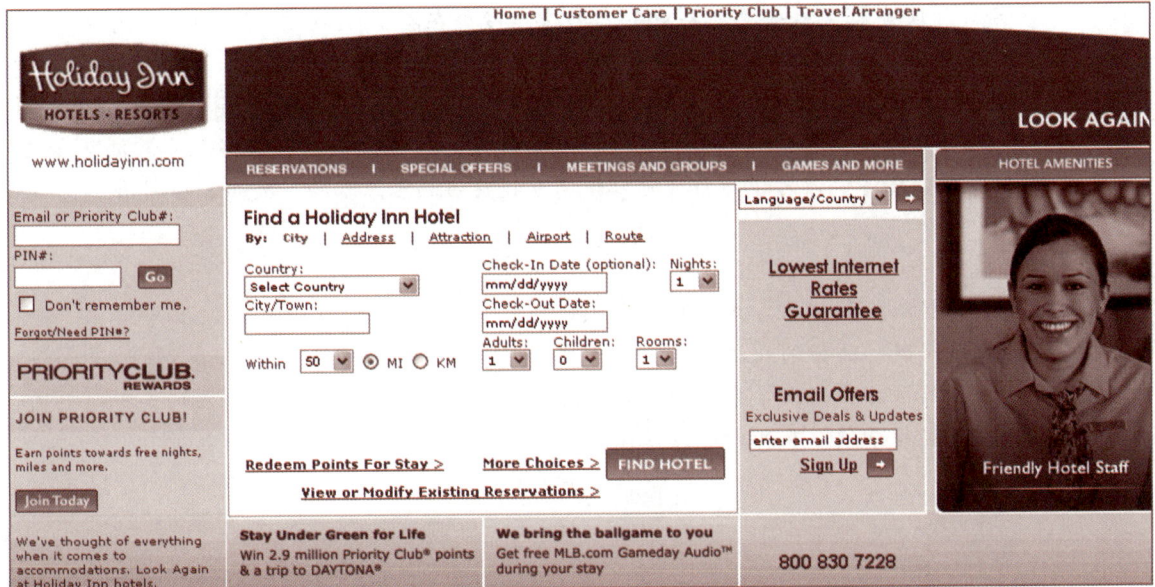

假日酒店集团的互联网预订

预订管理是酒店的一项重要业务，酒店一般都在其前厅部（或销售部）设有预订部，专门受理预订业务。对于客人来说，预订可以保证他们的住房需要，尤其是在酒店供不应求的旅游旺季，预订具有更为重要的意义。而对于酒店来说，预订便于酒店提前做好一切接待准备工作，如人员的安排，设施设备的更新改造，低值易耗品及酒店食品、饮料的采购，等等。此外，预订还可以使酒店提前占领客源市场，提高客房利用率。

学习目标

- 了解酒店预订的方式、种类和渠道。
- 了解国际通行的几种酒店收费方式。
- 了解预订业务，学会受理预订业务。
- 了解超额预订及其处理方法。

关键术语

预订　超额预订

> **经理的困惑**
>
> ——酒店预订必须依赖 OTA① 吗？
>
> 进入 21 世纪，网络预订似乎已经成为一种发展趋势，除携程旅行网、艺龙旅行网等知名 OTA 外，社会上还有上百家 OTA 为社会公众提供预订服务。一方面，这为酒店提供了一种预订渠道，增加了酒店的客源；另一方面，这些 OTA 又开出了非常苛刻的条件，有的甚至提出房价打 2~3 折，极大地压缩了酒店的利润空间。另外，还存在订房不住的情况，无疑增加了酒店管理的难度。但如果不接受与这些 OTA 合作，酒店就会少一个预订渠道，从而影响开房率。面对这种情况，酒店应该如何选择？

第一节　预订的方式与种类

预订（Reservation）是指客人在抵店前对酒店客房的预先订约。在客人的预订得到酒店的确认后，酒店与客人之间便确立了一种合同关系。据此，酒店有义务以预先确定的价格为客人提供他们希望使用且已得到酒店确认的客房。

一、预订的方式

客人的预订方式主要有以下几种。

（一）口头订房

口头订房即客人（或其代理人）直接来到酒店，当面预订客房。它能使酒店有机会更详尽地了解客人的需求，并当面回答客人提出的任何问题。同时，它也能使预订员有机会运用销售技巧促进客房销售，必要时，预订员还可通过展示客房来帮助客人做出选择。

（二）电话预订

电话预订较为普遍，它的特点是速度快、方便，便于客人与酒店之间沟通，使客人能够根据酒店客房的实际情况，及时调整其预订要求，从而订到满意的客房。

由于受到语言障碍、电话清晰度及受话人听力水平等的影响，电话订房容易出错，因此，预订员必须认真记录客人的预订要求，并在记录完毕之后，与客人进行确认。

（三）传真预订

传真预订的特点是方便、快捷、准确、正规，通常为旅行社等单位所采用。这种预订方式可以将客人的预订信息原封不动地保存下来，不容易出现订房纠纷。

（四）合同预订

合同预订即酒店与旅行社或商务公司之间通过签订订房合同，达成长期出租、使用客房的一致。

---

① OTA：全称为 Online Travel Agency，中文译为"在线旅行社"，是旅游电子商务行业的专业词语。

(五) 网络预订

通过互联网进行预订，是目前国际上最先进、最流行的订房方式。随着计算机的广泛应用，越来越多的散客开始采用这种方便、快捷、先进而又廉价的方式进行预订。

1. 酒店官网预订与 OTA 预订

按预订渠道的不同，网络预订分为酒店官网预订与 OTA 预订两种方式。从发展趋势来看，酒店预订越来越依赖以携程旅行网、Expedia 等为代表的知名 OTA。

2. PC 端预订与移动端预订

按预订工具的不同，网络预订分为 PC 端预订和移动端预订两种方式。随着移动技术的发展，移动端预订成为未来酒店预订的主导方式。

3. 微信等社交媒体预订

通过酒店微信公众号、视频号等社交媒体预订酒店客房，是一种新的订房方式，特别是对于常客而言，这种方式十分方便。酒店应通过各种途径，推广社交媒体预订方式。

二、预订的种类

客人的预订一般分为非保证性和保证性两大类，前者又分为临时性预订和确认性预订两种。

(一) 非保证性预订

1. 临时性预订

临时性预订通常是客人在抵达酒店所在地的当天或在抵达酒店前很短的时间内进行的预订。酒店会与客人约定将客房保留到下午 6 点，届时如客人未到，该预订即被取消。

2. 确认性预订

确认性预订通常是指酒店确认过的预订。对于这类预订，酒店可以给予较高的信任度，因为客人的地址已被验证，他们拖欠房款的风险比较小。

对于确认性预订，酒店也可以事先声明为客人保留客房至某一具体时间，过了规定时间，如客人未抵店，也未与酒店联系，则酒店有权将客房出租给其他客人。

(二) 保证性预订

保证性预订指客人保证前来住宿，否则将承担经济责任的预订，是酒店在任何情况下都应保证落实的预订。

保证性预订有如下三种担保方式。

1. 预付款担保

预付款担保即客人通过交纳预付款而获得酒店的订房保证。假如客人预订住房时间在一天以上，并且预付了一天以上的房租，但届时既未取消预订又不入住，那么，酒店应只收取一天的房租。

2. 信用卡担保

除了支付预付款，如果客人在临近住店日期时订房，酒店在没有足够的时间收取订金的情况下就可要求客人使用信用卡做担保预订客房。如果客人届时既未取消预订，也不来酒店登记入住，酒店就可以通过信用卡发卡公司收取客人一天的房租，以弥补损失。

3. 合同担保

合同担保虽不如预付款担保和信用卡担保那样被广泛使用，但也不失为一种行之有效的订房担保方式。它是指酒店与经常使用酒店设施的企事业单位签订合同,当有客户要求住宿时,企事业单位与酒店联系,酒店为其安排客房,即使客户未能入住,企事业单位也保证支付房租,同时,房间也被保留一天。

对于保证性预订,酒店会保证只要客人到店就为其提供房间或代开一间条件相仿的房间。在后一种情况下,酒店要代付第一夜的房费及其他附带费用,如出租车费等,这就是所谓的"第一夜免费制度"。

第二节 预订渠道与酒店计价方式

一、预订渠道

了解客人的预订渠道对于促进酒店客房销售、提高开房率,具有重要意义。
客人的预订渠道通常有以下几种。
(1) 散客自订。
(2) 旅行社预订。
(3) 公司合同预订。
(4) 政府机关、企事业单位预订。
(5) 各种国内外会议组织预订。
(6) 国际订房组织预订。
(7) OTA 预订。

二、国际酒店通行的几种计价方式

国际酒店通常按照对客人的房费报价中是否包含餐费和包含哪几餐的费用,采取不同的计价方式,如表 2-1 所示。

表 2-1 国际酒店计价方式

计价方式	特点
欧洲式 (European Plan,EP)	只包含房费,而不包含任何餐费的收费方式,为世界上大多数酒店所采用
美国式 (American Plan,AP)	不但包含房费,而且包含一日三餐的费用,因此,又被称为"全费用计价方式",多为远离城市的度假型酒店所采用
修正美式 (Modified American Plan,MAP)	包含房费和早餐费,除此而外,还包含一顿午餐或晚餐(二者任选其一)的费用。这种收费方式较适合普通旅游的客人
欧洲大陆式 (Continental Plan,CP)	包含房费及欧洲大陆式早餐费。欧洲大陆式早餐主要包含冷冻果汁、烤面包、咖啡或茶
百慕大式 (Bermuda Plan,BP)	包含房费及美式早餐费。美式早餐除包含欧洲大陆式早餐的内容以外,通常还有鸡蛋及火腿、香肠、咸肉等肉类

第三节　预订业务管理

预订业务管理通常包括接受预订、确认预订、拒绝预订、核对预订、取消预订、变更预订及超额预订等的管理。

一、预订业务

（一）接受预订

预订员接受客人预订时，首先要在电脑上查看是否有空房，如有则立即填写预订单（见图 2-1）。预订单通常包括客人姓名、抵离店日期及时间、房间类型、价格、结算方式、种类等多项内容。

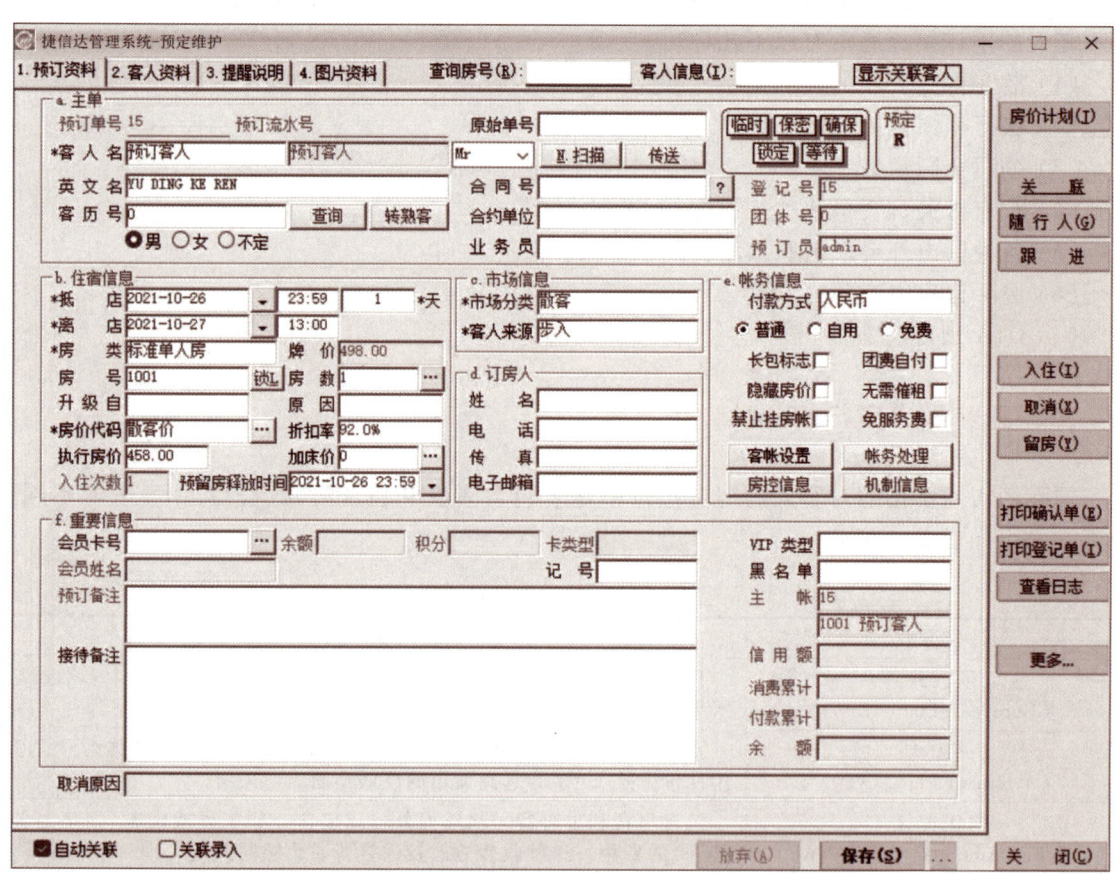

图 2-1　预订单

（二）确认预订

预订员在收到客人的预订要求后，要立即将客人的预订要求与酒店未来一个时期内客房的利用情况进行对照，确定是否可以接受客人的预订，如果可以接受，就要对客人的预订加以确认。

确认预订的方式通常有两种，即口头确认（包括电话确认）和函件确认（包括电子函件，见图2-2）。如果条件允许，酒店一般应向客人发确认函，原因如下。

首先，确认函能使客人了解酒店方面是否正确理解了其预订要求，从而减少差错和失误。

其次，除了复述客人的预订要求，确认函还写明了房价、为客人保留客房的时间、预付订金的方法、取消预订的规定及付款方式等，实际上使酒店与客人之间达成了某种书面协议，因而对于客人具有一定的约束力，有助于酒店提前占领客源市场。

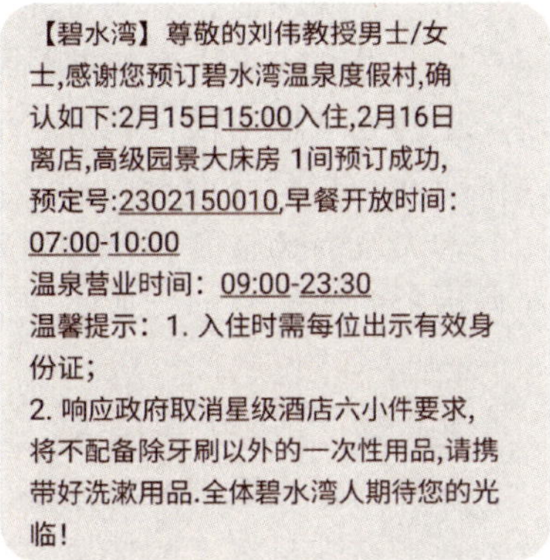

【碧水湾】尊敬的刘伟教授男士/女士，感谢您预订碧水湾温泉度假村，确认如下:2月15日15:00入住,2月16日离店,高级园景大床房 1间预订成功,预定号:2302150010,早餐开放时间: 07:00-10:00
温泉营业时间：09:00-23:30
温馨提示：1. 入住时需每位出示有效身份证；
2. 响应政府取消星级酒店六小件要求，将不配备除牙刷以外的一次性用品，请携带好洗漱用品.全体碧水湾人期待您的光临！

图2-2 预订确认函

对于重要客人、大型团体，特别是一些知名人士、政府官员、国际会议组织等的预订确认函，要由前厅部经理或酒店总经理签发，以示尊敬和重视。

（三）拒绝预订

酒店如果无法接受客人的预订，就需要对预订加以婉拒。拒绝预订时，预订员不能因无法满足客人的最初要求而终止服务，而应该主动提出一系列可供客人选择的建议，如建议客人更改房间类型、重新选择来店日期或变更客房预订数量等。此外，还可征得客人的同意，将客人的姓名、电话号码等登记在"等候客人名单"上，一旦有了空房，立即通知客人。

总之，用建议代替简单的拒绝是很重要的，它不但可以促进酒店客房的销售，而且可以在客人心中树立酒店良好的形象。

拒绝预订时，要向客人签发致歉信。

（四）候补预订

在酒店预订客满或者超额预订，不能马上满足客人的预订要求时，可将客人的预订要求录入电脑，将其归入候补预订。一旦有房间空出（如其他客人取消预订或提前离店），就可立即通知客人，满足客人的要求。

（五）核对预订

有些客人提前很长时间预订客房，在入住前的这段时间内，可能会出于种种原因取消预订或变更预订。为了提高预订的准确性和酒店的开房率，并做好接待准备，在客人到店前（尤其是在旅游旺季），预订员要通过电子邮件或电话等方式与客人进行多次核对，问清客人是否能够如期抵店，住宿人数、时间和要求等是否有变化。

核对工作通常进行三次：第一次在客人抵店前一个月进行，具体操作是预订员每天核对下月同一天到店的客人或预订人；第二次在客人抵店前一周进行；第三次在客人抵店前一天进行。在核对预订时，如果发现客人取消或变更预订，则要及时修改预订记录，并迅速做好取消或变更预订后闲置客房的补充预订工作。如果取消或变更预订发生在客人预计抵店前一天，补充预订已来不及，则要迅速将变更情况通知前台接待处，以便及时将房间出租给其他未预订而来店的散客。

以上核对工作是针对散客预订而言的，对于大型团体预订而言，核对工作还要更加细致，次数更多，以免团队临时取消或变更预订后，造成大量客房闲置，使酒店蒙受重大经济损失。

(六)取消预订

由于种种缘故,客人可能在抵店之前取消预订。接到客人取消预订的电话时,预订员不能在电话里表露出不愉快的情绪,而应使客人明白,其今后随时都可光临本酒店,并受到欢迎。正确处理取消预订,对于酒店巩固自己的客源市场具有重要意义。通常,取消预订的客人中有90%以后还会预订同一家酒店。

客人取消预订时,预订员要做好预订资料的处理工作,在系统中修改预订资料,并在备注栏内注明取消日期、取消原因、取消人等,作为重要资料保存。

(七)变更预订

变更预订指客人在抵达之前临时变更预订的日期、人数、要求、期限、姓名和交通工具等。

在接到客人要求变更预订的申请后,预订员应及时查看电脑上的有关预订控制记录,看看是否能够满足客人的变更要求。如果能够满足,则予以确认并填写预订变更表,修正有关预订控制记录。如在此之前已将客人的预订情况通知各有关部门,则应将变更信息重新传达这些部门。假如不能满足客人的变更要求,预订员则要将酒店空房类型与有空房的日期告知客人,并与之协商解决。

二、超额预订

超额预订是酒店在一定时期内,有意识地使其所接受的客房预订超过其客房接待能力的一种预订现象,其目的是充分利用酒店客房,提高开房率。

由于种种原因,客人可能会出现临时取消预订、订房不到、提前离店、临时变更预订要求等情况,从而可能造成酒店部分客房的闲置。这就迫使酒店进行超额预订,以减少损失。

超额预订应该有"度"的限制,以免出现"过度超额"而使客人不能入住,或"超额不足"而使部分客房闲置等情况。通常,酒店接受超额预订的比例应控制在10%~20%(根据酒店业的经验,订房不到者约占总预订数的5%,临时取消预订者占总预订数的8%~10%)。具体而言,各酒店应根据各自的实际情况,合理把握超额预订的"度"。

如果因超额预订而使客人不能入住,按照国际惯例,酒店方面应该采取如下行动。

(1)诚恳地向客人道歉,请求客人谅解。

(2)立即与另一家相同等级的酒店联系,在征得同意后派车将客人免费送往这家酒店。如果找不到相同等级的酒店,可安排客人住在另一家级别稍高一点的酒店,高出的房费由本酒店支付。

(3)如属连住,酒店内有房间空出时,在客人愿意的情况下,再把客人接回来,并对其表示欢迎(可由大堂副理出面迎接,或在客房内摆放花束等)。

(4)对提供援助的另一家酒店表示感谢。

如客人的预订属于保证性预订,则除了采取以上行动,还应视具体情况,为客人提供以下帮助。

(1)次日排房时,首先考虑此类客人的用房安排。

(2)支付客人在其他酒店住宿期间的第一夜房费,或在客人搬回本酒店后安排其享受一天免费房的待遇。

(3)大堂副理在大堂迎候客人,并陪同客人办理入住手续。

三、预订员注意事项

在受理客人预订时,预订员必须注意以下事项。

(1) 接听电话时,必须使用礼貌用语,口齿清晰,应对得体。

(2) 接到预订函电后,应立即处理,不能让客人久等。

(3) 填写预订单时,必须认真、仔细、逐栏、逐项填写清楚。否则,稍有差错,将会给接待工作带来困难,进而影响服务质量和酒店的经济效益。

(4) 遇有大型团队或特殊客人预订时,预订确认书要经前厅部经理或总经理签署后发出。这时如确实无法满足其预订要求,要另发函电,向其表示歉意,并同样经前厅部经理或总经理签署后发出。

资料:做好预订工作的体会

// 本章小结 //

■ 客人预订的方式和渠道多种多样,前台管理人员应通过调查和统计,掌握客人预订的渠道,这对于有针对性地开展营销活动、提高客房利用率具有重要意义。

■ 为了提高客房利用率,防止发生客人订房不到或临时取消预订等现象而给酒店造成损失,酒店常常要进行超额预订。酒店要根据经验,把握超额预订的"度"。因超额预订而使客人不能入住属于违约行为,对此酒店要妥善处理。

■ 网络预订和各类OTA(如携程旅行网等)是近年来出现的新的预订方式和预订渠道,对于酒店业的经营产生了重大影响,应该引起酒店的重视。酒店应将其纳入收益管理的范畴,采取积极的应对措施。

// 课堂讨论 //

凡是网络预订的客人都能享受10元的现金返还福利!

不久前,锦江之星旅馆有限公司推出新的酒店品牌——百时快捷酒店(简称百时)。公司总裁徐祖荣先生对这一新品牌提出了新的经营理念和经营思路,其中之一是"预订创新":百时鼓励客人进行网络预订,并采用价格优惠和技术手段培育、引导和强化网络预订的导向。凡是网络预订的客人都能享受10元的现金返还福利。如果客人进店到前台处订房,前台人员会请客人使用酒店门口放置的一台电脑进行预订;如客人自带电脑,前台人员则会请客人用自己的电脑预订。在客人订好房后,前台人员马上返还10元现金。百时认为,年轻人乐于使用电脑,用电脑订房明显会吸引青少年群体。从酒店经营角度看,网络预订更有利于房间控制,客人的离店时间事先确定,这样可有效地提高客房周转率,大大提高酒店的营收效益。目前,入住百时的客人中有70%都是通过电脑进行网络预订的。

讨论题:对于百时的这种做法,你是否认同?为什么?

// 思考题 //

1. 酒店的收费方式有哪几种?
2. 酒店的预订有哪几种类型?
3. 超额预订及其处理的方法是什么?

// 知 识 拓 展 //

通过表2-2，学习预订员的电话沟通技巧。

表2-2 预订员的电话沟通技巧

步骤	具体做法
1. 使酒店的特色与客人的需求相对应	（1）了解各种可销售客房的特点。 （2）了解酒店的房价，了解自己在报价时可以执行的灵活程度。 （3）倾听来电人的需要。 （4）描述特色时注意客人的需求。例如，客房里有一张书桌，可以为客人提供充足的办公空间；还有一张大沙发，可以使工作或游玩一天的客人好好放松一下。
2. 推销特别营销计划	如果来电人提出否定的观点，就告诉对方至少有两项优点可以抵消一项消极因素。
3. 运用升级销售技巧	（1）升级销售是销售比来电人最初要订的房间更贵的客房。 （2）考虑来电人的需要和可销售房的种类及价格。 （3）采用如下三项升级销售技巧。 　• 自上而下。推荐符合来电人需要的最高价房，如果来电人不要，则推荐次高价房，依此类推，直到来电人选中一间房。如果出租率很低，则向主管询问房价可以浮动的幅度，以尽量多地抓住业务。 　• 自下而上。如果来电人要求最低价房，就先推荐这种房，并且报价。随后可提供稍贵一些的客房让来电人获得更舒适的享受。例如，可以说："只加20元，您就能拥有一张特大号床，晚上会休息得更好。"这种方法有可能使来电人放弃低价房而选择中价房。多数人愿意避开极端，而选择中等价位。 　• 方案选择。给来电人提供三种房间选择：两种高价的，一种中等价位的。描述各种房间的优点，并说明价格上的差异，然后问来电人喜欢哪一种。说明价格差异比直接报出高价效果要好一些。
4. 寻机销售	（1）即使酒店客满也不要忘了销售。可向来电人推荐另一个日期或者把来电人录入候补名单。 （2）即使来电人说只是咨询一下，也要问一下对方是否想预订。 （3）随时了解让潜在客人感兴趣的酒店活动。除了客房，还可以推销酒店提供的其他设施和服务。 （4）努力留客人在酒店用餐、宴请和娱乐。
5. 推销酒店的其他设施和服务	（1）把酒店的以下设施和服务告诉来电人。 　• 餐厅、咖啡厅。 　• 茶座和文娱节目。 　• 礼品店、美发室及美容院。 　• 健身房、高尔夫球场和游泳池。 　• 洗衣房和烫衣服务。 　• 宴会设施、会议室和餐饮服务。 （2）如果来电人问预订员是否亲自尝试过酒店的餐厅或另一项活动，没有尝试过也不必感到为难，可回答："没有，但我们的客人都很开心。" （3）考虑来电人的需要和兴趣，尽自己的力量安排令来电人吃、玩都满意的愉快住宿。

酒店经理人对"经理的困惑"的答复

——酒店预订必须依赖OTA吗?

王束光(西安古都文化大酒店市场销售总监):

对此我认为要具体问题具体看待,要分析酒店的规模、位置和定位。有些酒店必须依赖OTA,有些酒店可以不用依赖OTA,市场不同、定位不同,与OTA的合作重心也不同。比如市中心的单体客房酒店,与OTA建立紧密的合作是其生存之道;对于会议和综合性的酒店,OTA只能算是一种补充。酒店还要自身出发,找准客源结构,定位自身的客源市场,分析自身优势、劣势,理性地看待OTA在自己这里的市场占比情况,从而与其进行恰当的合作,使自身在经营中占据主导地位。

第三章　礼宾服务管理

前厅部礼宾服务：某酒店的服务大使

前厅部礼宾服务的主要包括接机、客人迎送、"金钥匙"、行李接送、行李寄存、邮件递送、留言找人、委托代办、客人投诉处理、用车安排、停车管理及贴身管家等服务，是酒店对客服务的重要组成部分，在很大程度上体现酒店对客人的服务质量。

学习目标

- 了解酒店礼宾部工作的主要内容、业务及其管理。
- 认识"金钥匙"理念，了解酒店"金钥匙"的岗位职责与素质要求。
- 认识酒店管家服务及贴身管家岗位。

关键术语

礼宾部　"金钥匙"　门童　行李员　贴身管家

经理的困惑

——酒店车队是否应独立于礼宾部？

我们酒店是一家新开业的大型五星级酒店，前厅的礼宾部和车队分属两个处于同一级别的经理管理，两个经理各自有想法，工作中常常会产生矛盾。礼宾部需要车，车队却不愿配合，导致服务质量受到严重影响，常常引起客人的投诉。这到底是员工的素质问题还是管理体制问题？这些天，我一直在想：是否应该把车队归入礼宾部统一管理？

酒店迎宾车队

第一节　酒店"金钥匙"

【情境导入】

某日，南京金陵酒店的"金钥匙"打电话给广州白天鹅宾馆的"金钥匙"，称该店一名已赴广州的客人误拿了一位新加坡客人的行李，请求广州方面协助查寻。广州白天鹅宾馆的"金钥匙"获悉后，立即赶赴机场截回了被误拿的行李，但他在回复南京金陵酒店的"金钥匙"时才知晓这名新加坡客人已飞赴香港。于是，他们又与香港的"金钥匙"联系，香港的"金钥匙"接报后，马上在香港机场找到这位新加坡客人，告知他的行李找到了，而这位客人因急于赶回国便请他们将其行李从广州直接寄运至新加坡。为此，他们以特快专递将客人的行李发送新加坡，然后与新加坡的同行落实此事。几天后，新加坡的"金钥匙"回电，这件行李几经周折已完璧归赵，安全送到客人手中。

一、什么是"金钥匙"

"金钥匙"是一种"委托代办"(Concierge)的服务概念。

"Concierge"一词最早起源于法国,指古代城堡的守门人,后演化为酒店的守门人,负责迎来送往和管理酒店的钥匙。随着酒店业的发展,其工作范围不断扩大。在现代酒店业中,Concierge已成为为客人提供全方位"一条龙"服务的岗位,只要不违反道德和法律,任何事情Concierge都会尽力办到,以满足客人的要求。其代表就是他们的领头人"金钥匙","金钥匙"见多识广、经验丰富、谦虚热情、彬彬有礼、善解人意。

"金钥匙"通常身着燕尾服,上面别着十字形金钥匙,这是委托代办的国际组织——"国际金钥匙组织联合会"会员的标志,它象征着"Concierge"就如同万能的"金钥匙"一般,可以为客人解决一切难题。他可以为客人"代买奶嘴",也可以为客人"代租飞机"……故"金钥匙"又被客人视为"万事通""万能博士"。

国际酒店委托代办金钥匙组织联合会会徽及中国金钥匙组织会徽分别如图3-1和图3-2所示。

图3-1 国际酒店委托代办金钥匙组织联合会会徽

图3-2 中国金钥匙组织会徽

二、"金钥匙"的服务理念

(一)"金钥匙"的座右铭
中国"金钥匙"的座右铭:信念、荣誉、责任、友谊、服务、协作。

(二)"金钥匙"的服务精神
虽然不是无所不能,但一定竭尽所能!

三、"金钥匙"的岗位职责

"金钥匙"通常担任酒店礼宾部主管,其主要有如下岗位职责。

(1)全方位满足住店客人提出的特殊要求,并提供多种服务,如保管行李、托婴、沙龙约会、推荐特色餐馆、导游、导购等,对客人有求必应。

(2)协助大堂副理处理酒店各类投诉。

(3)保持个人的职业形象,以大方得体的仪表、亲切自然的言谈举止迎送抵离酒店的每一位客人。

（4）检查大厅及其他公共活动区域。

（5）协同保安部对行为不轨的客人进行调查。

（6）对行李员的工作进行管理和控制，并做好有关记录。

（7）对进店、离店客人给予及时的关心。

（8）将上级命令、所有重要事件或事情记在行李员、门童交接班本上，每日早晨呈交前厅部经理，以便查询。

（9）控制酒店门前车辆活动。

（10）对受前厅部经理委派接受培训的行李员进行指导和训练。

（11）在客人登记注册时，指导行李员帮助客人。

（12）与团队协调，使团队行李顺利运送。

（13）确保行李房和酒店前厅的卫生清洁。

（14）保证大门外、大门内、大厅三个区域的岗位有人值班。

（15）保证行李部服务设备运转正常；随时检查行李车、行李秤、行李存放架、轮椅。

（16）为客人提供电脑与通信技术支持。如果解决不了，就要请酒店电脑中心的技术人员出面解决。

四、"金钥匙"的素质要求

"金钥匙"要以其先进的服务理念、真诚的服务思想，通过其广泛的社会联系和高超的服务技巧，为客人解决各种各样的问题，创造酒店服务的标杆。因此，"金钥匙"必须具备很高的素质。

（一）思想品质要求

（1）遵守国家法律、法规，遵守酒店的规章制度，有高度的组织纪律性。

（2）敬业乐业，热爱本职工作，有高度的工作责任心。

（3）遵循"客人至上，服务第一"的宗旨，有很强的客人意识、服务意识。

（4）有热心的品质，乐于助人。

（5）忠诚。包括对客人忠诚、对酒店忠诚，不弄虚作假，有良好的职业道德。

（6）有协作精神和奉献精神，个人利益服从国家利益和集体利益。

（7）谦虚、宽容、积极、进取。

（二）能力要求

（1）交际能力。彬彬有礼，善解人意，乐于并善于与人沟通。

（2）语言表达能力。表达清晰、准确。

（3）身体健康，精力充沛。能适应长时间站立工作和户外工作。

（4）有耐心。"金钥匙"为客人解决问题时会遇到各种状况，需要有耐心。

（5）应变能力。能把握原则，以灵活的方式解决各种问题。

（6）协调能力。能够建立广泛的社会关系和协作网络，能处理好与相关部门的协作关系。"金钥匙"除了应具备热心的品质和丰富的知识，还应建立广泛的社会关系和协作网络，这是完成客人各种委托代办事项的重要条件。

（三）业务知识和技能要求

"金钥匙"必须亲切热情，学识渊博，熟悉酒店业务及旅游等有关方面的知识和信息，了解酒店所在地区旅游景点、酒店及娱乐场所的信息。在某种意义上,"金钥匙"可充当本地的"活地图"。

"金钥匙"必须掌握如下业务知识和技能。

(1)熟练掌握本职工作的操作流程。

(2)通晓多种语言。一个"金钥匙"常是这样工作的:他刚送走一位意大利客人,现在又与德国客人用德语交谈,手里握着一封待处理的用葡萄牙文写的信件,两位美国人5分钟后要来找他解决运输一辆崭新轿车的事情,商务中心正要送一份从西班牙发来的要求安排一次重要社交活动的传真件……

(3)掌握所在酒店的详细信息资料,包括酒店历史、服务设施、服务价格等。

(4)熟悉本地区三星级以上酒店的基本情况,包括地点、主要服务设施、特色和价格水平。

(5)熟悉本市主要旅游景点,包括地点、特色、开放时间、业务范围和联系人。

(6)掌握一定数量的本市高、中、低档的餐厅、娱乐场所、酒吧的信息资料,包括地点、特色、服务时间、价格水平、联系人。按照中国金钥匙组织会员入会考核标准,申请者必须掌握本市高、中、低档各5个餐厅的信息资料,掌握的信息资料5个(小城市3个)娱乐场所、酒吧。

(7)能帮助客人安排市内旅游,掌握其线路、花费时间、价格、联系人等。

(8)能帮助客人修补物品,包括手表、眼镜、小电器、行李箱、鞋等,掌握这些维修处的地点和服务时间。

(9)熟悉本市的交通情况,掌握从本酒店到车站、机场、码头、旅游景点、主要商业街的路线、路程和出租车价格(预估数)。

(10)能帮助外籍客人解决办理签证延期等问题,掌握有关单位的地点、工作时间、联系电话和业务办理手续。

(11)能帮助客人查找航班托运行李的去向,掌握相关部门的联系电话和领取行李的手续等。

知识链接

图3-3为中国金钥匙会员的资格要求。

> **如何成为一名中国金钥匙会员?**
> 年龄:
> 申请人必须是年满23岁以上
> 相貌人品:
> 品貌端正
> 学历:
> 高中学历以上
> 所在单位:
> 四星级以上酒店或高档物业等高端服务企业
> 职业:
> 前厅部或客户服务一线部门
> 从业经验要求:
> 具备至少五年酒店或高档物业从业经验,且必须其中在前厅或客户服务部门连续工作满三年,有一定的工作业绩。
> 外语要求:
> 至少掌握一门以上的外语
> 基本资格要求:
> 参加过中国金钥匙的服务培训。
> 考核:
> 必须经过总部初审、地区执委会考核、总部最终审核通过才能授徽

图3-3 中国金钥匙会员的资格要求

第二节　门童的岗位职责与素质要求

门童(Doorman)是站在酒店入口处负责迎送客人的前厅部员工。门童值班时，通常身着镶有醒目标志的制服，显得精神抖擞，同时，还能创造一种热烈欢迎客人的气氛，满足客人受尊重的心理需求，如图3-4所示。

图3-4　门童

门童在工作时，要十分注意姿态。站立时，背部要自然挺直，两脚分开约与肩同宽。

一、门童的岗位职责与素质要求

(一)门童的岗位职责

1. 迎宾

客人抵达时，向客人点头致意，表示欢迎。基本要求：时时刻刻都以标准的站立姿势站在自己的岗位上；细心观察视野中即将通过门庭的客人；在客人距手拉门5米内时，面带微笑并用眼神关注客人；在客人距离手拉门1.5米时，迅速用标准、规范的动作打开门，在客人经过时，面带微笑示意，并用得体的语言问候客人。

客人乘坐小汽车来店时，门童应替客人打开车门，将右手放在车门上方(佛教和伊斯兰教客人例外)，并提醒客人"小心碰头"(见图3-5)，同时，要注意扶老携幼。门童还要协助行李员卸下行李，查看车内有无遗留物品。对于重要客人及常客的迎送工作，门童要根据通知，做好充分准备，向客人致意时，礼貌、正确地称呼客人的姓名。此外，住店客人进出酒店时，门童同样要

图3-5　门童用规范的动作为客人打开车门

热情地招呼致意。如遇雨天,门童还应打伞为客人服务。

2. 指挥门前交通

门童要掌握酒店门前交通、车辆出入及停车场的情况,准确、迅速地指示车辆停靠地点。因大型车辆停在酒店门口会影响客人进出,故门童应让其停在稍偏离酒店正门口的位置。

3. 做好门前安保工作

门童应利用其工作岗位的特殊性,做好酒店门前的安保工作。注意门前来往行人、可疑分子,照看好客人的行李物品,确保酒店的安全。另外,对于衣冠不整、有损酒店形象的人,门童可拒绝其入内。

4. 回答客人的问询

门童因工作岗位的位置特殊,经常会遇到客人问询有关店内、外的情况,如酒店内有关设施和服务项目,有关会议、宴会、展览会和文艺活动举办的地点、时间等,以及市区的交通、游览景点和主要商业区的情况,对此,门童均应以热情的态度给予正确、肯定的答复。

5. 送客

对结完账要离店的客人,门童应打开大门,一边装行李一边说"您走好"。当客人上车后,门童应预祝客人旅途愉快,并感谢客人的光临。汽车启动后带着感谢的心情深鞠躬,目送客人离开。在客人在有其他需求时,及时跟进服务(见图3-6)。

不管是什么样的服务,只按条条框框做是乏味的,向客人问候也是如此。对于门童而言,光"读"条文上的句子很不自然,没有感情。为此可以添一句含有真情的话。盛夏时节加一句"今天好热呀";对深夜才到的客人问一声"您累了吧";向要离店的客人送上一句"您走好,一路平安"。正是这平平常常的一句话,有时却能触动客人的心弦。

当然,问候不能给客人嘈杂的感觉,要是让客人觉得你啰唆,服务就出格了。门童作为酒店员工能既要保持适当的矜持,又要以短短的问候,给客人留下一个有人情味儿的温暖印象,这是服务的要点。

图3-6 "先生,请稍等,我帮您擦一下汽车后视镜的雨珠吧,后视镜上的雨珠可能会影响您的行车安全。"——以"亲情服务"著称的广州从化碧水湾温泉度假村的门童在为客人送行时,发现客人汽车后视镜上有雨珠,主动为客人擦拭(刘伟 摄)

(二)门童的素质要求

为了管理好门童岗位的工作,管理人员可选用具有下列素质的员工担任门童。

(1)形象高大、魁梧。与酒店的建筑一样,门童的形象往往代表了整个酒店的形象,因此,门童要身材高大、挺拔。

(2)记忆力强。能够轻松记住客人的相貌、行李件数甚至出租车的车牌号。

(3)目光敏锐、接待经验丰富。门童在工作时,可能会遇到形形色色的人或事,必须妥善、灵活、机智地加以处理。

(4)知识面广。能够回答客人有关所在城市的交通、旅游景点等方面的问题。

做一个优秀的门童并不容易。世界著名的日本新大谷酒店的负责人曾说过:培养一个出色的门童往往需要花上十多年的时间。这句话虽然可能有所夸张,但至少说明门童的重要性和应具备的高素质。

二、门童的选择

门童站在酒店门口迎宾,是酒店的门面,最好要有特色,能够吸引客人。

1. 由女性担任门童

酒店的门童通常由男性担任,所以被称为"Doorman",但由女性担任也未尝不可,比如餐厅的迎宾员就大都由女性担任。女性门童具有特殊的魅力,能够受到客人的欢迎(见图3-7)。

图3-7 充满魅力的女性门童(刘伟 摄)

由女性担任门童的不足之处在于:一些酒店为了节约人力资源,要求门童在负责迎送客人的同时,为客人拎行李,担负行李员的职责,对此,女性门童可能会"力不从心"。

2. 由长者担任门童

门童并非一定要青年人担任,有气质、有特色的长者同样可以做好门童工作,而且可以成为酒店的一大特色和吸引客人、扩大影响的一大"卖点"(见图3-8)。济南有一家大酒店曾经登报向社会公开招聘几位学识渊博、气质高雅的离退休教授担任门童,这些教授面目慈祥。工作时热情礼貌、面带微笑,赢得了社会的赞许和广大客人的好感,起到了良好的广告

图3-8 瑞士日内瓦某五星级酒店长者门童与本书作者在一起(瑞士洛桑酒店管理学院董事长 Marco Torriani 摄)

效应。上海浦东香格里拉大酒店的一位客人对长者门童的看法如下:"浦东香格里拉大酒店和蔼可亲的老爷爷(礼宾员)微笑地探身向客人问候,让人感到无比的温暖和酒店厚重的文化。"

3. 雇用外国人做门童

除了由女性和长者担任门童,还可以考虑雇用外国人(如印度人)做门童,使酒店具有异域情调,树立酒店的国际化形象,增强酒店对国内外客人的吸引力。

【经典案例】

极富特色的深圳威尼斯酒店的门童

深圳威尼斯酒店的男性门童都是威尼斯水手的打扮,他们头戴浅沿草帽,着黑条汗衫、中裤,胸前佩着"Yes,I can"的醒目红色徽章,殷勤而又精神抖擞地迎来送往。而女性门童则穿一袭黑色外套、着长靴,光彩照人。他们穿着的服装都借鉴了威尼斯特有的服饰,门童和行李员的水手制服及餐厅服务员的马赛克制服,无一不让客人感觉到仿佛亲临威尼斯……再加上每位员工都能说流利的英语,跨国公司纷纷把业务转到了威尼斯酒店。

三、门童迎接工作的注意事项

1. 注意自己的仪容仪表,始终保持饱满的精神状态

门童良好的仪容仪表及饱满的精神状态会使客人产生一种受到欢迎的尊贵感,同时,这也能够让代表酒店形象的门童给客人留下良好的第一印象。

2. 为客人拉、关车门时的注意事项

当客人乘坐小汽车到店时,门童先示意司机开到门前适当的位置,然后上前以左手拉门,右手放在车门框下(此时车头朝向门童的右手),或根据车门朝向换一下手,站在车门之后,在拉车门的同时用礼貌用语向客人问好(如果知道客人的姓名,应称呼客人的姓氏,这样客人会有亲切感)。这些做法也适用于客人离店。

资料:门童为什么要穿显眼的制服

另外,当客人坐出租车抵店时,不要车一停就把车门拉开,因为客人还要花点时间付账,而且把车门打开了,风吹进车里会让客人感觉不舒服(因为车内有空调),特别在冬天更应注意。当客人离店,为其关车门时,不能甩手,使车门发出很大的声响,应先握住车门把手关到离门框30厘米左右停顿一下,看看客人是否已将腿跨入车内、衣服是否被夹住,同时用敬语向客人道别,然后再用适中的力量将车门一次关紧。如有几辆车同时驶入,应先为重要客人或主客拉门。

第三节 行李服务管理

酒店的行李服务是由前厅部的行李员(Bellboy)提供的。行李员在欧美国家有Baggage handler、Bellman、Bellhop和Porter等多种称谓,其工作岗位位于酒店大堂一侧的礼宾部(行李服

务处）（见图3-9）。礼宾部主管在此指挥、调度行李服务及其他大厅服务。每天早上一上班，礼宾部主管就要从电脑上查询或认真阅读、分析由预订处和接待处送来的预计"当日抵店客人名单"（Expected Arrivals）和"当日离店客人名单"（Expected Departures），以便掌握当日客人的进出店情况，做好工作安排。在以上两个名单中，尤其要注意贵宾和团体客人的抵离店情况，以便做好充分准备，防止出现差错。在此基础上，制订当日的工作安排计划，并召集全体行李员进行布置。

图3-9 行李员的工作岗位：前厅礼宾部

行李员还是酒店与客人之间联系的桥梁，通过他们的工作使客人感受到酒店的热情好客，因此，对于管理好的酒店而言，行李员是酒店的宝贵资产。

一、行李部员工的岗位职责

（一）行李员的岗位职责

行李员的岗位职责主要是迎接客人，为客人搬运行李，包括在客人抵店时将客人的行李搬进客房，在客人离店时协助客人将行李搬运出客房，送客人上车（见图3-10）。除此而外，行李员还要带客人进房，为客人介绍房内设施设备的使用方法、酒店服务项目及当地旅游景点，帮助客人熟悉周围环境，提供跑差（送信、文件等）、递送物品服务，以及替客人预约出租车等。

图3-10 行李员的主要岗位职责之一是：为客人搬运行李

知识链接

代客泊车、照看宠物
——瑞士凯宾斯基酒店行李员的新职责

礼宾部的工作时间为7：00~23：00，负责车辆运输、清洁和保养，代客泊车、接送、旅游咨询、酒店外餐厅预订、信件、传真接收，行李收送、寄存，当地每月活动介绍，以及其他一些烦琐的事务。

圣莫里茨可谓是瑞士消费最高的地区，在位于该地区的凯宾斯基酒店正门前经常可以看到开着顶级的跑车、吉普车和房车的客人。能够熟练驾驶各种车辆并且知道如何使用车辆的各种功能，对凯宾斯基酒店前厅部的员工十分重要。客人驾驶任何车辆来到凯宾斯基酒店，只需说出姓名或房号，其他一切事情便不用费心了。客人需要用车的时候告诉酒店工作人员自己的房号，然后在大堂等候即可。行李员先从礼宾部领取车钥匙，之后把车辆亲自交给客人。如果客人带着宠物临时到酒店用餐或者去健身中心（宠物只能带进客房、电梯、大堂），他们只需通知礼宾部或行李部，行李员便会照看宠物，让宠物喝些水后在大堂某个地方睡上一觉或者带宠物出去转转。

（二）行李员领班的岗位职责

行李员领班的岗位职责是支持和协助主管的工作，管理并带领行李员为客人提供服务。

（1）协助主管制订工作计划。

（2）制定部门员工的排班表。

（3）完成上级管理部门和人员下达的所有指令。

（4）监督、指导、协助行李员和门童完成其工作任务。

（5）确保抵、离店客人及时得到优质的行李服务。

（6）对抵、离店客人表示欢迎和欢送，必要时为客人提供行李服务等各种服务。

（7）督促行李员认真做好行李的搬运记录工作。

（8）为住店客人提供各种力所能及的帮助。

（9）引导客人参观房间设施。

（10）适时地向客人推销酒店的其他设施。

（11）重视客人的投诉，并把这些投诉转达给相关部门，以便得到迅速解决。

（12）协助酒店有关部门和人员为住店客人过好生日、周年纪念等。

（13）每天检查行李部设施，确保其处于良好的工作状态。

（14）做好行李部设备的保管、清洁和保养工作。

（15）留意宴会指南和大厅内其他布告，保持其正常放置。

（16）认真填写交接班本，记下已完成的工作内容及有待下一班继续完成的工作，写上日期、时间和姓名。

二、行李部员工的素质要求

为了做好行李服务工作，行李员领班及行李员要具备一定的素质（见图3-11），掌握一定的知识，了解店内、外的诸多服务信息。

（1）能吃苦耐劳，眼勤、嘴勤、手勤、腿勤，和蔼可亲。

（2）性格活泼开朗，思维敏捷。

（3）熟悉本部门的工作程序和操作规则。

（4）熟悉酒店内各条路径及有关部门的位置。

（5）了解店内客房、餐饮、娱乐等各项服务的内容、时间、地点及其他有关信息。

（6）广泛了解当地名胜古迹、旅游景点和购物点，尤其是那些地处市中心的购物场所，以便向客人提供准确的信息。

图3-11　行李员要和蔼可亲

三、行李服务的注意事项

行李服务不当，常会引起客人的投诉。在为客人提供行李服务时，行李员及其管理人员应特别注意以下事项。

1. 行李搬运时的注意事项

（1）认真检查行李。为客人提供行李服务时，要清点行李件数（特别是团队行李），并检查行李有无破损。如有破损，必须请客人签字证实，如果是团队客人，应再通知团队陪同及领队，以免日后引起客人的投诉。

（2）搬运行李时，客人的贵重物品及易碎品，如相机、手提包等要注意让客人自己拿。

（3）行李装车时，要注意将大件、重件、硬件放在下面，将小件、软件、轻件放在上面。

（4）搬运行李时必须小心，不可用力过大，更不可用脚踢客人的行李。

（5）照看好客人的行李。客人办理住宿登记手续时，行李员站在前台一侧（离前台 2 米以外的地方，等候客人（见图 3-12），注意照看好客人的行李，眼睛注视前台接待员。

图 3-12　等候客人办理入住登记手续的行李员（刘伟　摄）

（6）引领客人时，要走在客人的左前方，距离两三步（或与客人并行），跟随客人的脚步走，在拐弯处或人多时，要回头招呼客人。

（7）引领客人进房途中，要热情、主动地问候客人，与客人交谈，向客人介绍酒店的服务项目和设施，推荐酒店的商品。

（8）介绍房内设施及使用方法。在介绍房内设施时，注意该介绍的要介绍（比如，Wi-Fi 密码，房内空调开关及棉被的位置，冰箱的位置及小酒吧的使用方法，房内保险箱的使用方法，电视机开关的位置、请勿打扰灯等床头控制开关的使用方法，卫生间冷热水开关及热水供应的时间，等等），不必要介绍的则不要啰唆，因为客人经过长途旅行和长时间的舟车劳顿，此时最需要的是尽早休息。另外，介绍时要因人而异，由于客人消费层次和住宿经验各不相同，对某些客人需要介绍的项目，对另一些客人则可能不需要介绍。

（9）离房前要问客人是否还有其他吩咐，并祝客人住店愉快，随后面对客人退出房门，并将房门轻轻拉上。

（10）将离店客人的行李搬运至大厅后，要先到结账处确认客人是否已结账，如客人还未结账，应有礼貌地告知客人结账处的位置。

（11）做好行李搬运记录。为客人提供行李服务时，要做好各种行李的搬运记录（见表 3-1 和表 3-2）。

表 3-1　散客入住行李搬运记录表

日期：

房号	上楼时间	行李件数	行李员	预计离店时间	备注

表 3-2　团队行李进出店登记单

团体名称						人数	
抵达日期			离店日期				
进店	卸车行李员		酒店行李员			领队签字	
离店	装车行李员		酒店行李员			领队签字	
行李进店时间	车号		行李收取时间		行李出店时间		车号
房号	行李箱		行李包		其他		备注
	入店	出店	入店	出店	入店	出店	
总计							

入店　　　　　　　　　　　　出店
行李主管：　　　　　　　　　行李主管：
日期/时间：　　　　　　　　日期/时间：

2. 行李寄存时的注意事项

（1）确认客人身份。客人要求寄存行李时，要先问清是住店客人还是外来客人，外来客人的行李一律不予寄存。

（2）检查行李。在客人寄存行李时，行李员要认真检查每件行李是否已上锁，并告诉客人行李内不能放入贵重物品或易燃、易爆、化学腐蚀剂、剧毒品、枪支弹药等。在客人执意要寄存未加锁的行李时，要向客人出示寄存行李的规章。在发现有未上锁的行李或购物袋无法上锁时，要马上通知领班，向客人说明情况后，把行李放在安全的地方。

（3）如客人丢失“行李领取卡”（见图 3-13），行李员一定要凭借足以证实客人身份的证件放行行李，并要求客人写一份行李已取的证明。如不是客人本人来领取行李，一定要请对方出示证件，并登记证件号码，否则不予放行。

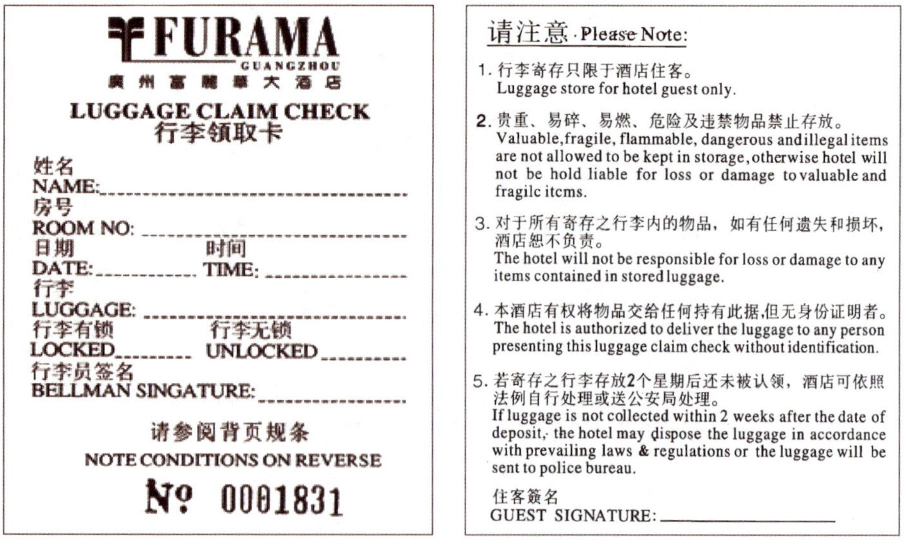
FURAMA
GUANGZHOU
广州富丽华大酒店
LUGGAGE CLAIM CHECK
行李领取卡
姓名
NAME:
房号
ROOM NO:
日期 DATE:　时间 TIME:
行李
LUGGAGE:
行李有锁 LOCKED　行李无锁 UNLOCKED
行李员签名
BELLMAN SINGATURE:
请参阅背页规条
NOTE CONDITIONS ON REVERSE
№ 0001831

请注意 · Please Note:

1. 行李寄存只限于酒店住客。
Luggage store for hotel guest only.
2. 贵重、易碎、易燃、危险及违禁物品禁止存放。
Valuable, fragile, flammable, dangerous and illegal items are not allowed to be kept in storage, otherwise hotel will not be hold liable for loss or damage to valuable and fragile items.
3. 对于所有寄存之行李内的物品，如有任何遗失和损坏，酒店恕不负责。
The hotel will not be responsible for loss or damage to any items contained in stored luggage.
4. 本酒店有权将物品交给任何持有此据,但无身份证明者。
The hotel is authorized to deliver the luggage to any person presenting this luggage claim check without identification.
5. 若寄存之行李存放2个星期后还未被认领，酒店可依照法例自行处理或送公安局处理。
If luggage is not collected within 2 weeks after the date of deposit, the hotel may dispose the luggage in accordance with prevailing laws & regulations or the luggage will be sent to police bureau.
住客签名
GUEST SIGNATURE:

图 3-13　行李领取卡（正、反面）（广州富丽华大酒店提供的图片）

（4）行李员在为客人办理行李的寄存和提取业务时，一定要按规定的手续进行，决不可因为与客人关系熟而省略必要的行李寄存手续，以免给客人造成损失或带来不必要的麻烦。

四、确保行李房的安全

为了确保客人寄存行李的安全，行李房要制定安全管理制度。
（1）不可随便进出行李房，进出要有记录。
（2）行李员不得在行李房停留休息，若有违反者，严肃处理。
（3）所有寄存行李均需详细记录在案，领取时须逐一注销登记。
（4）主管须每日对寄存行李及逾期未领取的行李进行核对和处理。

资料："我"是如何委派工作的

第四节　贴身管家服务

一位两次到苏州接洽商务的外企老总，住到了曾经下榻过的新城花园酒店。刚走进房间，他就吃惊地发现，眼前的一切竟与上次自己提出过的要求完全吻合：桌上摆着他喜爱的康乃馨、床上特意放了两个枕头，电视设定的开机频道也是自己喜欢的……事先秘书并未与酒店沟通，这些细节安排，酒店是如何预先做到的呢？

原来，这一切都是贴身管家的服务（见图3-14）。在欧美，很多大酒店都有贴身管家，为客人提供个性化服务。在中国，20世纪90年代初，贴身管家最早出现在北京、上海等中心城市的酒店里，主要是为国外来访的领导人配备的。目前，国内很多大酒店都能找到贴身管家的身影。当客人首次踏进酒店大堂时，事先指派的贴身管家就会上前奉上名片……

图3-14　训练有素的酒店贴身管家（图片由巴特勒国际白金管家联盟提供）

一、贴身管家

贴身管家（Butler）服务源于欧洲贵族家庭的管家服务（见图3-15），演变到今天成了一种专业化、私人化的一站式高档酒店服务。下榻酒店的贵宾将会由一名指定的专业管家专门提供服务。训练有素的贴身管家将为客人提供体贴入微的个性化服务，无论是商旅事务还是娱乐休闲，都会为客人安排得尽善尽美，让客人住店愉快，体验现代商旅的舒适与便捷。

简而言之，贴身管家是高档酒店针对入住贵宾提供的一种更加个性化的服务方式，它通过为入住贵宾提供专业化、私人化的服务内容，极大地方便和满足了酒店贵宾的需求。

图3-15　贴身管家

二、贴身管家的素质要求

贴身管家24小时为贵宾提供殷勤周到的服务，要求具备相当高的素质。

（1）良好的外语水平。很多贵宾来自国外，因此，贴身管家要能够用流利的外语与客人交流，为客人提供服务。特别是对一些西餐、酒水的翻译都应达到相当标准。

（2）良好的沟通能力。良好的沟通能力和沟通语言是提高服务质量、使客人满意的前提条件。

（3）良好的礼仪、礼貌修养。这是贴身管家的必修课，为贵宾服务，必须具备良好的礼仪礼貌修养。

（4）良好的服务意识。为客人提供体贴、周到的服务，良好的服务意识是必不可少的。

（5）专业的服务技能。其中给客人沏茶（见图3-16）、熨衣服也是非常必要的功课，甚至还要在短时间里了解客人的性格、喜好。由于要24小时提供服务，贴身管家可住在离客人房间不远的套房里，听候客人随时通过电话提出要求，及时提供服务。

（6）宽广、专业的知识面。包括了解各种洋酒的常识等。

图3-16　贴身管家要有专业的服务技能

三、贴身管家的服务内容

贴身管家主要负责客人在酒店的生活起居，如拆装行李、入住退房、客房服务、清晨叫早、订餐送餐、洗衣、订票、安排旅游和秘书服务等，都由贴身管家负责。

除了照顾客人的生活细节，贴身管家还要兼当客人的"业务助理"。特别是对于初来乍到，不了解当地情况的高档商务客人，管家要替他们向工商、税务等部门咨询信息，推荐并预订地方特色餐厅以供客人进行商务洽谈。

总之，贴身管家要通过为客人提供体贴入微、周到、私密性的服务，使客人感受到生活起居的方便和酒店的特别关怀，从而使酒店的服务上一个档次。

下面以大连香格里拉大酒店的贴身管家为世界拳王霍利菲尔德服务为例，说明酒店贴身管家的服务内容和服务方式。

大连香格里拉大酒店的贴身管家为世界拳王服务

世界拳王霍利菲尔德大连之行结束了。在大连期间，大连市民的热情好客、整洁美丽的市容及良好的组织接待工作，给他留下了深刻的印象，特别是大连香格里拉大酒店在其入住期间提供的贴身管家服务，让他感到十分满意。

为了更好地为霍利菲尔德提供个性化服务，酒店充分利用香格里拉集团的优势，首先从霍利菲尔德中国之行上一站下榻的酒店——哈尔滨香格里拉大酒店处获取拳王生活喜好的相关信息，并指定一名经验丰富的员工担任其贴身管家，为其提供24小时的专业服务。当霍利菲尔德抵达大连香格里拉大酒店时，早已恭候在其下榻的总统套房门前的贴身管家热情地欢迎他，并安排专业按摩师立即为其进行放松按摩。在拳王外出参加活动期间，管家又亲自去为霍利菲尔德购买其喜爱的食品，放入保温箱以便其随时食用。在服务过程中，这位贴身管家发现霍利菲尔德吃不惯中餐，主动为他每餐都准备他爱吃的全熟的牛排和牛肉汉堡，令这位世界拳王喜出望外。当霍利菲尔德有客人来访时，贴身管家会在门外等候，以便随时提供帮助……

四、贴身管家的"88字"精髓

（一）贴身管家的灵魂
容忍、含蓄、幽默。

（二）贴身管家的"88字"精髓
个性服务，因人而异；预察主动，尽少骚扰；
肢体语言，文雅得当；永不否定，给出选择；
随机应变，处惊不乱；生活各行，熟练精通；
随时记录，更新信息；他人财富，毫不动心；
主人隐私，回避保密；意外惊喜，营造舒适；
忠于职守，维护和谐。

五、贴身管家服务的组织模式

由于涉及服务成本问题，贴身管家服务一般只有高档酒店才提供，三星级以下的中、低端酒店没有必要提供贴身管家服务。

贴身管家服务可以采用如下两种组织模式。

（一）临时模式

临时模式，即对于偶尔入住酒店的贵宾（如高级政府官员、体育明星、演艺界人士、企业高级行政人员及其他社会名人等），临时抽调酒店"精兵强将"，担任客人的贴身管家。这种模式主要适用于接待贵宾数量不多的中小型高档酒店。所抽调的"临时贴身管家"，可以来自前厅部，也可以是从酒店其他部门选拔的素质高、沟通能力强的员工。

（二）固定模式

固定模式，即在前厅部设立专职贴身管家岗位，为入住酒店的贵宾提供贴身管家服务。

这种模式主要适用于经常有各类贵宾入住的大型高档酒店或各类高档精品酒店。

本 章 小 结

■ "金钥匙"是高档酒店为客人提供全方位服务的岗位人员,能够充分体现酒店全心全意为客人服务的服务理念。成为酒店的"金钥匙"必须具备很高的素质,包括丰富的知识积累、良好的人际沟通能力、较高的外语水平、助人为乐的品格等。

■ 门童是酒店大门口的迎宾员,只有大型高级酒店才会设这一专职岗位,中档及中等规模酒店的门童可由行李员兼任。门童的主要职责是指挥门前交通、迎宾、回答客人问询。酒店可以选聘女性、长者或外国人担任门童,以体现酒店的特色。

■ 行李员是酒店的一个重要岗位,该岗位人员不仅要帮客人搬运行李,而且要与客人交流,适时地向客人推荐酒店的服务项目。因此,行李员不仅要有健康的体魄,还要心细(否则会因出现行李差错而产生纠纷)、热情、有礼貌,善于与人沟通。

■ 酒店为贵宾提供的贴身管家服务将个性化服务发展到极致。通常,只有四星级以上的高档酒店及精品酒店才为客人提供这种服务。

■ 酒店贴身管家需要具备很好的服务意识、很高的服务技能和很强的沟通能力,可看作酒店最高级别的"服务员"。

课 堂 讨 论

这样的管理科学吗?

——一位酒店实习生眼中的前厅礼宾部管理

在××大酒店前厅实习时,可以说每天都能看到老员工(其实也就工作了2个月以上)欺压刚来的新员工,当然也包括实习生。他们主要的做法是把能拿到额外收益的工作全包了,把一些琐碎、容易被投诉的、比较重或者累的工作全推给新员工。我发现老员工很"团结",他们一般都会说粤语,被排斥的新员工都是外省的。据说酒店会把所有的小费都集中起来,然后根据情况"适当"地分给每个人(很多新员工是拿不到一分钱的)。更为滑稽的是,他们的小费需要硬性地上缴一部分,无论当天有没有收到小费都要上缴,由每个员工分担,就像税收一样。

因为每天都能看到这一类的事情,而我本人又习惯于从背景去理解问题,所以我进行了一些思考。我感觉很有趣,一群说粤语的员工排斥外省员工很正常,只要有利益冲突,再加上酒店的文化未能深入人心,人们都是"向钱看"的。酒店开业不久,培训不力,这是客观情况。但管理层既然知道了问题出在哪里,却仍设置上缴制度,这显然是在加剧问题。管理层硬要下面的员工每天上缴一部分"小费",无论当天下面的员工有没有收到小费,这种做法会导致如下结果。

(1)逼员工唯利是图。比如,有国内客人到店时,员工会相对冷淡些,因为中国人没有给小费的习惯,这种情况势必导致客人的不满。

(2)被欺压的员工不但对老员工心生怨恨而导致内部争斗,而且对管理层很失望,最终把不满发泄在客人身上。

(3)在集中分配收到的小费时,每个人所得的数额都不一样,没有一个可以令员工信服的分配标准,这样也会导致老员工之间产生矛盾。

管理层发现了问题,不去解决,还设置不合理的制度使问题加剧,这样势必导致管理的混乱、部门内部人员的内耗,最后肯定导致客人的不满和投诉。我个人觉得,这才是礼宾部经理被革职的原因。一个管理者最重要的职责之一就是制定制度，制度不好势必引起管理的混乱。

讨论题

1. 你是否认同这位实习生的分析？
2. 针对礼宾部存在的小费问题，你认为应该如何加强管理？

// 思 考 题 //

1. 名词解释。
"金钥匙"　　贴身管家
2. "金钥匙"应具备哪些素质？
3. 前厅部礼宾服务包括哪些内容？
4. 简述行李服务的注意事项。
5. 简述酒店贴身管家的素质要求。

// 知 识 拓 展 //

了解金钥匙组织的产生和发展历程。

国际金钥匙组织成立于1929年10月6日。这一天，在巴黎斯克拉酒店礼宾司捷里特先生的倡导下，第一届国际金钥匙组织会议在法国巴黎举行，正式成立了国际金钥匙组织。捷里特先生也因此被誉为"金钥匙组织之父"（见图3-17）。

图3-17　第一届国际金钥匙组织会议部分参会人员

"金钥匙"在中国最早出现在广州白天鹅宾馆。

1982年，在广州白天鹅宾馆建馆之初，在副董事长霍英东先生的倡导下，宾馆在前台设置了委托代办。

1990年4月，广州白天鹅宾馆派人参加了第一届亚洲金钥匙研讨会。

1993年，广州白天鹅宾馆委托代办负责人率先加入国际金钥匙组织，成为中国第一位国际金钥匙组织成员。

1995年11月，中国第一届金钥匙研讨会在广州白天鹅宾馆召开。大会决定筹建中国委托代办金钥匙协会。

1997年1月，在第44届国际金钥匙年会上，中国区金钥匙被接纳为第31个成员。

2000年1月16—21日，第47届国际酒店金钥匙组织年会在中国广州召开。

2019年，国际委托代办金钥匙联盟（Union International Concierge Organization Golden Keys）在广州成立（会徽见图3-18）。该组织将金钥匙理

图3-18　国际委托代办金钥匙联盟会徽

念和金钥匙组织扩展到酒店业以外的物业管理等广泛领域。

目前，中国金钥匙组织（见图3-19）已发展到相当大的规模，覆盖全国300多个城市的3400多家高端企业，拥有5300多名金钥匙会员。

图3-19　本书作者（右四）受邀访问中国酒店金钥匙组织总部，受到中国酒店金钥匙联盟创始人孙东主席（右五）及金钥匙组织官员们的欢迎

// 酒店经理人对"经理的困惑"的答复 //

——酒店车队是否应独立于礼宾部？

姜东皓（北京中旅大厦客务部经理　北京客务经理协会理事）：

建议将车队归入礼宾部统一管理，这样既有利于统筹调配车辆，也有利于监管车队的服务质量，更有利于对客服务程序的流畅性，相应的管理层级不宜多而要扁平。

贺虹（西安古都文化大酒店前台部经理）：

酒店车队由前厅礼宾部管理是比较合理、便于操作的。从对客服务来讲，所有的车辆预订业务由礼宾部来负责是方便客人的。另外，礼宾部更便于向客人推荐酒店车辆，提高酒店收入。车队和礼宾部的责任应罗列清楚，所有的车辆预订业务由礼宾部发车单给车队队长，车队队长应根据司机情况统一调配，确保所有的用车安排顺畅。

第四章　前台接待与销售管理

某酒店前台接待处(刘伟　摄)

前台接待负责住宿登记、客房分配等多项工作。对前台接待工作的管理，是前厅部管理工作的核心内容。前台员工除了为客人提供主动、热情、礼貌和微笑服务，还要努力提高工作效率，尽可能地缩短客人办理入住登记和离店结账的等候时间。

销售是前厅部最重要的职能之一，前台员工要强化销售意识，掌握销售工作的艺术与技巧，努力提高销售效果，进而提高酒店的经济效益。

学习目标

- 了解前台接待工作的各项业务及工作程序。
- 学会处理接待工作中的常见问题。
- 学会控制房态，提高客房利用率和服务质量。
- 掌握前台销售的艺术与技巧。
- 掌握客房分配的艺术。
- 了解行政楼层的运作。

关键术语

住宿登记　问询　行政楼层　房态　客房分配

经理的困惑

——前台员工忙于"工作",无暇顾及客人怎么办?

酒店都要求接待客人热情、有礼貌,就前台接待人员而言,我一直强调接待客人要热情、主动:有客人到来,要面带微笑主动向客人问好,主动打招呼。但总有很多前台接待员只集中精力记录客人资料及制作房卡等,这样一来便忽略了与客人之间的接触及服务行业的宗旨:以殷勤好客的服务态度接待客人。对此,前台接待员和收银员辩解称,很多时候他们都很忙:忙于接听电话,忙于处理手头的工作,忙于接待前一位客人……所以,根本顾不上招呼其他客人。他们说得似乎也有道理。面对这一矛盾,我不知道该怎么要求他们,难道前台的服务质量标准该放弃吗?

第一节 前台接待业务流程

一、前台接待工作的主要内容

前台接待工作的主要内容包括为客人办理住宿登记手续、修改客单、更换房间、调整房价、客人续住、取消入住、延迟退房等,如图4-1所示。

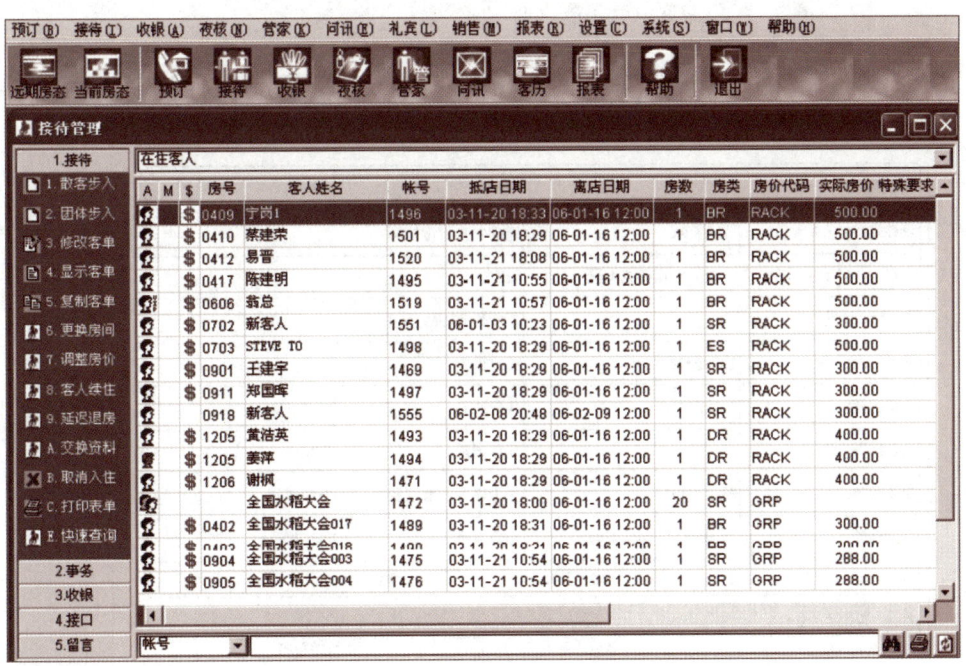

图4-1 前台接待工作的主要内容

二、前台接待业务流程

前台接待业务主要指为客人办理住宿登记手续。客人的住宿登记手续是由前台接待员负责办理的。前台接待员负责查验客人有关证件,为客人开房,并指示行李员引领客人进客房。

前台接待业务遵循如下流程。

1. 向客人问好,对客人表示欢迎

这是向客人提供礼貌服务的第一步,表示对客人的欢迎,是对前台接待员最基本的要求,但国内很多酒店在此方面有所缺失。

2. 确认客人有无预订

办理住宿登记手续时,首先要确认客人有无预订。如果客人有预订,可对客人说"欢迎您,××先生(小姐),我们正等候您的光临!",以示酒店对客人的关心和重视。如果客人属于没有预订的散客,在有空房的情况下,应尽量满足客人的住宿要求,并注意艺术地向客人推荐酒店提供的包价项目及餐厅、酒吧、游泳池、桑拿等其他服务设施或项目。

对于未经预订而抵店的客人,如果客满,可以拒绝其留宿。这时最好帮他们联系同等级其他酒店的客房,这样的善举会让客人在下次有机会的时候还来酒店住宿。

3. 填写住宿登记表

住宿登记表(见图4-2)的内容一般包括客人的姓名、性别、职业、国籍(籍贯)、身份证或签证号码、停留事由、住宿期限及房号等项。正确填写这些内容对于做好酒店接待和经营

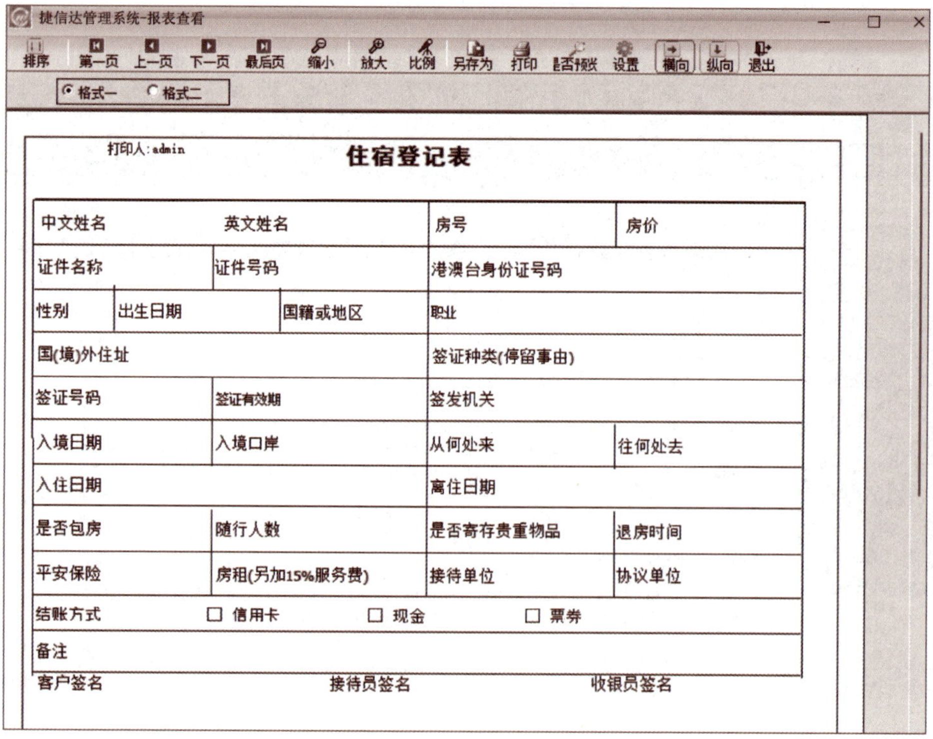

图4-2 住宿登记表

管理工作具有重要意义。

对于团体客人，除了填写团体人员住宿登记表，前台接待员还应在该团陪同的配合下填写团客资料单（见图4-3），作为餐饮部、客房部等接待部门为该团客人提供服务的重要依据。

```
团队会议名称_____编号_____
抵店日期_____时间_____由_____
离店日期_____时间_____赴_____
陪同/会务组人员_____房号____领队____房号___
人数_____（其中：外宾____华侨____内宾____男____女____夫妇____）
```

编号	房号	姓名	编号	房号	姓名	编号	房号	姓名
1			11			21		
2			12			22		
3			13			23		
4			14			24		
5			15			25		
6			16			26		
7			17			27		
8			18			28		
9			19			29		
10			20			30		

```
用房总数_____标准房_____三人房_____其他用房_____
接待单位_____支付方法_____
```

名称	日			日			日			日			日		
	餐别	标准	地点	餐别	标准	地点	餐别	标准	地点	餐别	标准	地点	餐别	标准	地点
早餐															
午餐															
晚餐															

```
备注_____
行李进店总数_____经手人_____行李离店时间_____
行李出店总数_____经手人_____运 输 工 具_____去___
送：接待 总机 前台收款 餐饮部 客房部 留存      制表人_____
                                              日  期_____
```

图4-3 团客资料单

团队抵店后，如需要变更预订要求或有其他特殊要求，则前台接待员要填写更改通知单和特殊要求通知单，并尽快送往有关部门。

4. 收取押金

为了防止不良客人逃账或损坏酒店的设施设备，同时也为了方便客人在酒店消费，为客人提供一次性结账服务，酒店通常都会要求客人在办理入住登记手续时，预付房金或押金（通常为房费总额的两倍）。前台结账处负责保管所付押金，并向客人出具收据。如果客人采用信用卡结账，前台接待员必须确认客人所持信用卡是否为酒店所接受的信用卡，且信用卡是否完好无损，并在有效期内向银行要授权，如图4-4所示。

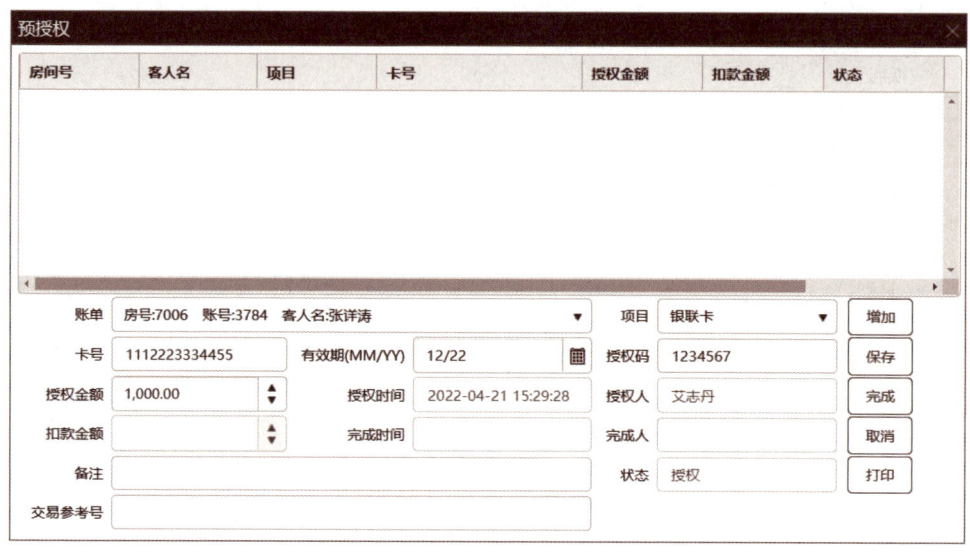

图4-4　银行信用卡授权

5. 开设账户

在账户设置表格中输入客人姓名、抵达日期、结账日期、房号、房间类型及房费等，然后将账单（一式两联）连同一份住宿登记表和客人的信用卡签购单一起保存，如图4-5所示。

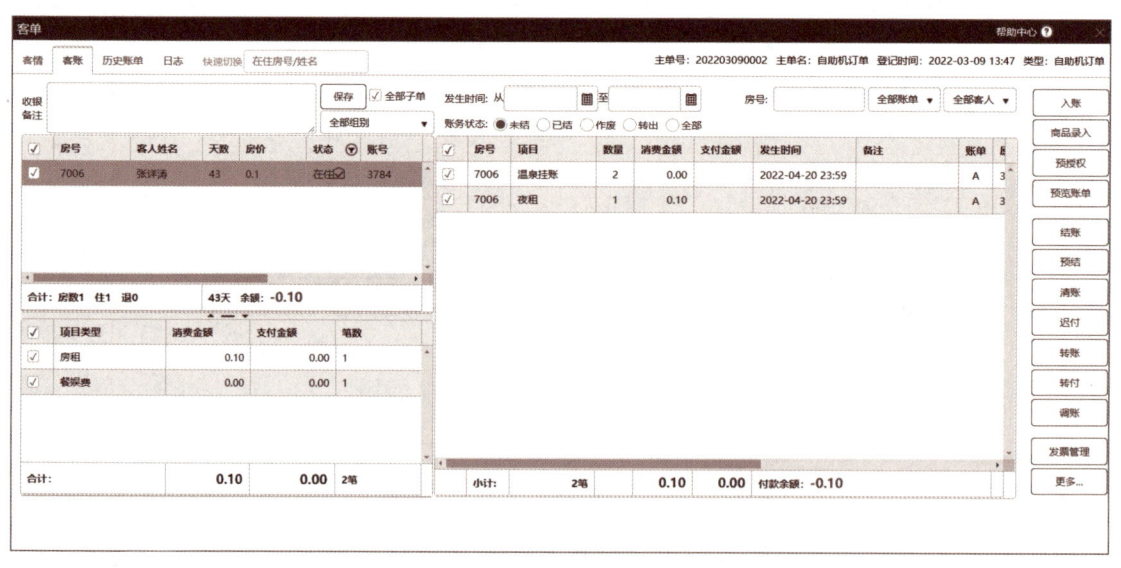

图4-5　开设账户

对于有接待单位的客人，一般需制作两份账单：一份（A单）记录应由签约单位支付的款项（如房费和餐费等），是向签约单位收款的凭证；另一份（B单）记录客人需自付的款项。

团队客人同样需要两份账单,即团队主账单和分账单。团队主账单记录与全团有关的费用,这部分费用由组团单位或接待单位支付(备注栏内应注明单价与人数、使用客房数及转账单位名称);分账单记录需由个人支付的款项。

6. 填写欢迎卡

欢迎卡(房卡套)也称为酒店护照,其主要有如下作用。

(1)向客人表示欢迎。很多酒店的欢迎卡上都印有总经理对客人所致的欢迎辞。

(2)表明客人的身份。欢迎卡是楼层服务员为客人开房的依据,同时也可用作客人在餐厅等酒店其他场所消费签单的依据。

(3)促销。很多酒店在其欢迎卡上印有酒店的服务项目,以便向客人推销酒店的服务。

(4)提供向导。一些酒店在其欢迎卡上印有本酒店在城市中的位置及地址、电话等信息,客人外出时可将其作为向导卡使用。

(5)声明事项。有的酒店在其欢迎卡上印有诸如"请将贵重物品存入酒店贵重物品保险箱,否则,酒店概不负责""访客的最后离店时间是晚上 11 点。如需在酒店过夜,请去前台登记"等类似酒店声明或客人须知之类的文字,就一些容易发生的纠纷明确酒店与客人之间的权利和义务。

7. 将欢迎卡和房间钥匙(房卡)交给客人

将填写好的欢迎卡与房卡(见图 4-6)一起双手递给客人,并祝客人住店愉快。

8. 将客人的入住信息通知客房部

在客人办理完入住登记手续离开柜台后,前台接待员要将客人的入住信息通知客房部,以便服务员做好接待准备,如图 4-7 所示。

图 4-6 欢迎卡和房卡

图 4-7 入住通知

三、前台接待员的注意事项

如前所述,前厅部是对客服务的集中地,是给客人留下第一印象的地方,直接影响酒店的形象。前台接待员在工作中应注意以下事项。

1. 礼貌待客

在酒店里与客人迎面相遇时要微笑问好、让客先行,必要时主动为客人提供帮助,对认识的客人要以姓氏或头衔称呼,对电话里的客人也应同样对待。

广州从化碧水湾温泉度假村要求前台工作人员做到"五米微笑、三米问好、电话铃响三声内接、三分钟办好入住手续、五分钟办好退房手续、十分注意力放在客人身上",取得了良好的服务效果,受到客人的赞赏。

2. 贯彻"首问制"

在客人眼里,每个员工都代表着酒店。因此,遇到客人寻求帮助时,如果不属于自己的职责范围,可以请客人稍候,打电话帮助客人联系相关的部门。

3. 规范行为举止

遵守员工手册的礼貌规范,并按礼仪标准规范站姿、手势、点头等动作。

4. 使用标准的服务用语

接电话时一律使用礼貌、规范、亲切的服务用语,以简洁明了的话语与客人进行沟通。

5. 做好交接班

建立特殊事项记录本,把本班无法完成的事情交代给下个班继续完成,确保对客服务的延续性。

第二节 前台销售的艺术与技巧

前台销售工作最理想的境界是将合适的客房卖给合适的客人,而非将最高价格的客房卖给客人,否则客人即使勉强接受了,心里也会不舒服、不满意,以后就不会再来,也不会将酒店推荐给亲友,这样,酒店将永远失去一位客人和许多潜在的客人。

一、客房状态

要销售客房,首先要对酒店客房的状态有所了解。酒店客房状态通常有表 4-1 所示的类型。

表 4-1 酒店常见客房状态

英文	中文	备注
Occupied	已占用	房间住店客人正在使用的房间
Vacant	未被占用	房间暂时未出租
Occupied & Clean(OC)	已占用、已清洁	
Occupied & Dirty(OD)	已占用、未清洁	
Vacant & Clean(VC)	未被占用、已清洁空房	空房已完成清扫整理工作,尚未检查
Vacant & Dirty(VD)	未被占用、未清洁空房	
Vacant & Inspected(VI)	未被占用、已检查空房	空房已清洁,并经过督导人员检查,随时可出租
Check out(CO)	走客	客人刚离店,房间尚未清洁

续表

英文	中文	备注
Out of Order(OOO)	待修	房间硬件出现故障，正在或等待维修
Out of Service(OOS)	停用	房间出于各种原因已暂时停用
Blocked(BL)	保留	房间为团体客人、预订客人及重要客人等预留
Skip(SK)	走单	一种差异房态。前厅房态为已占用，而管家房态为未被占用
Sleep(SL)	睡眠	前厅房态为未被占用，而管家房态为已占用
Sleep Out(SO)	外宿	住店客人外宿未归
Occupied with Light Luggage(LL)	携少量行李的住客已占用	
No Baggage(NB)	无行李	
Do Not Disturb(DND)	请勿打扰	"请勿打扰"灯亮着，或门把手上挂有"请勿打扰"牌

二、前台销售的一般工作要求

要使销售成功，前台员工首先要表现出良好的职业素质，良好的职业素质是销售成功的一半。

客人初到一家酒店，对该酒店可能不甚了解，其对该酒店的了解和产品质量的判断是从前台员工的仪表仪容和言谈举止开始的。因此，前台员工必须面带笑容，以端正的站姿，热情的态度，礼貌的语言，快捷、规范地服务接待每一位客人。这是前台销售成功的基础。

前台销售一般有如下工作要求。

(一) 销售准备

(1) 仪表仪态端正，表现高雅的风度和姿态。
(2) 保持前台工作环境整洁，服务台区域干净整齐，不凌乱。
(3) 熟悉酒店各种类型的客房，以便向潜在客人介绍。
(4) 了解酒店所有餐厅、酒吧、娱乐场所等各营业场所及公共区域的营业时间与地点。

(二) 服务态度

(1) 善于用眼神和客人交流，表现出热情和真挚。
(2) 面部常带微笑，向客人表示"欢迎您，见到您很高兴"。
(3) 用礼貌用语问候每位客人。
(4) 举止行为恰当、自然、诚恳。
(5) 回答问题简单、明了、恰当，不夸张宣传住宿条件。
(6) 不贬低客人，耐心地向客人解释问题。

三、前台销售艺术

（一）把握客人的特点

不同的客人有不同的特点，对酒店也有不同的要求。比如，商务客人通常是因公出差，对房价不太计较，但要求客房安静，光线明亮（有可调亮度的台灯和床头灯），办公桌宽大，服务周到、效率高，酒店及房内办公设备齐全，有娱乐项目；观光客人要求房间干净卫生、窗外景色优美，但预算有限，比较在乎房间价格；度蜜月者喜欢安静、不受干扰且配有一张大床的双人房；知名人士、高薪阶层及带小孩的父母喜欢套房；年老的和有残疾的客人喜欢住在靠近电梯和餐厅的房间……因此，前台员工在接待客人时，要注意从客人的衣着打扮、言谈举止及随行人数等方面把握客人的特点（年龄、性别、职业、国籍、旅游动机等），进而根据其需求和心理，做好有针对性的销售。

（二）销售客房，而非销售价格

前台员工在接待客人时，一个常犯的错误就是只谈房价，而不介绍客房的特点，常常使很多客人望而却步，或者勉强接受，心里却不高兴。因此，前台员工在销售客房时，必须对客房做适当的描述，突出客房能够满足客人需要的特点。比如，不说"一间500元的客房，您要不要？"而说"一间刚装修过的、宽敞的客房""一间舒适、安静，能看到美丽的海景的客房""一间具有民族特色的、装修豪华的客房"等。用各类形容词进行描述更容易为客人所接受。

当然，要准确地描述客房，必须首先了解客房的特点。这是对前台员工最基本的要求之一。可带客人参观客房，并由专人讲解客房的特点，以加深客人的印象。

（三）提供多个选择，从高到低报价

从高到低报价，可以最大限度地提高客房的利润率和客房的经济效益。当然，这并不意味着接待每一位客人都要从"总统间"报起。前台员工在接待客人时，可以先确定一个客人可接受的价格范围（根据客人的身份、来访目的等特点确定），在这个范围内，从高到低报价。根据消费心理学，客人常常会接受首先推荐的房间。如客人嫌贵，可降一个档次，向客人推荐价格次高者，这样就可将客人所能接受的最高房价的客房销售给客人，从而提高酒店的经济效益。

前台员工在销售客房时，还要注意不要一味地向客人推销高价客房，否则会使客人感到尴尬，甚至产生反感情绪，或者客人即使勉强接受了，日后也不会再次光顾，酒店也将永远失去这位客人。所以，最理想的境界是将最符合客人消费水平及其特点的房间推荐给客人，即将最合适的房间推荐给最合适的客人。

（四）选择适当的报价方式

根据不同的房间类型，有三种客房报价方式。

（1）"冲击式"报价。即先报价格，再介绍房间所提供的服务设施与项目等，这种报价方式比较适用于价格较低的房间，主要针对消费水平较低的客人。

（2）"鱼尾式"报价。即先介绍所提供的服务设施与项目，以及房间的特点，再报出价格，突出物美，减弱价格对客人的影响。这种报价方式适用于中档客房。

（3）"夹心式"报价。又称"三明治"式报价，即在报价时加入所提供的服务项目的介

绍，起到减弱价格影响的作用。例如："一间宽敞、舒适的客房，只需 600 元，这个房价还包括一份早餐、服务费、一杯免费咖啡……"这种报价方式适用于中、高档客房，主要针对消费水平高、有一定地位和声望的客人。

（五）掌握打折的艺术

在前台销售过程中，往往会遇到一些客人嫌房价高，要求打折，或者嫌房间设备设施不好，暗中传递要求打折的信息的情况，前台员工一定要把握尺度。一般酒店的前台员工都会有一定额度的打折权限，如果客人一提要求就给客人打折，会带给客人一种不安全感，使其觉得酒店管理不严谨，这样的打折会带来出力不讨好的副作用。在给客人打折的同时又能让客人产生受尊重、有面子的感觉，这样的效果会更好。一般的常住客、协议单位肯定能享受折扣，但自入散客按规定无法享受折扣，如果其一再要求，前台员工在权限范围内可以为其找个打折的理由留住他们，比如说"是不是朋友介绍您来的？""如果您有机会经常入住我们酒店，我将请示领导给您一定的折扣，希望您常来"，等等。这样既不会令客人产生随便就可以打折的感觉，又给足客人的面子，一举两得。

（六）注意语言艺术

前台员工在推销客房、接待客人时，说话不仅要有礼貌，而且要讲究艺术性。否则，即使没有恶意，也可能会得罪客人，至少不会使客人产生好感。比如，可以说："您运气真好，我们恰好还有一间漂亮的单人房！"

（七）多提建议

客人犹豫不决时，正是客房销售能否成功的关键时候，此时，前台员工要正确分析客人的心理活动，耐心、千方百计地去消除他们的疑虑，多提建议，尽可能留住任何一位可能住店的客人。这种时候，任何忽视、冷淡与不耐烦的表现都会导致销售的失败。

（八）做好"二销"

前台员工要努力做好"二销"工作，这一做法是针对已经预订的客人而言的。有些客人虽然已经预订，但预订的房间价格较为低廉，当这类客人来到酒店住宿登记时，前台员工可把握对他们进行二次销售的机会，告诉客人只需加付一点钱便可得到更多的好处或优惠。比如："您只要多付 50 元钱，就可享受包价优惠，除住宿外，还包括早餐和午餐。"这时，客人常常会听从前台员工的建议。这不仅能使酒店增加收入，还能使客人享受到更多的优惠和更愉快的住店体验。

四、其他服务设施和项目的推销

前台员工应该明白，自己不仅要销售酒店客房，而且要不失时机地销售酒店其他服务产品，如餐饮、娱乐等。很多酒店的服务设施和项目，如不向客人宣传，就有可能长期无人使用，因为客人不知道。其结果是客人感到不方便，酒店也蒙受了损失。

在向客人推荐这些服务时，应注意时间与场合。若客人傍晚抵店，可以向客人介绍酒店餐厅的特色和营业时间、酒店娱乐活动的内容及桑拿服务；若深夜抵店，可向客人介绍 24 小时咖啡厅服务或房内用餐服务；客人若经过通宵旅行，清晨抵店，很可能需要洗衣及熨烫外套，这时应向客人介绍酒店洗衣服务。

【拓展阅读】

上销客房的技巧

- 经常以微笑迎接客人，保持愉悦。
- 和客人保持眼神的接触。
- 了解客人的名字，在对话中至少称呼客人三次。经常使用礼貌用语，如以"先生""小姐"加客人的姓称呼客人，不要直接称呼客人的名字。
- 识别客人的需要，结合客人的这些需要提供相应的房间。例如，一位住三四晚的客人可能比一位只住一晚的客人更愿意住面积大一点的房间或独立的房间，度蜜月或度假的客人可能更愿意住窗外有着自然景色的客房。
- 尽可能上销客房。先通过介绍房间的特征和优惠，提供一间升级的房间，然后告知房价。如果客人有预订，描述所订的房间和所谓升级的房间之间的不同之处。散客是最好的上销对象，如果有两种不同类型的房间，向散客介绍它们的特征、优惠和价格，不要只介绍高价格的房间，那样有可能会失去客人。
- 在客人离开柜台前，感谢客人选择本酒店并表达祝客人住店愉快的个人意愿。有些酒店规定在客人登记完上房不久，前台员工可致电客人询问他们对房间的满意程度。

第三节 客房分配

客房分配工作由前台房控组统一负责。

客房分配要根据酒店空房的类型、数量及客人的预订要求和客人的具体情况进行。为了提高工作效率，减少客人住宿登记时间，对于预订客人（尤其是团体客人）应在其抵达前预分配房间——通常在客人抵达的前一天晚上进行。分好后，将客房钥匙（房卡）装在写有房号和客人姓名的信封内，等客人抵店并填完住宿登记表后交给客人。团体客人的房间存在两次分配，由于前台员工不了解团员之间的关系，因此，不便提前确定哪两位客人住在哪个房间，所以，在装有钥匙的信封上只能注明房号或团名，而不能写上客人姓名。对于每个房间的具体安排，要等到团队到达后，由团队负责人或领队、导游落实。

一、客房分配的艺术

（一）客房分配的顺序

客房分配应按一定的顺序进行，优先安排贵宾和团体客人等，通常可按下列顺序进行。
(1) 团体客人。
(2) 重要客人（VIP）。
(3) 已付定金等保证性预订客人。
(4) 要求延期之预期离店客人。
(5) 普通预订客人，并有准确航班号或抵达时间。

(6)常客。

(7)无预订之散客。

(8)不可靠之预订客人。

(二)客房分配的注意事项

为了提高酒店开房率和客人的满意度,客房分配应注意以下方面。

(1)要尽量使团体客人(或会议客人)住在同一楼层或相近的楼层。这样,一则便于同一团体客人之间的联系和管理;二则团队离店后,空余的大量房间可以安排给下一个团队,便于管理,也有利于提高出租率。此外,散客由于怕干扰,一般也不愿与团体客人住在一起。因此,对于团体客人要提前分好房间或预先保留房间。

(2)对于残疾、年老、带小孩的客人,尽量安排在离服务台和电梯较近的房间。

(3)把内宾和外宾分别安排在不同的楼层。内宾和外宾有不同的语言和生活习惯。因此,应分别安排在不同的楼层,以方便管理,提高客人的满意度。

(4)对于常客和有特殊要求的客人应予以照顾。

(5)不要把敌对国家的客人安排在同一楼层或相近的房间。

(6)要注意房号的忌讳。如西方客人忌"13",我国港澳地区及沿海地区的客人忌"4""14"等带有"4"(同"死")的楼层或房号,因此,不要把这类房间分给上述客人。有一年大年初一,一位香港客人来到某酒店,发现服务员给他安排的房间是"1444"号,认为很不吉利,愤然离去。考虑到这些忌讳,一些酒店连楼层"13"都没有标出,而用"12A"代替。

二、如何避免派重房

派重房现象在许多酒店都有可能发生,为什么会派重房?如何避免此类事故的发生?

由于酒店使用的设施差异很大,酒店派重房的原因也不同。前台电脑系统与磁卡门锁系统因制式不同而不能连通使用的酒店,易发生此类情况;即便两个系统可以兼容,如果前台员工忽略制卡机的提示或键盘操作失误,也会发生此种现象。

如何解决这一问题呢?

1. 按规定及时核对房态

前厅和客房两个部门在一天中的上午、下午和晚上至少三次核对房态,及时填写房态差异报告,保证房态的转换准确无误。

2. 遵守操作程序,即时在电脑中将已售出房转为入住房

前台员工在为客人选派房间后,应即时在电脑中将已售出房转为入住,然后再依程序将房卡和钥匙发给客人。尤其是入住高峰时,更要遵守这一程序。行李员在引导客人进入客房时,应主动为客人开启房门,这样既可以给客人示范如何正确使用客房钥匙,又可更灵活、主动、得体地处理突发事件。

3. 工作认真仔细,避免出错

前台员工在预分配房时,对各种表单上的房号要书写清晰,电脑中占用房号与表单和房卡上的号码要复核一致。尤其是在团体客人入住前的准备过程中,要分清房类和房数,避免房号漏配和制卡操作失误造成的派重房现象。在当日入住和离店房量较大时,原则上不预派将离房,在确认客人已经结账离店,房态得到转换后,再配置房间,做到万无一失。

4. 夜审停机前,打印空房报表

在前台做夜审而暂时停机前,要打印空房报表,以备此时来客的房间选派。分派好的房间要及时在空房报表中划掉,以避免误派现象的发生。

5. 客人结账退房时,及时收回客人手中的房卡

客人结账退房时,收银处要及时收回客人手中的房卡,以免客人又回房间消费。

【案例聚焦】

将不相识的男女分在了同一个房间……

某酒店前台员工 Kicy 安排 B4002 房给美国客人 Tony 先生入住,但在送走 Tony 后却发现 B4002 房刚入住了一位叫 Cindy 的女士。原来在 Kicy 接待 Tony 的同时,旁边的同事在接待 Cindy,碰巧把这两位互不认识的客人安排到同一个房间。Kicy 在接待 Tony 时得知 Tony 会先去吃午饭后再进房间,于是马上通过电脑做了 B4002 房的退房卡(check-out key),叫行李员上楼用该卡触碰 B4002 房的房门感应器,这样就会让 Tony 和 Cindy 手中同一房间的钥匙暂时失效。

过了一会儿,Cindy 来到前台说自己的房门打不开,Kicy 解释说:"房门感应系统出了小故障,帮您做条新钥匙,问题就可以解决了,给您造成了不便,十分抱歉。"Cindy 拿了 B4002 房的新钥匙走了。

过了午饭时间,Tony 也匆匆来到前台说自己的房门打不开,Kicy 忙解释说可能是房门感应器坏了,会马上叫工程部员工过去检查,现只能安排 Tony 到 A4012 房入住,并对给 Tony 造成的不便表示十分抱歉。

评析:重复安排房间是酒店较少发生的事情,但还是会存在,其原因多种多样,有可能是重复售房(double sell)引起的,也可能是安排房间的接待人员看错房态而引起的。无论怎么说,这种情况的发生所带来的负面影响是十分严重的。试想一位男客人一开门就看到一位素不相识的女客人在房间里换衣服,那会多么尴尬!酒店的信誉和安全性将荡然无存,客人的投诉也是在所难免的。到时酒店方不但要向客人道歉,还可能要向客人提供经济补偿,酒店形象也会受到很大的损害。因此,酒店前台的管理人员要尽量避免发生类似的事情,做好客房销售的预测,准确销售客房。首先,要避免重复售房。其次,要加强前台的内部管理,增强接待人员的责任心,避免工作人员出于自身原因可能给客人带来的麻烦。如果发生这种情况,要及时做出灵活的处理,不能让事态继续发展下去而带来不良后果。在本案例中,接待人员虽然派重房,给客人造成了不便,但随后的处理方法较为得体,巧妙地避免了更大的麻烦。

第四节 行政楼层管理

行政楼层是高星级酒店(通常为四星级以上)为了接待高档商务客人等高消费客人,为他们提供特殊的优质服务而专门设立的楼层。

行政楼层被誉为"店中店",通常隶属于前厅部。行政楼层的客人,通常不必在前台办理住宿登记手续,其住宿登记、结账等手续直接在行政楼层由专人负责办理,非常方便(见图4-8)。另外,在行政楼层通常还设有客人休息室、会客室、咖啡厅、报刊资料室、商务中心等。因此,行政楼层集酒店的前厅登记、结账、餐饮、商务等服务于一身,为商务客人提供更为温馨的环境和各种便利,让客人享受更加优质的服务。

图4-8 设于行政楼层的小型接待台(客人可坐下悠闲地办理接待手续)(刘伟 摄)

由于行政楼层为客人提供了更加周到的服务,而且很多服务项目是免费的,如免费洗衣、熨衣,免费早餐和下午的鸡尾酒会,全天免费享用咖啡和茶,以及每天2小时免费使用会客室,等等,所以,行政楼层的房价一般要高出普通房价的20%~50%。

一、行政楼层员工的素质要求

为了向行政楼层客人提供更加优质的服务,行政楼层员工,无论是管理人员还是服务人员,都必须具备很高的素质。

(1)气质高雅,有良好的外部形象(见图4-9)。

图4-9 免费为客人提供餐饮服务的行政酒廊员工(刘伟 摄)

（2）工作耐心细致，诚实可靠，礼貌待人。

（3）知识面宽，有扎实的文化功底和专业素质。

（4）熟练掌握行政楼层各项服务程序和工作标准。

（5）英语口语表达流利，英文书写能力达到高级水平。

（6）具备多年酒店前厅、餐饮部门的服务或管理工作经验，掌握接待、账务、餐饮、商务等的服务技巧。

（7）有较强的合作精神和协调能力，能够与各业务部门协调配合。

（8）善于与客人交往，掌握处理客人投诉的技巧。

二、行政楼层员工的职务说明书

大型酒店（500间以上客房）的行政楼层可设经理、主管、领班三个管理层级，而中小型酒店只需设经理（或主管）一个管理层级即可。

（一）行政楼层经理

以下是行政楼层经理的职务说明书。

行政楼层经理

直接上级：前厅部经理

直接下属：行政楼层主管

岗位职责：全面负责对行政楼层所属员工的日常培训和督导工作，确保为住在行政楼层的客人提供高效率的优质服务。

（1）掌握与行政楼层有关的各种信息，掌握客房的状态和客人的情况。

（2）组织迎接所有住在行政楼层的客人。

（3）检查下属的工作准备情况。

（4）与销售部沟通信息，协调工作。

（5）与餐饮部沟通协调有关行政楼层所涉及的餐饮问题。

（6）与工程部协调，确保设备设施时刻处于良好状态。

（7）与客房部保持联系，确保为客人提供高标准的优质服务。

（8）与采购部协调，确保酒单及酒水的供应。

（9）处理客人的投诉及紧急情况。

（10）主持班前、班后的例会。

（11）督导员工的培训，定期对下属进行工作绩效评估。

（二）行政楼层主管

以下是行政楼层主管的职务说明书。

行政楼层主管

直接上级：行政楼层经理

直接下属：行政楼层领班

岗位职责：协助行政楼层经理管理并督导下属的工作。

(1) 了解有关行政楼层的各种信息、客房的状态及客人的情况。
(2) 检查出勤情况及员工的仪容仪表。
(3) 安排下属的班次，布置任务。
(4) 检查接待员、服务员的工作程序和标准。
(5) 直接参与迎送所有住行政楼层的客人，为客人提供入住、结账、餐饮及商务服务。
(6) 与管家部、行李房、采购供应部、计财部、销售部、餐饮部、工程部保持联系，协调合作。
(7) 处理客人投诉及紧急情况。
(8) 行政楼层经理不在时主持例会。
(9) 组织并实施对下属的培训。
(10) 完成行政楼层经理指派的工作。
(11) 合理分配员工工作，并对员工的工作进行评估。
(12) 了解市场和客人的需求。

（三）行政楼层领班

以下是行政楼层领班的职务说明书。

行政楼层领班

直接上级：行政楼层主管
直接下属：行政楼层接待员
岗位职责：协助行政楼层经理及主管做好服务接待工作。
(1) 了解客人、客房的情况及有关的信息。
(2) 做好客人到店前的准备工作。
(3) 迎接到店的客人并介绍行政楼层提供的服务项目及设备、设施的用法。
(4) 组织并为客人提供早餐、下午茶和鸡尾酒服务。
(5) 检查客房状态，督导员工做好休息厅清扫工作，保持其清洁卫生。
(6) 保管好各类物品。
(7) 提出每周的酒类库存及每日鲜花、水果采购申请。
(8) 完成经理或主管分派的其他工作。

（四）行政楼层接待员

以下是行政楼层接待员的职务说明书。

行政楼层接待员

直接上级：行政楼层领班
直接下属：无
岗位职责：为行政楼层客人提供高效、优质服务。
(1) 每日检查预抵、预离客人的名单、贵宾名单、房间数和一些特殊的要求。做入住登记准备工作、打印表格。

(2) 当客人到来时,准确、礼貌地问候客人。
(3) 客人登记进入房间后,热情地问候客人,并向客人介绍房间的设施及服务项目。
(4) 为客人提供欢迎茶。
(5) 将每个客人的具体情况录入电脑,以了解客人的特殊要求。
(6) 把所有客人投诉反映给主管。
(7) 保证所有设施、设备和器具处于良好状态。
(8) 与所有行政楼层人员保持有效的联系并在交班日志上做精确的记录。
(9) 与管家部保持联系,确保行政楼层公共区域处于最佳状态。
(10) 协助经理、主管准备账单,结账。安排交通工具送别。
(11) 负责早餐、下午茶、鸡尾酒服务工作。
(12) 为客人提供熨衣及会议、商务等服务。
(13) 在班次结束后,与下一班做好交接工作。

三、行政楼层的日常工作流程

(1) 7:00,行政楼层接待员到前厅签到;与夜班人员交接班。
(2) 7:00~7:30,查看房间状况报表,包括当日到店客人名单、在店客人名单,以便对当日离店客人做好相应服务。行政楼层当班人员按职责分工完成以下工作。
① A 组负责接待、收银、商务中心等工作。
② B 组负责准备早餐、送鲜花、送水果工作。
(3) 准备鲜花、水果。检查前一天夜班准备的总经理欢迎卡、行政楼层欢迎卡,根据当日到店客人名单逐一核对。鲜花、水果及两张欢迎卡在客人到店之前送入预分好的房间内。
(4) 7:00~10:00,早餐服务。早餐后开当日例会,由主管传达酒店信息及酒店近期重要活动。
(5) 为到店客人办理入住手续及呈送欢迎茶,为离店客人办理结账手续并与客人道别。
(6) 检查客人是否需要熨衣、商务秘书等服务,随时为客人提供主动的帮助,并告知哪些服务是免费的。A 组、B 组员工要根据当时的情况互相帮助,相互配合。
(7) 10:00~15:00,查房并将鲜花、水果、欢迎卡送入每个预计到店的客人房间。
(8) 13:30,中班人员报到,打印报表(内容同早班)、检查房间卫生及维修工作。15:30,早班、中班人员交接班。B 组接待员负责下午茶和鸡尾酒服务(见图 4-10)。中班人员还要做第二天的准备工作,如打印第二天的欢迎卡、申领水果和酒水等。
(9) 夜班时,前厅部、客房部将代理行政楼层的服务工作。

四、行政楼层客人入住服务程序

(1) 当客人走出电梯后,微笑地迎接客人,自我介绍,陪同客人的大堂副理或销售经理回到本岗。

图 4-10　入住行政楼层的客人在"Happy Hour"免费享用下午茶和鸡尾酒（刘伟　摄）

（2）在行政楼层接待台前请客人坐下。

（3）替客人填写登记卡，请客人签名确认，注意检查客人身份证、护照、付款方式、离店日期与时间。

（4）在客人办理入住登记过程中呈送欢迎茶。此时，应称呼客人姓名，并介绍自己，同时将热毛巾和茶水送到客人面前。如果客人是回头客，应欢迎客人再次光临。要求整个过程不超过5分钟。

（5）在送客人进房间之前应介绍行政楼层的设施与服务，包括早餐时间、下午茶时间、鸡尾酒时间、图书报刊赠阅服务、会议服务、免费熨衣服务、委托代办服务、擦鞋服务等。

（6）在客人左前一步引领客人进房间，与客人交谈，看能否给客人更多的帮助。

（7）将房卡与欢迎卡一同交给客人，介绍房间设施，并预祝客人住店愉快。

（8）通知前厅行李员根据行李卡号和房间号在10分钟之内将行李送到客人房间。

（9）在早餐、下午茶、鸡尾酒服务时间，接待员应主动邀请新入住的客人参加。

资料：洲际大酒店行政楼层的服务项目

第五节　提高前厅部服务质量的途径

一、做好前厅部员工的待客礼貌培训

酒店业属于"款待业"，而前厅部是酒店迎送客人的基地，与客人接触的机会最多，同时也是给客人留下第一印象和最后印象的地方，因此，做好对前厅员工待客礼貌的培训显得尤为重要。

前厅部员工待客礼貌培训的主要目标是让前厅接待人员掌握"八项基本服务技能",如表4-2所示。

表4-2 前厅接待人员所需掌握的"八项基本服务技能"

项目	服务技能
1. 关注客人	■ 聆听 ■ 使用积极的身体语言 ■ 避免使用消极的身体语言 ■ 保持目光交流 ■ 微笑 ■ 认知 ■ 用愉悦的音调讲话 ■ 捕捉服务线索
2. 提供高效服务	■ 尽快转向下一位客人 ■ 花足够的时间保证准确性 ■ 将闲聊降至最低限度 ■ 提前计划 ■ 跟进 ■ 主动提供选择 ■ 回答客人的问题
3. 增强客人的自尊感	■ 客人出现时立刻认出 ■ 使用姓氏称呼客人 ■ 称赞客人 ■ 把客人当成人对待
4. 建立融洽关系	■ 聆听,切忌打断客人 ■ 道歉,并用带感情色彩的字眼表示理解客人的感受 ■ 等客人作出反应后着手解决问题
5. 提供释疑及咨询服务	■ 解答客人问题 ■ 主动提供选择及说明缘由,以使客人满意
6. 明确客人需求	■ 提出适当的问题 ■ 就客人所说作简洁小结
7. 推介酒店服务项目	■ 根据客人的具体情况,向客人推介酒店服务项目 ■ 让客人满意,使酒店增收
8. 委托/转托他人处理	■ 明白要求后,解释别的同事能更好地帮助客人 ■ 将客人介绍给所提到的那个部门的同事,并用客人的口吻将需要委托/转托的事简单告诉那位同事

二、掌握与客人沟通的技巧

（一）多行注目礼

客人进入酒店大堂朝前台走来，就是接待人员意识到为客人提供服务并从内心引起足够重视的时候。表达重视的方式是内晓房态，外行注目礼。内晓房态指在客人询问之前，对现实房态了然于胸；外行注目礼就是面带微笑，眼神亲和地看着客人走向自己。一味地盯着客人看是一大忌，那样会自感吃力，也会让客人感到不自在。恰当的对视时长自双方对视时算起，应不足10秒，大致分配为与客人对视6秒，间断游离4秒。当然这个时长也不是绝对的，还要视大门与服务台的距离而定。进店注目礼行至客人站在接待人员面前时结束。离店注目礼为客人办理离店手续走出大门时所行。行离店注目礼一定要专注，目光不要游离，不要分心，要让客人感觉你一直在目送他。如果客人回头，除了仍旧微笑着注视他，还要配一个点头致意，道一声"您慢走"。有时给客人行离店注目礼比行进店注目礼还重要，因为它渗透了更多的情感因素，令客人难以忘怀。小小的注目礼代表着一家酒店对客人诚心的尊重。

（二）微笑要自然

酒店向客人提供的服务应该是规范化、程序化的，每个酒店前台的岗位都有具体的操作流程，如果不论具体情况，一味要求接待人员按流程操作，有时候会适得其反。大家可能都有这样的经历：当我们走进一家酒店准备就餐时，迎宾员为我们拉开门，接着，一排接待人员面无表情地同时向我们高喊"欢迎光临"，甚至眼睛都不瞟我们一下，这时我们冷不丁会被吓一跳，不认为自己受到了欢迎。接待人员都是严格按要求操作的，但因为少了真诚和微笑，给人的感觉就大不一样。所以，自然的微笑有时候比程式化的流程更有亲和力。客人谈着话进门时，一个自然、亲切的微笑，再加上点头致意，比硬生生地打断客人的话头要强；熟客登门，不必总是说"您好，欢迎光临"，呈上自然的微笑和问候，像迎接多年不见的朋友，会给其更加亲切的感受，如图4-11所示。

图4-11 作为"中国服务"代表的广州从化碧水湾温泉度假村前台接待人员的亲情化服务：发自内心的、真诚的碧水湾式的微笑（图片由碧水湾温泉度假村提供）

（三）多说欢迎语和祝福语

一句非常简单的"Welcome to our hotel"，能使客人在异国他乡倍感亲切，再来一句"Wish you a most pleasant stay in our hotel"可以立马使客人放松身心，乐于与前台接待人员沟通。而许多接待人员在客人到达时，马上找出预订单，从客人呈上护照（或身份证）到登记、开房卡，直到客人离开前台进房间，一气呵成，可以说轻车熟路，虽然双方意思非常明确，但怎么也体现不出接待人员的热情，达不到星级酒店的要求。尽管在这一环节一般不会出现什么差错，但接待人员一定要注意多说欢迎语和祝福语，如"Very glad to meet you here.""I hope you will enjoy your stay with us.""Have a good time！"另外，外国人注重礼貌和话语婉转，前台接待人员应该多用礼貌用语和注意含蓄，如"Please""Excuse me""May I…""Could you…"。

前台接待人员在接待过程中使用欢迎语和祝福语时，还要注意要因人而异，因情境而变，如果对所有客人在任何时候都采用程式化的欢迎语与祝福语，会事与愿违，招致客人的不满。酒店应培训和教育前台接待人员做"百灵鸟"，不要"鹦鹉学舌"。

【经典案例】

要做"百灵鸟"，不要"鹦鹉学舌"

A 酒店的常住客李先生很少在 A 酒店用餐，总是步行到酒店对面的一家酒楼用餐。A 酒店的大堂副理得知这个情况后，亲自去拜访李先生，问其原委。李先生说："酒店的服务员是'鹦鹉'，每次见到我只会鹦鹉学舌地说：'您好''欢迎光临''这边请'。而对面酒楼的服务员是'百灵鸟'，我每次去总能听到曲目不同的悦耳歌声，有时是'李先生，欢迎您每天光临餐厅，我们感到非常荣幸'，有时是'李先生，今天我们给您留了以前的老位子'，这使我用餐时心情舒畅。"

B 酒店的常住客黄先生对 B 酒店服务员"机械式"的服务用语颇有怨言。有一次，黄先生结完账，前台收银员习惯性地说："谢谢，欢迎下次光临，请慢走，祝您一路顺风。"黄先生听后不高兴地说："我要赶飞机，怎么能慢走，更不能顺风！"还有一次，黄先生到 B 酒店前台办理入住手续，接待员小陈说："欢迎光临。"黄先生回敬道："光临、光临，怎么不光临呢？"小陈是个善于思考的员工，她从黄先生的话语中感受到他对这种老套欢迎词的不满。不久，小陈再次遇到黄先生办理入住手续，她便送上一番吉祥的问候："黄先生，今天您满面春风，一定是遇到了高兴的事……"黄先生听了后，表情非常满意，边登记边跟小陈聊了起来……

（四）主动交流，恰当搭讪

适时、得体的言行会减少客人等待的焦急感，更重要的是让客人感觉到酒店对自己的关照和重视。

主动交流是指客人在办理手续过程中前台接待人员（包括行李员、收银员）打破冷场局面，让客人不至于无聊的一种行为。通常情况下，客人在办理入住手续的过程中只是静静地等待，这其实不是客人自身希望的。本地风土人情、商务环境等，都是客人希望从交流中得知的。前台接待人员作为酒店与客人的第一接触人，理应担起这份义务。

另外，当客人退房时，很多酒店都要进行查房，如遇忙时，查房时间会稍长一些，在客人烦躁地等待查房结束之时，一味地说"请稍等""对不起"对客人起不到安抚的作用。这时候，前台接待人员可以适当地和客人搭讪，以缓解客人焦急的情绪，体现更人性化的服务。比如，对穿着体面的女士，可以夸赞她的衣服好看；对外地的客人可以简单介绍本地的旅游景点；还可以根据天气情况提醒客人应注意的细节；等等。当然，这些搭讪的话语一定要真诚、自然、亲切，让客人易于接受，否则会适得其反，引起客人的反感。

（五）见面熟

前台接待人员要记住一句话："一回生二回熟，三回四回成朋友。"在客人第二次入住时，接待人员就像老朋友似的打招呼："×先生，您好，很高兴又能为您服务。"此话一出，客人哪有不高兴之理？接待人员要亲近客人，打动客人，让他们觉得很有面子，要千方百计地熟记客人的体貌特征、习惯嗜好、姓名职位等，只有

资料：摸一下自己的脸

把他们当老朋友一样看待,他们才愿意回头,才愿意消费。道理很简单,前台接待人员需要去明了,去体会,去实践,去锻炼提高自己与客人见面熟的功夫。

(六)征求客人的反馈意见

征求客人的反馈意见非常重要,比如,"您住得习惯吗?还有哪些需要我们改正?您还会再来吗?大概在什么时间?需要我们做什么准备?"当然,征求意见的前提是客人乐于反馈。前台接待人员将获取的信息资料留存,再与销售部配合跟踪,体现出酒店欢迎客人的一种态度。

(七)注重细节服务

注重个性化服务和细节服务,是提高前台服务质量、体现酒店特色的重要途径。合肥外商国际俱乐部酒店要求每位员工对重要会议的内容、行程安排、贵宾的姓名、具体抵离店日期等都熟记于胸。会议报到前两天,所有员工都可以随口报出贵宾的房号及如何称呼他们。工作人员亲切的礼宾服务及快捷的入住手续办理首先给客人们留下了美好的第一印象。例如,某位章先生进入房间后准备打电话给酒店服务中心咨询事情,没想到电话刚一拨通,话筒里立即传来接线员的声音:"章先生您好,有什么需要服务的吗?"刚一进酒店服务人员就能以姓氏称呼他,这让他感到十分亲切与惊喜。

三、加快办理入住登记手续的速度

办理入住登记手续的速度是体现酒店服务质量和服务标准的重要环节,每一家酒店都在力图提高前台入住登记工作的效率,减少客人的等候时间。

加快办理客人入住登记手续速度的方法不外乎三种。

(1)提高前台接待人员的服务技能和工作效率。

(2)采用电脑自助登记系统。

(3)改善工作流程。如为了尽快让有预订的客人入住,应该在客人抵店前做好相关的准备工作,如预先打印好入住登记表、制好电子钥匙,准备好欢迎卡或房卡、早餐券等。另外,为了加速登记过程,在接待客人填写客单时,通常只填写客人姓名、房号等基本资料,待客人入住后,再补充输入客人的完整资料。

四、为客人提供"快捷结账"服务

不排队、不等候,尽快办理结账手续,是每个准备离店客人的期望。除了提高工作效率,在最短的时间内为客人办理结账手续,很多高档酒店开始为酒店常客及会员客人等提供"快捷结账"服务。客人结账时只需将房卡交给酒店收银员或放在固定的盒子里,即可离店,后续的结账工作由收银员完成,如图4-12所示。

五、妥善处理前台接待中的常见问题

在前台接待工作中,常常会遇到下列情况,要求接待人员妥善处理。

(一)预订引出的麻烦

接待预订客人时,可能会遇到下列情况,应灵活处理。

图 4-12 "白金五星"广州花园酒店：客人只要将房卡交给在酒店大堂巡视的"花园白金大使"即可离店，实现快速退房（刘伟 摄）

1. 当天的预订单上并没有该客人的名字

出现这种情况的可能原因有两种：一是客人没有预订；二是预订员或接待人员出现工作疏忽。无论出于哪种原因，如有空房应尽量满足客人的需要。如已客满，可请客人出示酒店发出的确认函，如果客人有确认函，则向客人表示歉意，同时为客人提供一间价格稍高于客人所预订房间的客房，并告诉客人，高出的房价由酒店承担，不用客人支付。如果高档客房已售完，则可将稍低档次的客房以优惠价格出租给客人。假如本酒店已无空房，则可将客人介绍到其他同档次的酒店，其处理方法与前面章节中所讲"超额预订"的处理方法相同。

如客人没有确认函，应向客人解释清楚，并表示歉意，同时为客人在附近同等级的酒店找一间客房。

2. 预订信息的确储存了，但同等价格的客房已没有了

这种情况与上述客人有酒店的确认函，但"当天的预订单上并没有该客人的名字"的处理方法相同。

3. 停留天数与预订的不符

预订客人抵店登记时，一定要获得客人对离店日期的确认。假如客人提出的离店日期与其最初预订的不同，而那时酒店已客满，可告诉客人："等过两天再看看，有些客人可能会提前离店，那样您就可以保留房间了。"

4. 预订客人提前抵店

酒店一般规定中午 12 点为结账离店时间，如果预订客人在此之前抵店，这时应向其解释清楚，并建议其在大堂等候，或把行李留在酒店，先去咖啡厅喝杯咖啡或出去散散步。但如果是贵宾或特别难缠的客人，可以建议他们先在另一间客房等候，不过另一间客房的标准不应高于所预订或分配房间的标准，以免使客人住进"他的"房间时产生失落感。

如果客人在深夜抵店，并住进客房，可加收半天房费。

（二）客人不愿登记

有些客人由于怕麻烦、为了保密、为了显示自己作为常客等的特殊身份和地位，住店时不愿登记。这时，接待人员应耐心地向客人解释填写住宿登记表的必要性。如果客人有顾虑，

怕住店期间被打扰，而不愿他人知其姓名、房号或其他信息，则可以告诉客人，酒店可以将客人的这一要求输入电脑或记录下来，通知有关接待人员，保证客人不被打扰。

（三）客人进房间时，发现房间已有人占用

此时，应立即向客人道歉，承认属于工作的疏忽，同时，带客人到大堂或咖啡厅，等候重新安排客房。此时应为客人送上一杯茶（或咖啡），以消除其烦恼。等房间分好后，接待员或行李员亲自带客人进房。

（四）访客找住客

查到房号后，应先与住客进行电话联系，征得住客的同意后，再告诉访客"客人在××房间等候"。

（五）旅游旺季，住店客人要求延住

旅游旺季，住店客人要求延住，而当天酒店已订满，遇到这种情况，接待人员应妥善处理，以免得罪客人。

（1）向客人解释酒店的难处，取得客人的谅解，为其联系其他酒店。

（2）如果客人不肯离开，接待人员应立即通知预订部，为即将到店的客人另寻房间。如实在无房，应为即将到店的客人联系其他酒店。

总之，处理这类问题的原则是：宁可让即将到店的客人住别的酒店，也不能赶走已住店的客人。

（六）同时服务多位客人

（1）尽快招呼等候的客人。

（2）为第一位客人服务一段时间后询问第二位客人能为其提供何种帮助。

（3）对第二位客人的要求作出反应，然后在适当的时候再服务第一位客人。

（4）在客人们之间穿梭服务，直到服务结束。

（七）处理有争议的账单

（1）聆听，切忌打断客人，要作出同情的反应。

（2）从客人处获取所需要的任何信息。

（3）解释收费原因，可能的话，出示恰当的收据。

（4）如客人表示满意，继续结账。

（5）如客人仍不满意，用客人的口吻对问题做小结，并转报给直接上级或经理。

（八）处理延误事宜

（1）聆听，切忌打断客人的投诉。

（2）用客人的口吻对问题进行小结，并作出同情的反应。

（3）解释延误的原因。

（4）告诉客人将采取何种行动去帮助其解决问题。

（5）跟进，并将事情的进展随时通报给客人。

（九）接待急躁的客人

（1）招呼客人并对延误表示歉意。

（2）告诉客人会尽快为其服务。

（3）尽快、高效地处理目前的事务，并在必要时反复安抚急躁的客人。

（4）对客人的等候表示感谢，并尽快提供服务。

（5）再次对客人表示感谢（尽可能用姓氏称呼），并就所造成的不便表示歉意。

（十）接待要求多的客人

（1）聆听客人要求，适当时进行小结。

（2）尽快满足客人的要求。

（3）如客人不满意，道歉并提出某些选择性建议。

（4）将此次服务过程中的特别之处及客人的要求告知直接上级或经理。

（十一）妥善处理客人的投诉

（1）快速道歉以维护客人的自尊。

（2）聆听，切忌打断客人；弄清问题并注意客人的情绪，必要时拿笔纸记录，以示重视。

（3）用客人的口吻简单小结问题，以建立盟友关系。

（4）征询客人解决问题的意见，并解释自己所能做的及所不能做的，与客人达成一致。

（5）告诉客人将按所要求的行动，并立刻行动。

（6）如无法达成一致，告诉客人将请直接上级或经理来，并立刻行动。

（7）跟进处理情况，并随时知会客人直到客人满意。

（8）用客人的口吻将投诉告诉直接上级或经理，提及问题解决过程，以便上级酌情处理；与上级一道去见客人并作介绍，然后告退。

（9）始终保持礼貌的态度。

// 本 章 小 结 //

■ 前台接待工作最基本的要求是热情、礼貌、高效、准确。前台的管理工作也是围绕这些要求进行的。要做到这一点，前台员工要比其他部门员工具有更高的素质，如良好的外部形象、流利的外语水平和语言表达能力、细心的工作作风，还要做好与其他部门特别是客房部、销售部的沟通。

■ 行政楼层是酒店的"店内店"，是为了满足酒店高端客人的需求而设立的，除了有更好的设施，还提供更好的服务。

■ 行政楼层一般隶属前厅部，由前厅部负责接待和管理工作。

■ 销售客房是酒店前台接待人员的主要任务之一。前台销售工作的目标有两个：一是提高客房的利用率；二是使客人满意。为实现目标，前台接待人员必须掌握必要的销售技巧。

■ 为客人安排房间，要讲究客房分配的艺术。

■ 前台员工提高服务质量的途径是礼貌待客、高效服务、掌握服务技能和技巧，妥善处理前厅部的常见问题。

// 课 堂 讨 论 //

某星级宾馆大堂，三三两两的客人在办理退房手续。这时，一位西装笔挺的中年男士快步来到前台。"陈先生，您好！"前台接待员小李热情地与他打招呼。陈先生边点头示意边接听电话："好，我马上让人给您打个折扣，您放心吧！"陈先生挂了电话，笑着对接待员说："小李，我的客户顾先生住在你们宾馆1818房，按给我的折扣给他打五折，由我来签单吧！"

前台的小李一听，忙查询电脑，果真发现1818房的住客姓顾，是昨晚住进来的，客人还说要找人帮他打个较优惠的折扣，没想到他是陈先生的客户。小李看过顾先生的开房单后说："陈先生，您的客户顾先生是昨晚入住的，当时他就说要找人帮他打折，但我们一直等到零点还没见有人过来或打电话给我们通知要打折，我们已给他打了八折，且已算了一天的房费。"

陈先生一听，忙问："算了一天的房费？那你能不能把昨天的房费按给我的优惠价五折减免？"小李微笑着说："不好意思，陈先生，房费已录入电脑，我们的房费报表已制好，不能再改了，我们只能从今天开始按给您的优惠价给您的客户顾先生打五折，您看行吗？"陈先生一听，马上不高兴地说："那怎么行，我昨晚已接到顾先生的电话，答应要让人给他打五折的，可是我一时疏忽把这事给忘了。今天他打电话给我时，我才想起这事。我也是你们的老客户了，你们就通融一下吧。"

小李还是摇摇头说："对不起，陈先生，我没有这个权限，帮不了您的忙。"陈先生低头想了一下，说："这样吧，我也不为难你，改六折行吧？"小李还是摇摇头说不行。"那七折总该行了吧？我经常介绍客户或朋友到你们宾馆来住宿，这个面子总该给我吧？"小李说："陈先生，对不起，房费已录入报表是不能减免的。"陈先生一听，脸色一沉，冲小李摆摆手，然后拿出手机拨通电话："顾先生，您马上来退房，我们不住这儿了，以后再也不来这家宾馆了，对，我再给您联系另外一家宾馆……"

问题：接待员小李这样处理是否妥当？如果是你，应该如何处理？

// 思 考 题 //

1. 简述前台接待业务的流程。
2. 简述前台销售的艺术。
3. 如何为客人进行客房分配？
4. 什么是行政楼层？
5. 前台接待工作中经常出现的问题有哪些？如何解决？
6. 如何提高前台服务质量？

// 知 识 拓 展 //

一天傍晚某酒店前台中班员工快下班的时候，酒店大堂正门外的广场上来了三辆坐满客人的大客车，是该酒店派去机场接一个会议团的（虽然按照预订，应该明天这个时候到达，但是当天计划临时变更，到达时间提前一天），随后一大群人乱哄哄地从大客车上下来，拥到前厅，争先恐后地去前台办理入住登记手续，场面乱得仿佛爆发了世界大战。

当时前厅部经理已经下班，还未下班的前台经理得知此事，赶忙从后区办公室冲去前台，帮助前台员工一起办理入住登记手续。

那么，上面这种情况可以避免吗？如果你是前厅部经理，在第二天得知此事后，你会怎么想？你觉得哪里出了问题才引发这种情况呢？

评析：

第一，既然"迎宾车"是酒店自己派出去的，酒店一定知道临时改变了到达时间，隶属前厅部的礼宾部经理或者当值领班，就应该第一时间向前厅部经理（或前厅部副经理）汇报，并通知预订部、前台，最好当客人在机场上车后，打电话与各相关部门确认。在客人到达时，如果没有贵宾，可以不用通知值班经理（如果有，另当别论，当然也看贵宾的级别是否需要通知值班经理）。如果是一般的团队，那么通知前厅部副经理就可以了。礼宾部要做的准备工作有很多，其中有一项工作一定要做，那就是通知开"迎宾车"的司机有关事项。在上述情况中，通知第一辆车司机按照正常速度开，或者适当开快一点；通知第二辆车司机稍微慢点开，与第一辆车适当拉开距离；通知第三辆车司机开得更慢一些，方便的话，可以顺路绕个小圈子，把到店时间错开。

第二，在三辆大客车同时到达，客人一拥而至的情况下，前台经理不应该去帮忙办理入住登记手续，而应该做好协调工作。假设前厅部副经理在忙别的区域的工作，前台经理应该立刻与前厅部副经理联系，并告知相关情况。前厅部副经理如果可以放下手头的事情，应立刻赶赴大堂；如果前厅部副经理手头的工作不能立即放下，那么前台经理就要做更多的协调工作。比如，协调礼宾部的行李员，把客人的大件行李先搬至其预订房间所在楼层集中放置，避免大量的行李堆积在大堂；与团队负责人协调，安排客人分批去酒店的餐厅用餐（要记住，每一个酒店员工都可以做销售），如果客人不需要用餐，可以安排其去大堂的酒吧坐坐（这也可能有所赢利）。其实，这里的促进销售只是次要任务，关键是别让大堂里的积留人员过多，"多则杂，杂则乱"。另外，还可以安排前厅部的其他部门员工带客人去别的区域参观，比如，如果酒店有宾客关系主任，可以安排宾客关系主任带部分客人去商场逛逛（目的是错开办理登记入住手续的时间）。如果没有宾客关系主任，可以让商场的员工来招揽客人。如果有前厅部副经理安排上述事情，前台经理就要做好前台事务的"督导"工作，如暂时免掉不重要的环节，尽快办理入住登记手续。

如果上述情况已经发生，那么该追究谁的责任？首先是前厅部经理。在培训上不到位，才会导致这种"低级错误"发生。其次是前台经理。前台经理没有掌握详尽的到客情况。再次是礼宾部当值负责人。其协调、应变能力不足，一样也要承担责任。另外，前厅部副经理如果知情，那么其也要承担责任；如果前厅部副经理在别的区域忙事情，不知情，那么"不知者无罪"。

酒店经理人对"经理的困惑"的答复

——前台员工忙于"工作"，无暇顾及客人怎么办？

姜东皓（北京中旅大厦客务部经理，北京客务经理协会理事）：

一直以来这其实是个很令人头疼的问题，我们先要冷静分析前台为什么忙。一个前台员工2小时内做了哪几项工作、完成了哪些要求，哪些是规定的程序、哪些是当时具体情况要求的事宜，速度、效率、标准怎样？客人感觉如何？哪些是客人很在意的，哪些是客人根本不关心的？员工是否疲劳，抗压能力如何？……做了这些方面的调查，再结合酒店的实际情况，我们可以发现是哪些因素造成了这种状况：是硬件落后还是员工素质低、能力差，因培训不到位而不知道该做什么、该怎么做，抑或是工作程序有问题？

其实最应做、最能做的就是工作程序的改进。许多酒店都分一线部门、二线部门，酒店的高管应当清楚，当客人站在前台接待面前时，其他的所有部门都应当是二线部门，这些部门的员工充当的是配合者的角色。前台员工一个工作日贡献的有效工作时间多少用在了和客人打招呼、问候、做问卷调查甚至是聊天上呢？跟前台工作密切相关的销售、客房、财务等部门能不能把非原则性的与前台有关的操作流程简化到最低限度呢？为了给前台员工节省1分钟与客人交流的时间，其他部门员工要多付出2分钟的工作时间。当然，前台员工必须清楚自己所从事的工作和角色，不能将忙碌作为降低标准和质量的借口，而应把忙碌当作锻炼自己各方面能力的好机会，发掘自己的潜质，努力成为精英分子，处理别人处理不了的问题，克服别人克服不了的困难，以眼观六路、耳听八方为标准，达到游刃有余、心如止水的境界。

许雁醒（浙江海德华美达酒店前厅部经理）：

按照行业规范，前台员工在忙碌的时候，对于在前台等待的客人要示意稍等，并且表示歉意。大厅的工作人员除了前台员工，还有大堂副理、首席礼宾司、宾客关系主任等一线服务人员。在入住高峰期，应安排相应的人手在现场服务客人。在前台员工忙碌时，大堂的其他服务人员应及时与客人交流，为其提供帮助，尽可能地简化登记手续，提高前台员工的接待效率。即便在非常忙碌的时候，前台员工也要微笑着与客人交流，不可出现冷落客人的现象。

第五章　收银业务管理

礼貌、高效、准确是前台收银工作的目标

收银业务主要是为客人、团体进行建立账户、收取押金、日常消费的记账、收款、结账等账务处理，覆盖客人预订、入住、在店、离店各个阶段与账务相关的工作。

收银工作细致、复杂，需要收银员高度认真负责。收银员每天负责审核和整理各业务部门收银员送来的客人消费账单，为离店客人办理结账退房手续，编制各种收银报表。

从业务性质来看，前台收银一般由财务部直管，但由于它处于接待客人的第一线，所以它又必须接受前厅部的指挥和管理。

学习目标

- 了解并掌握前台收银业务及有关账务的处理方法。
- 了解前台夜审业务的主要内容。
- 掌握防止客人逃账的技巧。

关键术语

结账　夜审　账单　财务报表

> **经理的困惑**
>
> ——住房客人不补交押金怎么办？
>
> 王先生是我们酒店的常客，其之前押金基本都及时交付，就算当时未能交付，之后也会补上。但自从今年年初长包一个房间后，王先生渐渐开始不及时交付押金，往往要前台催好几遍才肯交，而且每次都比应补足金额少一部分，每次都说他是长住客、熟客，不用担心他逃账。一两个月后该房间已差了好几千元。前台将情况报告给我，我作为前厅部经理，要求他们加大催款力度。但王先生此后常常半夜抵达，而且经常不是其本人入住，打其电话，又说要找总经理重新谈折扣，要不就说自己在外地有事，甚至在电话里指责酒店员工不信任他。由于我们是园林式酒店，其住房位置离前台比较远，而且属于老房，用的还是钥匙，无法刷卡封门。如此又一两个月过去了，其欠款已达上万元……
>
> 面对这样的客人，我们该怎么办？

第一节　前台收银业务

现代酒店前台收银业务通常由前台员工兼职办理。一般分为早、中、晚三个班次。通常早班从7点至15点，中班从15点到23点，夜班从23点到第二天7点。

一、收银业务的主要工作内容

前台收银业务的主要工作内容如图5-1所示。

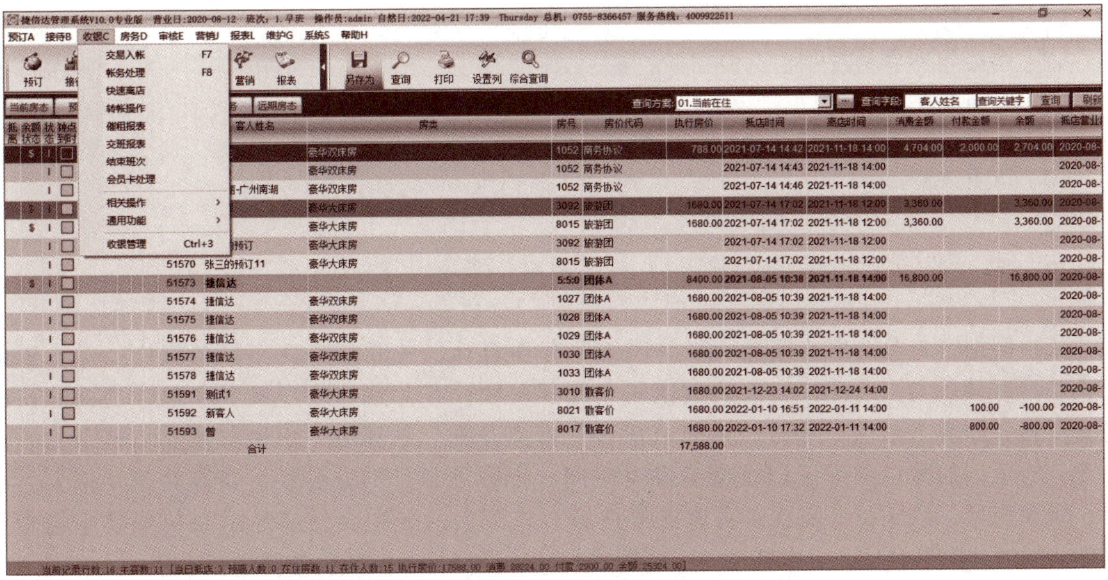

图5-1　前台收银业务的工作内容

二、账户

（一）账户的分类
账户分为如下类型。
(1) 客人账。
(2) 团体账。
(3) 工作账（非住店客人账）。
(4) 应收账（街账）。

（二）账户的状态
账户具有如下几种状态。
(1) 未开账户。
(2) 开账账户。
(3) 结账账户。
(4) 锁账账户。

（三）账户的关系
账户具有如下关系。
(1) 同住关系（同住主账、同住副账）。
(2) 关联关系（关联主账、关联副账）。
(3) 团体关系（团体主账、团体副账）。

（四）其他账户分类
其他账户有如下类型。
(1) 预订账户。
(2) 在住账户。
(3) 离店账户。
(4) 预计当天离店账户。
(5) 已结账未退房账户。
(6) 已退房未结账账户。
(7) 历史账户。

三、账户明细

账户明细窗口分为账户概要、账单明细、分项合计、关联账户四个区。其中，左上方的关联账户区显示与当前账户相关的其他账户及其余额；右上方的账户概要区包含当前账户的摘要资料，如客人姓名、账号、房号、房价、抵离日期、结算方、信用限额、借贷余额、备注等；右下方的账单明细区记录交易发生时间、记账项目、借方金额、贷方金额、摘要、单号、所属房号、收银员、班次、营业点等内容；左下方的分项合计区显示当前账单中消费和结算金额的分项目合计，点击其中一个分项目合计，可以显示该项目的明细交易记录。如图5-2所示。

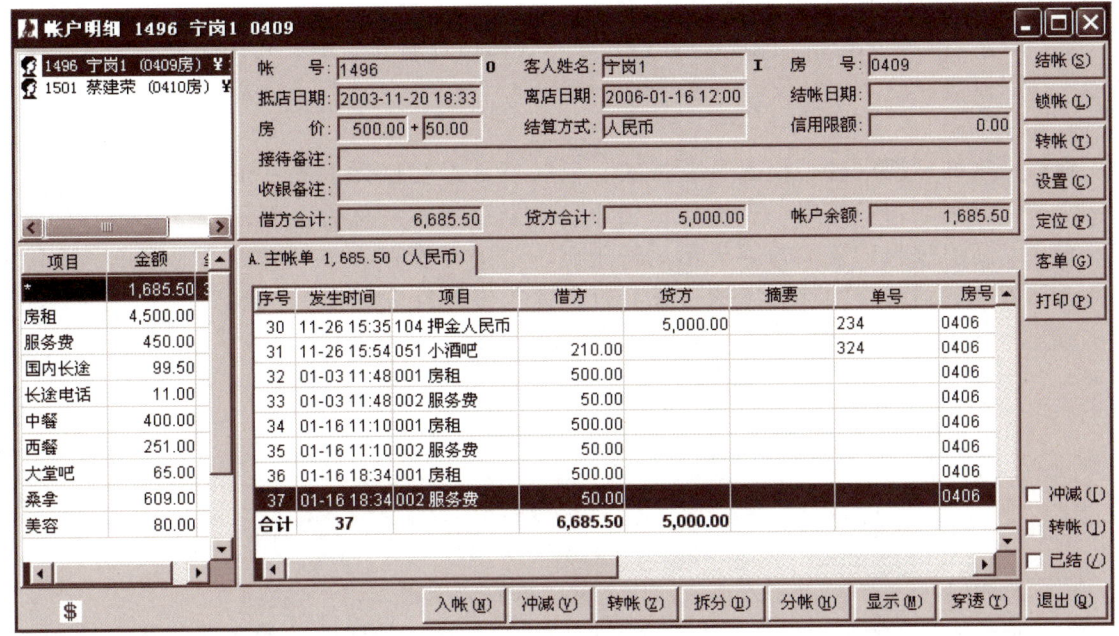

图 5-2 账户明细

窗口最右边是账户级的常用操作，最下边是账单和交易级的常用操作，下面分别说明其中一些操作的主要功能。

（1）入账。输入消费、结算的账目到账单中，在电脑化管理下，客账的入账通常分为电脑自动入账和手工入账两大类，房租、电话费、各联网收银点的挂账均由电脑自动记入前台客账。未联网收银点的客人消费（如洗衣房）、客人预订押金、结算付款的记录等一般由前台收银员手工录入。

（2）冲减。以一正一负来抵销错误的账目，并记录冲减审计痕迹，点击窗口右下方的"冲减"选项可以显示或隐藏冲减的记录，作为收银审计的冲减痕迹，原交易记录以红色显示并带删除线，冲减的负数记录以红色显示。

（3）转账。将当前账单中选中的交易记录转到选定的目标账户或账单。

（4）拆分。将一笔交易账目按指定比例或金额拆分为两笔记录。例如，同住客人分担房费，或部分结账。

四、其他账务

1. 开工作账

前台收银中除了客人账、团体账，还有酒店常用的"工作账"。工作账是为住店客人的接待单位（或个人）开立的账户，通常要与住店客人的账户建立关联。

2. 挂应收账

除了现金、信用卡、支票等即付方式，酒店还可以为签订合约的公司/旅行社提供挂账，再按协议周期结清。

3. 账户锁定(解锁)

账户锁定指临时冻结指定账户,并禁止录入、修改此账户资料,可用于欠费客人、疑点客人、结账退房等。

4. 收银审计

根据指定的日期时段、收银员、班次、记账项目,电脑会生成一张所有记账项目的收银汇总表。然后收银员可以手工输入根据原始单据按项目汇总的金额,并与电脑汇总数据对比差额。所有项目的差额为零表示记账正确;否则可能有入账时有漏单或重单、输错金额等差错发生,需要详细检查审核,最后打印此收银审计表,作为收银员换班时的交班报表之一。

第二节　结账业务管理

结账业务(Check Out)是客人离店前所接受的最后一项服务。

为了不影响客人的事务,给客人留下良好的最后印象,结账业务的办理要迅速,一般要求3~5分钟完成。

一、结账退房流程

标准结账退房流程包括检查客人留言、租用物品、遗留物品、租用保险箱的情况,加收日租,账单平账,打印账单,结账,退房,征求客人意见,告别,等等。掌握结账退房流程有助于加快离店手续的办理速度,避免遗漏,如图5-3所示。

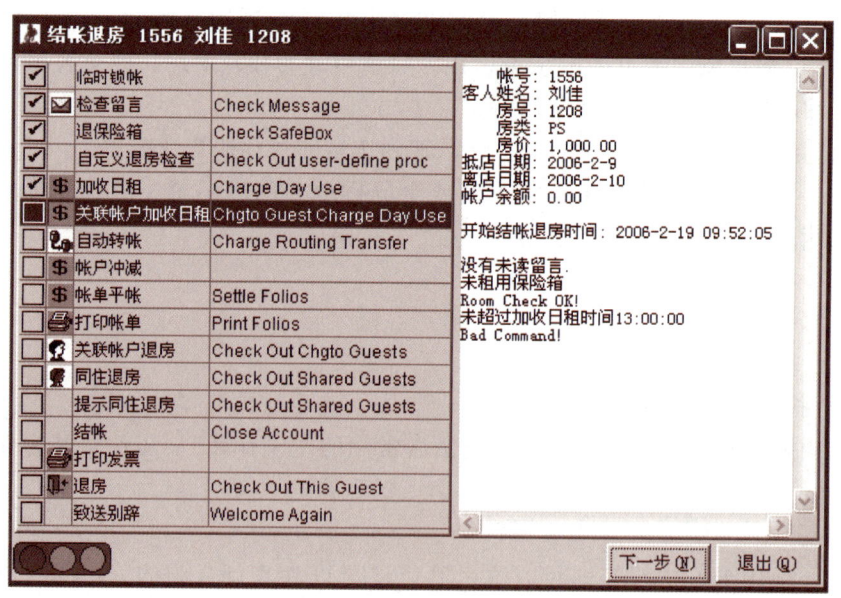

图5-3　结账退房流程

（1）检查留言。如果客人有未传递的留言，系统会自动弹出客人的留言。

（2）退保险箱。如果客人租用了酒店的保险箱，系统会提示退还保险箱。

（3）加收日租。如果客人退房的时间超过了酒店规定的时间（一般为中午12点），系统会自动弹出加收半天日租或全天日租的入账画面，收银员只要加以确认即可。

（4）自动转账。如果此客人账户定义了转账指令，指定某些项目的费用需要转到其他账户，或者其他客人的转账指令指定转入此客人的账户，系统会自动执行这些转入、转出的指令，自动完成转账。

（5）账单平账。平账就是以各种结算方式支付客人尚欠酒店的款项余额。如果客账有多处分账单，可以采取不同的付款方式。

（6）打印账单。账单打印界面如图5-4所示。

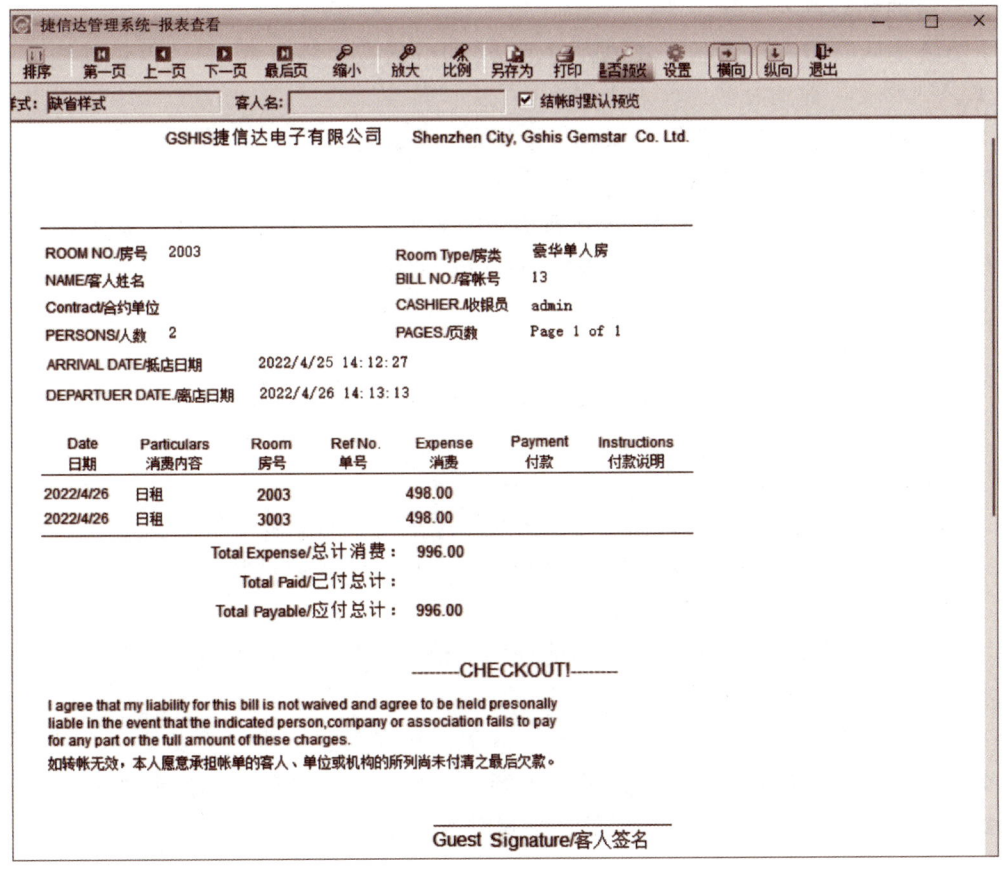

图5-4 账单打印界面

（7）结账。账户已结平并打印账单后，即可结账。

（8）打印发票。

（9）退房。

（10）送别。

对于团体结账，先在电脑上进行团体自动转账操作，使所有平账的团员自动结账退房，然后循环处理没有平账的团员，最后处理团体主账。

二、办理结账业务时的注意事项

（一）散客结账时的注意事项

（1）客人结账时，要注意收回房卡。如客人暂不交房卡，在通知楼层客人结账时，提醒服务员收回房卡，并记下楼层接话人工号。

（2）通知楼层服务员迅速检查客房，以免发生客人遗留物品、房间物品丢失或损坏现象。为了提高工作效率，同时防止当着客人面打电话要求客房服务员"查房"而引起客人不悦，很多酒店的电脑管理系统中都有这样一个功能：收银员输入电脑房号结账，信号会发送到房务中心（声音提醒），房务中心值班人员当即通知楼层服务员查房，楼层再报房务中心，由房务中心把查房的结果输入电脑。

（3）委婉地问明客人是否还有其他临时消费（如电话费、早餐费等），以免漏账，给酒店造成损失。

（4）注意做好"验卡"工作。如果客人使用信用卡结账，则应注意如下事项。

① 检查客人信用卡的安全性。

② 辨别信用卡的真伪。检查信用卡外观是否完整无缺，有无任何挖补、涂改的痕迹；检查防伪反光标记的状况；检查信用卡号码是否有改动的痕迹。

③ 检查信用卡的有效日期及适用范围。

④ 检查信用卡号码是否在被取消名单之列。

⑤ 检查持卡人的消费总额是否超过该信用卡的最高限额。如超过规定限额，应向银行申请授权。

（5）如果客人用支票结算，则注意如下事项。

① 检查支票的真伪。注意辨别银行已发出通知停止使用的旧版转账支票。

② 检查支票是否过期（在签发日期五日内有效）、金额是否超过其限额。

③ 检查支票上的印鉴是否清晰、完整。

④ 在支票背面请客人留下联系电话和地址，并请客人签名，如有怀疑请及时与出票单位联系核实，必要时请当班主管人员解决。

（6）接受客人信用卡或现金时，一定要用双手；给客人递交账单或发票时，也要用双手微笑着交给客人，并向客人道谢。收银员在为客人办理结账业务时，一定要按照酒店规定的程序和要求进行，否则将会造成管理混乱，影响对客服务质量。

【经典案例】

有人监听电话

隆冬的一天，时已深夜，某大酒店值班经理接到 A 房客人打来的电话。

"我很气愤地告诉你，你们酒店晚上居然有人监听客人的电话，这还像涉外大酒店吗？"客人在电话中怒吼道。

值班经理挂掉电话后马上着手调查，他打开电脑，意外地发现 A 房竟是空房，该房客人下午已经结账离店了。

"空房怎么还有人住？"值班经理大为不解。他到各有关部门去查看记录后，才了解了真相。

原来那天下午，行李员领班接到A房客人的电话，要他办两件事：一是派行李员前去房间取行李；二是通知前台收银处准备账单，以便办理离店手续。领班随即派一名行李员前去A房。A房客人是位年近花甲的日本老人，见到行李员在门口，便领他到B房去取行李，而A房的行李仍留在那儿。行李员接到客人指令便取走B房的行李。与此同时，收银处开始准备账单，发现A、B两个房间的费用都由A房客人支付，而且两房都到了结账日期，于是便自然地把A、B两房的账单准备妥当，等客人来结算。

一会儿，日本客人来到收银处，接过递给他的两个房间的账单，在账单上签了字，接着便转身离开前台。

收银员因此在电脑中为这两个房办了退房手续，取消了这两个房间向外打电话的功能。但是这里存在一个问题，即如果已经结了账的房间内仍有人向外打电话，电话会自动转到接线员那里，通过接线员与外界接上线。

这就是A房客人向酒店提出的"有人监听客人电话"的投诉的来龙去脉。事实上，A房客人仍住在酒店里，只是B房的客人先离店了。客人发觉自己打出的电话转到了总机那里，便火冒三丈，以为有人在监听。值班经理当晚便去A房向客人道歉，并在第二天通过有关部门送去鲜花和水果，客人的火气才慢慢消去。

造成这种情况的原因，是前台收银员没有按照结账程序要求客人在结账时交回房门钥匙，也没有通知楼层服务员查房。

（二）团体客人结账时的注意事项

团体客人结账时应注意以下问题。

（1）结账过程中，如出现账目上的争议，及时请结账主管人员或大堂经理协助解决。

（2）收银员应保证在任何情况下，不得将团体房价泄露给客人，如客人要求自付房费，应按当日门市价收取。

（3）团体延时离店，须经销售经理批准，否则按当日房价收取房费。

（4）凡不允许挂账的旅行社，其团体费用一律在到店前现付。

（5）团体陪同人员无权私自将未经旅行社认可的账目转给旅行社支付。

三、一些特殊情况的处理

1. 住店客人的欠款不断增加

有些客人在住店期间所交预付款（押金）已经用完，有些客人进住酒店后，长期未决定离店日期，而其所欠酒店账款不断增加，在这种情况下，为了防止客人逃账，或引起其他不必要的麻烦，可通知客人尽快付款。催促客人付款时，要注意方式方法和语言艺术，可打电话通知，也可在印备的通知书上填妥客人房号、姓名、金额、日期等后将其装入信封，让行李员或客房服务员送入客人房间。一般客人见此通知书后会主动前来付款。如遇客人拒而不付等特殊情况，应及时处理。

2. 客人 A 的账由客人 B 支付

若干人一起旅行，由一人付款，或者某甲的账由某乙支付，而某甲则已先行离去，人多事杂，这时往往会发生漏收的情况，给酒店带来损失。为了防止出现这种情况，应在交接记录上注明，并附纸条在甲、乙的账单上，这样，结账时就不会忘记，接班的人也可以看到。处理这种情况还有一种较为简单的办法：如某乙替某甲付款，某甲先走，可将某甲的账目全部转入某乙的账单上，将某甲账目清零处理。此时必须通知某乙，并取得某乙的书面授权（见图 5-5），以免出现不必要的纠纷。

```
                    ××大酒店
                    ×× HOTEL
                    承诺付款书
                GUARANTEE OF PAYMENT

    我承诺支付_____房_____先生/小姐的
    i) 全部费用
    ii) 房费          付款方式为现金/信用卡(信用卡号码：        )
    iii) 其他费用(请特别说明)

                         i) total charges         Mr._____
    I will guarantee to pay the  ii) room charges   for Mrs._____
                         iii) others ( please specify*)   Ms._____

    of room number_____during the stay from_____to_____
    By Cash/My Credit Card Number _____

        客 人 姓 名                签  名
        Guest Name                 signature_____
        房  号                    日  期
        Room Number_____         Date_____
        *特别费用说明：          经办人：
        Please specify the other charges：   Prepared By：_____
```

图 5-5　承诺付款书

3. 过了结账时间仍未结账

如过了结账时间（一般为当天中午 12 点）仍未结账，应催促客人。如超过时间，可根据酒店规定，加收房费（下午 3 点以前结账者，加收一天房费的 1/3；3 点到 6 点结账的，加收 1/2；6 点以后结账的，则可加收全天房费）。

关于加收房费问题，如果客人是常客或者在酒店的用房量很大，只要客人给前台打电话说一声推迟 2~3 小时退房，而且不是在酒店的旺季，酒店通常不向客人收取任何费用。

4. 客人离店时，带走客房物品

有些客人或为了留作纪念，或想贪小便宜，常常会带走毛巾、烟灰缸、茶杯、书籍等客房用品，这时应礼貌地告诉客人："这些物品是非纪念品，如果您需要，可以帮您在客房部联系购买。"或巧妙地告诉客人："房间里的××东西不见了，麻烦您在客房找一下，是否忘记放在什么地方了。"这时切忌草率地要求客人打开箱子检查，以免使客人感到尴尬，下不来台，伤了客人的自尊心。

四、防止客人逃账的方法

防止客人逃账是酒店前厅部管理的一项重要任务，前台员工应该掌握防止客人逃账的方法，以保护酒店利益。

（一）收取预订金

收取预订金可以防止客人临时取消预订而给酒店造成损失，同时，如果客人如期抵达，预订金也可以当作预付款，从而有效地防止客人逃账。

（二）收取预付款

对初来乍到、未经预订、信用情况不了解或信用情况较差的客人，要收取预付款。但对下列客人，则可免收预付款。

1. 重要客人及某些常客

常客在某种意义上是酒店的重要客人，应享受较高的待遇。常客由于经常投宿酒店，且酒店对其单位、住址比较了解，因此有较高的信用。

2. 旅游团体或有接待单位的客人

旅游团体一般都通过旅行社入住酒店，而旅行社及某些客人的接待单位通常与酒店订有协议，与酒店定期进行结算，因此不必收取预付款。

旅行社对团体客人或接待单位对所接待客人通常有"全包"（既包房费，又包餐费）和"房包"（只包房费，其余自付）两种形式。对于"房包"者，酒店可收取一定金额的预付款，担保其签单消费行为，避免日后出现各种纠纷和麻烦，如遭客人拒绝，则在电脑上作相应处理，使客人在其他消费点的金额无法输入，同时，可在房卡和登记卡上注明，这样，各消费点就可以不接受其签单赊账行为。

（三）对持信用卡的客人，提前向银行要授权

对持信用卡的客人，可采取提前向银行要授权的方法，提高客人的信用限额。如信用卡公司拒绝授权，超出信用卡授权金额的部分，要求客人以现金支付。

（四）建立合理的信用等级机制

信用等级机制包括付款期限、消费限额、折扣标准等。如某大酒店规定将住店5次以上的客人划为较高的信用等级。

（五）建立详细的客户档案

通过建立详细的客户档案，掌握客户企业的性质和履约守信程度，据此决定将客人划为何种信用等级。

（六）从客人是否被列入黑名单等发现疑点，决定是否接待

在很多国家，酒店如发现有逃账、赖账等不法客人，就会立即将这类客人的名单送交酒店协会，酒店协会将其列入黑名单，定期通报属下酒店，酒店可以拒绝接待这类客人留宿。

（七）加强催收账款的力度

催账是防止逃账的一项重要手段，尤其对那些公司行将倒闭而被迫赖账或准备赖账的客户，要加强催收力度。这些客户通常会显露出以下几种迹象。

（1）付款速度放慢，以种种理由要求延期付款。

（2）改变或推翻协议，要求改变汇率或折扣，如不同意则拒绝付款。

资料：客人即将溜走

（3）不接电话或以种种理由拒绝会面。
（4）转换付款银行或开空头支票。
（5）频繁搬迁公司。
（6）一反常态，突然大笔消费。

催收时，要注意方式方法，以免得罪客人。

（八）与楼层配合，密切注意可疑客人的动向

前台要与楼层配合，密切注意可疑客人的动向，以防发生逃账现象。

（九）不断总结经验教训

前台员工要善于从接待实践中不断总结经验教训，防止发生逃账事件。

第三节 夜审工作

夜审（Night Audit）又称"夜间稽核"，是在一个营业日结束后，对所有发生的交易进行审核、调整、对账、计算并过入房租，统计汇总，编制夜审报表，备份数据，结转营业日期的一个过程。除了上述任务，夜审工作还包括：确认未到预订、检查应离未离客房、办理自动续住、解除差异房态、变更房间状态、办理过夜租、检查每日指标及营业报表等。

前台的夜审工作是由夜审员进行的。夜审员负责前台每日交易账目的平衡，也可以作为前台夜间接待员执行职能（23点至第二天7点）。夜审员必须熟练掌握会计学原理，并具有平衡财务账目的能力，能与财务总监保持良好的沟通。

夜审工作一般由财务部人员（强调夜审工作的财务职能）或前台接待员（强调房态管理职能）担任，有的酒店也安排电脑部员工担任。酒店管理系统的夜审界面如图5-6所示。

图5-6 酒店管理系统夜审界面

一、夜审员的岗位职责

（1）核对各收款机清机报告。

（2）审核当天各班次收银员送审的账单、原始单，核查数据是否准确，并核对该班次营业报表。

（3）核对餐厅、客房的账目及其他挂账数与报表金额是否一致，是否按有关规定或协议执行。

（4）核查各班组送审的转账单据所列单位有无串户。

（5）审查前台开房组输入电脑的房价是否正确。

（6）复核各类统计表的数字，核实是否与收银员输入电脑的数据一致，并负责跟踪。

（7）将当日酒店各营业点的营业收入过账。

（8）根据各营业点的营业情况，制作当日全酒店营业日报表，并于此日早上9点以前呈送财务经理和总经理。

（9）对每天稽查出的问题和未按规定办理的内容及数据，撰写详细的稽核报告，及时向上级领导汇报。

（10）负责保管各班组的营业日报表及其附件单据。

（11）负责保管各种票据及收发领用工作。

（12）负责夜间前台收银工作。

二、夜审的工作流程

以下是夜审的主要工作流程（见图5-7）。

（1）开始夜审（核）。开始夜审前，系统设置进入夜核状态的标志，此时禁止其他操作人员进行入账等操作，但可以进行所有查看性质的操作。

（2）备份数据库。将前台系统数据库备份到指定文件夹，以确保数据安全。

（3）打印夜审（核）前报表。打开报表系统，打印夜核前需要硬拷贝的报表，通常包括当前房态报表、在住客人报表、当天离店客人报表、当天抵店客人报表、过租前的房租日报表等。

（4）设置未到预订。对于应到而未到的预订，夜审时系统自动将其转为"未到预订"。

（5）检查应离未离。对于预订当天离店但仍在住的客人，系统会生成一张逾期离店客人报表。需要逐个核查客人是否已离店但未在电脑办理退房手续，还是客人要求续住。

（6）自动续住。对于上述逾期离店的客人，除了补办退房手续，其他需要续住的客人可以自动续住一天。

（7）解除差异房态。核对前厅部电脑的房态与客房部实查的房态，会发现可能出现"走单房"（前厅部为住客房、客房部为空房）或"睡眠房"（前厅部为空房、客房部为住客房）的不一致情况，一般应该手工核对处理，解除差异房态。

（8）在住房变脏房。在住客房的状态按清洁状态分为OC（已占用＆已清洁）、OD（已占用＆未清洁），通常夜审时将OC房自动转为OD房，以提醒客房部在第二天需要打扫房间。

图 5-7　夜审的工作流程

（9）维修单自动延期。维修房在预计修复日期到来后仍未修复、需要继续修理时，在夜审时，自动续期一天（也可以设定为自动转为 VD 房）。

（10）停用单自动延期。停用房在预计启用日期仍需要继续停用时，在夜审时自动续期一天（也可以设定为自动转为 VD 房）。

（11）按租季自动调整房价。如果客人入住酒店的期间跨越两个不同的房价时段，需要在新房价时段前一晚调整在住的客房价格。一些先进的酒店管理软件可以自动完成这一过程。

（12）过夜租。过夜租是夜审工作的主要内容之一。系统会自动在在住客人的账单中记入当晚的房租及附加税费。

（13）统计每日指标。包括汇总当天的各项营业收入、房数、人数等指标。

（14）计算常客积分。现代酒店业竞争激烈，酒店常用一些促销手段来吸引回头客，根据客人住店的房晚数、客房消费、餐饮消费、娱乐消费及其他消费，计算客人的积分，并且为达到不同积分标准的客人提供免费的房晚数、升级房类、赠送餐饮，甚至与航空公司联营，以飞行里程兑换奖励。

（15）统计营业报表（见图 5-8）。

（16）打印夜核后报表（夜审表）。完成夜核的上述步骤后，就可以打印夜核统计报表了。一般需要打印的报表包括房租日报表、各种收银统计报表、夜核统计报表等。

（17）结转日期。从会计的角度，酒店的营业日期是从上一个夜审结束时间到本次夜审结束时间。对于超过夜晚 12 点而在夜审前发生的账目，仍将其归入上一个营业日中。结转日期的功能就是将酒店的营业日期推进到下一天。

图 5-8 主要营业报表

（18）结束夜审（核）。解除系统的夜核状态标志，通知其他工作站恢复正常的操作。

三、核查收款报表时的注意事项

（1）房租折扣要由有关人员签字认可，免费房必须由总经理或副总经理批准并签名。

（2）退款要有客人签名和主管签名，而陪同退款要经总经理批准（其他职务代批的，要经财务经理签名确认）。

（3）客人拒付要由大堂副理签名认可。

（4）输单必须单据齐全，少单要说明原因。

（5）团体的房租一定要当天输入电脑，如发现有团体未输入房租，要立刻通知团体收款采取补救措施。

// 本 章 小 结 //

■ 收银是酒店前台的主要工作之一，是一项较为复杂而又细致的工作，要求收银员有高度负责的精神和细致的工作态度。

■ 收银工作位于酒店前台接待第一线，而业务性质又属于财务工作，这就决定了收银员在业务上要接受酒店财务部门的指导，而在行政上又要接受前台管理人员的指挥和领导。

- 收银员不仅要掌握财务知识和技能,收银业务要熟练,还要具备接待员的素质和修养,有良好的服务态度和服务意识,能够为客人提供高效、优质的服务。
- 前台收银处除了为客人提供结账服务,还要负责酒店的夜审、贵重物品保管等工作和服务。
- 酒店要采取措施,防止客人逃账。

课堂讨论

前几日,一位客人手持去年的一张住房押金条(1200元)及退房发票(400元)到前台收银要求退钱。收银员查看电脑得知此房客人在去年已作退房退款处理,并且发票在客人手上,客人坚持不退押金。客人此时要求大堂经理处理。大堂经理查找了当天退房时的押金条回收情况:原来当时因正处于退房高峰,两名收银员忘记回收押金条,而在账单上也没有客人的退款收讫签名。处理结果:收银员按照实际消费扣除后把余额退给客人,经济责任由当事收银员承担。

讨论题:这样处理是否妥当?

思考题

1. 办理结账业务时,应注意哪些事项?
2. 怎样才能有效地防止客人逃账?
3. 简述前台夜审的主要工作内容。

知识拓展

警惕酒店收银工作四大隐患

1. 赶鸭子上架

某日凌晨,某酒店发生了一起罕见的前台收银诈骗案。该店刚刚上任的一名收银员,在短短的1小时里,被客人用"现金预订—取消预订—再次预订—再次取消预订"的连环套骗走了1204元现金。

酒店收银工作其实是一项风险性很强的工作。社会上有一种专门针对酒店收银员的诈骗活动,诈骗的对象就是那些工作起来手忙脚乱的新手收银员。

很多酒店在缺人的时候,急切地把一些新员工安排到收银员的岗位上。而诈骗犯往往会运用某种混乱的逻辑,费尽心机地破坏正常的工作程序,并且制造出混乱局面。一个业务不熟练、经验不丰富的收银员面对这样的对手,只能任其宰割。

对于酒店来说,每日营收资金的安全应该摆在第一位,而能力不合格的收银员就像是暗藏在酒店的一颗定时炸弹,随时都可能给酒店带来无法估量的损失。所以,在对酒店收银岗位人员的挑选、培训、考核和任命上,酒店的人力部门一定要慎之又慎,做到严格把关。

2. 玩忽职守

有的收银员收取了1000元却只开给了客人100元的押金凭证,有的收银员收取了A的押金却输入了B客人的账户,甚至有的收银员把找给C客人的钱找给了D客人,以上错误一旦被客人当场发觉,带来的后果一般都比较严重。有的客人不仅仅会投诉酒店的服务质量,还有可能会借题发挥,要求额外的赔偿。这样,酒店正常的工作秩序会被干扰,酒店的声誉也会在无形中被损坏。而问题发现得越晚,解决起来难度往往也就越大。所以,酒店为了提高部门的运转效率,避免客人的投诉,就必须从以上两个诱因入手:第一,严肃收银岗位工作纪律,辅以完善的酒店奖惩机制;第二,加大监督力度,尽量将管理人员对收银日常工作的抽查落到实处。

3. 以权谋私

A 客人将床单弄脏,在结账时赔偿了 50 元,但前台收银员并未让客人在赔偿单上签字,也没有将 50 元入账,而是将钱放进了自己的口袋。客人离开几分钟后,该收银员打电话给客房说客人不肯赔偿,已经离开。B 客人 12:15 来到前台结账,收银员告诉客人要加收半天房费 114 元,费了一番口舌之后,客人不大情愿地支付了这笔费用。但客人结账离开后,这笔钱又落到了收银员手里。

在服务行业中,酒店员工的工资不算很高,而酒店收银员每天都要接触大量的钱款,所以,个别收银员会弄虚作假,以权谋私。这种行为一方面损害了客人的权益,降低了客人对酒店的满意度;另一方面也损害了酒店的利益,助长了不正之风,容易让整个部门失去凝聚力和生命力。所以,当酒店接待员与收银员的岗位合一(一般出现在经济型酒店中)、酒店没有夜审员(或由收银员兼任)、酒店管理操作软件出现漏洞及收银柜台处的监控设备老旧的时候,酒店的管理者就要特别警惕,因为以上这些因素都会促使酒店中个别"自作聪明"的收银员蠢蠢欲动,打起酒店营收款的主意。

4. 监守自盗

个别酒店会发生监守自盗的案件。酒店每天的营收款和备用金数额巨大,动辄上万元或十几万,所以,此类案件一旦发生,后果就极其严重。

因此,酒店在增强安保力量和加强电子监控技术防范的同时,还要注意自身在经营管理、内部监督方面存在的隐患。更重要的是,酒店在选拔收银员时,除了考查对方是否头脑灵活,做事细心,还要看对方是否诚实稳重。在日常工作中,管理者还要经常关心收银员情绪的波动和心态的变化,做到预防为主、攻心为上,这样才能确保酒店的财产安全。

// 酒店经理人对"经理的困惑"的答复 //

——住房客人不补交押金怎么办?

梁峻峰(河南华驰粤海酒店房务部总监):

前厅部有责任催客人交付押金,这是防止客人逃账的必要措施。当客人押金不足时,前厅部首先应向客人发出催账通知单,书面通知客人结清所欠的费用,并以此作为将来可能使用到的法律证据。同时,停止其在酒店各营业场所的签单权,避免其消费给酒店带来更多损失。

当客人欠款达到酒店给予长住客的信贷额度时,前厅部应该及时向上级汇报欠款情况,在总经理的协调下,酒店各部门积极配合妥善地处理此事,而不能因怕得罪客人而让酒店的正常利益受到损害。总经理在收到前厅部的汇报后,应该马上指示保安部、财务部协助前厅部处理该事,必要时可采取"人盯人"的方式促其结清欠款。如果在一定还款期限后客人仍不能还清欠款,酒店应马上寻求公安机关的帮助,而不能听之、任之、放之。酒店有权将客人礼貌地请出酒店,最终以法律方式追讨欠款。

邹逢春(山西天贵国际酒店前厅部经理):

面对这样的客人,先由前厅部大堂副理或前厅部经理与其沟通,如客人依然不肯缴纳费用,则由销售部主管人员与其沟通,询问其因何而欠费。如为酒店方面的原因可承诺予以改善并催交其所欠费用;如非酒店方面的原因,则要求客人交费,并向其声明酒店将按"长住客人协议"处理,必要时可报公安机关协助处理。

第六章　宾客关系管理

大堂副理：酒店处理宾客关系的核心人物

使每一位客人满意,是每一家酒店努力的方向和工作目标,建立良好的宾客关系则是实现这一目标的重要途径之一。

酒店通常通过设立大堂副理(Assistant Manager,AM)和宾客关系主任(Guest Relation Officer,GRO)等岗位来建立、发展和改善与住店客人及来访客人的关系,努力使每一位客人从不满意转变为满意,使客人对酒店留下良好的印象。为了进一步建立良好的宾客关系,近年来,很多现代化大酒店设立了贴身管家、酒店服务大使等新的宾客关系岗位。

要建立良好的宾客关系,还要求酒店各级员工正确认识客人,掌握客人对酒店产品的需求心理及与客人沟通的技巧,同时,还要掌握接待投诉客人、处理客人投诉的方法和艺术。

学习目标

- 认识建立客历档案的必要性及其主要内容。
- 了解大堂副理及宾客关系主任的岗位职责与素质要求。
- 掌握客人对酒店产品的需求心理及与客人沟通的技巧。
- 正确认识客人投诉。
- 掌握处理客人投诉的方法和艺术。
- 了解宾客服务中心的职能。

关键术语

宾客关系　大堂副理　宾客关系主任　客历档案　客人投诉　话务员

> **经理的困惑**

——四星级酒店要不要设宾客关系主任岗位？

美国一家网站通过对顾客满意度进行调查，发现如下一些现象。

（1）多数公司对96%的顾客不满情况一无所知。

（2）在提出投诉的顾客之中，有54%~70%的人在问题获得解决的情况下，会再次上门消费。如果顾客觉得问题解决得够快，那么这个比例会攀升至95%。

（3）当一位顾客产生不满时，他平均会告诉9人或10人，更有13%的人会把这件事再告诉20人以上。

（4）平均每位提出投诉而获得圆满解决的顾客，会把其受到的待遇告诉5~8人。

（5）问题没有得到圆满解决的顾客，会把他们的负面经验告诉8~16人。

该网站的另一个重要发现是：大约有50%的顾客，在遇到问题时，选择沉默忍受，他们懒得投诉，只是简单、安静地终止生意往来，而转向竞争对手。

看了这项调查的结果，我越来越意识到客户关系的重要性。我们酒店是一家有500间客房的四星级酒店，目前设有大堂副理岗位，听说很多五星级酒店都设有宾客关系主任岗位，这两天，我开始认真考虑我们酒店前厅部是否也有必要设立这一岗位，向社会公开招聘几位宾客关系主任。

第一节　建立客历档案

酒店前厅接待人员在接到客人的客房预订要求时，需要知道如下事项。
- 他（她）以前住过本店吗？如果住过，是什么时候住的，住过几次？
- 他（她）对酒店重要吗？
- 他（她）是一位好客人还是一位有着不良客史不宜再接待的客人？
- 他（她）有哪些爱好、习惯？喜欢哪个房间？

前厅销售人员需要一份客人的通讯录，以便进行如下工作。
- 在圣诞节和新年给客人发送电子版贺年卡。
- 使很久没来住店的客人产生住店欲望。
- 将酒店新的娱乐项目和节日菜单寄给可能产生兴趣的客人。
- 给多次住店的客人以邮件或短信的方式发送感谢信。

如果一家酒店饱受市场竞争之苦，成立营销部后招聘了高素质的营销人员，而他们面对市场的汪洋大海则一筹莫展，像一群迷失方向的鱼，不知道自己的客人是谁、客人在哪里、怎么样与他们取得联系，那么酒店就应该立即建立客历档案。

一、建立客历档案的意义

建立客历档案是酒店了解客人，掌握客人的需求特点，从而为客人提供针对性服务的重要途径。对于那些力图做好市场营销，努力使工作卓有成效，并千方百计使自己的一切活动都符合每个客人个性化需求的酒店经理和工作人员来说，客历档案是一个很有用的工具。建立客历档案对提高酒店服务质量、改善酒店经营管理水平具有重要意义。

（一）有利于为客人提供个性化服务

服务的标准化、规范化是保障酒店服务质量的基础，而要提高服务质量，必须为客人提供更加富有人情味的、突破标准与规范的个性化服务，这是服务质量的最高境界，是酒店服务的发展趋势。

（二）有利于做好市场营销，争取回头客

《世界经理人文摘》登载了一个"胡萝卜汁的故事"。

几年前，我和香港Regent酒店的总经理Rudy Greiner一起用餐时，他问我最喜欢喝什么饮料，我说最喜欢胡萝卜汁。大约六个月以后，我再次入住Regent酒店。在房间的冰箱里，我发现了一大杯胡萝卜汁。十年来，不管什么时候住进Regent酒店，他们都为我备好胡萝卜汁。最近一次旅行中，飞机还没在机场降落，我就想到酒店里等着我的那杯胡萝卜汁，登时口舌生津。十年间，尽管酒店的房价涨了三倍多，我还是住这家酒店，就是因为他们为我准备了胡萝卜汁。

这位客人之所以每次住Regent酒店都能享受到"一大杯胡萝卜汁"的待遇，就是因为酒店掌握了该客人的需求，建立了客历档案。客历档案为酒店赢得了客人，争取了回头客。

建立客历档案，不仅能使酒店根据客人需求，为客人提供有针对性的、更加细致入微的服务，而且有助于酒店平时做好促销工作。比如，通过客历档案了解客人的出生年月、通信地址，与客人保持联系，向客人邮寄酒店的宣传资料、生日贺卡等。

（三）有利于提高酒店经营决策的科学性

任何一家酒店都有自己的目标市场，通过最大限度地满足目标市场的需要来赢得客人，从而获取利润，提高经济效益。客历档案的建立有助于酒店了解谁是客人、客人的需求是什么和如何才能满足客人的需求，因此，能够提高酒店经营决策的科学性。

二、客历档案的内容

客历档案应包括以下几方面的内容。

（一）基本资料

基本资料包括客人姓名、性别、年龄、出生日期、婚姻状况及通信地址、电话号码、公司名称、头衔等。收集这些资料有助于了解目标市场的基本情况，了解谁是酒店的客人。

（二）预订信息

预订信息包括客人的订房方式、介绍人、订房的季节、月份、日期及类型等。掌握这些信息有助于酒店选择销售渠道，做好促销工作。

（三）消费情况

消费情况包括包价类别，客人租用的房间，支付的房费、餐费，以及在商品、娱乐等其他项目上的消费，客人的信用、账号，客人喜欢何种房间和酒店的哪些设施，等等，从而了解客人的消费水平、支付能力及消费倾向、信用情况等。

（四）习俗、爱好、特殊要求

习俗、爱好、特殊要求是客历档案中最重要的内容，包括客人的旅行目的、爱好、生活

习惯、宗教信仰和禁忌、住店期间要求的额外服务。了解这些内容有助于为客人提供有针对性的个性化服务。

(五) 反馈意见

反馈意见包括客人在住店期间的意见、建议，表扬和赞誉，投诉及处理结果，等等。

根据以上内容，可以设计客历档案卡，如图 6-1 所示。

姓名：		性别：			国籍：			
出生日期及地点：					身份证号：			
护照签发日期与地点：					护照号：			
职业：					头衔：			
工作单位：								
单位地址：					电话：			
家庭地址：					电话：			
其他：								
住店序号	住店时间	房号	房租	消费累计	习俗、爱好、特殊要求	表扬、投诉及处理	预订信息（渠道、方式、介绍人）	信用及账号	备注

图 6-1 客历档案卡（参考式样）

三、客历档案的建立

酒店管理人员必须重视和支持客历档案的建立，并将其纳入有关部门和人员的岗位职责之中，使之常规化、制度化、规范化。

客历档案的有关资料主要来自客人的订房单、住宿登记表、账单、投诉及处理结果记录、宾客意见书，以及其他平时观察和收集的有关资料。因此，收集客人信息不只是前台的事情，也是酒店所有部门的义务。各部门员工在对客服务过程中，要注意收集客人的需求信息，录入客人档案，以便为客人提供个性化服务。

知识链接

国际奢华酒店——瑰丽酒店的客历档案管理制度

在瑰丽酒店，客历档案可以运用于重复入住酒店的客人，客人的基本信息、历史入住房号记录、对房间安排的特殊需求（如偏好的枕头种类）、是否有较高的卫生要求、忌讳的房号数字、历史发票抬头、是否需要保密入住等都会被添加到客人系统档案里。当客人再次入住酒店时服务人员主动为客人安排其偏好的房间并满足其需求，基本信息也不需要客人重复提供而只需要简要地确认，为客人提供了极大的方便和最佳入住体验，加强了客人对酒店的信赖，同时提高了酒店的工作效率。

制度也有利于处理投诉。宾客关系主任在接到客人的投诉后，会第一时间去安抚客人，了解客人的需求，快速处理，并将投诉事项完整地记录下来，在至少三次会议上向相关部门强调投诉事项，从而保证客人接下来的入住期间能够得到每一位服务人员更细心的关照，最后再将客人投诉录入系统的客历档案，避免客人再次入住时进行同样的投诉。

第二节　大 堂 副 理

走进富丽堂皇的酒店大堂，我们会在其一侧注意到一张典雅、精美的桌子，上面摆放着鲜花，旁边坐着一位能讲一口流利外语、和颜悦色的酒店"官员"，他(她)就是酒店的大堂副理。

大堂副理的主要职责是代表酒店总经理接待每一位在酒店遇到困难而需要帮助的客人，并在自己的职权范围内予以解决，包括回答客人问询、解决客人的疑难、处理客人投诉等。因此，大堂副理是沟通酒店和客人的桥梁，是客人的益友，是酒店建立良好宾客关系的重要环节。

在我国，三星级以上酒店大都设有大堂副理。大堂副理可以是主管级，也可以是部门副经理级，以体现这一职位的重要性和权威性。

对大堂副理的管理模式通常有两种：一是隶属于前厅部；二是由总经理办公室直接管理，大堂副理向总经理办公室主任或直接向总经理汇报工作。以上两种模式各有其合理性和弊端。从工作性质(属于对客服务项目)和工作岗位的位置(位于前厅大堂)来讲，大堂副理应属于前厅部；而从职责范围来讲，大堂副理涉及酒店各个部门，为了便于协调管理和有效地开展工作，应由总经理办公室直接管理。还有的酒店将大堂副理划归质监部，向质监部经理(或总监)负责，直接处理出现在各部门的服务质量问题和客人投诉问题，以增强其权威性。具体而言，各酒店应根据自身的实际情况来决定对大堂副理的管理模式。

无论采用哪种管理模式和体制，都要明确大堂副理管理的岗位职责和管理权限，否则，大堂副理将难以开展工作(在一些涉外酒店，大堂副理已沦为酒店的"翻译"，负责在客人投诉或客人与酒店发生冲突时进行"翻译")，或者与其他部门经理、主管发生权力冲突，影响协调和团结。

一、大堂副理的职务说明书

以下是大堂副理的职务说明书。

大 堂 副 理

直接上级：前厅部经理/总经理

直接下级：宾客关系主任

岗位职责：

(1) 代表酒店管理机构处理客人投诉，解决客人的疑难问题，及时将客人在服务质量方面的问题向总经理汇报，并提出改进意见。

（2）作为酒店管理机构的代表检查各部门员工的纪律、着装、仪容仪表及工作状况。

（3）代表总经理做好日常的贵宾接待工作，完成总经理临时委托的各项工作。

（4）回答客人的一切询问，并为客人提供一切必要的协助和服务。

（5）维护大堂秩序，确保客人的人身和财产安全及酒店员工和酒店财产的安全。

（6）抽查酒店各部门的清洁卫生工作及设备设施的维护保养水准。

（7）负责协调处理客人伤病和死亡事故。

（8）征求客人的意见，沟通酒店与客人间的情感，维护酒店的声誉。

（9）处理员工和客人的争吵事件。

（10）保证宴会活动的正常接待。

（11）确保大堂秩序良好，无衣冠不整、行为不端者。

（12）每日参加部门经理例会，通报客人投诉、员工违纪等情况，并提出相关建议。

（13）协助前厅部经理指导并检查前台、预订处、总机部和礼宾部的工作，做好前厅部的日常管理。

（14）协助前厅部员工处理好日常接待中出现的各种问题（如超额预订、客人丢失保险箱钥匙、客人签账超额而无法付款、逃账及其他账务等方面的问题）。

（15）沟通前厅部与各部门之间的关系。

（16）完整、详细地记录在值班期间所发生和处理的任何事项，将一些特殊的、重要的及具有普遍性的内容整理成文，交前厅部经理阅览后呈总经理批示。

（17）协助保安部调查异常事件和行为异常的客人。

（18）认真撰写每日的工作日志，将重大事件认真记录存档。

素质要求：

（1）受过良好的教育，具有大专以上学历。

（2）在前台岗位工作三年以上，有较丰富的酒店实际工作经验，熟悉客房、前厅工作，略懂餐饮、工程和财务知识。

（3）有良好的外部形象，风度优雅。

（4）能应对各类突发事件，遇事沉着，头脑冷静，随机处理。

（5）个性开朗，乐于且善于与人打交道，掌握高超的人际沟通技巧。能妥善处理与客人、各部门之间的关系，有较强的写作及口头表达能力。

（6）口齿清晰，语言得体。

（7）外语流利，能用一门以上外语（其中一门是英语）与客人沟通。

（8）见识广，知识面宽。了解公关、心理学、礼仪、旅游等知识，掌握电脑使用知识。掌握所在城市的历史、游乐场所地点、购物及饮食场所，了解主要国家的风土人情。

（9）对国家及酒店的政策规定有着充分的了解。

（10）具有高度的工作和服务热忱。

（11）彬彬有礼、不卑不亢。

二、大堂副理的工作程序

（一）贵宾的接待程序

1. 抵店前的准备工作

（1）了解贵宾的姓名、职务、习惯及到店时间。

（2）在贵宾到达之前检查贵宾入住登记单情况。

（3）检查贵宾房的分配情况和房间状况，确保贵宾房的最佳状况。

（4）在贵宾到达前一小时，检查鲜花、水果和欢迎信的派送情况，督促接待人员半小时前到位，提醒总经理提前十分钟到位，确保一切接待工作准确无误。

2. 抵店时的接待工作

（1）贵宾进入大堂时，要用准确的贵宾职务或贵宾姓名来称呼和迎接贵宾。

（2）引领贵宾进入预分的房间，查看贵宾的有效证件，确保入住登记单打印的内容准确无误，并礼貌地请贵宾在入住登记单上签字。

（3）向贵宾介绍客房及酒店内设施、设备。

（4）征求贵宾的意见，随时提供特殊的服务。

3. 离店后的后续工作

（1）接待完贵宾后，要及时把入住登记单交给前厅，准确无误地输入各种信息。

（2）做好贵宾的接待记录，必要时及时向总经理报告贵宾的到店情况和接待情况。

（3）协助预订部建立、更改贵宾的档案，准确记录贵宾的姓名、职务、入店时间、离店时间、首次或多次住店、特殊要求等情况，作为以后订房和服务的参考资料。

（二）客人投诉的处理

1. 接受客人的投诉

（1）确认是否为住店客人，记录客人的姓名、房号、投诉部门和事项。

（2）听取客人的投诉：头脑冷静、面带微笑、仔细倾听，对客人遇到的不快表示理解，并致歉。

（3）对客人的投诉，酒店无论是否有过错，都不要申辩，尤其是对火气正大或脾气暴躁的客人，不要急于解释，要先向客人道歉，表示安慰，让客人感到酒店是真心实意为其着想的。

2. 处理客人的投诉

（1）对一些简单、易解决的投诉，尽快解决，并征求客人的解决意见。

（2）对一些不易解决或涉及其他部门的投诉，先向客人道歉，并感谢客人投诉，同时向有关经理汇报。

（3）查清事实并作处理，同时将处理结果通知客人本人，并征求客人对投诉处理结果的意见，以示酒店对客人投诉的重视。

（4）处理完客人的投诉后，要再次向客人致歉，并再次感谢客人投诉，以消除客人的不快，使酒店在其心目中留下美好的印象。

3. 记录投诉处理情况

（1）详细记录投诉客人的姓名、房号或地址、电话、投诉时间、投诉事由和处理结果。

（2）将重大的投诉或重要客人的投诉整理成文，经前厅部经理阅览后呈总经理批示。

（三）处理紧急事件

酒店犹如一个小世界，在此什么样的事情都有可能发生。在遇到几种特殊情况时，大堂副理应参照以下程序进行工作。

1. 客人生病或受伤

（1）若客人在住店期间生病或受伤，先通过电话询问病情，然后再依病情和客人的要求，决定请医生来或是送医院治疗，严禁随便拿药给客人服用。

（2）若客人确实病情严重，或有特殊要求，可联系医院请医生出诊。

（3）在与医院联系后，协助客人订好出租车，并告知司机医院的确切位置。在无出租车可订的情况下，可联系酒店车队。

（4）客人需要住院治疗时，记录客人病情及房号等信息，如有可能通知其在当地的亲友。

（5）保留房间。客人在住院期间若欲保留其房间，则通知客房部；若不需要保留房间，则征得客人同意后，帮助整理行李并寄存于行李房，衣服可存于房务中心。

（6）对于传染病客人，要劝其离店，并对房间及房内物品进行彻底消毒，同时对楼道及有关区域进行消毒处理。

（7）若客人要求提供一些药物，应委婉告知客人，碍于规定酒店无法提供，如客人有小擦伤等可为其提供大堂副理药箱中的创可贴、纱布等医疗用品。

2. 客人自杀或死亡

（1）当发现自杀状况，而未能确定是否已死亡时，立即报保安部，并请医务室或叫救护车送往特约医院急救，将事件报告总经理并做记录。

（2）立即封锁现场及消息，并通知客房部、公关部等有关单位，由保安部经理判断是否报警处理。

（3）凡有客人死亡，立即报保安部、总经理，再依下列情况处理。

① 自然死亡和病死。首先封锁消息，封闭房门后打电话请医院派救护车运走死者，由保安部报告有关部门，再通知死者友人或家属直接到医院料理丧事。

② 谋杀。保持现场完整，报保安部，等候公安机关人员调查，再视情况处理。

③ 自杀。先封锁消息和现场，打电话请医院派救护车运回急救，等运走死者后再由保安部通知有关部门。若急救无效，依"自然死亡"的情况处理。

3. 火灾

（1）大堂副理接到火警通知后，先报消防中心，然后打电话通知总机部（总机部按"接火警通知方案"程序通知有关人员），并记录通知时间，然后携带总钥匙和手电筒迅速赶到现场。

（2）若火灾发生在厨房，应通知工程部立即关闭所有煤气阀门、所有电源、受影响的一切通风装置。

（3）检查火警现场，并与保安部、工程部等有关部门的人员取得联系，在最高领导决策后，决定是否拨打119请求派消防车支援。

（4）根据现场情况，做好各部门的协调工作，在最高领导决策后，组织客人撤离现场。

（5）当需要将客人安排到其他酒店时，立即与其他酒店取得联系。

4. 偷盗

(1) 发生任何偷盗现象均需第一时间报酒店保安部。

(2) 接到通知后，同保安人员赶到现场，若发生在房间，则同时通知客房部主管前往。

(3) 请保安部通知监控室注意店内有关区域是否有可疑人物。

(4) 查询客人被盗物品及是否有客来访的有关资料，并做记录，视客人要求决定是否向公安机关报案。

(5) 若客人有物品遗失，无论酒店有无责任赔偿，均应酌情给予关照。

(6) 通常情况下，酒店不开具遗失证明。

(7) 一般由客人自己报案，大堂副理派人联系，最好由保安部和大堂副理同时出面与客人交涉。外籍客人报表需报市公安局外管处；国内客人报案，可报当地派出所，也可报公安局。

(8) 若住店客人在店外被盗，征得客人同意后，大堂副理可协助客人向事发地区公安机关报案。

5. 员工意外

员工发生意外，通常由员工所在部门的经理会同人事部经理处理，节假日由大堂副理代为处理，并做记录，次日转交以上两部门处理。

（四）为住店客人过生日

1. 做好准备工作

(1) 在客人生日申报单上签字。生日客人的查询由前厅部夜班负责，如有生日客人，填写客人生日申报单，然后交由大堂副理签字。

(2) 将经签字的客人生日申报单一份交回前厅留存，另一份由前厅交餐饮部准备生日蛋糕。

(3) 同时通知柜台员工，以备随时祝贺客人生日快乐。

(4) 从办公室秘书处领取生日贺卡，请总经理签字后，准备送入客人房间。

2. 祝贺客人生日快乐

(1) 与客人取得联系，在适当的时候持生日贺卡上楼，由送餐人员送上蛋糕，同时祝贺客人生日快乐（见图 6-2）。

(2) 借此机会与客人做短暂交谈，征求客人的意见。

(3) 将上述工作详细记录在记录本上。

图 6-2　大堂副理代表酒店祝贺客人生日快乐

三、大堂副理的工作定位

在酒店经营中，大堂副理应能高效地处理客人的投诉，不仅和客人达成共识，而且赢得酒店其他员工的尊重与信任，从而获得内部支持。

大堂副理要顺利开展工作，赢得大家的尊重，应有以下认识。

1. 客人投诉是实现自我成长的机会

酒店赋予大堂副理处理客人投诉的权力，但权力大小因人而异，尊重与信任需要靠大堂副理自己的行动赢得。不要将处理客人投诉当成一件麻烦事或希望被投诉部门不找自己谈话，采用一种躲避和推卸的态度，而应该积极面对。

对于大堂副理而言，每一次处理客人投诉都是提高自己危机公关、逻辑思维、语言组织能力与增加酒店相关服务规范知识储备的时机，更是用自己的行动赢得同事们尊重与信任的一次绝佳机会。

2. 大堂副理是问题的处理者与协调者，而非批评者

酒店各部门在遇到客人投诉时希望得到大堂副理的帮助，而绝不想受到批评。无论酒店赋予大堂副理的权力大小如何，大堂副理在处理客人投诉时必须依靠各部门的配合与支持。被投诉部门面对投诉正处于紧张的状态，此时大堂副理如以批评者的身份介入其中，势必会强化紧张的氛围，被投诉部门员工会因害怕被处罚而故意回避、隐瞒事实真相。因此，大堂副理只需提出投诉处理方案，让被投诉部门了解客人投诉的主要内容及服务中的过失即可，尽量不要指责，告诉被投诉部门，自己是以协调者和帮助者的身份来帮他们解决问题的，而不是以管理者的身份进行内部批评的。这样能减轻被投诉部门员工的惊恐与排斥心理，使其主动配合大堂副理处理投诉事宜。

3. 大堂副理要维护客人、酒店、员工的共同利益

客人在投诉时，往往会将事实夸大，所以一定要倾听客人与被投诉部门双方的声音，了解真实情况，明确哪些是酒店的责任，哪些是客人情绪化的反应，这不仅是对客人的尊重，更是对酒店、员工的尊重。如果客人无理取闹，一定要用委婉的方法保护酒店与员工的利益，不可听信一面之词，不可随便答应客人的要求，否则不仅会有损酒店利益，还会让员工蒙受不白之屈，挫伤其工作积极性，更会降低大堂副理在员工心目中的可信度，使日后处理客人投诉事件因曾经有失公平而遇到阻力。

4. 大堂副理要勇于承担责任

客人投诉的内容，往往是某个部门或某个员工的服务产品或服务态度不好，此时大堂副理千万不要将责任推给某个部门或某个员工，应在了解实际情况后将责任勇敢地承担下来，并表示理解与歉意，如"因为我们的问题给您带来不便，我们深感歉意"。这不仅是客人的内心需求，更是决定客人投诉得到有效处理的先决条件，只有这样才能快速拉近与客人的心理距离，最大限度地获得客人的谅解。同时，员工也会因为大堂副理的大度与包容发自内心地尊重大堂副理，并积极配合，让处理客人的投诉变得畅通无阻。

5. 大堂副理要树立大局观，通过与部门沟通获取内部支持

在处理投诉的过程中，大堂副理一定要从客人与酒店整体的利益出发，树立大局观，掌控处理投诉的方向、节奏与尺度，在争取让客人满意的同时，维护酒店整体利益。当需要相关部门尤其是被投诉部门为酒店的整体利益作出牺牲与让步时，不宜以命令的方式强硬要求，应以主动沟通的方式让员工了解客人的需求与酒店的要求，必要时让员工清楚个人冲动会造成的后果，以理服人，引导员工以大局为重。如果员工当时不理解，应在投诉得到妥善处理后及时与员工有效沟通，争取相关部门的认同。

6. 大堂副理是投诉情况的汇报者而非责任的划定者

一般而言，酒店赋予大堂副理的权力仅限于现场处理客人投诉事宜，合理、迅速地与客人达成共识，维护客人与酒店的整体利益，并将情况向管理层汇报，如实陈述客人的投诉情况、调查了解的事实真相和处理的方法与结果，而对于是非认定、责任划定、服务整改，大堂副理无权、更无法代替领导站在酒店整体的高度作出决断，千万不要越俎代庖，也不要在

管理层划定责任之前私下谈论。

酒店内部的支持是大堂副理处理客人投诉的重要力量来源，大堂副理只有在尊重客人、尊重员工的基础上才能真正赢得信任与支持，从而让客人投诉得到圆满解决。

知识链接

一位大堂副理的心得

我个人认为大堂副理是一个很锻炼人的工作岗位，也能考查一个人的综合能力，如应变能力、谈话技巧、果断性、灵活性等。说得通俗些，大堂副理是客人的一个"出气筒"，客人对酒店内的任何事情不满，都有可能发泄在大堂副理身上，这是由大堂副理的工作性质所决定的。

大堂副理应该具备抗批评、抗粗鲁言语指责的承受能力，同时还要向客人认真解释、真诚道歉，大堂副理要做到不卑不亢，耐心劝导，体现良好风貌。

大堂副理工作中的难点是人情关系不好处理；工作中的兴奋点是为客排忧解难，解决问题，通过自己的努力使需要帮助的客人得到帮助。

我在这个工作岗位上，所收获的是自己逐步走向成熟，经过多年的工作看待问题更理智、更客观、更全面，不掺杂个人感情色彩；我所遗憾的是自己的疏忽给酒店造成了损失。大堂副理这份工作于我而言：有喜有忧，有惊有险，有付出有收获，有成功的喜悦，有失败的苦涩。

至于工作开心不开心，我为客人不愉快、员工失误和未能准确捕捉客人的意图而不开心，但经过自己的努力使客人满意、员工得到教训和培训、酒店在经济上和名誉上未受损失，就是我最开心的时候。

总而言之，大堂副理是一项有挑战的工作，可以说是我生命中的一部分，我热爱这项工作。

第三节 宾客关系主任

一、什么是宾客关系主任

宾客关系主任（见图6-3）是一些大型豪华酒店设立的专门用来建立和维护良好的宾客关系的岗位。宾客关系主任直接对大堂副理或值班经理（Duty Manager）负责。宾客关系主任要与客人建立良好的关系，协助大堂副理欢迎贵宾及满足团体临时性的特别要求。

二、宾客关系主任的职责

（1）协助大堂副理执行和完成大堂副理的所有工作，在大堂副理缺席的情况下，行使大堂副理的职权。

（2）保留贵宾房。

图6-3　5位笑容可掬的宾客关系主任——厦门会展中心酒店一道亮丽的风景线

（3）检查贵宾房。
（4）迎接贵宾。
（5）陪同并帮助贵宾办理入住手续。
（6）负责带领有关客人参观酒店。
（7）向客人致礼貌电话。
（8）离店前向客人致电，受理客人的推迟离店请求。
（9）帮客人预订下一个酒店。
（10）办理快捷离店。
（11）带领客人参观酒店。
（12）处理客人投诉。
（13）接受客人表扬。
（14）监督对客服务质量。
（15）征求客人意见。发展酒店与客人的良好关系，并征求意见，作好记录，作为日报或周报的内容之一。
（16）留意酒店公共场所的秩序。

（17）在前台督导并协助为客人办理入住登记手续。

（18）完成大堂副理指派的其他任务。

除了上述职责，宾客关系主任还要负责客历档案的建立、完善和管理工作。凡是通过主动拜访、客人告知、员工反映等途径获得的客人喜好、习惯、忌讳等资料信息，都要整理成文字，输入电脑保存起来。宾客关系主任必须记住其中任何一位客人的信息，做到在每天查阅预订客人名单和已入住客人名单时，一看到熟悉的客人名字，就及时反馈相关资料，然后按照该客人的客史记录，安排相关事宜，为客人提供个性化服务。

三、大堂征访

大堂征访是高星级酒店中大堂副理和宾客关系主任的主要工作之一。

（一）征访准备

大堂征访客人前应做好充分的准备，掌握当日离店团体、散客的重要信息，预测征访名单。客人征访注重选人，旅行团导游长期接触酒店行业，反映的问题很专业；会议负责人与酒店各部门协调较多，反映的问题具有代表性；长住客人能够很好地对比酒店服务的变化；高房价散客、贵宾对服务细节很讲究。征访不仅体现酒店对客尊重的意愿，更能丰富客史。大堂副理在征访客人时应合理控制征访类型的比例，保证普遍性与代表性。

大堂征访可以选择些精致的小礼品赠送客人，方便与客人快速建立友谊。例如，含有市区地图、景点介绍的城市旅游宣传册很受外地客人的喜欢；赠送印有酒店标识的钥匙圈等小件生活用品，可以起到宣传酒店的作用；当天的报纸、茶水都是与休息等待结账客人建立友谊的好"礼物"。

（二）征访问题的选择

征访时，可以询问客人酒店近期比较集中反映的问题：淋浴的水温是否够热？卫生间喷淋的出水量是否够大？床上棉织品是否柔软、舒适？点播电视的反应速度如何？电视遥控器操作是否较易掌握？最希望阅览的新闻报纸是什么？入住期间对服务较为不满的地方有哪些？最感动的服务是什么？……好的与坏的方面都要兼顾，征访过程中令客人感动的优质服务也要记录下来，倡导优质服务在酒店中的开展。

（三）征访程序

（1）建立友谊。可提供及时的服务（如拎行李）或酒店的产品介绍与客人迅速建立友谊；因人而异，也可推荐酒店近期的优惠促销活动，以便互相熟悉，增进了解，为征访时沟通提供便利，但交流时间应短些，方便切入正题。

（2）赠送礼品。赠送事前准备的小礼品，礼貌地询问客人"是否可以耽误您一点时间"，加深与客人之间良好的关系。

（3）说明目的。向客人说明目的时应注意语言技巧，尽量取得客人的好感。例如："我是酒店宾客关系主任，代表总经理收集客人的意见，以便改善酒店服务质量，期望得到您的配合。"

（4）填写表单。宾客关系主任双手递上宾客意见调查表、签字笔，请客人填写。征访过程中配合使用宾客意见调查表，会使征访效果显著提升，故表单内容上的设计也非常重要，会直接影响到征访的质量。

（5）针对提问。客人填写完毕，依据表单中不满之处细心询问原因，如客人对服务很满意，可将事前准备的问题礼貌提出。

（6）礼貌送行。客人征访结束，宾客关系主任应礼貌送别客人离店。

(四) 注意事项

征访过程中，宾客关系主任要善于观察客人的细微之举，应注意客人不耐烦的举动，及时停止提出引起客人厌烦的问题。

此外，宾客关系主任还应注意时机与场合的把握。

（1）忌客人在前台结账时征访，以免造成收银员紧张，产生工作失误。

（2）忌客人热烈交谈中征访，打断客人的谈话。

（3）忌征访在大堂吧休息的客人。

（4）忌征访陪小孩玩耍的家长，给照看小孩的客人带来不便。

（5）征访过程中应把握好时间，避免影响客人的行程。

（6）征访时客人接听电话要礼貌退后、回避。

客人征访过程中意见较强烈的应视为投诉，按照投诉规程进行处理，及时提供补救服务。客人征访的内容记录在日志上，在报表中反馈给管理层。每周、月末做好客人意见的收集、整理工作，管理层应对服务质量分析中暴露较严重的问题立即纠正，对客人反映集中的问题及时跟踪、落实改进。将征访表单作为月底统计客人满意率的依据，为酒店月度服务质量分析提供参考。

第四节　宾客服务中心管理

宾客服务中心是由传统的酒店总机房演化而来的，起着收集、传递和协调全酒店对客服务信息及提供话务服务的作用，同时，酒店的预订中心也可设在宾客服务中心。

一、宾客服务中心的主要业务

酒店宾客服务中心主要负责以下业务。

（一）对客服务（协调）

客人的服务需求通常都会通过客房电话打到宾客服务中心，然后由宾客服务中心员工通过酒店管理系统（很多国际品牌酒店都在使用美国 Mtech 公司开发的 HotSOS 系统，见图6-4）通知客房服务人员及相关部门和人员满足客人的服务需求，并予以跟进。

（二）话务服务

宾客服务中心扮演着酒店总机房的角色。其主要业务范围如下。

（1）提供电话转接及留言服务。

（2）提供回答问询和查询电话服务。

（3）提供"免电话打扰"服务。

（4）处理火警电话。

（5）提供电话叫醒服务。

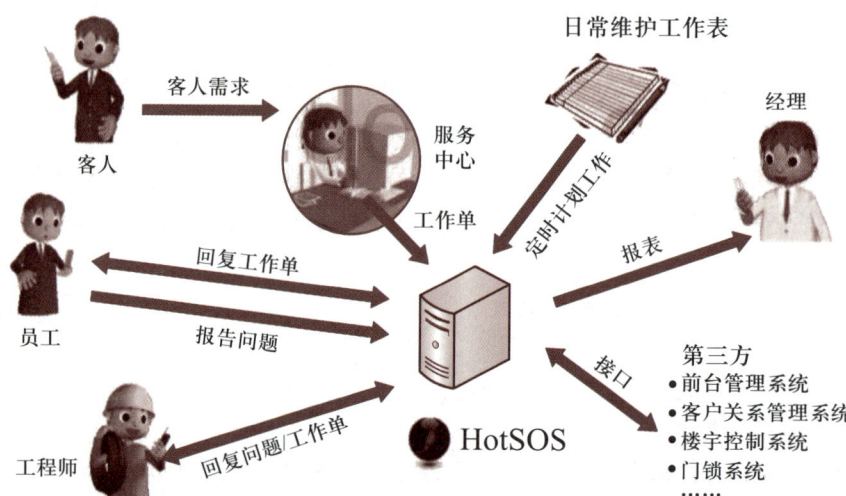

图6-4 国际品牌酒店管理公司常用的酒店服务优化系统：HotSOS 系统

（三）接受客人预订

宾客服务中心还扮演着预订中心的角色，接受客人的电话预订。

二、宾客服务中心经理(主管)的职务说明书

以下是宾客服务中心经理(主管)的职务说明书。

宾客服务中心经理(主管)

直接上级:前厅部经理

直接下级:宾客服务中心领班

岗位职责:

负责宾客服务中心的全面管理工作,保证设施设备运转正常,并为客人提供优质、高效的电话服务。

(1)制订宾客服务中心工作条例和话务员行为规范。
(2)制订宾客服务中心工作计划。
(3)做好宾客服务中心员工的考勤工作。
(4)随时掌握客房利用情况,并据此安排和调整班次。
(5)负责酒店电话号码单的编辑,并及时提供给各部门使用,对有变化的电话号码要及时更改。
(6)每天更换、调整信息栏的内容,为话务员提供有关服务信息。
(7)确保宾客服务中心清洁卫生。
(8)对话务员进行业务培训,确保员工掌握话务工作程序(包括紧急报警程序)和工作技能,培养员工的高度责任感,使员工的工作质量时刻保持最佳状态。
(9)周期性检查并保持电脑终端运转正常。
(10)记录所有的传呼电话和传呼系统故障情况,发现故障,立即报告前厅部经理。
(11)保存所有行政人员及部门经理的手机号码及家庭电话号码。
(12)定期对本部门员工进行评估,按照制度实施奖惩。
(13)完成前厅部经理和管理部门临时交办的事情。
(14)有重要客人接待任务时,提醒当班人员予以重视,并布置检查。
(15)处理客人有关电话服务的投诉。
(16)协调宾客服务中心与酒店其他部门之间的关系,与各部门保持良好的沟通与联系。
(17)监督当班话务员的服务态度、服务质量及劳动纪律。
(18)了解当班员工的思想情况,帮助他们处理好各项关系。

三、宾客服务中心员工的素质要求

根据话务工作的特点,宾客服务中心员工必须具备以下素质。
(1)口齿清晰,语言甜美,耳、喉部无慢性疾病。
(2)听写迅速,反应快。

资料:宾客服务经理一次完美的服务补救

（3）工作认真，记忆力强。

（4）有较强的外语听说能力，能用外语为客人提供话务服务。

（5）有酒店话务或相似工作经历，熟悉电话业务。

（6）熟悉电脑操作及打字。

（7）掌握旅游景点及娱乐等方面的知识和信息。

（8）有很强的信息沟通能力。

此外，宾客服务中心领班和经理等管理人员还应具备较高的学历和外语水平，有管理才能。

四、宾客服务中心话务服务的基本要求

话务服务在酒店对客服务中扮演着重要角色，每一位话务员的声音都代表着酒店的形象，话务员是"只听其悦耳声，不见其微笑容"的幕后服务员。因此，话务员必须以热情的态度、礼貌的语言、令人舒服的嗓音、娴熟的技能，优质、高效地为客人提供服务。客人能够通过电话感觉到话务员的微笑、热情、礼貌和修养，甚至"感觉"到酒店的档次和管理水平。

宾客服务中心对话务服务的基本要求如下。

（1）话务员必须在总机铃响三声之内应答电话。

（2）话务员应答电话时，必须礼貌、友善、愉快，且面带微笑。这时，客人虽然看不到话务员，但能够感觉到其笑脸，因为只有在微笑时，话务员才会表现出礼貌、友善和愉快，其语音、语调才会令人舒服、自然，有吸引力。

（3）接到电话时，先用中英文熟练、准确地自报家门，并自然、亲切地使用问候语（至于先用英语说，还是先用汉语说，要视酒店客人构成而定。如果酒店的接待对象以内宾为主，则先用汉语说，后用英语说；反之，如住客以外宾为主，则先说英语，后说汉语）。

（4）话务员遇到无法解答的问题时，要将电话转交领班、主管处理。

（5）话务员与客人通话时，声音必须清晰、亲切、自然、令人舒服，音调适中，语速正常（如音调偏高或偏低，语速偏快或偏慢，则应通过培训加以调整）。

（6）话务员应能够辨别主要管理人员的声音，接到他们的来话时，话务员须给予恰当的尊称。

（7）为客人提供电话转接服务时，接转之后，如对面无人接电话，铃响半分钟后（五声），必须向客人说明："对不起，电话没有人接，请问您是否需要留言？"另外，所有给酒店管理人员的留言（非工作时间或管理人员办公室无人应答时），一律由话务员清楚地记录下来（重复、确认）并将留言尽快转达给酒店管理人员。

（8）为了迅速、高效地转接电话，话务员必须熟悉本酒店的组织机构、各部门的职责范围、服务项目及电话号码，掌握最新的、正确的住客资料。

（9）如遇查询客人房间的电话，在前台电话均占线的情况下，话务员应通过电脑为客人查询。但此时应注意为客人保密，不能泄露住客房号，可接通后让客人直接与其通话。

（10）接到火警电话时，要了解清楚火情及具体地点。然后按先后顺序通知有关负责人到火灾现场。

【经典案例】

都是转接电话惹的祸

凌晨2点，张女士致电某酒店的总机，要求转405房间，话务员小李立即将线路接通。第二天上午，大堂副理接到405房间孙小姐的投诉电话，称昨晚来电并不是找她的，之后的正常休息受到了干扰，要求酒店给予解释。大堂副理通过调查了解到，凌晨来电实际要找的是前一位405房间的客人，而这位客人于昨晚21点提前退房离店了。孙小姐是后半夜登记入住的，洗完澡刚睡下不久便被电话铃声吵醒了。

大堂副理亲自登门向孙小姐道歉，同时解释确实有电话要转接405房间，而孙小姐并没有要求电话号码保密或房间免打扰。孙小姐的正常休息受到影响，大堂副理代表酒店深表歉意。孙小姐是位通情达理的客人，接受了道歉。

可是紧接着原住405房间的刘先生也打来投诉电话，说昨晚他太太张女士打电话到房间找他，由于话务员不问青红皂白便将电话转入405房间，而接电话的又是位女士，因此刘先生一回家，太太就跟他翻脸了……

点评：本案例从表面看来，总机话务员小李严格按服务程序办事，转接电话似乎并不存在什么问题。其实小李忽略了一个细节，那就是当时已是凌晨2点，在这个时间转接电话会不会影响客人的休息？如果小李主动询问张女士要找405房间的哪位客人，再通过电脑核对姓名和身份等信息，二位客人的投诉就完全可以避免。

第五节 与客人沟通的技巧

丽思·卡尔顿酒店：禁止对客人说"行"或"可以"

世界顶级酒店集团丽思·卡尔顿对员工提出20条服务准则，其中第14条准则是：告诫员工与客户及同事沟通时要注意措辞得体。例如，应该说"请接受我的道歉"而非"对不起"，"愿意为您效劳"而非"可以"。为此，前总裁舒尔策曾宣布过一条著名禁令，禁止说"行"或"可以"。

由此可见，在酒店服务中，沟通是何等重要！

要与客人建立良好的宾客关系，就要对客人有正确的认识，正确理解酒店员工与客人的关系，掌握客人的心理和与客人沟通的技巧。

一、正确认识客人

1. 客人是服务的对象

服务人员是"服务的提供者"，而客人则是"服务的接受者"，是"服务的对象"。酒店员工在工作中始终都不能忘记这一点，所有与"提供服务"不相容的事情，都是不应该做的。特别是无论如何也不能去"气"自己的客人。道理很简单：客人来到酒店，是来"花钱买享受",而不是来"花钱买气受"的。

2. 客人是最要面子的人

常见客人到酒店的前台或餐厅,说的第一句话就是:"叫你们老总(经理)来。"来干什么?来给客人一个"面子",给了客人面子,其他事情(如价格、结账单)就都好办多了。一次,一位酒店老总在酒店广场巡视,看见一个常客——张老板从轿车里出来,正在跟他带来的商家介绍这里是当地有名的酒店,他在这个酒店里很有面子,无论他走到哪里,员工都认识他,对他恭恭敬敬。他还说:"不信你们跟我看看。"那位常客满面春风地带着他的客户走到大厅门前,门童早已拉开大门,笑容满面地招呼他:"张老板上午好!请进!"张老板还未到服务台,前厅的几位员工就异口同声地问候:"张老板好!"张老板说:"来了几个朋友,开两个套房。"前厅员工很快办理好了入住手续,并请张老板签字入住。当张老板和朋友从电梯到客房楼梯时,客房服务员已为他们打开房间,在门口迎接张老板一行的到来……事后张老板感谢酒店给了他"面子",使他的生意谈得十分顺利。我们在服务中常说一句话:"把面子给客人"。这是因为迎合了客人"求尊重"的心理。

3. 客人是具有优越感的人

在酒店里,我们所做的一切都是为了客人,只要客人的要求不是无理的,我们都要满足。一次,一位客人叫来客房服务员,说他来了两位朋友,要两包茶叶和两个一次性纸杯,房间备有两个盖杯,可客人就是不用。客房服务员按客人的要求将茶叶和一次性纸杯拿过去时,这位客人说又来了两位朋友,再要两袋茶叶和两个一次性纸杯,客房服务员又立刻返回去拿。这位客人对他的朋友说:"听说这里的服务员态度很好,我非得考验考验她们。"对此类客人,只要要求不过分,都应该尽量满足,这体现了一个态度问题。

4. 客人是具有情绪化的自由人

一位客人在餐厅喝多了,跟跟跄跄地走在廊道里,一位客房服务员走上前问候并想搀扶他,这位客人恼羞成怒,大声训斥客房服务员说看不起他。明明喝多了,但客人非说半斤八两白酒不算什么,明明摔倒了,那位客人还大声嚷嚷"没事儿,没事儿!"事后还是客房服务员搀扶他走进了房间,并帮他脱掉鞋和外衣,盖好被子,关好房门才离开。服务人员要学会宽容客人、理解客人。

5. 客人是追求享受的人

服务人员应该在一定的范围内满足客人的精神和物质享受,并不断开发新产品来满足他们更新、更高程度的享受需求。

6. 客人是绅士和淑女

丽思·卡尔顿酒店的一位经理曾对酒店的培训生讲道:"如果你善待他们,他们自然也会善待你。切记,你们要以绅士和淑女的态度为绅士和淑女们提供优质服务。"

在实际工作中,员工要十分清楚如下方面。

(1)客人不是评头论足的对象。任何时候,都不要对客人评头论足,因为那是极不礼貌的行为。请看一位客人的经历和反应。

当我走进这家酒店的餐厅时,一位服务员颇有礼貌地走过来领我就座,并送给我一份菜单。正当我看菜单时,我听到了那位服务员与另一位服务员的对话:"你看刚才走的那个老头,都快骨瘦如柴了还舍不得吃,抠抠搜搜的……""昨天那一位可倒好,胖成那样儿了,还生怕少吃一口,几个盘子全叫他给舔干净了!"听了他们的议论,我什么胃口也没有了。他们虽然没有议论我，可是等我走了以后，谁知道他们会怎样议论我？我顿时觉得，他们对我的礼貌是假的。

（2）客人不是比高低、争输赢的对象。不要为鸡毛蒜皮的小事与客人比高低、争输赢，虽然你"赢"了，却得罪了客人，使客人对你和你的酒店不满意，实际上你还是输了。

（3）客人不是"说理"的对象。在与客人的交往中，服务人员应该做的只有一件事，那就是为客人提供服务。所以，除非"说理"已经成为服务一个必要的组成部分，否则服务人员是不应该去对客人"说理"的。尤其是当客人不满意时，不要为自己或酒店辩解，而应立即向客人道歉，并尽快帮客人解决问题。如果终止服务，把本该用来为客人服务的时间用来对客人"说理"，其结果，肯定是"吃力不讨好"。

（4）客人不是"教训"和"改造"的对象。酒店里什么样素质的客人都有，思想境界低、虚荣心强、举止不文雅的大有人在。但服务人员的职责是为客人提供服务，而不是"教训"或"改造"客人。如果需要教育客人，也只能以"为客人提供服务"的特殊方式进行。

【经典案例】

某日，有几位客人在客房里吃西瓜，桌面上、地毯上吐的到处是西瓜子。一位客房服务员看到这个情况，就连忙拿了两个盘子，走过去对客人说："真对不起，不知道您几位在吃西瓜，我早应该送两个盘子过来。"说着就去收拾桌面上和地毯上的西瓜子。客人见这位客房服务员不仅没有指责他们，还这样热情周到地为他们提供服务，都觉得很不好意思，连忙作自我批评："真是对不起，给你添麻烦了！我们自己来收拾吧。"最后，这位客房服务员对客人说："请各位不要客气，有什么事，尽管找我！"

这位客房服务员就不是用训斥的方式，而是用"为客人提供服务"的方式教育了客人。

二、掌握与客人沟通的技巧

（一）重视沟通语言的使用

沟通缺失或沟通不当是影响酒店前台及其他服务部门服务质量的重要因素。主动、规范的沟通语言是提高酒店前台接待质量及酒店服务质量的重要途径。下面的这个案例很好地说明了这一点。

【经典案例】

酒店服务其实就是一种与客人沟通的学问及技巧

平均每个月我有8次机会面对前台服务人员，但仍有很多前台服务人员只集中精神在他们面前的电脑上，记录客人资料及制作房卡等，这样一来便忽略了与客人之间的交流及服务行业的核心宗旨：以殷勤好客的服务态度接待客人。但同时也有大部分酒店管理者明白酒店服务其实就是一种与客人沟通的学问及技巧，他们培训及指导所有接触客人的员工如何成为主人。从"主人"的角度来看，服务人员应主动与客人沟通，先开口与客人打招呼。我所遇见过的"主人"都会主动与我打招呼，然后再说"请问先生贵姓"，而不会直接说："住宿登记吗？"

> 很多时候，当我在前台登记完毕后，我会发觉自己变成了房间号码。譬如"305号房需要多几包咖啡"或者"701号房需要多几条浴巾"。作为"主人"，他们会很有礼貌地回答客人的问题并确保完成所有要求。譬如，"甘乃迪先生，我们会马上把毛巾送到您的房间，感谢您致电客房部"。我入住过许多号称最佳的酒店，十次中肯定有一次房间内会出现一些问题，之后维修工人到来，毫无表情地看着我，问："是排水管道堵塞了吗？"然后我便点一下头说："是的，排水管道堵塞了。"然后对话就此结束……
>
> ——道格拉斯·肯尼迪（美国小说家）

（二）重视对客人的"心理服务"

酒店为客人提供"双重服务"，即功能服务和心理服务。功能服务就是满足客人的实际需要，而心理服务就是在满足客人的实际需要以外，使客人获得一种愉悦的"经历"。从某种意义上讲，客人就是花钱"买经历"的消费者。

（三）对客人不仅要斯文和彬彬有礼，而且要做到谦恭、殷勤

斯文和彬彬有礼，只能防止和避免客人"不满意"，只有谦恭和殷勤才能真正赢得客人的"满意"。所谓殷勤，就是对待客人热情周到，笑脸相迎，问寒问暖；而要做到谦恭，不仅意味着不能去和客人比高低、争输赢，而且要有意识地把"出风头"的机会全都让给客人。如果说酒店是一座"舞台"，服务人员就应自觉地去让客人"唱主角"，而自己则"唱配角"。

（四）对待客人要善解人意

要给客人以亲切感，除了要做"感情上的富有者"，还必须善解人意，即能够通过察言观色，正确判断客人的处境和心情，并能根据客人的处境和心情，对客人做出适当的语言和行为反应。

【经典案例】

先生，您不太舒服吗？

为了营造温馨的氛围，使客人来到前台就像回到家一样温暖、亲切，我们将亲情服务融入日常工作当中。客人来到前台时，我们尽可能多地和他们交谈，从中得到有益于我们服务的信息，如客人的喜好、口味等。在一个很冷的晚上，一位南京来的客人在前台登记住宿，他无精打采，而且不停地擦鼻涕。我便问："先生，您不太舒服吗？"那位客人无奈地说："火车上冻得要命，车又晚点，感冒了药都没处买。"我于是给他安排了一间供暖条件好的房间，并告诉他多喝热水。把那位客人安排好后，我便打了免费送药的电话，半小时后药就送来了。当我把感冒药送到客人手中时，他激动地说："你们的服务真是太到位了。即使我自己的亲人，也只能做到这个份儿上，太谢谢你了！"

（五）反话正说，不得对客人说"不"

反话正说，就是要讲究语言艺术，特别是掌握说"不"的艺术，要尽可能用肯定的语气，去表达否定的意思。比如，可以用"您可以到那边去吸烟"代替"您不能在这里吸烟"，用"请稍等，您的房间马上就收拾好"代替"对不起，您的房间还没有收拾好"。在必须说"不"时，也要多向客人解释，避免用生硬、冰冷的"不"字一口回绝客人。

【经典案例】

希尔顿酒店如何对客人说"不"

希尔顿酒店不允许员工对客人说"不"。当客人问"有房间吗?"时,如果没有房间,员工应该怎么回答?

"对不起,我们最后的两间保留房已经卖出去了,很抱歉。"作为五星级酒店,希尔顿酒店的员工如果只说这句话,那他只完成了一半服务。接下来该怎么办呢?员工应该继续说:"我给您推荐两家酒店,档次跟我们酒店差不多,而且价格还低20元,要不要帮您看看?"客人表示同意后,员工马上连线其他酒店的客房预订中心,直到把客人送上车。这种出乎意料的优质服务一下子就会赢得客人的好感,激起客人下次一定要住希尔顿的欲望。

(六)否定自己,而不要否定客人

在与客人的沟通中出现障碍时,要先否定自己,而不要急于否定客人。比如,应该说"如果我有什么地方没有说清楚,我可以再说一遍",而不应该说"如果您有什么地方没有听清楚,我可以再说一遍"。

(七)投其所好,避其所忌

客人有什么愿意表现出来的长处,要帮他表现出来;反之,如果客人有什么不愿意让别人知道的短处,则要帮他隐藏起来。比如,当客人在酒店"出洋相"时,要尽量帮客人去遮掩,决不能嘲笑客人。

(八)不能因为与客人熟,而使用过分随意的语言

员工在酒店工作久了,就会与许多客人成为朋友。于是见面的问候不再是"您好",而是"哇,是你呀!",服务也由"格式化",变成"朋友化"了。这会导致沟通失误,甚至造成严重后果。

【经典案例】

你死了,还有你的家人

年底,某日凌晨1点多,有一位常客略带醉意来前台结往日的挂账。为安全起见,这个时间收银的柜台账目已上交财务。客人应在白天找财务人员结账。服务人员与这位常客很熟,加之台前又没有什么事情可做,于是服务就变得随意了,缺失了原来的敬重、分寸。对话由浅入深地展开了。

"你们怎么规矩这么多?给你们送钱还不要,要是我死了,是不是就不用结账了?"

"没关系,你死了,还有你的家人,怎么也赖不了账的。"

"快过年了,你还说这话……"客人一时火起,边说边操起柜台上的东西砸在服务人员的头上,并扬言一定不放过他,要他付出代价……

从上面的案例中可以看出,客人可以把服务人员当"熟人"调侃,随便套近乎,可服务人员却不能对客人这样做。在工作中,酒店服务人员不能因为与客人熟而丢掉该有的礼貌和尊重。

第六节 客人投诉及其处理

前厅部管理人员经常遇到一个令其头疼的问题，那就是客人投诉。如何接待投诉客人、如何处理客人投诉，是每一个酒店前厅部管理人员所关心的问题。

酒店工作的目标是使每一位客人满意，但事实上，无论酒店多么豪华、档次多高，无论酒店管理者在服务质量方面下了多大的功夫，总会有某些客人，在某个时间，对某件事、物或人表示不满，因此，投诉是不可避免的。这时，客人可能去找大堂副理投诉，也可能直接向服务人员发泄心中的不满，或找领班、主管甚至部门经理投诉。因此，无论是服务人员还是前厅管理人员，在接待投诉客人和处理客人投诉方面都要训练有素。

酒店员工应当明白，掌握接待投诉客人的要领和处理客人投诉的方法和技巧，正确处理客人投诉，不仅会使自己的工作变得轻松、愉快，而且对于提高酒店服务质量和管理水平，赢得回头客，都具有重要意义。

一、投诉的产生原因

就前厅部及客房部而言，投诉的产生通常有以下几方面的原因。

1. 硬件设施、设备出现故障

设施、设备出现故障，如空调不灵、电梯夹伤客人、卫生间水龙头损坏等。酒店的设施、设备是为客人提供服务的基础，设施、设备出故障，服务态度再好，也无法弥补。我国酒店存在的突出问题之一就是设施、设备保养不善（尤其是一些经营时间比较长，有悠久历史的老酒店），这不仅造成酒店经营成本的上升，而且严重影响了酒店对客人的服务质量，常常引起客人投诉。

2. 客人对隐形服务不满

例如，服务人员在服务态度、服务效率、服务时间等方面达不到酒店或客人的要求与期望。

3. 酒店管理不善

例如，住客在房间受到骚扰、客人的隐私被泄露、财物丢失等。

4. 客人对酒店的有关政策规定不了解或误解

有时候，酒店方面并没什么过错，客人之所以投诉是因为他们对酒店有关政策规定不了解或误解。在这种情况下，就要对客人耐心解释，并热情地帮助客人解决问题。

二、客人投诉的意义

投诉是沟通酒店管理者和客人之间的桥梁，对客人的投诉应该正确认识。投诉是坏事，也是好事，它可能会使被投诉的对象（有关部门或人员）感到不愉快，甚至受惩罚。接待投诉客人也不是一件令人愉快的事，甚至可以说是一种挑战。但投诉又是一个信号，显示出酒店服务和管理中存在的问题。形象地说，投诉的客人就像是一位医生，在免费为酒店诊断，以使酒店管理者能够对症下药，改进服务和设施，吸引更多的客人前来住宿。因此，酒店管理者对于客人的投诉必须给予足够的重视。

具体而言，对酒店来说，客人投诉的意义表现在以下几个方面。

1. 有利于酒店管理者发现酒店服务及管理中存在的问题与不足

酒店的问题是客观存在的，但管理者不一定能发现，原因主要有两点。首先，"不识庐山真面目，只缘身在此山中"。管理者在一个酒店一工作就是几年，甚至几十年，长期在一个环境工作，对本酒店的问题可能会视而不见。而客人则不同，他们付了钱，期望享受到与他们所付的钱相称的服务，他们可能住过很多酒店，某个酒店存在的问题在他们那里一目了然。其次，尽管酒店要求员工"管理者在和不在一个样"，但事实上，很多员工并没有做到这一点，管理者在与不在截然不同。因此，管理者很难发现问题。而客人则不同，他们是酒店产品的直接消费者，对酒店服务中存在的问题有切身的体会和感受，因此，他们最容易发现问题，找到不足。

2. 有利于转变客人的态度

酒店要力求使每一位客人满意。客人有投诉，说明客人不满意，客人不投诉或投诉没有得到妥善解决，将导致客人不再入住该酒店，同时也将通过互联网等渠道影响到数十位甚至成百上千位客人不再入住该酒店。客人的投诉为酒店提供了一次极好的机会，使其能够变客人的"不满意"为"满意"，消除客人对酒店的不良印象，减少负面宣传。

3. 有利于酒店改善服务质量，提高管理水平

酒店可通过客人的投诉不断地发现问题、解决问题，进而改善服务质量，提高管理水平。

三、处理客人投诉的目标和原则

（一）处理客人投诉的目标

处理客人投诉的目标是：使客人由不满意转变为满意，"大事化小，小事化了"。

（二）处理客人投诉的原则

处理客人投诉应遵循如下原则。

1. 真心实意地帮助客人解决问题

酒店服务人员及管理人员要明白，处理客人投诉时的任何拖沓或"没了下文"都会招致客人更强烈的不满。

2. 不与客人争辩

即使是客人错了，酒店服务人员也不能与客人争辩，不能与客人正面交锋，而应当耐心地解释，取得客人的理解和谅解。

3. 不因小失大

酒店服务人员不能因小失大，必要时把"对"让给客人。

4. 保护双方利益

酒店服务人员既要保护酒店的利益，也不能损害客人的利益。如果片面地追求酒店的利益，其必然损害客人的利益，最终结果是损害酒店的长远利益。

5. 兼顾"理""礼"

酒店服务人员在处理客人投诉时，要既讲"理"，又讲"礼"。讲"理"是为了让客人信

服,而讲"礼"则是为了让客人易于接受。

四、处理客人投诉的程序和方法

接待投诉客人,无论对服务人员还是管理人员,都是一个挑战。要使接待投诉客人的工作变得轻松,同时又使客人满意,就必须掌握处理客人投诉的程序和方法。

(一)做好接待投诉客人的心理准备

为了正确、轻松地处理客人投诉,必须做好接待投诉客人的心理准备,树立"客人总是对的"的信念。这是处理好客人投诉的第一步。一般来说,客人投诉就说明服务和管理有问题,不到万不得已或忍无可忍的地步,客人是不愿当面投诉的。因此,在酒店业,乃至整个服务业,我们提倡在很多情况下,"即使客人错了,也要把'对'让给客人"。只有这样,才能减少与客人的对抗情绪。

(二)认真倾听客人投诉,并注意做好记录

对客人的投诉要认真倾听,与客人保持眼神交流,注意不要流露任何负面情绪,特别是切勿随意打断客人的讲述或胡乱解释。

在倾听客人的投诉时,还要注意做好记录,包括客人投诉的内容、客人的姓名、房号及投诉时间等,以示对客人投诉的重视,同时也为酒店处理客人投诉提供原始依据。

(三)正确领会投诉者的真实意图

在倾听客人的投诉时,要迅速领会投诉者的真实意图。

一般来说,投诉客人有三种心态:一是求发泄(客人在酒店遇到令其气愤的事,不吐不快);二是求尊重(客人为了显示自己的身份或与众不同或在朋友面前"表现");三是求补偿。

求发泄的客人火气较大,一般举止粗鲁,他们习惯于否定一切,无论酒店哪类人员前去协调沟通都暂时难以安抚他们的情绪。接待这类客人,正确的做法是先将其引领至人流量少的地方(如客房、商务洽谈室等),顺其心意安抚,如"真抱歉,我们的服务工作是有做得不够好的地方",等他们情绪稍微缓和时,再详细沟通。

求尊重的客人往往有较高的修养与素质,尽管情绪也较为激动,但措辞相对温和。除了谈论投诉事项本身,他们还会由此延伸出其他话题发表见解,展示其见多识广。"让你们总经理来见我""我住在某某酒店的时候"是这类客人的常用语。

前两类客人因初期表现类似,因此刚受理投诉时可能难以判断。相对来说,求补偿的客人特征较明显,除了抱怨、批评,他们还会重复强调"我不是为了钱",但在对话中又经常提及自己的损失,且会不时反问酒店人员:"你说这事该怎么办?"这就是求赔偿的潜台词。

当然,投诉客人的类型并不是绝对的,但无论是哪一类,接受客人投诉时,都要做到热情相待、耐心倾听。不要与客人进行无谓的争辩或随意打断他们,即便对方怒气冲天,甚至蛮不讲理。相反,要心平气和,逐步引导,充分尊重投诉客人,使其感受到酒店十分重视其提出的问题,酒店有能力帮助其处理好投诉。若直截了当地指出客人的错误,就如"火上浇油",会损害客人的"面子",问题反而难以解决。如果客人投诉的真正目的在于求补偿,受理投诉的人员则要看看自己有无这方面的权力,如果没有获得授权,就要请上一级管理人员出面处理。

（四）对客人的不幸遭遇表示同情、理解和道歉

在听完客人的投诉后，要对客人的遭遇表示抱歉（即使客人反映的不完全是事实，或酒店并没有过错，但至少也不能让客人感觉不舒服、不愉快），同时，对客人的不幸遭遇表示同情和理解。这样会使客人感觉受到尊重，自己投诉并非无理取闹，同时也会使客人感到员工和他站在一起，而不是站在他的对立面，从而减少客人的对抗情绪。

（五）对客人反映的问题立即着手处理

客人投诉最终是为了解决问题。因此，对于客人的投诉应立即着手处理，必要时，请上级管理人员亲自出面解决。处理客人投诉时，要注意站在客人的立场上，维护他们的尊严，把"错"留给酒店，巧妙地给对方下台阶的机会，客人最终会理解酒店的诚意。同时，要善于察言观色，适时地用征询、商量、建议性的口吻与客人交谈。但也要注意，把"对"让给客人并不等同于承诺所有。酒店经理应避免主观轻易地表态，单纯的"是"或"不是"容易使自己陷入被动局面。酒店经理可以告诉客人自己能做什么，如有可能提出可供选择的意见和办法，不可为安抚客人而擅自做主或超越权限做出不合实际的许诺，损害酒店的利益和声誉。

在接待和处理客人投诉时，要特别注意，不可在客人面前推卸责任。在接待和处理客人投诉时，一些员工自觉或不自觉地推卸责任，殊不知，这样给客人留下的印象更糟，使客人更加气愤，结果，旧的投诉未解决，又引发了客人新的更为激烈的投诉，出现投诉的"连环套"。

酒店员工应该记住，客人投诉时，其所关心的是尽快解决问题，只知道这是酒店的问题，而并不关心这是哪个人或哪个部门的问题。所以，接待投诉客人，首要的任务是解决客人所反映的问题，而不是追究责任，更不能当着客人的面推卸责任。

（六）对投诉的处理过程予以跟踪

接待投诉客人的人并不一定是实际解决问题的人，客人的投诉最终是否得到了解决，许多时候仍然是个问号。事实上，很多客人的投诉并未得到解决。因此，必须对投诉的处理过程进行跟踪，对处理结果予以关注。

（七）与客人再次进行沟通，询问客人对投诉的处理结果是否满意，同时感谢客人

有时候，客人反映的问题虽然解决了，但并没有解决好，或者这个问题解决了，却又引发了另一个问题。比如，客人投诉空调不灵，结果，工程部把空调修好后又把客人的床单弄脏了。因此，必须再次与客人沟通，询问客人对投诉的处理结果是否满意。比如，可打电话询问客人："我们已通知维修部对您房间的空调进行了维修，不知您是否满意？"这种"额外的"关照并非多余，它会使客人感到酒店对其投诉非常重视，从而使客人对酒店留下良好的印象。与此同时，应再次感谢客人，感谢客人把问题反映给酒店，使酒店能够发现问题，并有机会改正错误。

这样，投诉才算得到真正圆满的解决。

五、处理客人投诉的艺术

为了妥善地处理客人投诉，达到使客人满意的目的，处理客人投诉时要讲究一定的艺术。

（一）降温

投诉的最终解决只有在"心平气和"的状态下才能进行，因此，接待投诉客人时，要保

持冷静、理智，设法消除客人的怒气。比如，可请客人坐下来慢慢谈，同时，为客人送上一杯茶水。此时，以下几点要特别注意，否则，不但不能消除客人的怒气，还可能火上浇油，使客人"气"上加"气"。

（1）先让客人把话说完，切勿胡乱解释或随便打断客人的讲述。

（2）客人讲话或大声吵嚷时，要表现出足够的耐心，决不能受客人情绪波动的影响，不得失态。即使客人故意挑刺、无理取闹，也不应与之大声争辩，或仗"理"欺人，而要耐心听取其意见，以柔克刚，使事态不致扩大或影响他人。

（3）讲话时要注意语音、语调、语气及音量的大小。

（4）接待投诉客人时，要慎用"微笑"，否则，会使客人产生"出了问题，他还幸灾乐祸"的错觉。

（二）移步

投诉应避免在大庭广众之下处理，要根据当时的具体环境和情况，尽量请客人移步至比较安静、无人干扰的环境，并营造良好的气氛与客人协商解决。避免在公共场所与客人正面交锋，影响其他客人，或使酒店及投诉客人都下不来台。

（三）交友

向客人表达诚意，同时，适时寻找客人感兴趣的、共同的话题，与客人"套近乎"、交友，解除客人的戒备心理和敌意，引起客人的好感，从而在投诉的处理过程中赢得主动，为投诉的处理创造良好的条件。

（四）快速反应

对投诉的处理迅速、果断，反映了酒店对投诉和客人的态度及对投诉的重视程度，能提高客人的满意度。相反，在处理客人投诉时的任何拖沓都会使客人更加反感，甚至"肝火上升"，即使投诉解决了，也不能使客人满意。客人反映的问题解决得越快，越能表现出酒店的诚意和对客人投诉的重视，也越能体现酒店的服务质量，取得客人的谅解，换来客人的满意。否则，即使问题解决了，客人也不会满意。

（五）语言得体

处理客人投诉时，免不了要与客人沟通，与投诉客人沟通时，要做到语言得体。特别要注意运用礼貌、诚恳及幽默的语言，还要注意避免使用无意中伤害客人或容易引起客人误解的语言。

（六）充分沟通

要区分不同情况，把将要采取的措施告诉客人，征得其同意，并告诉他们解决问题需要的时间。对一些较为复杂的问题，在弄清真相前，不要急于表达处理意见；对一时不能处理的事情，要注意让客人知道事情的进展情况，避免客人误会酒店将其投诉搁置不理。

（七）博取同情

对客人动之以情，晓之以理，让客人理解问题的出现并非酒店的主观意愿，而且酒店也愿意承担一定的责任或全部责任。必要时告诉客人，赔偿责任将由当事服务人员全部负责，以体现酒店对投诉的重视，同时博取客人的同情。在这种情况下，很多客人会放弃当初的赔偿要求。

（八）多项选择

在解决客人投诉中所反映的问题时，往往有多种方案，为了表示对客人的尊重，应征求客人的意见，请客人选择他们中意的方案。

六、如何面对"找茬"的客人

酒店员工在与客人的冲突中，始终处于不利的地位，或者说不占优势。那些故意来"找茬"的客人，对这一点了解得非常清楚。他们知道，无论自己说了什么或做了什么，只要服务人员有一点"出格"的言行，他们就可以向经理投诉，而那些被投诉的服务人员肯定是要挨批、受罚的。哪怕是他们先骂了服务人员十句，只要服务人员回了一句，他们也可以把自己说成"受害者"，从而大闹一场。对于这种"不平等"，有些服务人员往往因一时的冲动将其忽略了。一些服务人员之所以在客人面前吃亏，就是因为他们忽略了自己与客人之间的这种"不平等"。

服务人员要进行自我保护，就必须面对现实，承认在与客人的冲突中，自己始终处在不利的、不占优势的地位。在客人面前，服务人员决不能有"你厉害，我比你还厉害"的想法。只有不让冲突发生，发生了也决不让它"升级"，才是最佳的选择。面对那些带有挑衅意味的、故意"找茬"的客人，服务人员只有端正想法，控制自己的情绪和言行，才能使自己立于不败之地。

// 本 章 小 结 //

- 建立良好的宾客关系是酒店经营成功的保障和前提，现代酒店必须重视宾客关系。
- 酒店大堂副理、宾客关系主任、宾客服务经理等岗位的设立，主要目的就是解决住店客人在酒店遇到的各种问题，建立良好的宾客关系。
- 大堂副理的职责和定位是一个需要认真研究的问题。在实际操作中，大堂副理在各酒店扮演的角色和职能各不相同。有的具有管理职能，有的只起协调作用（在客人与部门之间进行协调），有的仅仅扮演翻译的角色；有的级别相当于部门经理（这种情况比较少），有的则享受主管级别的待遇（这种情况比较普遍）；有的有权干预酒店各部门的对客服务，有的则只能指导前厅部的工作。大堂副理权限过大，可能造成双重领导，引发各种矛盾；权限过小，则形同虚设，发挥不了大堂副理应有的作用。酒店应根据自身的实际情况，对大堂副理进行合理的定位，使其既能较好地发挥自身的职能，又不会引起管理的混乱。
- 宾客关系主任隶属于大堂副理领导，通常四星级以上大型、高档酒店才有必要设立。
- 宾客服务中心是全酒店的对客服务中心，起着收集、传递和协调全酒店对客服务信息及提供话务服务的作用，同时，还要接受客人的预订。
- 话务服务的基本要求是必须在总机铃响三声之内应答。话务员在应答电话时，必须礼貌、友善、愉快，且面带微笑。
- 酒店员工要正确认识客人，掌握与客人沟通、处理客人投诉的方法和技巧。
- 为了满足客人的个性化需求，酒店应建立客历档案，将每位住店客人的需求特点记录下来，以便下次客人光顾时，为其提供个性化服务。这是改善宾客关系的重要环节，也是现代酒店经营管理的发展趋势。

课堂讨论

"这不是我打扫的房间，不关我的事！"

一日，甲、乙两位服务员分别打扫 A 段和 B 段客房，A 段某房的客人从外面回来，发现床单没有换，于是找到乙服务员。问道："服务员，为什么不给我换床单？"

"这不是我打扫的房间，不关我的事，你去找甲服务员说！"，说完，转身就走了。

剩下气呼呼的客人站在走廊里……

讨论题：

（1）乙服务员错在哪里？

（2）如果是你，会如何处理？

思考题

1. 为什么要建立客历档案？客历档案主要包括哪些内容？
2. 简述大堂副理的岗位职责与素质要求。
3. 如何建立良好的宾客关系？
4. 简述客人投诉及其处理的方法和艺术。
5. 宾客服务中心话务员应具备哪些素质？
6. 酒店话务服务的基本要求有哪些？

知识拓展

大堂副理工作"五忌"

一忌：总是刻板地呆坐在工作台。

大堂副理大多数时间应在大堂迎来送往，招呼来来去去的客人，随机回答客人的一些问询，不放过与客人交往的任何机会。这一方面可以方便客人，使酒店的服务具有人情味；另一方面可以收集到更多客人对酒店的意见和建议，以利于发现酒店服务与管理中存在的问题及不足，及时发现隐患苗头，抢在客人投诉之前进行控制。

二忌：在客人面前称酒店其他部门的员工为"他们"。

在客人心目中，酒店是一个整体，不论哪个部门出现问题，客人都会认为是酒店的责任，而大堂副理是代表酒店开展工作的，故切忌在客人面前称别的部门员工为"他们"。

三忌：在处理投诉时不注意时间、场合、地点。

有的大堂副理在处理客人投诉时往往只重视及时性，而忽略了处理问题的灵活性和艺术性。例如，在客人午休、进餐、发怒时，或在发廊、宴会厅等公共场所等时间和场合去处理投诉，效果往往不佳，可能引起客人的反感。

四忌：缺乏自信，在客人面前表现出过分的谦卑。

确切地说，大堂副理是代表酒店总经理处理客人的投诉和进行相关的接待的，其一言一行代表着酒店的形象，应表现出充分的自信，彬彬有礼，热情好客，不卑不亢，谦恭而不卑微。过分的谦卑是缺乏自信的表现，往往会被客人看不起，使其对酒店失去信心。

五忌：不熟悉酒店业务和相关知识。

大堂副理应熟悉酒店业务知识和相关知识，如前台和客房服务程序、送餐服务、收银程序及相关规定、酒店折扣情况、信用卡知识、洗涤知识、基本法律法规、民航票务知识等，否则会影响到处理投诉的准确性和及时性，同时也将失去客人对酒店的信赖。

酒店经理人对"经理的困惑"的答复

——四星级酒店要不要设宾客关系主任岗位?

邹逢春(山西天贵国际酒店前厅部经理):

岗位的设置不能听说其他酒店怎样就怎样,应根据实际需要而定。宾客关系主任岗位的设置是为了更好地协调客人与酒店的关系,以提升酒店的品位和服务质量,有针对性地提供个性化服务。宾客关系主任岗位说明上有一项比较重要的内容,就是协助大堂副理处理客人投诉及进行贵宾接待。作为一家有500间客房的四星级酒店,应增设1名或2名宾客关系主任岗位以协助大堂副理工作。

梁峻峰(河南省华驰粤海酒店房务部总监):

宾客关系主任是一些大型豪华酒店设立的专门用来建立和维护良好的宾客关系的岗位。宾客关系主任直接对大堂副理或前厅部经理负责,需要和客人进行交流、沟通,建立良好的关系,并及时了解他们的需求和意见。一些酒店还要求宾客关系主任对贵宾给予特别的关注并确保提供特色服务和个性化服务。所以,四星级酒店有必要设宾客关系主任岗位。

第七章　房价与收益管理

很多酒店开始实施收益管理

在酒店营销因素组合中，价格是一个重要因素，是酒店主要的竞争手段之一。价格是否合理对产品和服务的销路及其在市场上的竞争地位、酒店的营销形象及营业收入和利润都会产生极大的影响。

收益管理最早出现在航空业，后被引入酒店业。近年来，收益管理在国际酒店业中得到了愈来愈广泛的应用，成为酒店竞争的重要手段，也成为未来酒店业经营管理非常重要的发展趋势，因而受到国内外酒店经营管理人员前所未有的重视。

学习目标

- 掌握客房定价法与价格策略。
- 熟悉客房价格体系。
- 了解收益管理的概念。
- 学会收益管理的实施方法。

关键术语

客房定价　价格策略　收益管理

> **经理的困惑**
>
> ——实施收益管理是否意味着必须购买收益管理软件，必须随时调整客房价格？
>
> "收益管理"是近几年一个热门词语，很多酒店都开始实施收益管理。但对于收益管理，我还不十分了解。实施收益管理，是否一定要购买和安装一套收益管理软件？目前国际上有哪些好的收益管理软件？实施收益管理是否一定要每时每刻都根据开房率和酒店的预订情况不断调整客房价格？

第一节 客房定价的方法与价格策略

一、客房定价的方法

以下是常用的几种客房定价的方法。

（一）随行就市

随行就市就是将同档次竞争对手的客房价格作为定价的依据，从而制定出本酒店客房价格。

（二）千分之一定价

千分之一定价是根据客房造价来确定房间出租价格，即将每间客房的出租价格确定为客房平均造价的千分之一。

例如，某酒店拥有客房400间，总造价为4000万美元，若每间客房布局统一，则平均每间客房的造价为10万美元。按照千分之一规律，房价应为10万美元/1000＝100美元。按照酒店业的一般规律，平均每间客房造价在10万美元的酒店，应为四星级以上之高档酒店，显然对于这样的酒店，房费确定在100美元/夜（约为700元人民币/夜）左右是比较合理的。

千分之一定价方法是人们在长期的酒店建设和经营管理的实践中总结出来的一般规律，可以用来指导酒店（尤其是新建酒店）客房的定价，判断酒店现行客房价格的合理程度。

（三）收益管理定价

收益管理定价法是一种新的、更有效的定价方法，它可以依据不同的客人、未来时期客人对酒店的预订情况及酒店客房的储备情况，在不同的季节、不同的时间及一天中不同的时段，随时调整和改变客房价格，以期实现酒店收益的最大化。

除此之外，还有客房面积定价、赫伯特定价等定价方法，其中客房面积定价是通过确定客房预算总收入来计算单位面积的客房应取得的收入，进而确定每间客房的价格。

在以上定价方法中，随行就市将同档次竞争对手的客房价格作为定价依据，是最具有竞争力和最实用的定价方法，其他几种定价方法都是以"我"为主，包括本酒店的客房造价、经营成本、客房大小及酒店的经营指标等，因而不一定符合市场的竞争状况，不一定具有市场竞争力，所以只能作为客房定价的参考。不过收益管理定价方法则不同，它是近年来定价的新趋势。

二、价格策略

为了在激烈的竞争中占据有利地位,酒店可选用以下几种价格策略。

(一)高牌价、高折扣策略

高牌价可以维护与酒店星级相适应的高档次市场形象,而高折扣(包括对散客)则有利于提高酒店的竞争力。这种策略可以在不损害酒店形象的前提下,提高酒店客房的利用率和竞争力。

(二)随行就市策略

大部分酒店都采用随行就市的价格策略,即根据淡旺季的不同、时段的不同、客房预订情况的不同、开房率的不同等变化客房的价格,以期最大限度地提高酒店客房的利用率和经济效益。这种价格策略的缺点是会影响酒店在消费者心目中的形象。

(三)相对稳定

一些酒店为了取信于旅游消费者,维护其在消费者心目中的良好形象,在一段时间内,会采取相对稳定的价格策略,即使客房供不应求,也不随意调高价格。这种价格策略的缺点是可能会使酒店在短期内丧失很多潜在的获取利润的市场机会,但对企业的长期发展有利。有些酒店即使在市场竞争激烈的情况下也不轻易下调房价,目的是维护其高档次的市场形象。当然,相对稳定并非绝对不变,最终要不要上浮或下调价格,还要看客房供不应求的程度或市场竞争激烈的程度,以及这种供不应求(或供过于求)是暂时的还是长期的。在供不应求(或供过于求)的状况长期存在或供不应求(或供过于求)的程度很高的情况下,如果一味地为了"稳定价格"而保持价格不变则是不可取的,那样会使企业长期蒙受损失或失去竞争力。

(四)中、低价策略

有些酒店对外公布的牌价始终保持同档次酒店中的中、低价水平(不打折或打折幅度很小),给人以稳定、实惠的价格形象,以此来吸引客人,取得竞争优势。

第二节 房价体系与平均房价

一、客房价格体系

酒店的房价依其接待对象、时间等的不同,分为多种类型,它们一起构成酒店客房的价格体系。

(一)门市价

门市价是客房的"标准价",又称为"牌价""散客价",即在酒店价目表上明码公布的各类客房的现行价格。该价格不含任何服务费或折扣等因素。

(二)协议价

协议价指酒店与有关公司或机构签订房价合同,并按合同规定向对方客人以优惠价格出租客房，以求双方长期合作。房价优惠的幅度视对方能够提供的客源量及客人在酒店的消费水平而定。

（三）团体价

团体价主要是针对旅行社的团队客人制定的折扣价格，其目的是与旅行社建立长期良好的业务关系，确保酒店长期、稳定的客源，提高客房利用率。团体价格可根据旅行社的重要性和所能组织客源的多少及酒店淡、旺季客房利用率的不同加以确定。为了吸引团体客人，很多酒店给予团体客人的优惠价往往低于酒店标准价的50%。

（四）小包价

小包价是酒店为客人提供的一揽子报价，除了房费，还可能包括餐费、交通费、游览费（或其中的某几个项目）等，以方便服务客人。

（五）折扣价

折扣价是酒店向常客或长住客或其他身份特殊的客人提供的优惠房价。

（六）淡季价

淡季价是在营业淡季，为了刺激需求，提高客房利用率而为普通客人提供的折扣价，通常是在标准价的基础上，下调一定百分比的价格。

（七）旺季价

旺季价是在营业旺季，为了最大限度地提高酒店的经济效益，在标准价的基础上，上浮一定百分比的价格。

（八）白天租用价

在下列情况下，酒店可按白天租用价向客人收取房费。
（1）客人凌晨抵店入住。
（2）客人离店超过了酒店规定的时间。
（3）入住与退房发生在同一天（钟点房）。
对于白天租用价，大部分酒店按半天房费收取，也有些酒店按小时收取。

（九）免费

出于种种原因，酒店有时需要为某些贵宾提供免费房。免费房的使用，通常只有总经理才有权批准。

二、常用指标

以下两项指标是酒店行业用来分析、比较和判断酒店经济效益的常用指标。

（一）ADR

ADR（Average Daily Rate）指"已出租客房的平均房价"。

$$ADR = \frac{\text{计划期客房总收入}}{\text{计划期客房出租总间天数}}$$

$$= \frac{\text{计划期日平均客房总收入}}{\text{计划期日平均出租客房数}}$$

（二）RevPAR

RevPAR（Revenue Per Available Room）指酒店"每个可售房间平均每日所取得的收益"。

与 ADR 相比，RevPAR 是一个更能真实反映客房盈利能力和酒店经营状况的指标。

$$\text{RevPAR} = \frac{\text{计划期日平均客房总收入}}{\text{酒店可售房间数}}$$

$$= \frac{\text{计划期客房总收入}}{\text{计划期天数} \times \text{酒店可售房间数}}$$

酒店可售房间数＝酒店客房总数－酒店自用房－正在装修的房间－坏房－其他占用房

（三）ADR 与 RevPAR 的关系

ADR 与 RevPAR 之间存在一定的关联。

$$\text{RevPAR} = \text{ADR} \times \text{客房出租率}$$

例如，如果一家酒店的年平均房价 ADR 为 800 元/间夜，平均开房率为 60%，则 RevPAR 为 800×60%＝480（元/间夜）。

第三节　酒店收益管理

从某种意义上讲，收益管理就是精算。就酒店而言，要重新预测当天及未来 7~30 天"每天"的客房销售量、出租率、平均房价和收入，具体到每个细分市场、渠道或房型，甚至还要预测每天其他收入，如餐厅、会展、宴会、康乐等部门的销售量、平均价格和收入。

——鸿鹄学院

一、收益管理

简单来说，收益管理是指使企业在合适的时间、通过合适的渠道、将合适的产品、在最佳的时刻、以最好的价格、出售给最合适的顾客。

收益管理理论最早起源于美国航空业。在 1978 年《解除航空公司管制法》颁布以前，美国政府制定了统一的国内票价，根据飞行的距离来衡量航空业的平均成本，所有航空公司的航班只要是飞行距离相同，都必须执行相同的票价。1978 年以后，随着价格管制的解除，收益管理应运而生。当时出现了一家新的航空公司——人民捷运公司，这家公司推出了低价机票。一些大航空公司，如美洲航空公司和美国联合航空公司为了与人民捷运公司竞争，将一部分座位以低价出售，同时将剩余的座位仍然以高价出售。通过这种方式，它们既吸引了人民捷运公司那些价格敏感型的顾客，同时又没有失去高价顾客，结果大量人民捷运公司的顾客转投大航空公司，人民捷运公司最终破产。人民捷运公司前主席 Donald Burr 认为，公司破产的主要原因是缺乏收益管理系统。

二、收益管理系统在酒店的实施

酒店业最先开发使用收益管理系统的是万豪国际酒店集团（Mariott International Hotels）。收益管理系统的开发和使用，不仅帮助酒店经营管理者们迅速、准确地做出各种决策，同时也使酒店的总收益获得提高。因此，近年来美国许多中高档酒店，如假日酒店、希尔顿酒店、凯悦酒店、威斯汀酒店等，均先后开发了各自的收益管理系统。

实施收益管理的酒店，在营业高峰时期，会有几天时间，房务总监和前台经理俨然像在前线作战的指挥，亲自控制订房数和停售类型，而这些天的最终销售结果，会使他们兴奋或沮丧。令他们兴奋的是，收益管理实施得当，不但使房价很高，而且使出租率达到99%以上；使他们沮丧的是，有时由于信息和情报的错误，酒店加大了房价控制的力度，推掉了一些只能接受较低房价的客人，但实际抵达的客人比预期的少，没有达到预期的出租率。

三、酒店实施收益管理的意义

收益管理是自20世纪80年代发展起来的一种现代科学营运管理方法。这一管理方法在许多信息发达的国家，尤其是欧美国家已经被许多行业采用，并累计创造了成百上千亿美元的效益。

收益管理不仅为我们增加了数百万美元的收入，同时也教育我们如何更为有效地管理，酒店最高层必须对酒店施行收益管理，CEO则需要100%地支持这项工作，而全体员工必须了解其功能。

——万豪国际酒店集团前董事长兼CEO威拉德·玛里奥特

酒店收益管理是数字化科学管理在酒店业的具体体现。一个有效的收益管理系统能对一个酒店的资源进行最佳管理，从而实现效益最大化。

四、收益管理的具体实施

酒店在供不应求时，如何销售能使客房的收益最大？酒店在供大于求时，如何销售使客房的收益最大？这是实施收益管理必须考虑的问题。

收益管理在日常工作中的实施，即做好存房管理和订房管理。存房管理指前台管理人员为各个细分市场的客人合理安排一定数量的客房；订房管理指预订部的管理人员根据不同时期的客房需求量，确定不同的房价。

负责收益管理的酒店经理会把每天预期平均房间需求做成图表，确定在哪个价格点上上调或下调，以鼓励或阻止需求。

（一）做好客人分类及需求预测

不同的客人对酒店的要求往往不同。尽管每一家酒店都有自己的市场定位，但客人的性质、来源渠道及消费特点仍有许多不同之处。收益管理的一个重要功能就是通过科学的方法对不同的客人进行分类，并得出各种行为模式的统计特性，然后再对每一类客人的未来需求进行精确的预测，包括预订的迟早、入住的长短、实际入住和预订的差异、提前离店和推迟离店的概率等。有了这些精确的预测，再根据各种客人对价格的敏感度等，酒店就能很好地控制资源，提高收益。

（二）根据需求量控制房源，确定房价

具体而言，在客房需求量高与低时，可分别采取以下措施。

1. 客房需求量高

（1）限制低价客房数量，停售低价房和收益差的包价房。

（2）只接受超过最短住宿期的客人预订。

（3）只接受愿意支付高价的团体预订。

2. 客房需求量低

（1）招徕要求低价的团体客人。

（2）向散客提供特殊促销价。

（3）向当地市场推出少量廉价包价活动。

（三）做好节假日价格需求控制

节假日及特殊事件纪念日往往是酒店获利的最佳时机，许多酒店在此期间一般能达到很高的入住率。但高入住率并非就能带来高利润率。要使得收益和利润最大化，还必须有一套完善的节假日需求预测及控制方法。

（四）做好超额预订控制

由于预售和实际入住往往存在一定的差异，因此如何预测及控制这种差异从而保证实际入住率是酒店经常要解决的一个问题。尤其是在高峰季节，这一问题特别突出。对酒店而言，既要保证尽可能高的入住率，又要避免超售而使得客人无房可住的尴尬，因此做好超额预订控制是保证酒店收益最大而对客服务损失最小的一个重要工具。

（五）做好团体和销售代理管理

团体销售几乎是每一家酒店都有的业务，且多数情况下有一定的折扣。如何定量地对这项业务进行分析并有效地控制折扣力度，是收益管理很重要的部分。相应地，对代理销售及批发代理等也都可通过抽象的模式来进行优化控制。

【经典案例】

某酒店的收益管理实践

1. 关键时间

每晚8：00~10：30是售房最紧张、最关键的时间段，过了这个时段房间就不容易卖出去了。因此，前厅部总监甚至总经理经常要亲自到前台督导员工卖房，及时对客房销售中出现的情况进行决策，尽可能把每一间房都卖出去。

2. 批零倒挂

团体相当于批发，散客相当于零售，通常的价格是团体低于散客，团体规模越大，价格越低，有时甚至低得非常多。酒店的平均房价做不上去与此关系很大。为此，可以在团体价格体系中把大团体的价格提高，把中、小团体的价格降低，形成一个逐级上升的价格体系：免费房、长包房、超级VIP房、小型团体、中型团体、大型团体、VIP房、协议单位散客、散客。此做法曾存在争议，但不可否认它是有效的。

3. 动态房价

航空公司机票价格是离起飞时间越近，折扣越低。受此启发，我们也可以把房价从刚性变成柔性。当天入住率达到85%以上，房价可略微上升；达到95%，坚决不打折。这样可以促使散客尽可能早地预订房间，甚至请朋友提前来订房间。

4. 适时提价

当年入住率基本保持在90%左右时，就可以考虑提价。提价多少视酒店市场而定。例如，重庆酒店的房价较低，四星级酒店320元左右，五星级酒店400元左右。很多酒店的做法是只提价10～20元，其实完全可以提价20%以上。但要考虑价值相符，价格可以提，价值则要提升得更多。酒店提了价，客人享受到更好的服务，双方都合算。

// 本 章 小 结 //

- 客房价格的制定是酒店管理的一项重要内容，直接关系到酒店的开房率和酒店的经营效益。
- 酒店常用的客房定价方法包括随行就市、千分之一定价、收益管理定价、客房面积定价及赫伯特定价。其中随行就市将同档次竞争对手的客房价格作为定价依据，是最具有竞争力和最实用的定价方法。收益管理定价是近年来定价的新趋势。
- 酒店的定价目标包括追求利润最大化、提高市场占有率、应对或防止竞争、实现酒店预期投资收益率等，制定房价时要根据酒店的定价目标采取一定的价格策略。
- 酒店应该针对不同的客人和客户群体，确定自身的价格体系和价格政策，包括商务合同价、旅游团队价、折扣价、小包价、淡季价和旺季价等。
- 收益管理是指使企业通过合适的渠道，将合适的产品在最佳的时刻以最好的价格出售给最合适的顾客。
- 实施收益管理是未来酒店管理的发展趋势。

// 课 堂 讨 论 //

新开业酒店要不要采用高牌价、高折扣的价格策略

一家按照五星级标准建造的酒店马上就要开业了，上午总经理组织讨论客房定价的问题。按照酒店行业的常规，一般是将酒店房价（牌价）定得较高，在客人实际预订时，再给客人打折。这样做有三个好处：一则使酒店在房价上掌握主动权；二则使客人感觉到自己"占了便宜"，认为酒店将高价房以打折后的低价出租给自己是对自己的尊重；三则维护了酒店高档的形象。而新来的夏总却提出根据市场实际需求状况，客房定价一步到位，不采用高牌价、高折扣策略。他认为这样做给客人的直观价格比较低，比较实在，在与同档次酒店的竞争中，容易获得竞争优势，迅速占领市场，并在客人中获得良好口碑。

夏总的想法似乎很有道理，这样的价格策略能成功吗？

// 思 考 题 //

1. 解释下列概念。

   千分之一定价　收益管理定价　ADR　Rev PAR

2. 客房价格有哪几种类型？
3. 什么是收益管理？如何实施收益管理？

// 知 识 拓 展 //

一位酒店收益部经理的一天

正如太阳冉冉升起一般,我办公桌上的报告也渐渐堆成了山。每天早上,我都会收到有关酒店前期每天、每星期、每月及每年的任务完成情况的报告。所有这些报告都是以钢笔填写、以大约2英寸(约5厘米)厚的文稿的形式递送上来的,每份报告都试图解释并提供一些能代表酒店各项稳定运行功能和收入创造的基本数据。

这天的第一个会议是收益最大化会议(或短期内加速实现收益最大化会议)。该会议主要由酒店收益部经理、总经理、客房部主管及销售部和宴会部的员工参加。我们一起讨论前一天所发生的各种事情,评估前一天所发现的每条销售线索。最终我们集体决定针对每条线索所要采取的方法。我们评估、分析到底是追踪这一线索还是把它让给附近的其他酒店。酒店在当天和接下来几天中所要采取的价格策略最终要由收益部经理确认。有关酒店所需要作的所有变化的信息在一天之内将会被传达给每个部门。

这天的第二个会议是收益管理会议。此会议由收益部经理负责,每星期召开一次,主要由总经理、酒店总监、销售部和市场营销部主管、客房部主管、预订部经理及大部分业务经理参加,类似于有销售团队参加的加速实现收益最大化的每日例会。我们在此次会议中花更长的时间加倍细致地检查、核对报告中的各种数据。在会上我们一般考虑如下问题:酒店所出售的客房数量及通过不同的收入渠道所产生的客房收入,或好或坏的趋势变化,即将采用的新的市场营销策略及原有市场营销策略所导致的结果。同时,我们还会讨论那些或许能影响酒店过去一年或几年中所销售客房数量及房价的相关事宜。在会议领导团队识别出我们酒店的市场机会之后,我们讨论制订出一个针对如何利用机会及如何测定团队所提出的策略是否有效的计划。在我工作过的所有酒店中,上述这两种会议都以一种或另一种形式(如由本人亲自参加或召开电话会议)而被不断重复地召开。

进行每天、每星期、每月和每年的预测是收益部经理最重要的职责。我担负着预测酒店将能销售的客房数量和客人在某一特定时期愿意支付的房价的职责。我的这些预测是基于许多关键性要素和一些并非十分关键的要素的。历史往往是预示酒店将来情形的一个很好的指示者。去年本月本日酒店所发生的情形与今年同月同日所发生的情形间的相互关联性能达到60%~80%。酒店所处地区将要发生的一些事情对酒店的市场占有率和房价将会产生重大的影响。当地的一些大事,如节庆活动、赛马、锦标赛等赛事能增加本城市中需要客房的人数,这些大事将会影响酒店客房的销售量。如果酒店采取的是特殊的促销竞争策略,那将对酒店产生消极的影响。相反,如果酒店凭借彻底、完善的服务来展开竞争,那就能为酒店创造一个积极的竞争环境。影响预测的其他因素还有当地酒店增加供给而提供的额外客房数量、天气、季节、会议召集与解散的类型及当地不断变化的经济形势。然而当真正论及预测时,预测实际上是对我们认为可能会发生或我们事实上希望发生的事情的一个猜测。

一旦完成预测,我们就可以利用这些预测来计算经营酒店的可变成本,如劳动力,即酒店客房部需要多少服务员及我们在特定时段所需的前台员工的数量。在此预测基础上,酒店销售部经理和宴会部经理的目标得以确认。季度预测和年度预测被上报到公司办公室,以便为预测整个公司的计划性收入和计划性费用所用。接着,这些相关信息被上传到公司股东和其他在公司中持有股份的人手中。

预测和追踪我们如何完成上述一切行为,所花费的时间将占整个预测时间的75%。剩下25%的预测时间主要花在促使酒店收入增长、维持酒店的多种收入渠道、管理预订部门、充当销售部和营业部门之间的联络员及为寻找乐趣而不断挖掘新的机会上。

其他的职责还包括为酒店挖掘新的收入渠道。我经常会在某个特别繁忙的工作日去拜访我在当地的竞争者,并且很快又回到自己的酒店。同时,我还肩负着对此地区未来的旅游者进行人口统计研究的职责。我需要统计的事项包括为什么他们要来此地区,他们来此地旅行是由于公务、会议还是由于休闲,他们来此地的频率有多高,他们一般会住多久,他们在此地时消费水平如何,以及他们分别来自哪些地区或国家。

我作为收益部经理所需做的众多事情中最为重要的一件莫过于确保为酒店建立不同的收入渠道,并保证这些收入渠道能正常运行。这些收入渠道主要包括品牌酒店免费电话和中心预订部、会议和旅游者接待办事处、当地酒店内的预订处和前台、因特网及全球销售系统(GDS)。在以上这些收入渠道当中最为重要的是全球销售系统,它是旅行代理商在我们酒店进行预订时所使用的销售系统。它主要包含某酒店的房价和客房可获性等相关信息。我们每天都要对它进行日常例行的检查、维护。有关全球销售系统最令人担心的一件事是,大多数酒店直到问题已存在好几个月时才察觉自己的全球销售系统有问题。随着各种技术水平的提高,越来越多的人开始舍弃电话预订,而直接通过旅行代理商来预订或自己直接进行网络预订,在人们了解全球销售系统和获取全球销售系统如何影响酒店经营的相关信息时,上述这两种方式受到绝大多数人的青睐。一位竞争者对自己的全球销售系统进行一次大清理后,在接下来短短的6个月内,收入额外就增加了好几百万美元。

管理预订部门是我的各项工作中相对容易的一项,因为与人打交道相对来说比与数字和报告打交道容易。酒店的全体员工需要获悉最新的有关酒店战略目标的各种变化,以及市场营销中不同的折扣和经常性逗留计划中所发生的各种变化的相关信息。我负责确保对预订部的全体员工进行培训,使每位预订员都能根据客人当时的各种积极反应圆满地完成预订工作。

一名收益部经理必须掌握圆熟的交际策略,这是至关重要的。而收益部经理作为经营部和销售部之间的联络者,有时候必须对这两个部门所遇到的一系列纠纷进行调解。在这一过程中,收益部经理要去了解这两个部门各自的战略目标是什么,以及这两个部门是如何依赖于对方而使自己存活下来的。要想当好这两个部门之间的联络者,一个最为简单的方法就是促使这些部门之间经常进行一些公开的、坦诚的交流和沟通。

寻找乐趣是我在酒店工作,并且担任收益部经理这一地区性职位的一个主要目标之一。当我在酒店工作时,找到一个能维持我的工作与生活之间平衡的方式是十分重要的。如果一味地追求增加工作量,则很容易让人产生厌倦感。

(资料来源:丹尼·G拉瑟福德.酒店管理与经营[M].第三版.苏宝仁等译.大连:东北财经大学出版社,2006)

// 酒店经理人对"经理的困惑"的答复 //

——实施收益管理是否意味着必须购买收益管理软件,必须随时调整客房价格?

郑穗宁[广州花园酒店(白金五星级)收益管理经理]:

目前国际上较流行的收益管理软件是IDeaS收益管理系统,另外还有为酒店业界广泛使用的Opera酒店管理软件中的收益管理模块。

我们以前可能或多或少地学习或接触过酒店收益管理的知识,已经了解到收益管理是优化酒店收入的关键之一,但对如何在实际工作中实施可能不太了解。下面让我们一起来看一下具体的实施步骤。

第一步:研究以往业绩。

虽然我们不一定有完善的收益管理硬件系统,但我们的管理人员对市场都有深入的了解与认识,本地市场的经验也很丰富,以往的经营情况与数据他们都很熟悉,他们能贴近市场的脉搏,及时而迅速地作出反应,这对收益管理的第一步——"研究以往业绩"有很大的帮助。接着,我们需要更具体地分析以往数据,分析每个细分市场的实际情况、各种房型、停留日期、季节及市场活动(包括本地大型展览、行业活动等)的变化及其影响因素,对比以往三年的经营业绩,找出以往成功的做法,避免再犯同样的错误。同时,我们也需要了解同行竞争对手的基本信息,根据本酒店的具体情况设置竞争对手分析表(一般主要竞争对手数量为5~7个),可通过向第三方网站或公司购买和收集竞争对手的相关数据作比较,这样我们才能准确地知道本酒店在市场中的位置及经营情况的变化与趋势,从中提取有价值的信息,帮助我们及时调整营销策略。

第二步:销售预测。

我们要对未来12个月的市场进行初步预测,并在每个月都对未来3个月的市场情况进行近期预测,深度分析日历表,分别与去年同期作比较,与去年相同或类似的大型会展/活动的日期的经营数据作比较,找出变化的原因。用假想的情形来预测、评估每一天的预订情况，并根据公共假期、会展资讯、潜在活动来归类旺季、淡季和平季。以天为单位来预测销售情况，特别是未来10天至未来3个月的销售情况，制定每天相应的房间销售数量和收入的预期目标。每天应因数据的变化及时调整预测，以便及时提出销售建议，调整销售策略。

第三步：监控需求。

收益管理的第三步是监控需求。我们须制定一套灵活定价或动态定价机制，根据市场的预订趋势、竞争对手的报价与经营情况，制定适合自己酒店的价格体系，根据细分市场、季节、房型、预订日期等因素来确定价格，适当使用捆绑销售和巧妙折扣来吸引与分流客人。用之前已经整理好的按日期分类的细分表格，尽量做到按每天调整未来10天的预测、每周调整未来1~3个月的预测、每月调整未来半年的预测这样的频率来评估未来的经营情况。在需求上涨或需求平缓甚至下降时，监控细分市场的价格和房间供应，需特别留意新预订的增长与退订的情况，特别关注满房的日期，如遇特殊情况及时上报管理层。

第四步：提出建议。

我们要说服管理层遵循我们的最新预测。确定上报的渠道与频率，淡季至少每月一次例会，平季和旺季至少每两周一次例会，特殊情况及时汇报，给管理层提供准确的数字，说明情况变化的原因，与销售部门讨论应对的措施，以便上层管理人员及时制定相应的经营策略，调整经营方针，从而实现收益最大化。

当然，在实际操作中我们面对的问题会更复杂，比如，某些有长期合约或固定合约的公司客人、不能随便调价或拒绝的政府部门预订，我们可以根据本酒店的情况预留部分客房；又如会议团体预订，它除了涉及客房收入，还涉及餐饮的消费、多功能会议场地的使用、会议设备的租用、礼宾车的租用、停车位置的管理等问题；再如，酒店的收入来源并不只有房费，客人的店内消费，如餐饮、洗衣、礼宾车服务等，都是酒店的收入来源，如何平衡各方需求，达到收入组合最优化，并不能简单地置换成本运算，而需综合考虑。酒店应在实践中吸取经验、不断进步、不断完善，尽最大能力优化酒店收入。

江先晔（万豪国际广州收益管理集群高级收益经理）：

收益管理其实是一套基于数据、统计、概率和逻辑所建立的优化系统，其核心是根据一定规则所收集到的、有意义的、可溯源的各项数据。基于这些数据，通过合适的统计学、概率学的方法进行分析，结合市场信息和逻辑，最终实现酒店收入的优化与提高。个人认为收益管理更需要合适的人才，在拥有合适人才的前提下，收益管理软件能够提高分析和决策效率。就算没有收益管理软件，通过Excel等通用的表格工具也能完成既定目标。

国际品牌酒店集团现在使用的收益管理软件大多为自主研发，如万豪的One Yield、IHG的Concerto。市场上也有第三方收益管理软件，如IDeaS和Duetto。

收益管理关注的是需求与供给的动态平衡，并非所有情况下都需要收益管理人员对客房价格进行调整。举个例子，春节前一周大部分的客人都开始休假回家，这段时间对于大部分酒店而言都是低需求时间，只要提前把价格设定在合适的范围，大部分的收益管理人员大多数时候都不需要对客房价格进行调整。

第八章　客房部概述

客房部的主要任务是为宾客提供一个干净、整洁的客房

本章将重点介绍客房部的地位、作用、主要任务及客房的类型与客房设备。

学习目标
- 了解客房部在酒店经营中的地位、作用及客房部的主要任务。
- 了解客房的类型和客房的主要设备。
- 了解客房部员工的素质要求和行为规范。

关键术语
客房类型　客房设备

> **经理的困惑**
>
> ——员工不微笑该怎么办？
>
> 谁都知道，酒店要提高效益必须提高服务质量，而提高服务质量要求员工在对客服务中必须面带微笑服务，但员工要做到这一点实在太难了。对于不微笑的员工，你不能打他，也不能骂他，更不能惩罚他。提醒他，他会很快忘记；警告他，他不当回事；惩罚他，他一生气，更不会摆出笑脸。我真不知该怎么办！

第一节　客房部的地位、作用及主要任务

一、客房部的地位与作用

首先，客房部是酒店为客人提供服务的主要部门。酒店是以建筑物为凭借，通过为客人提供住宿和饮食等服务而取得经营收入的旅游企业，其中客房部所提供的住宿服务是酒店服务的一个重要组成部分。由于客人在酒店的大部分时间是在客房度过的，因此，客房服务质量的高低（设施是否完善，房间是否清洁，服务是否热情、周到、快捷）在很大程度上反映了整个酒店的服务质量。客人对酒店的投诉与表扬也大多集中在这一部门。

此外，客房部还是酒店取得营业收入的主要部门。酒店通过为客人提供住宿、饮食、娱乐及交通、洗衣、购物等多项服务而取得经济收入。从世界范围来看，客房租金收入通常占酒店营业收入的一半以上，反映了客房部在整个酒店经营中的重要地位。

二、客房部的主要任务

简单地说，客房部的主要任务就是"生产"干净、整洁的客房，为客人提供热情周到的服务。具体而言，有以下几点。

1. 保持房间干净、卫生、整洁、舒适

客房是客人休息的地方，也是客人在酒店停留时间最长的场所。因此，必须时刻保持干净、卫生、整洁的状态。这就要求客房服务员每天检查、清扫和整理客房，为客人创造良好的住宿环境。

除了保持客房的清洁，客房部通常还要负责酒店公共区域的清洁卫生工作。

2. 提供热情、周到而有礼貌的服务

除了保持客房及酒店公共区域的清洁卫生，客房部还要为客人提供洗衣、房餐、迎送、用品租借等服务。在提供这些服务时，服务员必须有礼貌、热情、行动迅速。

3. 确保客房设施、设备时刻处于良好的工作状态

必须做好客房设施、设备的日常保养工作，一旦设施、设备出现故障，应立即通知酒店

工程部维修，尽快恢复其使用价值，以便提高客房出租率，同时确保客人的权益。

4. 保障酒店及客人生命和财产的安全

安全是客人最基本的需求之一，也是客人投宿酒店的前提条件。酒店的安全事故大都发生在客房。因此，客房部员工必须具有强烈的安全意识，平常应保管好客房钥匙，做好钥匙的交接记录。一旦发现走廊或客房有可疑的人或事，或有异样的声音，应立即向上级报告，及时处理，消除安全隐患。

5. 负责酒店所有布草及员工制服的保管和洗涤工作

除了负责客房床单、各类毛巾等的洗涤工作，客房部通常还要负责客衣及餐厅台布、餐巾等的洗涤工作。此外，酒店所有员工制服的保管和洗涤工作也由客房部统一负责。

6. 做好成本控制

客房部在为客人提供服务时，需要消耗大量的人力、物力、财力。因此，客房部员工要有成本意识，努力减少浪费行为和现象。客房部管理人员要努力做好成本管理，降低客房运营成本。

第二节　客房类型与客房设备

一、客房类型

酒店客房一般有三种类型，即单人房、双人房和套房。此外，有些酒店还设有三人房和可以灵活使用的多功能房间。

（一）单人房

（1）单人房，单人床。

（2）单人房，大床。

（二）双人房

（1）双人房，大床，如图8-1所示。

图8-1　双人房

（2）双人房，单人床两张。这种房间通常被称为酒店的"标准间"，如图8-2所示。

图 8-2 客房标准间（美豪酒店集团）

（三）三人房

三人房在一些低档酒店较为常见。

（四）套房

（1）普通套房。将同一楼层相邻2间或3间客房连通，分别用作卧室、会客室。

（2）豪华套房。与普通套房相似，面积比普通套房大，房内设施设备较普通客房先进，如图8-3所示。

图 8-3 豪华套房（香格里拉大酒店）

（3）复式套房。由楼上、楼下两层组成，楼上一般为卧室，楼下为会客厅。

（五）连通房

连通房是一种在两个相邻房间之间以房门连通的房间，可根据需要变换用途。有些酒店将相邻房间通过连接门转换为单人房、双人房、套房等，以满足客人的不同需要，提高客房的利用率（见图8-4）。

（六）多功能房间

多功能房间可设置嵌入式加床，根据需要和客人人数变换房间类型和功能。白天可将床嵌入墙壁，将房间用作办公室，晚上则可根据需要和住客人数，将床拉下，用作单人房、双人房，甚至三人房，如图8-5所示。

图8-4　连通房（刘伟　摄）

图8-5　多功能房间

（七）总统套房

总统套房通常由5个以上房间组成。总统和夫人卧室分开，卫生间分用。卧室内分别设有帝王床和皇后床。除此之外，总统套房内还设有客厅、书房、会议室、随员室、警卫室、餐厅、厨房等。不少高端酒店设有总统套房，其用意主要在于提高酒店的档次和知名度。这类房间除了用于接待国内外党政要人，平时也对普通客人开放。位于阿联酋迪拜的阿拉伯塔酒店，被誉为世界上唯一一家"七星级"酒店，其总统套房面积达780平方米，房价为18000美元/晚，家具是镀金的，设有一个电影院、两间卧室、两间起居室、一个餐厅，出入有专用电梯，如图8-6所示。

除上述几种房间类型外，很多酒店还根据客房的朝向将房间分为向内房和向外房两种。前者一般位于阴面，光线不好，视野不开阔；后者则处于阳面，采光良好，视野开阔，是一种较为理想的客房。划分向内房和向外房的意义在于可以使酒店制定不同的房价，尤其是在旺季客房供给比较紧张的情况下，可适当提高向外房的价格。

酒店的客房也可以按其是否带浴缸或淋浴划分为只带淋浴的房间，淋浴、浴缸都带的房间。

图 8-6　阿拉伯塔酒店总统套房

此外，依据客房的接待对象和功能，酒店客房还可划分为女性客房、健康客房、无烟客房、残障客房、主题客房和亲子房（见图 8-7）等。

图 8-7　酒店的亲子房（刘伟　摄）

二、客房设备

酒店客房通常分为 5 个功能区域：睡眠空间、盥洗空间、起居空间、书写空间和储存空间。每个空间由不同的设施设备组成。

（一）睡眠空间

睡眠空间是客房最基本的空间（见图 8-8），这一空间主要有下列家具和设备。

1. 床

床是客房睡眠空间最主要、最基本的设备。酒店使用的床通常为西式床，分为单人床、双人床、大号双人床、特大号双人床、加床和婴儿床等。

图 8-8　睡眠空间（广东肇庆星语湖居精品民宿酒店　刘伟　摄）

2. 床头柜

酒店使用的床头柜是一种多功能床头柜，带有多种控制开关，如电视机、床头灯、夜灯、走廊灯、房门外"请勿打扰"灯等的开关，以及时钟和呼唤服务员的按钮等，这样，客人不用下床便可以完成所要做的许多事情，从而极大地方便客人。

除了安装音响设备和各种控制开关，床头柜上通常还放有一部电话，以及便签和一支削好的铅笔（或圆珠笔），方便客人使用。

3. 床头灯

可根据需要调节床头灯的灯光亮度。

（二）盥洗空间

盥洗空间指客房卫生间（见图 8-9），主要包括浴缸、淋浴器、淋浴帘、毛巾架、马桶、

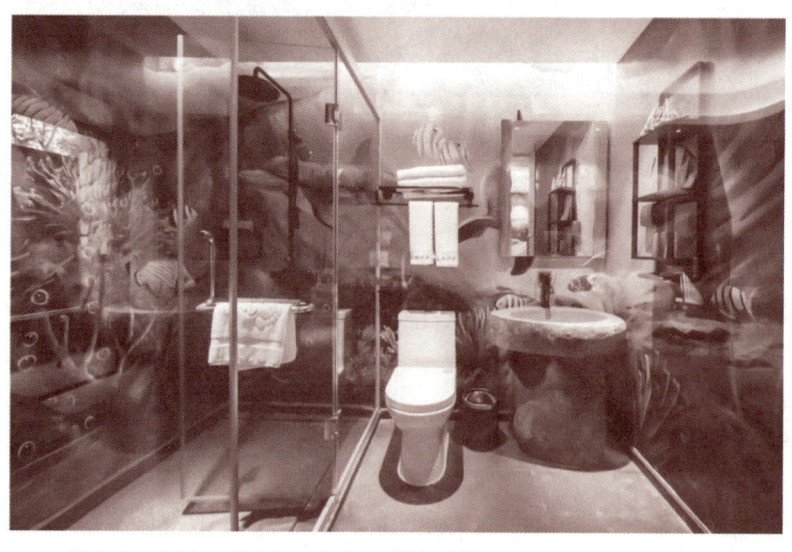

图 8-9　盥洗空间（广东肇庆星语湖居精品民宿酒店　刘伟　摄）

电话机、洗脸盆、镜子和电源插座(供客人在卫生间使用电动剃须刀或电吹风时使用)。

(三) 起居空间

除了套房,标准客房的起居空间基本上都位于窗前区,供客人休息、会客、用餐时使用,主要设备有茶几、座椅、落地灯(见图8-10)。

图8-10 起居空间(位于广州白云山、被誉为"广州国宾馆"的山庄旅舍豪华套房 刘伟 摄)

(四) 书写空间

标准间的书写空间大多安排在床的对面(见图8-11),主要设备包括写字台、椅子、台灯、电话等。

图8-11 书写空间

(五)储存空间

1. 壁橱

储存空间的主要设备是壁橱,通常位于客房卫生间的某一侧,供客人存放衣物,里面配有衣架(每床不少于 2 个西服衣架、2 个裙架、2 个裤架,双人间需配备 12 个衣架)。此外,壁橱还可供酒店存放客房备用的被子、毛毯、枕头等。壁橱内有照明灯,方便客人存取物品(见图 8-12)。

2. 行李架

行李架位于壁橱附近,通常在写字台靠近房门口的一端(见图 8-13)。

图 8-12 储存空间中的壁橱(刘伟 摄)

图 8-13 客房行李架和高级衣架(刘伟 摄)

除了以上设施、设备,客房还包括如下设施、设备。

(1)窗帘。酒店客房的窗帘通常有两层:一层为厚窗帘,另一层为纱窗帘。厚窗帘主要起遮蔽、隔音、挡光、装饰和调温的作用。选用厚窗帘时,必须注意要经久耐用,不褪色,可以洗涤。纱窗帘的作用是在挡景的同时,使室内保持一定的亮度,因此,它必须具有较高的透明度,能使光线最大限度地通过。

(2)地毯。地毯的作用是减弱噪声,美化环境。色彩丰富,弹性好的地毯可以使客房显得更加华贵。地毯的质地有很多种,如羊毛、合成纤维等。一般情况下,地毯的颜色应该深一些,这样能使室内色彩表现上轻下重,给人以稳定感,并使地毯更加有效地衬托人物和设施。

(3)空调。空调不仅有调温功能,而且还能通风换气,保持空气的新鲜、清洁,起到净化室内空气的作用。

(4)烟感报警器。当房内烟雾达到一定浓度时,烟感报警器会自动报警,酒店防灾中心的指示灯自动闪亮,在机器驱动下自动喷淋器自动喷水灭火。

(5)自动喷淋器。

第三节　客房员工的素质要求

> 【经典案例】
>
> 　　一天晚上，住在中国某酒店的一位美国老人觉得房间内温度太低，有些冷，就叫来客房服务员，希望能给她加一条"blanket"（毛毯）。
> 　　"OK，OK！"服务员连声说。
> 　　过了一会儿，这位服务员拿了一瓶法国"白兰地"（Brandy）进房来。客人一见，哭笑不得，只好说：
> 　　"OK，'白兰地'能解决我一时的温暖问题，可不能解决我一晚上的温暖问题啊！"

一、客房服务员的素质要求

工作性质决定了客房部员工需具备以下素质。在客房部员工招聘和培训时，应根据这些素质要求对其加以考察和培养。

1. 身体健康，没有腰部疾病

客房部的工作大都属于体力活，因此，员工必须拥有健康的体魄。客房服务员需要每天弯腰打扫卫生，因此，要求服务员没有腰部疾病。

2. 不怕脏，不怕累，吃苦耐劳

客房部的工作主要是清洁卫生，包括客房卫生、公共卫生及洗衣房客衣、布草的洗涤等，因此，客房部员工必须具有不怕脏、不怕累、吃苦耐劳的品质。

3. 有较强的卫生意识和服务意识

如前所述，客房部的工作主要是清洁卫生，要做好这项工作，客房部员工必须具有很强的卫生意识和服务意识。否则，客房部员工就不可能做好客房部的工作。

4. 有良好的职业道德和思想品格

良好的职业道德是员工做好本职工作的必要条件。员工要以饱满的工作热情、积极的工作态度，一丝不苟地认真做好本职工作。职业道德并非枯燥的说教，而是实实在在地贯穿于员工整个工作过程之中。

另外，员工还要做到洁身自好。因工作需要，客房服务员每天都要进出客房，有机会接触客人的行李，特别是贵重物品和钱财等，因此，客房服务员必须做到洁身自好，以免发生利用工作之便偷盗客人钱物等事件。

5. 掌握基本的设施、设备维修保养知识

酒店客房内有很多设施、设备，如各种灯具、空调、电视、音响、窗帘、地毯、写字台等，这些设施、设备的维修通常由酒店的工程部人员负责，但对其保养则由客房部负责。客房服务员要利用每天进房打扫卫生的机会,做好对这些设施、设备的保养工作。另外,一些小项目的"维修",诸如换灯泡、换电源插座、换保险丝等,也由客房部负责,因此,客房服务员必须掌握基本的设施、设备的维修常识。

6. 有一定的外语水平

对于高端涉外酒店而言,客房服务员还必须有一定的外语水平,能够用英语为客人提供服务,否则,不仅会影响服务质量,还可能闹出很多笑话,本节开头所引案例很好地说明了这一问题。

知识链接

丽思·卡尔顿酒店从招聘开始确保员工的素质

丽思·卡尔顿酒店对员工的重视从招聘就开始了。丽思·卡尔顿酒店相信酒店的成功始于对人才的挑选,每一名被录用的应聘者都要经过大约七次面试。与其他酒店挑选员工的方式不同,丽思·卡尔顿酒店不仅要由人力资源部筛选,部门经理、部门总监、人力资源部总监、总经理面试应聘者,还要联系专业公司为选拔优质人才特别设计质量选材测试,通过测试了解每一位应聘者的天赋及其价值取向。只有那些具有与丽思·卡尔顿酒店最优秀员工相同或相近天赋的应聘者才会通过质量选材测试而被录用。在长期实践中,丽思·卡尔顿酒店构建了一个由54套面试题构成的科学题库。这些问题与酒店专业和学历都无关,关键是考查应聘者的素质和发展潜力,看其能否适应服务工作、能否融入团队。譬如学历并不高,但忠诚、热情者就可能被录用。凡初步入选者,必须经过由各部门总监以上管理高层组成的面试小组的面试,无一遗漏。由于每个问题是由表及里、环环相扣的,参与测试的应聘者无法作假。譬如,考官问"你会微笑吗?"时回答"会",那么接下来考官就会继续问"你最近一次微笑在何时?对谁微笑?效果如何?"。

以下是某应聘者的面试经历。

问题1:请你举一次你在团队中调动气氛,让其他人很开心地跟着你做一件事的最成功的例子。

由于该应聘者尚未就业,她讲述了一个发生在学校里的事例。考官要求她详细地讲述这个事例,且自始至终认真倾听,在这一过程既有对该应聘者逻辑思维的判断,也有对她团队组织能力和号召力的评估。

问题2:你最擅长干什么事情?

在该应聘者回答后,考官连续发问:举例说说你具体是怎么干的。你对完成这件事情的自我评价如何?

问题2一方面是为了了解该应聘者的个性特长,以便安排恰当的工作岗位;另一方面则是为了了解她的工作能力和自信心。

问题3:你平时的兴趣爱好是什么?

该应聘者回答喜欢看书、写东西,考官接着问:你最近看的是什么书?你有什么体会和感想?它对你的现实生活有什么启发?该应聘者娓娓道来,考官侧耳聆听。该应聘者事后告诉朋友,讲完后心情好极了,仿佛进行了一场真诚的互动交流。

二、客房服务员行为规范

除具备以上素质外,客房管理人员还要教育和提醒客房服务员在工作中注意以下事项。

(1) 不得乘客用电梯。员工上下班及工作时,只能乘员工专用电梯,不得乘客用电梯,客用电梯与员工电梯必须严格区分,员工必须严格遵守。

(2) 注意服务的礼貌、礼节,遇客要微笑致意。客房管理人员要使服务员意识到服务的礼貌、礼节是客房服务质量的重要组成部分,为客人提供礼貌的服务属于其本职工作,而非分外之事。

(3) 接听电话时,先通报"这里是客房服务,有什么需要帮助吗?"。与客人通话时,要注意措辞、语气。如有要事,应准确记录,并复述一遍。

(4) 因工作需要进入客房时,必须先敲门,得到许可后方可进入。敲门时,还应通报自己是客房服务员,通报三次以后仍没有回答,方可用钥匙轻轻地打开房门。

(5) 退出房间时,要站在门边向客人微笑点头致意,出房后轻轻把门关上。这一点很重要,一下子就能区分酒店提供的是优质服务还是普通服务。

(6) 尊重客人的隐私权。与客人私生活有关的事情(包括客人的姓名),不得向外人透露,尤其是不能泄露演员,政界要人等易于成为评论对象的客人的隐私。另外,不得随意打听客人的年龄、职务、工资等私事,也不要轻易询问客人所带物品,如服装及金银饰品的价格、产地等,以免引起误会。

(7) 与客人保持应有的距离,不可过分随便。不得与客人开过分的玩笑、打趣,不要表现得过分亲热,要严格把握分寸,尤其是对于常住客人,绝不能因为熟悉而过分亲热、随意。在客房内,即使客人允许坐也不能坐下。

(8) 保持楼层的绝对安静。不可在楼层或其他工作场所大声喧哗、聚众开玩笑、哼歌曲。应客人招呼时不要高声回答,如距离较远,可点头或打手势示意领会意思。

(9) 在岗位上工作时,注意工作姿态。不允许因工作劳累而靠墙休息。

(10) 注意保管好客房钥匙。客房钥匙要随身携带,切勿随处摆放,领取或交钥匙时,要做好交接记录。

(11) 不随便接受客人的礼品。假如收到客人的礼品,而又无法拒绝,必须请客人留言证明是客人送的,礼品留言要有客人的姓名和房间号码。没有上述证明,服务员不得将礼品带出酒店。

(12) 掌握说"不"的艺术。在客房服务工作中,很多情况下,需要对客人说"不",但客房服务员不能简单地对客人说"不",生硬地回绝客人,而应根据实际情况,用委婉的语言进行表达。必要时向客人解释,取得客人的谅解。

(13) 在工作中不能失态。要有涵养,有耐心,善于控制自己,决不能受客人情绪波动的影响,不能与客人争吵。

// 本 章 小 结 //

■ 客房部犹如酒店的心脏,是酒店为客人提供服务的核心部门,也是酒店收入的主要来源。

- 客房部的主要任务：保持房间干净、卫生、整洁、舒适；为客人提供热情、周到而有礼貌的服务；保障酒店及客人生命和财产的安全，确保客房设施、设备时刻处于良好的工作状态；负责酒店所有布草及员工制服的保管和洗涤工作；做好成本控制；等等。
- 酒店客房通常分为单人房、双人房和套房（含总统套房）三大类；也可根据客房的朝向分为向内房和向外房，按照其是否带浴缸或淋浴划分为只带淋浴的房间和淋浴和浴缸都带的房间，还可依据客房的接待对象和功能，划分为女性客房、健康客房、无烟客房、残障客房、主题客房、亲子客房等。
- 客房空间分为睡眠空间、起居空间、书写空间、储存空间、盥洗空间五大类。
- 客房部员工需要具备一些特殊的素质和遵守一定的行为规范。

// 课 堂 讨 论 //

女性客房与普通客房应该有哪些不同？

// 思 考 题 //

1. 试述客房部的地位和作用。
2. 客房部的主要任务有哪些？
3. 客房部员工需要具备哪些素质？
4. 简述客房部员工的行为规范。

// 知 识 拓 展 //

了解世界上最豪华的酒店——阿拉伯塔酒店（迪拜）

全世界最贵的酒店在哪里？全世界曾经最高的酒店在哪里？在迪拜。迪拜的阿拉伯塔酒店（见图8-14）是全世界最贵的也是全世界曾经最高的酒店。

图8-14 世界上最豪华的酒店——阿拉伯塔酒店

关于迪拜这个城市，有人说它是用钱砌出来的，50多年前它还是一座穷渔村，自1966年发现石油后暴富，一眨眼建起一个大都会。迪拜带给人们最大的"文化"震撼不在于中东风情与西方品位的结合，而是酒店的豪华精美程度。最为奢华的阿拉伯塔酒店更是超出普通人以往关于奢侈的全部想象。

阿拉伯塔酒店的豪华程度令人叹为观止，评论家们都不知道该给它定为几星：是五星、六星，还是七星？这座酒店建在海滨的一个人工岛上，是一个帆船形的塔状建筑，一共有56层，高321米，由英国设计师W.S.Atkins设计。酒店于1999年12月开业，糅合了当时最新的建筑及工程科技，迷人的景致及造型使它看上去仿佛和天空融为一体。整个工程花了5年的时间，其中两年半时间用于在阿拉伯海填出人造岛，两年半时间用于建造建筑本身，使用了9000吨钢材，并把250根基建桩打在40米深海下。它曾是全球最高的酒店，比法国埃菲尔铁塔还高出一截。

到过这里之后，人们才能真正体会到什么叫作金碧辉煌。它的中庭是金灿灿的，最豪华的780平方米的总统套房也是金灿灿的。客房共有202套，面积从170平方米到780平方米不等，最低房价也要900美元，房价最高的总统套房则要18000美元。总统套房在第25层，家具是镀金的，设有一个电影院、两间卧室、两间起居室、一个餐厅，出入有专用电梯。已故顶级时装设计师范思哲曾对它赞不绝口。

给大家感受最深的，当属"雄霸"25楼及以上楼层的皇家套房其装饰典雅辉煌，有着顶级装修和自世界各地搜罗的摆设，如同皇宫一样气派，家具是镀金的，有私家电梯、私家电影院、旋转睡床、阿拉伯式会客室，甚至衣帽间的面积都比一般酒店的房间大。最特别的是睡房的天花板上有一面与床同样大的镜子。浴室里的所有卫浴用具都是爱马仕的牌子，包括肥皂、古龙香水等。当然淋浴设备也不同凡响，除莲蓬头之外，还可选择上、中、下三段式喷水，旁边则是马赛克壁画陪衬下的按摩浴池，浴室门口还有皮质躺椅，可供住客休息。

由于阿拉伯塔酒店实在是太特别了，很多外来访客非常想去参观。不过请注意，参观这家酒店可是要付费的。

// 酒店经理人对"经理的困惑"的答复 //

——员工不微笑该怎么办？

贺虹（西安古都文化大酒店前台部经理）：

我觉得让员工微笑要有一套完整的机制来推动，酒店要明确自己的企业文化，提高员工待遇，建立奖励机制，开展评选"微笑明星"等活动，同时要关爱员工，多举办员工活动，让员工真正感受到酒店这个大家庭的关怀和温暖，爱店如家，把快乐带到工作中，发自内心地将微笑传递给客人。员工开心了，他们才会让我们的客人开心。

第九章　客房组织管理

客房部组织机构的设置要从实际出发

管理工作是通过设置组织机构和落实岗位职责来完成的，组织机构的设置和客房定员将直接决定客房管理的效率和酒店的经济效益。客房管理人员要掌握科学的定员方法，实现组织机构的精简化、高效化和客房定员的科学化、合理化。

　　除了客房组织机构的设置和客房定员的方法，本章还对客房部经理、楼层主管、楼层领班等管理人员的岗位职责、素质要求及如何实现有效的管理等问题加以分析和论述。

学习目标
- 了解客房部组织机构的设置及各岗位的职责。
- 掌握客房定员的方法。
- 掌握客房经理、楼层主管与楼层领班的管理要诀。

关键术语
客房组织结构　客房定员　客房部经理　楼层主管　楼层领班

> **经理的困惑**
>
> ——总经理要求客房部裁员怎么办?
>
> 马骊在一家拥有400间客房的酒店做客房部经理,在刚刚结束的经理例会上,总经理迫于经营压力,要求客房部裁员,可客房部主管和领班们却一直说人手不够。到底该怎么说服总经理,又该怎样向员工交代呢?客房部到底应该安排多少人?怎么定员才合理呢?马骊陷入了沉思……

第一节 客房部组织机构

一、客房部组织机构设置

由于各酒店规模大小不同、性质不同、特点不同及管理者的管理意图不同,客房部组织机构也会有所不同。客房部组织机构的设置同样要从实际出发,贯彻机构精简、分工明确的原则。

大中型酒店客房部的组织机构可参照图9-1进行设置。小型酒店可对其进行适当的压缩、合并,去掉主管(或领班)等中间管理层。

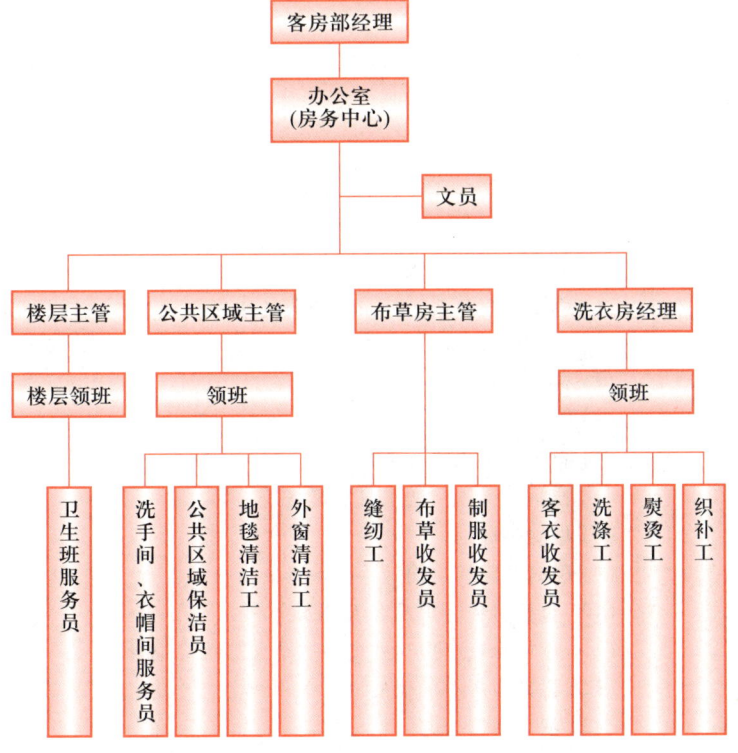

图9-1 大中型酒店客房部的组织机构

二、客房部各班组的职能

（一）房务中心

房务中心既是客房部的信息中心，又是对客服务中心，负责统一调度对客服务工作和客房卫生工作，掌握和控制客房状况，同时负责失物招领，发放客房用品，管理楼层钥匙，并与其他部门进行联络、协调，等等。

（二）公共区域组

公共区域组负责酒店各部门办公室、餐厅（不包括厨房）、公共洗手间、衣帽间、大堂、电梯厅、各通道、楼梯、花园和门窗等公共区域的清洁卫生工作。

（三）制服与布草房

制服与布草房负责酒店所有工作人员的制服，以及餐厅和客房所有布草的收发、分类和保管。对有损坏的制服和布草及时进行修补，并储备足够的制服和布草以供周转使用。

（四）洗衣房

洗衣房负责收洗客衣，洗涤员工制服和对客服务的所有布草、布件。

洗衣房在不同的酒店有不同的管理模式。大部分酒店都归客房部管理，但在有的大酒店，洗衣房独立成为一个部门，而且提供对外服务。而小酒店则可不设洗衣房，将洗涤业务委托给社会上的洗衣公司。

三、客房部主要岗位的职责

（一）楼层服务员的岗位职责

楼层服务员的岗位职责如表 9-1 所示。

表 9-1　楼层服务员的岗位职责

岗位	职责
早班	（1）整理工作间、服务车。 （2）参加楼层例会，记录所交代的事项。 （3）检查客衣、统计房态。 （4）清洁客房。 （5）记录棉织品使用情况。 （6）报告客房内维修项目。 （7）清洁、保养清洁工具和设备。 （8）做卫生计划。 （9）随时清除客房内地毯、墙纸的污迹。 （10）负责所管客房及客人的安全。 （11）做好无行李房、外宿房、请勿打扰房记录。 （12）检查客房小酒吧的酒水饮用情况。 （13）清洁楼层公共区域卫生。

续表

岗位	职责
中班	主要负责楼层、客房的清洁及开床服务。 (1) 根据中班程序标准,清洁楼层公共区域的卫生。 (2) 做卫生定期计划。 (3) 收楼层垃圾。 (4) 维护楼层的清洁。 (5) 准时参加晚例会,领取物品,记录有关事项。 (6) 开床。 (7) 检查白班报修房间。 (8) 对 VIP 房间按 VIP 标准开床。 (9) 记录请勿打扰房。 (10) 清洁走客房。 (11) 整理服务车,为早班做准备。 (12) 维护楼层公共区域、角间及职工电梯厅的卫生。 (13) 检查楼层安全。 (14) 收取楼层的餐具,通知服务中心。 (15) 为客人提供其他服务。 (16) 检查客房内的小酒吧。 (17) 负责报告楼层维修项目。
夜班	(1) 阅读服务员通知本。 (2) 根据领班的要求工作。 (3) 收取需要洗涤的客衣。 (4) 检查夜间楼层安全(每 30 分钟一次)。 (5) 检查走客房的酒水饮用情况。

(二) 工服收发员及缝纫工的岗位职责

工服收发员及缝纫工负责为酒店员工提供干净、整洁的工服。
(1) 严格按照工作程序和标准发放、更换和保管工服(更换制服须征得经理同意)。
(2) 确保所有工服在洗衣房取回后,整齐地依次摆放在衣架上。
(3) 确保离店的员工离职前如数交回工服,并做好记录。
(4) 做好缝纫机的保养工作,保证机器正常使用。
(5) 及时并高质量地修补工服、缝纫、钉扣子。
(6) 保证工服房的清洁,保持环境卫生。
(7) 服从并完成上级分派的其他工作任务。

(三) 布草收发员的岗位职责

布草收发员负责回收、发放并检查各部门使用的布草。
(1) 向布草房领班报告各部门送回的布草严重损坏或玷污的情况。
(2) 检查洗衣房送回的干净布草,把需要重新洗涤或熨烫的布草拣出,向布草房领班报告上述情况。

（3）保持布草的整洁卫生。
（4）完成主管和领班分配的其他工作。

（四）仓库管理员的岗位职责

（1）负责管理库房，控制客用品、清洁用品的发放，并进行成本控制。
（2）配合上级做好客房部物品管理工作。
（3）定期检查楼层物品量，适量进行客用品的补充。
（4）掌握市场信息，订货适用、适量，避免积压。
（5）以住宿率为标准，发放客用品，严格执行控制程序。
（6）客用品的发放要登记入账，避免丢失和浪费。
（7）熟悉管辖物品的位置，了解物品的性质、应用范围及使用期限。
（8）每月进行物品盘点，及时了解消耗数量。
（9）做好酒水的发放、入账、提货工作。做每月分析报告，控制酒水成本。
（10）完成上级交给的其他任务和工作。

以上是客房部部分岗位的职责。客房部其他岗位的职责见本章后续内容。

第二节　客房定员

一、客房定员

客房定员就是在确立客房组织机构的前提下，确定各部门、各岗位工作人员的数量。

客房定员是客房部建立组织机构的重要内容，同时也是影响客房部工作效率、服务质量及管理费用的重要环节。客房定员不科学，势必导致两个结果：一是机构臃肿，人浮于事，工作效率低，人力资源成本增大；二是职能空缺，员工工作量超负荷，工作压力过大，积极性下降，服务质量下降。因此，客房定员必须科学、合理。

二、工作定额

要进行客房定员，首先要确定各工作岗位的工作定额。根据国内外酒店的经验，客房部主要工作岗位的工作定额如下。

（一）领班

一个领班可以有效管理的客房数为：早班约80间（±5间）；中班约160间（±10间）。

（二）服务员

一个客房服务员可以清洁的房间数为：早班约14间（±4间）；中班约60间（±10间）。

以上工作定额主要是针对星级酒店而言的，一般来说，酒店工作定额与星级成反比，而定员人数则与星级成正比。酒店星级越高，服务和卫生标准要求也越高，因此，员工可以有效清洁的客房数会减少，工作定额也会随之减少，酒店需要的人数（定员）则会增加，反之亦然。

三、客房定员的方法

客房部的人员配备通常按班次划分、岗位设置来分区域进行。

首先，根据客房部的工作范围将各职能区域分开。

其次，确定本工作区域所有岗位或工种设置。

再次，明确各工作岗位的班次划分。

最后，根据工作量和工作定额，计算该班次所需要的人数。计算公式是：

$$岗位定员 = \frac{工作量}{工作定额} \div 有效开工率$$

其中：

$$有效开工率 = \frac{员工一年中实际可工作天数}{365} \times 100\%$$

$$= \frac{365 - 周末 - 固定假日 - 年假日 - 病事假}{365} \times 100\%$$

按照组织机构图将以上工作逐一完成之后，就可求出客房部各岗位、各班次所需要的人数。然后将其加总，就可得出整个客房部所需要的人员配备额，即客房定员总数。

【经典案例】

某酒店有200间客房（均折成标准间计）。客房清扫服务员的定额为：早班14间，中班60间。领班的工作定额为：早班80间，中班160间。假定酒店年均开房率为80%，员工每天工作8小时，实行每周5天工作制，且每年除可享受法定节假日11天（"清明节""端午节""五一""中秋节"各1天，"十一"3天，元旦1天，春节3天）以外，还可享受年假5天。另外，估计每位员工一年中可能有5天病事假。试问，该酒店客房楼层服务员和领班的定员总数应为多少？

解：（1）计算有效开工率。

$$员工年实际工作天数 = 365 - 周末 - 法定节假日 - 年假日 - 病事假$$
$$= 365 - 365 \div 7 \times 2 - 11 - 5 - 5$$
$$= 240（天）$$

因此，有效开工率 $= \frac{240}{365} \times 100\% \approx 66\%$。

（2）计算所需服务员人数。

$$早班清扫服务员 = \frac{工作量}{工作定额} \div 有效开工率$$
$$= \frac{200 \times 80\%}{14} \div 0.66$$
$$\approx 17（人）$$

$$\text{中班清扫服务员} = \frac{\text{工作量}}{\text{工作定额}} \div \text{有效开工率}$$

$$= \frac{200 \times 80\%}{60} \div 0.66$$

$$\approx 4(\text{人})$$

所需服务员总数：17+4=21(人)。

(3) 计算领班人数。

$$\text{早班领班} = \frac{\text{工作量}}{\text{工作定额}} \div \text{有效开工率}$$

$$= \frac{200 \times 80\%}{80} \div 0.66$$

$$\approx 3(\text{人})$$

$$\text{中班领班} = \frac{\text{工作量}}{\text{工作定额}} \div \text{有效开工率}$$

$$= \frac{200 \times 80\%}{160} \div 0.66$$

$$\approx 2(\text{人})$$

所需领班总数：3+2=5(人)。

因此，该酒店客房部共需楼层服务员21人，领班5人。

需要说明的是，本例中计算"有效开工率"的各项假设条件是比较符合中国国情及国内酒店的实际情况的，因而，所计算的有效开工率值，即0.66，具有广泛的参考价值，各酒店在定员时，可以直接使用这一参数。

第三节　客房部经理

一、客房部经理的岗位职责

客房部经理全权负责客房部的运行与管理，负责计划、组织、指挥及控制所有房务事宜，督导下属管理人员的日常工作，确保为住店客人提供热情、周到、舒适、方便、卫生、快捷、安全的客房服务。其主要职责及工作内容如下。

（1）监督、指导、协调全部房务活动，为住客提供规范化、程序化、制度化的优质服务。

（2）配合并监督客房销售控制工作，保证客房的最大出租率。

（3）负责客房的清洁、维修、保养。

（4）保证客房和公共区域达到卫生标准，确保服务优质、设备完好。

（5）管理好客房消耗品，制定房务预算，控制房务支出，并做好客房成本核算与成本控制等工作。

（6）提出年度客房各类物品的预算，并列出购置清单，包括物品名称、牌号、单价、厂家及需用日期。

（7）制定人员编制、员工培训计划，合理分配及调度人力。

（8）检查员工的礼节礼貌、仪表仪容、劳动态度和工作效率。

（9）与前厅部做好协调，控制好房态，提高客房利用率和对客服务质量。

（10）与工程部做好协调，做好客房设施、设备的维修、保养和管理工作。

（11）检查楼层的消防、安全工作，并与保安部紧密协作，确保客人的人身及财产安全。

（12）拟定、上报客房部年度工作计划和季度工作安排。

（13）建立客房部工作的完整档案体系。

（14）任免、培训、考核、奖惩客房部主管及领班。

（15）按时参加店务会，传达落实会议决议、决定，及时向总经理和店务会汇报。主持每周客房部例会、每月部门业务会议。

（16）处理投诉，发展同住店客人的友好关系。

（17）检查贵宾客房，使之达到酒店要求的标准。

二、客房部经理的素质要求

客房部经理是酒店最忙碌、最重要的部门经理之一，全面负责客房部的日常管理工作。客房部经理除了要具备组织领导才能和管理才能，还应具备以下素质。

（1）有一定的房务工作和管理经验。专业的知识和经验是做好房务管理工作的基础，客房部经理应该具有客房部主管以上管理工作经验。

（2）有强烈的事业心和工作动力。强烈的事业心和工作动力是干好每一项工作，尤其是管理工作的基本保证，同时，也是激励下属员工的重要因素之一。因此客房部经理应该时时进行自我激励，有在事业上取得成就的强烈愿望。

（3）有旺盛的精力、良好的体魄，能够胜任经常性的超时工作。

（4）有较好的业务素质和较宽的知识面。客房部经理要掌握酒店业基本知识及房务服务与管理的专业知识（如布草、地面材料、家具、清洁剂和清扫工具及财务会计、设计、室内外装饰等方面的知识），此外，还要懂得心理学、管理学等专业知识。只有具有较高的业务水平和专业素质，才能使员工信服，才能赢得员工的尊重，提高员工的服从性，增强管理者的凝聚力，做好各项管理工作。

（5）有优秀的个人品质。为人正直，能公平、合理地处理各种关系和矛盾。

（6）有良好的人际关系和沟通能力。管理工作主要是对人的管理（这也是难度最大的），因此，客房部经理应该具有良好的人际沟通能力，包括与下属、与上级、与其他部门的管理人员及与客人有效沟通。有效沟通并不意味着要对人特别"随和"，而要求管理人员取得同事的信任和合作，并获得客人的认同和好感。

（7）有组织协调能力。能协调好本部门各区域、各班组之间的关系及本部门与酒店其他部门之间的关系。

（8）有良好的语言、文字能力。客房部经理要有说服人的本领，要像一位有说服力的推销商那样，能够向自己的下属员工及同事清晰地说明自己的意图，力陈非此不可。此外，客房部经理还要有一定的文字能力，能够撰写房务管理的有关文件和工作报告。

（9）有一定的外语水平。高端酒店通常都是涉外企业，为了更好地为外国旅游者提供服务，客房部管理人员必须具有一定的外语水平，能够用外语与外国客人进行沟通。

（10）在仪表仪容、言谈举止等方面，有良好的个人修养。管理人员的个人修养是员工的表率，它不仅反映管理人员的个人素质，也代表着酒店的形象和档次。

（11）掌握管理艺术。管理工作是一门艺术，客房部经理应该掌握管理的艺术，这样才能使管理工作轻松、有效。

（12）有管理意识和创新精神。服务人员要有服务意识，同样，管理人员也要有管理意识，这是做好管理工作的前提条件。除此之外，客房部经理不能墨守成规，要有创新精神。

三、怎样当好客房部经理

当好客房部经理应该注意以下几点。

1. 有自信心

一个人如果失去了自信心，连自己都对自己的工作能力感到怀疑，就不可能把工作做好。尤其是管理人员，如果缺乏自信心，就不可能赢得员工的尊重，不可能激励员工，带领员工完成工作任务，实现管理目标。

管理人员要有自信心，但不能自信到听不进别人的建议或建设性批评。

2. 工作要有主动性

客房部经理要能够把本部门的一切工作安排得井井有条，防患于未然，而不是到处"修修补补"，整天四处"灭火"，让突发事件牵着鼻子走，忙得团团转。

3. 力争有效地利用人力资源，节约劳动力成本

在工资比较高的国家和地区，有效地利用人力资源具有更重要的意义。

4. 为例行工作创立程序和标准，建立部门岗位责任制

这是提高客房工作质量和效率，使管理工作走向正轨的基础工作。

5. 善于激励员工

管理人员的管理意图是通过部门员工贯彻落实的，因此，要搞好客房部的工作，提高服务质量，必须激发员工的士气，这是实现客房管理目标的手段，也是客房部经理的日常工作内容之一。为此，客房部经理必须具有心理学方面的专业知识，能够以最大的耐心、幽默的语言，辅以行之有效的管理制度，激发员工的工作热情，调动员工的工作积极性。

6. 让员工参与管理

客房部经理要就客房工作中存在的问题经常与员工进行沟通，交换意见，达成共识，进而采取措施，这也是激励员工、实现管理目标的重要手段。为此，客房部经理要鼓励员工发挥想象力，让他们经常向自己提问：做这件事还有没有别的更好的办法？不仅员工应该经常提问自己，负责监督、指导员工的各级客房管理人员也应如此。员工提出切实可行的合理化建议后，客房部经理要积极地予以采纳，并对提出合理化建议的员工提出表扬。

7. 给员工提供培训与发展的机会

员工不只是会干活的机器，员工在完成本职工作的同时，还希望在业务上得到发展、在

事业上取得进步，客房部经理应该充分理解和尊重员工的这一需求，为员工提供培训与发展的机会。同时，客房部经理还可以利用员工的这一需求激励员工。

8. 多与其他部门的经理进行沟通

客房部对客服务质量的好坏，在很大程度上取决于与酒店其他部门（如前厅部、公关销售部、工程部等）的合作及与其他部门的信息沟通。部门之间缺乏信息沟通，势必在工作中造成矛盾和冲突，并最终影响服务质量。因此，客房部经理除了在各种正式会议上与其他部门经理进行沟通，平时还应与其他部门的员工多沟通，做好部门间的协调工作。

此外，一名优秀的客房部经理还应具备六大管理意识，即创新意识、市场竞争意识、公关销售意识、全面质量管理意识、员工激励意识、成本控制意识。

【案例聚焦】

一名美国酒店客房部经理的管理方法

海丽是美国希尔顿酒店公司西方分部的一名客房部经理，她是法国人，富有魅力，性格奔放，干劲十足，常常博得她所在部门及酒店其他人士的赞扬。她所管辖的客房部会使人想起军队的情形。但她因通情达理而赢得下属人员的尊敬。她希望下属对她坦率忠实，有错敢于承认，她对他们的过错则不予以惩罚。她认为既然他们承认并认识到了自己的过失，吸取了教训，那么，他们是会吃一堑长一智的。

海丽通常采取书面交流的办法使部门正常运转。所有她要了解的情况，助手都做了详细的记录。她的助手是有权威的，有权处理各种问题，只有解雇员工这一件事，必须等到海丽与该员工谈话之后，才能执行。

假如某位服务员同海丽属下某个楼面主管发生了纠纷，海丽往往会调这位服务员到另一个楼面去工作，看看在那里会不会再发生类似的个人纠纷。海丽经常说："我掌管这个客房部，好像这家酒店就是我的。"她本人以身作则，很少同她的上级闹别扭，她以行动表明，她毫无保留地将她的才能贡献出来从来都是为了让酒店获得最好的声誉和最大的利益。

第四节　楼　层　主　管

一、楼层主管的岗位职责

客房主管直接对客房部经理/副经理负责，协助客房部经理处理客房的日常事务。
（1）检查房间的清洁及维修状况，确保客房保持最佳的出租状态。
（2）确保楼层各个班次有足够的人员。
（3）检查员工的工作表现及工作分配情况。
（4）确保楼层人员在工作时间内发挥最大的作用。

(5)与本部门的各个小部门密切合作，以实现预期的工作目标。
(6)负责楼层员工的培训工作。
(7)执行并完成客房部经理(管家)制定的各项工作程序和任务。
(8)改进客房部员工的工作，提高生产数量和质量。
(9)贯彻执行客房部的规章制度。
(10)调查客人的投诉，并提出改进措施。
(11)完成各项计划卫生清洁项目。
(12)确保每日检查贵宾房，使之保持接待贵宾的标准。抽查一定数量(20间左右)的走客房、空房及住客房。
(13)负责楼层领班的排班。
(14)节约物品、控制消耗。
(15)随时向客人提供可能的帮助。

二、楼层主管的工作程序

楼层主管的工作程序如表9-2所示。

表9-2 楼层主管的工作程序(时间仅供参考)

班次	工作程序
白班 (8:00~17:00)	(1)8:00到服务中心签到，领取钥匙和房态表。 (2)巡视所管楼层区域。 (3)9:00~9:10，记录有关事项及客人的特殊要求，接受客房部指派的工作。 (4)9:10~9:30，传达有关指令，并检查员工的仪容仪表及工作准备情况。 (5)核对房态。 (6)根据房态，合理调配人员。 (7)检查楼层公共区域及可出租房的卫生。 (8)检查记录维修房的维修进展状况。 (9)检查督导员工的做房程序、清洁卫生的步骤方法是否符合规定标准。 (10)检查管区所有走客和部分住客房的卫生。 (11)跟查当日计划卫生的落实情况。 (12)报告房态。 (13)记录未办事项和客人的特殊要求。 (14)15:30开下午主管例会，进行交接班。 (15)16:30~17:00写工作日志并向下一班交代未完成的工作。
中班 (16:00~24:00)	(1)注意了解当日客情房态，了解部门交班记录内容。 (2)检查中班员工仪容仪表。 (3)合理安排人力，以保证楼层公共区域的卫生清洁。 (4)注意跟查当日的计划卫生项目。

续表

班次	工作程序
中班 （16：00～24：00）	（5）巡视检查楼层公共区域的安全、卫生。 （6）15：30～16：00开下午主管例会。进行交接班。记录白班未完成的事项和客人的特殊要求。 （7）16：00开中班员工会，安排中班服务及有关跟办的事项。 （8）16：10巡视楼层。 （9）19：00～22：00督导检查夜班的服务质量。 （10）督导员工做楼层其他清洁工作和安全巡视。 （11）23：00记录有关问题、事项、交接班。 （12）23：30写中班工作日志及开夜班员工会。
夜班 （24：00～8：20）	（1）24：00～24：20了解当天的房态，了解部门交班记录内容。 （2）24：20巡视楼层及公共区域。 （3）检查督促员工的仪容仪表及工作规范。 （4）检查当日计划卫生项目。 （5）与客房中心保持密切联系，发现特殊情况及时向值班经理报告。 （6）8：20写夜班工作日志及向下一班交班。

第五节 楼层领班

楼层领班是客房部最基层的管理者，是确保客房服务质量和卫生质量的关键人物。有人说"领班是在夹缝里做人"，这话一点也不为过，他们上要对部门经理、主管负责，下要在普通员工中以身作则，所以，工作对于他们而言，不得有半点松懈和怠慢。为了领导基层员工，他们必须有过硬的业务技能。每天清晨，他们总是早早地来到所管辖的楼层，召集服务员开会，布置一天的工作事务。除了对员工进行督导、培训，领班每天还要负责检查六七十间客房。每间客房的检查项目达100多项，即使思想集中、目光敏锐、手脚并用，也难免有遗漏和疏忽之处，而主管以上的领导一旦发现客房卫生有差错，总是批评领班，领班极少能听到赞扬。正如一名客房部经理所说："我要求客房领班检查、检查、再检查，对细枝小节问题要敏感，每天我不批评他们就等于表扬他们。"

由此可见，要当好领班并不是一件容易的事。领班必须能够承受工作上、体力上和心理上的多重压力，不仅要掌握过硬的业务技能，还要有一定的管理艺术。

一、楼层领班的岗位职责

楼层领班是客房部最基层的管理人员，其主要职责是检查、指导服务员的工作，确保出租给客人的每一个房间都是干净、卫生的合格"产品"。

（1）检查服务员的仪容仪表、行为规范及出勤情况。
（2）合理安排工作任务，分配每人负责整理和清扫的客房。
（3）分发员工表格、钥匙，并通知贵宾房及有特殊要求的房间。
（4）检查、督导服务员按程序标准工作。
（5）保管楼层总钥匙。
（6）按照清洁标准检查客房卫生。
（7）检查楼层公共区、角间、防火通道的卫生。
（8）随时检查、督导员工清除地毯和墙纸的污迹。
（9）检查计划卫生执行情况。
（10）确保每日对贵宾房的检查。
（11）报告房间状态。
（12）检查报修、维修情况。
（13）记录请勿打扰房、外宿房、无行李房。
（14）控制客用品、清洁品的发放和领取，严格控制酸性清洁剂的使用。
（15）负责楼层各类物品、床单、巾类的控制。
（16）记录物品丢失、损坏情况，向上级报告。
（17）督导新员工及在岗员工的培训。
（18）督导员工对服务车、清洁工具、设备的清洁与保养。
（19）负责安全检查。
（20）贯彻执行客房部的规章制度。
（21）调查客人的投诉，并提出改进措施。
（22）处理客人的委托代办事项。
（23）定期向上级提出合理化建议。
（24）按照部门的临时性指令安排工作。
（25）负责月盘点。

二、楼层领班的素质要求

客房部领班必须有客房服务经验，熟悉客房业务，有较高的业务技能，并有一定的管理水平。

（1）吃苦耐劳，工作认真负责。
（2）熟悉客房业务，有一定的工作经验和较熟练的操作技能。领班的服务技能要高人一筹。领班如果不是全能的多面手，就无法带动全班员工工作。
（3）有一定的英语水平。
（4）有督导下属的能力。
（5）具有本岗位较强的专业知识，如清洁知识、布草知识等。
（6）有良好的人际关系处理能力。
（7）有良好的个人品质，办事公平合理。

三、如何当好楼层领班

1. 做好客房的检查工作

"查房"是楼层领班最主要的工作任务和职责之一，是检验客房"产品"是否合格的工作步骤，是把好客房"产品"质量关的最后环节，直接影响对客服务质量。因此，做好客房检查工作具有极其重要的意义。

客房检查的主要内容有三项，即清洁卫生状况、用品配备状况、设施使用状况。其中卫生标准包括九项：一是天花板、墙角无蜘蛛网；二是地板、地毯无杂物和痰迹；三是灯具光亮无尘；四是房间整洁无六害；五是布草干净无破烂；六是卫生间无积垢、无臭味；七是金属器皿无锈迹；八是家具整洁无残缺；九是茶具无茶迹、水珠。

2. 抓好班内的小培训

客房服务员所需要的服务技能不可能在岗前培训中全部掌握，因此，领班必须抓好岗位培训，包括利用交接班时间做各种服务姿态、敬语和小技能的培训等，这是确保客房服务质量的重要环节。每次培训要有签字记录，以防服务员以"不会"为借口。

3. 建立客房用品核算管理制度

建立这项制度的目的在于控制物耗。客房部团队与散客、内宾与外宾、常住与暂住等不同类型客人的物耗是不一样的，领班必须对其进行统计，摸索规律，在可靠的原始数据基础上，计算出各类客人的物耗比，从而使考核指标有可行性，在保证客人满意的前提下，使楼面库存用品不浪费也不积压，减少客房用品的支出，降低流动资金的占用。

4. 具备沟通能力与技巧

领班除了要认真履行自己的职责，做好自己的本职工作，还要具备起码的人际沟通能力与经验，即处理好与上级、平级和下级三个方面的关系，这是做好督导工作的前提条件。

资料：怎样当好客房部领班

// 本 章 小 结 //

- 本章主要介绍了客房部的组织机构、各班组的职能及各主要管理岗位的职责和素质要求等，并对如何当好客房部管理人员进行了讨论。
- 客房组织机构的设计应该根据酒店规模的大小等因素加以确定。

// 课 堂 讨 论 //

就本章末尾所附"一位客房领班谈——怎样当好客房部领班"的内容进行讨论，你认同这些观点吗？

// 思 考 题 //

1. 试画一张大型酒店的客房部组织机构图。
2. 客房部各班组的主要职能有哪些？
3. 如何进行客房定员？

4. 客房部经理应具备哪些素质？怎样当好客房部经理？

5. 依据客房定员方法，分析你所实习的酒店客房定员是否合理。

// 知 识 拓 展 //

了解客房基层管理者如何开好班组会。

酒店班组会的重要性是毋庸置疑的。酒店基层工作细致而烦琐，员工分散在各个岗位，平常很难有时间集中在一起进行交流和沟通，因此，班前、班后这段时间尤其宝贵。

班组会是上情下达、下情上传的重要通道。但是，不是所有的班组会都是富有成效的，很多基层管理者工作很多年，也给员工开了很多年班组会，但是很多时候，班组会毫无生气，每天都是在做无谓的重复工作，员工觉得厌倦，基层管理者也觉得苦恼。

那么，如何开好班组会呢？

1. 班组会的内容要以培训为主

班前、班后培训会是最基本、最有时效性的日常培训形式。在班组会上，基层管理者可以说案例、讲服务、提要求、传信息等，而不要单纯点名、念文件、逐事汇报或者批评某个人，也不要只是简单地分配日常工作，分配日常工作只是班组会上一个微不足道的环节。班前会重传递信息，班后会重总结经验。

班组会的内容要以培训为主。由于酒店工作的特殊性，服务员很难有比较集中的时间接受操作技巧、服务意识、服务技巧的培训。由于班组会时间较短暂，所以最大限度地发挥这段时间的效能就显得尤为重要。班组会上的培训一定要有侧重点，要有针对性，一天几个重点，一天解决几个疑问，不管是基层管理者还是员工，日积月累才会有所提高。员工经过培训提高服务技能以后，就容易在工作中获得成就感。班组会的全部核心就在于提升员工及基层管理者自身的服务意识和服务技能，有了优秀的服务意识和服务技能，才能提供令客人满意的服务。

2. 在班组会上激发员工的工作热情、传播快乐

基层管理者组织班组会的首要任务就是激发员工的工作热情、传播快乐。基层管理者应该始终保持一种积极乐观、自信微笑的态度，尽可能调动员工的情绪，绝对禁止个人不良情绪在员工之间蔓延。快乐、自信是可以传染的，员工心情好了，自然倾向于更好地完成对客人的服务。酒店工作相对比较单调，班组会是否成功，关系到员工一整天的工作心态。

3. 重视观念的提升

在班组会上，基层管理者要重视观念的提升。观念是人们内在的信念和追求，是行动的指导，没有先进的观念，就不会有优秀的服务行为。酒店从业人员所需具备的观念主要包括职业观念、服务观念和创新观念。在观念提升的过程中，尤其要结合酒店的企业文化建设，引导员工认同企业的价值观念、行为准则、道德规范、传统习惯、规章制度、企业形象等。

4. 班组会要生动，让人有所感悟

班组会要生动，要讲究语言表达方式，切忌表达生硬。没有员工会喜欢枯燥乏味、没有一点波澜的语言表达方式。

填鸭式的班组会是最不可取的。生动的、能让人有所感悟和马上行动的培训才是最好的培训。其中案例教学是最直接、最生动、最有效的培训方式。基层管理者可以结合本班组、本部门、酒店内部及外部的案例进行培训，这种方式最能提升员工的工作认知和服务意识。

5. 班组会应该多互动

班组会上的员工和基层管理者之间应是双向互动的，互动越多，员工的参与度越高，班组会效果也就越好。班组会要让员工充分发表意见，达成共识。

6. 要讲究内容的选择

如果是普遍存在的工作问题，可以在班组会上集中解决。如果是个别问题，则最好在其他时间采用一对

一等小范围的方式解决。

7. 班组会忌空泛说教

基层管理者最忌有优越感,认为自己的地位比员工高,在组织班组会时带有说教的腔调。基层管理者必须明白,即使是对员工正确的忠告,如果带有说教的味道也会引起员工的逆反情绪,不被员工所接受。

8. 要形成班组会记录

班组会记录是最佳的培训教材,因此,要做好班组会记录,供管理者和班组员工随时翻阅、学习,或者以备上级管理者检查。班组会结束后,基层管理者一定要去检查、去落实,尤其要分析班组会上提出的问题的解决程度。只有这样,才能真正提高员工的工作技能,不断改善员工的工作表现,使班组会卓有成效。

// 酒店经理人对"经理的困惑"的答复 //

——总经理要求客房部裁员怎么办?

Robert Zhou(香格里拉大酒店行政管家):

做一个数据分析,在合理、公正的环境下,持续一段时间测试多个典型的熟练工作者,就统一标准做房及完成相关日常工作的情况,做数据实践,分析出合理的日工作量,这可以让大家信服并作为以后工作的标尺。别的酒店的标准只能作为参考,决不能照搬。

在确定好每日额定工作量后,我们根据年均住房率得出每日做房直接需要的人工数。

计算出一年中这些员工的法定休假/年假/公休假等所有需额外增加员工替班的人数。

部门经理必须深刻理解酒店是靠人的服务去赢得客人赞誉的。人员的缺乏造成运作链接中断,最终影响的是对客服务的质量。当失去客人的信任后,最终输的是酒店。

James Kong(上海锦江汤臣洲际大酒店行政管家):

有关客房服务员配置问题,我的观点如下。

酒店的定位和标准要求,决定客房的装潢、物品配置和清洁水准。清洁所需时间由清洁标准决定。

如楼层的平均做房时间是30分钟,加上准备工作时间和提供直接服务的时间,8小时内可以完成的最多的做房数量也就确定了,开床数量和其他工作的人手需求也可确定。相应地在平均住房率下所需人手的数量由此即可确定,通常不会超过70%的配置。一旦满房时,只要全部服务员出来加班就可以完成任务,在淡季时再补休假。公共区域保洁所需的人手也一样,除标准要求外,由班别、岗位、清洁内容、清洁频次、清洁设备等决定,完全可以计算。

每月做一份员工出工的小时汇总并和平均住房率相比较匹配的分析表,通过员工的平均做房数量即可获知安排方面有无人力的浪费。从全年数据更可看出领导们的成绩。另外,对于人力成本高的服务,也可考虑整体外包或人手租赁等形式来降低用工成本。

第十章　客房服务质量管理

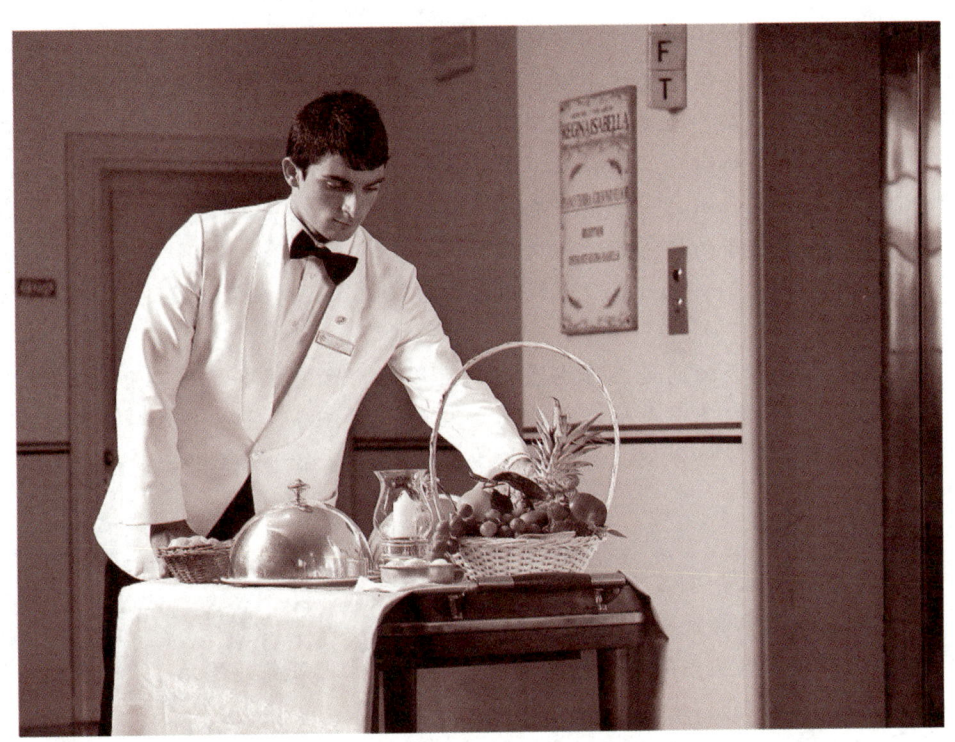

客房服务质量很大程度上反映了酒店的服务质量

我每年都会遇到一种令我抓狂的酒店。比如，要么找不到开灯的键，要么开着的灯关不掉。又如，房间的亮度不够，令我根本无法读书，甚至连床头灯都不够亮。还有就是电源插座"藏"在床下或者家具后面，要是想给手机或者笔记本电脑充电，还得先来一番搬家具的运动。冰箱里堆满了价格宰人的食品，挤不进一瓶自带的矿泉水。还有凌晨三点会响的闹钟——前一个客人因为要赶一大早的飞机而设定的闹铃忘记被取消，这让我对酒店的好感顿时烟消云散。

——一位"一年中有超过100个夜晚在酒店度过"的商务客人自述

酒店客人大部分时间是在客房度过的，因此，客房服务质量在很大程度上反映了酒店的服务质量。服务质量管理是客房管理的三大任务（服务、卫生、安全）之一。客房部应努力为客人提供方便、舒适、热情、主动、高效、个性化的服务。

学习目标

- 了解客房服务项目及其服务规程。
- 掌握提高客房服务质量的途径。
- 认识个性化服务的重要性和客房部提供个性化服务的思路。
- 学会客房服务和管理中常见问题的处理方法。
- 了解客人遗留物品与租借物品的管理方法。
- 了解客房服务工作的组织模式。

关键术语

房务中心　服务项目　遗留物品　服务质量　个性化服务

经理的困惑

——一样的个性化服务，怎么不见好评如潮？

我是一家酒店的客房部负责人，不久前，听了一位酒店专家讲的这样一个服务案例：有一天，专家入住广州的一家酒店，台子上的一张手写小便签引起了他的注意，上面写着"尊敬的×××，我是本房间的服务员，如果您有什么需求的话可致电×××，祝您住店愉快！服务员小张"。专家觉得非常温馨，对这一个性化服务也给予了高度好评，多次在给酒店从业人员上课时讲到。听了这个案例后，我觉得这是一种可以实施的优质个性化服务，因此马上就在客房内开展了。为此，我们设计了一张印有上述文字的卡片，取名为"专职服务员联系卡"，还特意贴上了服务员的照片，并进行了塑封，但是从客人的反响来看却并没有出现好评如潮的现象，我有些困惑……

第一节 房务中心的管理

一、房务中心的职能

房务中心是客房部的对客服务中心，其主要有以下职能。

1. 信息处理

凡有关客房部工作的信息几乎都要经过房务中心的初步处理，以保证有关问题及时得到解决或分拣、传递。

2. 对客服务

由房务中心统一接收服务信息，并通过电话、手机等现代化手段，向客房服务员发出服务指令。房务中心即使不能直接为客人提供有关服务，也可以通过调节手段来实现这一目标。

3. 员工出勤控制

所有客房部员工上下班都要到房务中心签名，这不仅能方便考核和工作安排，而且还有利于增强员工的集体意识。

4. 钥匙管理

客房部所使用的工作钥匙都集中于房务中心签发和签收。

5. 失物处理

整个酒店的失物和储存都由房务中心负责，这大大方便了失物招领工作的统一管理，提高了工作效率。

6. 档案保管

房务中心保存着客房部所有的档案资料，必须及时对其进行补充、更新和整理，这对于保持有关档案资料的完整性和连续性具有十分重要的意义。

为了及时了解和处理客房服务和管理中出现的各种问题，掌握客人和员工的动态，客房部管理人员，特别是客房部主管，应将自己的办公室设在房务中心。一些客房部主管将自己与外界隔绝，根本不管每天发生什么事情，也不知道客人中、员工中每小时发生的各种各样的问题，这不利于开展管理工作。

二、房务中心员工的岗位职责

房务中心员工有如下岗位职责。
（1）接听电话，随时回答客人的提问，满足客人的要求。
（2）负责客房钥匙的收发。
（3）负责各组的签到。
（4）协助客人借还接线板、吹风机。
（5）随时接收、登记与包装遗留物品并每月清点上报客房经理。
（6）管理各种表格。
（7）向工程部提出维修请求，及时送交报修单。
（8）记录酒水使用情况。
（9）分派鲜花、报洗地毯。
（10）做好开门情况的记录。
（11）接听电话，完成上级交给的各项任务。
（12）负责房务中心的清洁工作。
（13）接待客人并尽可能满足客人的要求。
（14）做好各种交接及一切工作记录。

三、房务中心的运转

根据酒店规模的大小和客房数量的多少，房务中心每班可设2位或2位以上接听电话及处理相应问题的服务人员（包括专职对客服务人员）。

房务中心的理想位置是处于员工更衣室和员工电梯之间的同一平面上，其内部设计因酒店条件而异。

从某种意义上讲，房务中心的主要工作是接听客人有关客房服务需求的电话。因此，在房务中心工作的员工必须具备话务员的素质，能够用礼貌、悦耳的声音接听客人电话，回答客人问询。否则，必将影响服务质量，损坏酒店的形象。

【经典案例】

你的声音听上去太硬……

今年五月，出于身体的原因我从楼层调到了房务中心工作。初来房务中心时，我想自己在楼层工作五六年了，而房务中心也是客房部的，应该没什么问题。谁知，没多久主管就找我谈话了，非常委婉地对我说："房务中心虽然只有简单的三部电话，但却像窗口一样反映了整个客房部的精神面貌，声音的把握和调节非常重要。你的声音听上去太硬、太直了。回去调整一下好吗？"

初听主管的话，我心里还有些疑惑，觉得不可能，因为我对自己的声音感觉很好。回到家以后，我利用手机的呼叫拨号功能，把声音录下来听了一下。天哪，真的有些粗硬！知道自己的问题后，我就在业余时间利用手机不停地练习与调整。慢慢地我从中总结出了一些心得：音调过高，会给客人以不成熟及情绪冲动的印象；声音太弱，会给客人以不确定的感觉；语速过快，会降低客人的重视程度；发出呼吸声，会让客人有不稳重的感觉；粗声粗气，会给客人以粗俗之感；语调末尾上升会给客人以信心不足、有恳求他人的感觉；声音颤动（有时由呼吸不规律造成）会让客人误认为你紧张或害羞。

而要想克服以上的问题，就要注意如下方面。

(1) 音调适中，不可过高或过低。

(2) 声音浑厚，不要很轻弱。

(3) 说话清晰，要毫不含糊。

(4) 要有节奏感，不单调。

当把这些心得运用到工作中以后，再去询问主管的意见时，我从主管的微笑中知道了答案。

四、房务中心与各部门的沟通

（一）沟通的原则

房务中心是客房部的"控制指挥中心"，很多工作内容需要与各部门的各个岗位进行沟通与协调。

房务中心与其他部门、岗位的沟通与协调应遵循以下原则。

1. 当与对方无法沟通与协调时，与其上一级主管沟通

当沟通协调的对象无法沟通、协调，如服务员通知不到，信息阻塞、中断时，应与上一级领班沟通、协调，领班联系不上时，再与更上一级主管沟通，以此类推，直到沟通有效为止，并说明与更上一级沟通的原因，以免双方误会（与其他部门沟通也一样）。

2. 与对方沟通时，提供必要的帮助

沟通与协调前，要尽量掌握对方的职责、能力，并提供必要的帮助，以防对方事情处理不妥而引起麻烦。

3. 保持良好的沟通态度，心平气和，有耐心

无论任何情况，沟通时必须心平气和、有耐心，尽量多用"请""谢"等字眼和商量的口吻，即使对方不耐烦、态度不好，也不要受其影响，仍然要保持冷静，以免事情向不好的一面发展。

4. 遇到沟通障碍时，先解决问题，不可推卸责任

遇到沟通与协调的事情难以分清责任时，要先尽力解决，后报告上级进行区分，千万不要在有能力处理的情况下不处理或推卸责任。

（二）沟通的艺术

房务中心沟通与协调的对象很多，讲究的是愉快、迅速。如何才能做到这两点呢？

首先，房务中心工作人员要把自己当作内务公关员。面对各式各样的客人，为了达到愉

快、有效的沟通目的，应采取不同的应对手段。很多酒店的房务中心工作人员自身的心理素质不高，害怕、畏缩、妒忌、不服气、不愿受委屈、喜欢斗气、相互攻击、出言不逊、不耐烦、易受不良感染等。房务中心管理者应该鼓励房务中心工作人员平时多看一些自助、励志方面的书籍或资料，把沟通与协调的对象当作客人看待。

其次，要学习酒店的公关人员为了客户或相关人员的沟通畅顺、愉快，而采用的基本、必要的公关手段，掌握这些手段，即便今后离开本职岗位，也会在自身的人际交往中受益匪浅。

（三）沟通、协调的内容与方法

1. 房务中心与楼层的沟通、协调

房务中心与楼层同属客房部管理，相互之间沟通与协调更是频繁、紧密。房务中心的日常工作中除了提供直接信息给楼层，还要充当其他部门为楼层传递信息的"二传手"。具体而言，房务中心通常有以下事项需与楼层沟通与协调。

（1）获得楼层实际房态：发现前厅与房务中心电脑房态有差异时可呼叫楼层领班或服务员亲临房间进行检查核实。

（2）客房维修、保养：客房的工程维修事项、地毯清洗及各类坏房不能开出时，要详细记录，并通知相关人员前往处理（维修事宜下单通知工程部维修，地毯、沙发清洗通知公共区域部领班处理）。

（3）前厅报入住或结账：立即记下对方工号、房号、时间并通知楼层，不得延误。在结账时根据时间做相应的跟踪、跟催工作。

（4）客房有遗留物品、损坏事项：如果客人未离开酒店，立即通知前厅部派人至楼层将遗留物品拿到前厅交予客人，不可延误并做好记录；如果客人已离开酒店则立即通知领班交到服务中心登记保管。客房有损坏事项时，立即记录并通知领班前往处理。

（5）收到客人需要服务的信息：问清客人地点、房号、姓名、要求，并立即做好记录；马上通知该区域服务员提供服务；在规定的3~5分钟内再确认一次此服务是否完成。

（6）接到会议订单：根据订单时间、级别、要求、人数等通知楼层领班做茶、饮具（茶杯、杯垫、纸杯、纸巾、茶叶、茶壶、托盘、电热壶）及派员准备，通知公共区域部领班作卫生、台、椅、派员等准备，会议结束时，提醒领班检查会场。

（7）接到贵宾入住及特殊人员入住：通知楼层领班了解信息，按要求派发鲜花、水果、赠品并及时做检查、迎送、布置等工作。

（8）天气变化：大风及下雨天气提醒楼层员工关窗，提醒领班到酒店外围观察、检查在住客人的窗户及外挂物，并及时做好相关布置工作。

（9）上级有关指令需通过房务中心传达到楼层：立即做好记录，通知楼层员工和领班予以执行。

（10）为楼层发放酒水：下午3点准时通知一名楼层领班到前厅部收银处拿酒水消耗单，然后由两名楼层领班到楼层酒水仓按酒水单上所耗酒水领取、发放到各楼层。房务中心收回酒水单做当日酒水统计时，要进行核对。

2. 房务中心与前厅部的沟通、协调

（1）房务中心接到前厅部各类订单：预览订单、表格上各个项目是否填写完整，了解各类注意事项后，在订单、表格上签名，并写上签名时间，然后归类挂在信息板上，根据时间、日期对相关人员作提示、布置。

（2）前厅部为客人查询遗留物品：迅速查阅遗留物品登记本，根据客人反应的时间、品名、特征、检索登记本上的结果。如果检索到有此客人描述的物品，则按遗留物品处理程序进行处理；如果没有检索到此客人描述的物品，请其再稍等一下，向其他人员（如楼层领班、员工、主管）了解情况；如确实没有，则向主管报告，同时请客人留下联系电话，待次日把主管的处理结果向客人反馈。

（3）收到前厅部送来房务中心需中转给客人的物品：检查"中转单"上的物品名称、数量、双方客人姓名、留言、资料是否齐全，与实物是否相符，核实无误后签收、暂存（不明物品及违禁物品一律不得转递、暂存），再根据单上资料、时间通知领班作相应的转递处理。如果在注明的时间内未能中转到指定的对方，则立即反馈到前厅部，由前厅部联系客人询问意见。而房务中心对中转三天内无结果的，要暂存登记到客人的遗留物品簿，以便追溯并记下时间、工号、序号及有关内容。对贵宾的鲜花、水果派送也属中转之例，应及时通知领班、主管跟进。

（4）前厅部向房务中心报入住、结账：重述房号、工号，以免听错，然后迅速通知楼层，在规定的时间（3分钟）内做好准备，如楼层没完成各项准备，则必须重催、跟进，以免延误客人时间而被投诉。

（5）接到入住紧张需要赶房的信息：立即与楼层领班沟通，反馈房态情况供前厅部参考，并通知主管，组织人力跟进。

3. 房务中心与公共区域部的沟通、协调

（1）调拨、借送较多、较重物件：呼叫公共区域部领班提供协助，告知对方的沟通对象、地点、时间、所需人力等情况（此情况暂限于客房部本部）。其他部门有此协助需要时，可告知对方与本部门主管、经理沟通、协调。

（2）楼层及其他部门报洗地毯、沙发：做好专用记录，把地点、性质转告公共区域部领班，经公共区域部领班确认后，回复对方处理时间和需要协助的有关事项。

（3）接到有关区域来电求清洁的信息：了解对方人物、地点、事物性质，做好记录，立即通知公共区域部领班做好准备派员前往处理。若中班无领班，先通知楼层领班跟进，再直接通知公共区域部员工到达现场。

（4）有会议或团体接待或团体用餐、上级来店检查或督导：有会议接待时，提前通知公共区域部领班按要求摆设台椅、借齐物件（如台布、围裙）、备齐用品，保持卫生间和会场卫生；团体用餐时则提醒餐厅保持洗手间储水充足、重点清洁。上级或团队来店参观检查、督导等时，应提前提醒公共区域部领班尽快做好各岗位卫生工作，做好检查完善工作，进行重点部位（大堂、外围、洗手间等）的巡查保洁。

4. 房务中心与工程部的沟通、协调

（1）有会议接待：根据会议要求，检查灯光、电器设备，通知工程部调试音响、麦克风，调试视听设备，悬挂横幅，开启空调设备，以保证会议召开期间设备运转正常。

（2）客房部维修项目：对于客房的维修项目，影响开房的要在当班时间内跟踪并提醒领班跟进后转空房。要求工程部尽快完成维修并报告主管，以免维修房过夜。在住房产生的维修项目，要第一时间通知楼层领班和工程部前往查看并维修处理；不能在短时间内解决的，要征求客人意见与前厅部协商是否换一个房间，尽力满足客人需求。其他公共区域的维修项目,要及时传达给工程部,做好记录和跟踪。

5. 房务中心与餐厅的沟通、协调

(1)有会议接待:有些会议安排餐厅服务员或大堂吧服务员提供茶水服务,借用围裙、台布等布置用品。房务中心要提前通知餐厅管理人员做好物品及派员准备。在会议召开期间,该员工一定要通知楼层领班或主管调配人员顶替方可离岗。

(2)接到客人要求送餐的电话:在餐饮营业时间内先建议客人参考服务指南中的点餐单,如没有合意的餐式,则可了解客人房号、姓名,请客人稍等,说明马上派人为其点餐,并做好记录。立即打电话到餐厅,由餐厅派部长或致电到房间为客人点餐。5分钟内再致电餐厅咨询此事是否办妥,客人用餐后立即通知餐厅人员前去收餐具(无餐厅人员时可叫楼层服务员收餐具)。如果客人未通知收餐具,应在送餐后的1小时左右致电客人,询问什么时候方便收餐具。尽量在客人用餐后收拾餐具、残羹,以防食物在房间过夜有异味而影响环境。

6. 房务中心与保安部的沟通、协调

(1)接到楼层有醉酒客人的信息:无论醉酒客人在走廊上还是在客房内,都应在接到此信息的第一时间把情况告诉保安部,由保安部派人上楼层协助楼层服务员和领班处理问题,保障员工的职业安全和客人安全。加强巡视及预防破坏、消防事故的发生。

(2)楼层有闲杂人员逗留或房间内有聚会,人员过多或嘈杂:通知保安部派人至该区域了解情况,对闲杂人员或嘈杂情况及时制止;房内聚会、人员过多时要重点巡视管理,了解情形,防止安全事故的发生。

(3)深夜有客人叫女服务员进房服务:在通知女服务员的同时通知保安部立即派人陪同女服务员前去服务,女服务员进房时,保安员可在门外一侧观察,遇有客人关门而女服务员仍在房内,要婉言制止不让关门。女服务员服务完毕后,保安员方可离开。

7. 房务中心与财务部的沟通、协调

(1)核送酒水统计报表与房态表:每日上午10点前房务中心核实此两项报表呈送财务部,对财务审计后发现的问题,认真解答并找出原因给予修正。

(2)请购物件和领料:在请购单上列明物品的规格、生产商、数量、使用部门,对可能混淆的物品在备注栏内说明清楚,并与采购沟通讲明。对紧用物品在三天内未购回的,询问采购原因并上报本部门经理,以免误事。

(3)物资、酒水报损:食品、酒水过期时提前一个月撤出,提醒楼层每月1日到3日做此项工作,过期未撤出报损的,由楼层负责按进货价认购。物资破旧不能用时,每月5日前集中写报损单,经部门经理核实、签署后交副总经理认可,然后由财务部派人鉴定,对报损后另作他用的应打上"已报损"标志,并与其他物资分开,以免混淆。报损后作废品处理的,在盘点报表相应栏作消数处理。

第二节 客房服务项目及其服务规程

楼层对客服务主要集中在两个环节:一是客人住店期间,二是客人离店时。

一、客人住店期间的服务项目及服务规范

（一）客房小酒吧

为了方便客人，大部分酒店都在客房内安放了冰箱（一些高档酒店还在客房内设有小型吧台，见图 10-1），为客人提供酒水、饮料和一些简单的食品。

为了加强对这些食品和饮料的管理，酒店应设计一份记有冰箱（或吧台）内食品、饮料的种类、数量和价格的清单，请客人根据自己每天消费的食品、饮料如数填写（见图 10-2）。

客房服务员每天早晨对客房小酒吧进行盘点，把客人实际消费的饮料、食品数目告知前台收银处。随后，对冰箱中所缺饮料、食品予以补充。

（二）房膳服务

房膳服务是应客人的要求将客人所点之餐送至客房的一种餐饮服务。常见的房内用餐项目有早餐、便饭、病号饭和夜餐等。

提供房膳服务时，酒店要设计专门的房膳服务餐牌，摆放在床头柜或写字台上，上面标明房膳服务电话号码。另外，提供房膳服务，通常要收取 20%～30% 的服务费。

图 10-1　客房小吧台（刘伟　摄）

房膳服务的方式有几种。在一些大酒店里，这项服务是由餐饮部负责的，餐饮部设有房膳服务组，由专职人员负责提供房膳服务；也有一些酒店，房内用餐是由餐厅服务员送到楼层，再由楼层客房服务员送进客房的，采用这种服务方式的酒店，要求客房服务员必须熟悉菜单，并掌握一定的餐厅服务技能。

房内用餐可以用托盘提供，也可以用餐车送（参见本章开章导图），这视所送餐食、饮料的多少而定。如用餐车送餐，要小心谨慎，以免因地毯不平或松动而翻车。另外，送餐时，必须要使用保温、保暖、保凉和保持清洁卫生的用具。

提供房膳服务时，要注意及时将客人用过的餐具和剩物撤出（一般在 1 小时后，征得客人同意后撤出），以免影响房内卫生和丢失餐具。收东西时，要注意清点餐具并检查有无破损，同时还要注意随手更换烟灰缸、玻璃杯，擦掉桌上的脏物，以保持房内清洁。

用餐完毕后，不要忘记请客人在账单上签名。

（三）洗衣服务

大型酒店一般都设有洗衣房。酒店为客人提供的洗衣服务，就洗涤方式而言，有三种类型：干洗、水洗和烫熨。其中，干洗的一般是一些高档衣料及毛织品、化学纤维衣物、绸缎、真丝等。就洗涤速度而言，洗衣服务可以分为普通服务和快洗服务两种。每种服务都要在规定的时间内完成，普通服务一般在早上 9 点以前收取衣服，当天送回，快洗服务则要求收到

客衣后3~4小时内洗完送回。由于快洗服务会为洗衣房的工作带来不便，因此，一般要加收一倍的服务费。无论是干洗、水洗还是烫熨，不管要求普通服务还是要求快洗服务，客人都要预先填好洗衣清单(见图10-3)。

Mini Bar Voucher
Guest Name (姓名)：
Room No. (房号)：
Date (日期)：

STOCK 储量	ITEM 品名		UNIT PRICE 价格 RMB	CONSUMED 消耗数量	AMOUNT 金额
2	Martell VSOP	金牌马爹利	28.00		
2	VSOP Remy Martin	VSOP人头马	28.00		
2	JW Black Label	黑牌威士忌	38.00		
2	JW Red Label	红牌威士忌	38.00		
2	Gordon's Dry Gin	哥顿金酒	28.00		
2	Grant's	格兰威士忌	38.00		
2	Imported Beer	进口啤酒	15.00		
2	Juices	各式果汁	8.00		
2	Coca Cola	可口可乐	8.00		
1	Sprite	雪碧	8.00		
2	Watson'	屈臣氏蒸馏水	8.00		
2	Chocolate	巧克力	20.00		
4	Mineral Water(Imported)	进口矿泉水	20.00		
1	Local Beer	本地啤酒	8.00		
2	Wine	葡萄酒	25.00		

第一联：客户(白)　第二联：前厅(红)　第三联：存根(黄)

Please indicate daily the number of items you have consumed and kindly sign this form and leave it on your mini bar. The amount will be added to your room account.
请将您每天消费的饮料记入本账单并把账单放在吧台上，收费金额将记入贵账户。

Guest Signature (客人签名)　　　　　　　　　　　　　　Room Attendant (客房服务员)

图10-2　客房小酒吧酒水单

　　洗衣清单可置于写字台上或与洗衣袋一起放在壁橱里，客人有洗衣要求时，在上面注明自己的姓名、房号、日期、所需洗涤各类服装的件数，并标明要求提供普通服务还是快洗服务。服务员进房收取衣服时，要仔细核对表中所填需洗涤衣服的数目是否与客人放进洗衣袋的衣物相符，同时检查口袋内有无物件、纽扣，有无脱落、严重污损、褪色、布质软弱不堪洗涤等情况，发现问题应向客人指明，并在登记表上注明。

　　为了避免一些不必要的麻烦，酒店方面还应在印制的洗衣登记表上注明在洗涤过程中出现某些情况时的处理方法，如关于洗涤时客衣缩水或褪色的责任问题及出现洗坏或丢失情况的赔偿问题(按国际惯例，赔偿费一般不超过该件洗衣费的10倍)。鉴于很多客人待洗衣服的价值远远超过洗涤费的10倍，如衣服损坏或丢失，按洗涤费的10倍进行赔偿远远不能补偿客人的损失，酒店可考虑推出"保价洗涤收费方式"，即按客人对其所送洗衣物保价额的一定比例收取洗涤费。

　　送回洗烫干净平整的客衣时，应根据洗衣清单存根联仔细核对清楚，如衣物的件数、房号、客人姓名等。随后，将客衣送至客房，请客人查收，待客人点检清楚后再离房，并向客人道别。最后，在存根联上注明送衣日期、时间，并签上姓名。

Laundry 湿洗　Dry Cleaning 干洗　Pressing 熨烫

Room No. 房号	For services please touch 3（洗衣请按内线3）		
	Name 姓名	Signature 签名	
	Date 日期	Time 时间	AM/PM 上午/下午

Special Instructions 特别指示			
☐ Same Day Service：Collected by 11：00 Delivered on Same Day	☐ Express Service (4 hours)：Latest collection by 14：00 Delivered on the Same Day. 50% surcharge.	☐ Pressing Service (1 hour)：Pressing is available from 7：00 to 18：00	☐ Overnight Pressing Returned by 8：00
☐ 普通服务：上午11时前收取的衣物即日可送回	☐ 加快服务(4小时)：下午2时前收取的最后的衣物，即日可送回，50%附加费	☐ 熨衣服务：早上7时至晚上6时收衣，1小时内送回	☐ 隔夜熨衣于早上8时归还

Guest Count 贵客点数	Hotel Count 酒店点数	Laundry Items 湿洗项目	Price RMB Laundry 湿洗价目(元)	Shirts Return 恤衫交回	☐ On Hanger 挂起 ☐ Starch 浆 ☐ Folded 折叠
		Normal Shirt 普通恤衫	26		
		Blouse 女装恤衫	26		
		Sport/T-Shirt 运动衣/T恤	20	Plus 15% Surcharge 加15%服务费	
		Jacket 外套	38		
Guest Count 贵客点数	Hotel Count 酒店点数	Laundry Items 湿洗项目	Price RMB Laundry 湿洗价目(元)	Amount 金额	
		Dress 连身裙	43		
		Skirt 短裙	26		
		Pants/Jeans 西裤/牛仔裤	32		
		Shorts 短裤	20		
		Pyjamas (2pcs) 睡衣裤(二件/套)	26		
		Night Gown 睡袍	26		

图 10-3　洗衣清单

Guest Count 贵客点数	Hotel Count 酒店点数	Laundry Items 湿洗项目	Price RMB Laundry 湿洗价目(元)	Amount 金额	
		Undershirt 内衣	12		
		Underpants 内裤	12		
		Socks/Stockings (Pair) 短/长袜(对)	8		
		Handkerchief 手帕	8		
Guest Count 贵客点数	Hotel Count 酒店点数	Dry Cleaning/Pressing Items 干洗/熨衣	Price RMB 价目(元)		
			Dry Cleaning 干洗	Pressing 熨衣	
		Suit(2 pieces) 西装(二件/套)	78	42	
		Jacket/Coat 外套	48	26	
		Slacks/ Pants 裤子	32	16	
		Shirt/Blouse 恤衫	32	16	
		Skirt 短裙	32	16	
		Skirt(Full pleated) 有褶短裙	62	36	
		Dress 连衣裙	68	36	
		Dress(Evening)/Tuxedo 晚礼服	85	45	
		Vest 背心	20	10	
		Sweater毛线衣/羊衣衫	38	16	
		Tie/Scarf 领带/领巾	16	10	
		Overcoat/Long coat 大衣	88	36	

说明：

1. 如客人未填写衣物数量，将以本酒店所计数量为准。

2. 本酒店在正确的洗涤操作下若造成衣物的任何损坏，最高赔偿额不超过衣物洗熨单价的10倍。衣物上的装饰品和衣兜里的物品损坏或遗失，酒店概不负责。

3. 送衣时，除有特殊要求，男装衬衫将以折叠方式送回，女装衬衫将以挂架方式送回。

图 10-3（续）

（四）托婴服务

住店客人外出旅游时，带小孩有时会感到很不方便，为了解决这个问题，很多酒店都为住店客人提供托婴服务。客人外出或有商务应酬时，可以把小孩交托给客房部，客房部委派专人照管（或由客房部女员工兼管），并收取适量服务费。

照看小孩时要注意按客人的要求进行，不要随便给小孩吃东西，尤其要注意小孩的安全。

（五）擦鞋及其他服务

高级酒店（或酒店行政楼层）一般都为客人提供擦鞋、钉纽扣和缝补衣服等服务。以此为客人提供方便，提高服务质量。

客人需要擦鞋服务时，会将鞋放在壁橱内的鞋筐中（或打电话到房务中心），服务员做房时，应将鞋筐中的鞋子收集起来，并在擦鞋服务单上写清房号。擦完后，按房号将鞋子连同鞋筐放回客人房门口或壁橱内。

遇雨雪天气，客人外出归来时，鞋子上易沾有泥泞，此时，服务员应主动提出帮客人擦鞋，这样做既可以使客人满意，又可以避免弄脏酒店和房内地毯。

（六）手机充电服务

在当代社会，手机已经成为人们的生活必需品，为客人提供手机充电服务已经成为酒店必不可少的服务项目。

为了节约人力成本，同时更加高效、快捷地为客人提供服务，提高客人的满意度，酒店应该在客房内准备好各种常用品牌手机的充电器或多功能充电器（见图10-4）供客人使用。

（七）叫醒服务

叫醒服务通常由酒店总机房话务员（或房务中心文员）提供，但在很多情况下，当话务员叫醒无效时，客房部应通知楼层服务员上门叫醒。

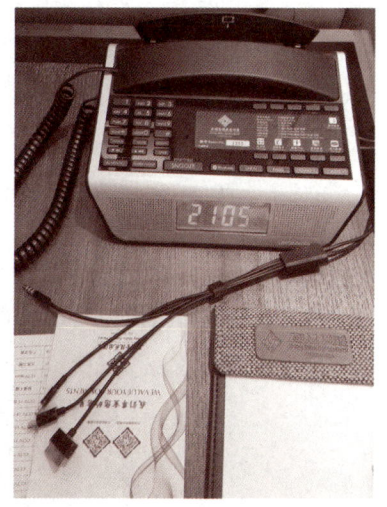

图10-4　与电话机相连的客房多功能充电器（刘伟 摄）

二、客人离店时的服务规程

客人离店时要注意检查客人的委托代办事项有无办妥，同时，做好房间的检查工作。

（1）如发现客人离房前饮用过小酒吧中的酒水，立即告知收银处，并将酒水单送前台。

（2）同时检查房间物品有无丢失，设施、设备有无损坏，如有，立即报告大堂副理，以便能及时、妥善处理。

（3）如发现客人有遗留物品，应立即追送，如来不及，按有关程序处理。

（4）做好离店客人情况记录，送客房部存档备查。

三、遗留物品与租借物品管理

（一）遗留物品管理

客房部要负责登记客人遗留物品的拾获、处理、认领情况，如图10-5所示。

图 10-5　遗留物品登记界面

对于客人遗留物品，必要时，征得客人的同意，寄回给客人，如图 10-6 所示。

图 10-6　作为"中国服务"代表、创造"碧水湾现象"的广州从化碧水湾温泉度假村采用图中形式将客人的遗留物品寄还给客人（刘伟　摄）

（二）租借物品管理

除了管理遗留物品，客房部还要负责登记客人租借的物品及其归还情况，如图 10-7 所示。

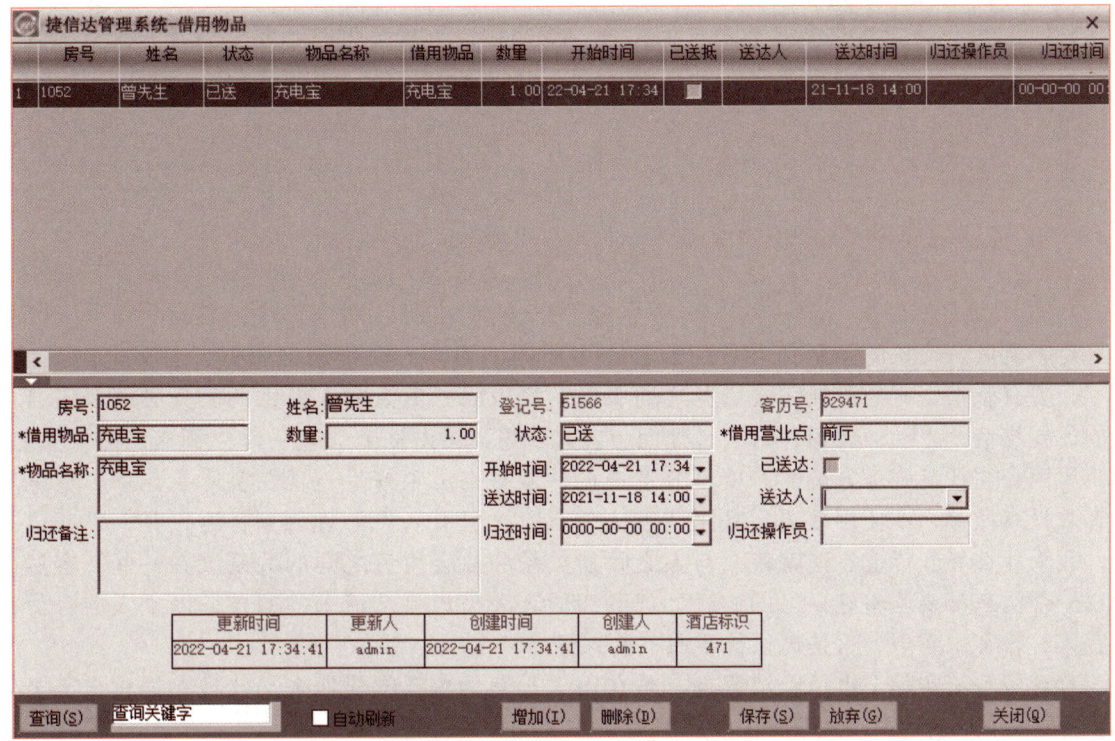

图 10-7　借用物品管理界面

租借物品通常由房务中心统一管理，客房部为客人提供的租借物品通常包括表 10-1 所示内容。

表 10-1　客房租借物品

茶具（tea set）	吹风机（hair dryer）
熨斗（iron）	剪刀（scissors）
烫衣板（ironing board）	指甲刀（nail-clippers）
充电器（charger）	各类枕头（如软枕头、荞麦皮枕头等）（pillow）
转接器（adapter）	衣架（hanger）
插线板（socket）	音箱（sound box）

第三节　提高客房服务质量的途径

【经典案例】

踏入金棕榈，从大堂到房间，从泳池到空中花园，你所能碰到的每一个服务员，不管他（她）在做什么，都会稍停下手中的工作，望向你，然后给你一个或灿烂、或羞涩、或恬淡、而又无比真诚的微笑……正是这一笑，使你的心与这个酒店一下子亲近了许多，心情一下子放松了，有了回家的感觉……

一、客房服务质量的基本要求

（一）真诚

是否真诚，反映的是服务人员的服务态度问题。为客人提供最佳服务，要突出"真诚"二字，要有感情，避免单纯完成任务式的服务。客房服务员为客人提供的服务必须是发自内心的，要热情、主动、周到、耐心、处处为客人着想，突出一个"暖"字。酒店服务质量差，究其原因，往往是服务人员的态度不好造成的，服务态度不好，表现在实际工作中，就是对待客人没有微笑，不使用敬语，甚至与客人争辩。这里有一个心理因素：客人是人，我也是人，我为什么要服侍他？这就将人与人之间的关系和社会角色之间的关系混在一起。客房部的每一个员工都要调整好自己的心理，把酒店的客人当成自己请来的朋友，以主人的身份接待客人，替客人着想，这是提供优质服务的保证。

真诚服务，实际上也是感情服务，是在用"心"为客人提供服务，体现在细枝末节之处和服务过程的各个环节之中。

（二）微笑

微笑服务是客房部员工为客人提供真诚服务的具体体现，是服务工作所要求的基本礼貌、礼节，是优质服务的基本要求。微笑不仅是热情友好的表示、真诚欢迎的象征，而且是客人的感情需要，能给客人带来宾至如归的亲切感和安全感。

【经典案例】

在日本的酒店，楼层很少能见到酒店员工，但有一点感受却很深，就是一旦有一位员工为你服务，肯定是始终面带微笑、彬彬有礼的，让你有一种很舒服的感觉。而且，无论你出现在酒店哪里，无论你遇到的是酒店里哪个职位的员工，他们都会面带微笑，给你让道并驻足向你点头打招呼，感觉很亲切。

——广东温泉旅游协会考察团赴日考察印象

（三）礼貌

客房服务中的礼貌、礼节，是客房服务质量的重要组成部分，也是客人对客房服务人员的基本要求之一。

礼节、礼貌是两个不同的概念。礼节是向他人表示敬意的某种仪式；礼貌是待人谦虚、恭敬的态度。礼貌、礼节就是酒店员工通过一定的语言、行为和程序向客人表示欢迎、尊敬、感谢和道歉。

礼貌待客表现在外表上，就是客房服务员讲究仪容仪表，注意发型和服饰的端庄、大方、整洁，挂牌，给客人一种乐意为其服务的印象；表现在语言上，就是文明、清晰，讲究语言艺术，注意语气、语调，服务中始终发自内心地微笑；表现在举止姿态上，就是文明、主动、彬彬有礼，坐、立、行和操作均有得体的姿势。

（四）高效

效率服务就是快速而准确的服务。在客房对客服务中很多投诉都是由于缺乏效率引起的。因此，国际上著名的酒店集团对客房各项服务都有明确的时间限制。

二、提高客房服务质量的基本途径

（一）加强培训，提高客房员工的服务意识

员工的服务意识是员工的基本素质之一，也是提高服务质量的基本保证。很多情况下，客房部服务质量无法提高，服务人员遭到客人的投诉，并不是因为服务人员服务技能或操作技能不熟练，而是因为其缺乏作为服务人员所必备的服务意识，不懂得"服务"的真正含义和服务工作对服务人员的要求。客房部很多工作是有规律性的，客房部管理人员可以将这些有规律性的东西作为服务程序和操作规范来保证服务质量，但也有很多问题或事件是随机的，正确处理这些问题，要求服务人员必须具有服务意识，必须掌握服务工作的精髓。

【经典案例】

丽思·卡尔顿酒店员工的服务意识

《世界酒店》杂志曾采访丽思·卡尔顿酒店集团区域副总裁兼上海浦东丽思·卡尔顿酒店总经理 Raniner J. Burkle 先生。谈到丽思·卡尔顿酒店员工的服务意识时，他说道："我常跟员工们分享的一个小故事：当有客人推门进入酒店的瞬间，这个时候刚好我们酒店的工程人员爬上一个梯子准备换灯泡，而恰在此时门童因故不在。那么请问，这个工程人员是马上放下手中的工作，去接待进门的客人，还是继续自己手头换灯泡的工作？我们想通过这个小故事教导员工，在此类情况下，我们的首要任务是照顾好我们的客人，换灯泡这些工作可以等服务完客人之后再进行。"

这就是倡导"以绅士、淑女的态度为绅士、淑女服务"的世界顶级酒店集团员工的服务意识。

（二）为客人提供"微笑服务"

要使客房部员工为客人提供微笑服务，必须使其对如下方面有清醒的认识。

（1）微笑服务是客房服务质量的重要组成部分，是客人对酒店服务的基本要求。

（2）为客人提供微笑服务是对酒店员工的基本要求。

（3）笑脸会使酒店员工的服务生辉。

（4）微笑服务会讨得客人的欢心，使酒店员工工作愉快。

（5）是否为客人提供微笑服务，反映一个人的礼貌、礼节和整体素质。

（6）微笑会使酒店员工保持良好的心态，使其永葆青春。

（7）面带微笑会帮助酒店员工建立良好的人际关系，从而助力事业成功。

更为重要的是，酒店要建设关爱文化，酒店关爱员工，员工关爱客人，微笑自然而生。

（三）为客人提供"无 NO"服务

服务说"不"很容易，不说"不"则非常不容易。"无 NO"服务如果上升为一种企业文

化，被当作员工的行动准则，就会成为酒店在竞争中的一把利器。

【经典案例】

一天，上海某酒店的一位客人着急地来到大堂，问是否可以提供苹果手机的充电服务。当时，酒店没有配备苹果手机充电器。按照一般的服务原则，有则有，无则无，最多告诉客人附近哪里有可能买到这种充电器。但在大堂经理陈文盈眼中，这恰恰是提供"无NO"服务的好机会。那位商务客人如此着急，意味着手机电池耗完后无法与外界联系，也许会失去一笔大生意。陈文盈不仅一一致电工程部、IT部寻求解决办法，还积极寻找有苹果手机的员工借用。当一名员工气喘吁吁地把自己的充电器送到大堂时，这位客人感动不已，在连声道谢的同时，也订下了下次入住酒店的日期。

"无NO"服务一旦成为每个员工的行动准则，那么就形成了酒店的核心竞争力。

一天，客房部接到一个客房送餐电话，若回拨，只需告诉客人重拨一个电话，直接打给客服中心即可。但接电话的员工根据"首问责任制"，立即协调厨房等相关部门，卡着点把送餐车推进了客房，并在一小时后到客房收餐盘时才告诉客人，以后要求客房送餐可以直接拨1，而不用拨6找客房部。这时，客人才明白刚才的送餐是"分外服务"。

（四）为日常服务确立时间标准

服务质量是与一定的服务效率相联系的，服务效率是衡量服务质量的重要标准之一，客人所需要的服务，必须在最短的时间内为客人提供，尤其是商务客人，惜时如金，时间观念极强。因此，为了提高服务质量，客房部必须为各项日常服务确立时间标准，并以此作为对服务员进行监督、考核的标准。

表10-2中的客房服务项目及其时间标准可供参考。

表10-2 某酒店客房服务项目及其时间标准

服务内容	标准时间（分钟）
补充客房用品（如茶叶等）	2~3
取冰粒	4
特别用品（如充电器等）	10
客房送餐服务	20
加床（含婴儿床）	10
请速打扫房（赶房）	30
领取客人遗留物品	15

（五）做好与酒店其他部门的合作与协调

要提高客房服务质量，还应做好与酒店其他部门的合作与协调，特别是前厅部、工程部、餐饮部、保安部等部门。客房部与这些部门联系密切，客房部的对客服务工作必须得到上述部门的理解和支持。同样，客房部也必须理解和支持上述部门的工作，加强与这些部门的信息沟通。

（六）征求客人对服务质量的意见，重视与客人的沟通

客人是服务产品的消费者，对服务产品的质量最有发言权，最能发现客房服务中的薄弱

环节，因此，征求客人意见，重视与客人的沟通，是提高客房服务质量的重要途径。

1. 征求客人意见

征求客人意见，可通过以下两种途径进行。

（1）设置客人意见表和"表扬卡"。

（2）通过微信小程序、酒店App及其他酒店管理软件，在线征求客人的意见。

除此以外，为了激励员工为客人提供更加优质的超值服务，还可在客房放置一张针对服务员的"表扬卡"。对于收到表扬卡的客房服务员，管理人员应以某种特殊的方式给予表扬或奖励，为其他员工树立学习的榜样（见图10-8）。

```
尊敬的客人：
    您好！
    感谢您下榻于××××大饭店。我们很想知悉在您逗留本饭店期间，是否得到了超前
服务。如果您能抽出时间填写此表扬卡，以帮助我们认可及鼓励为您提供超前服务、
令您喜出望外的员工，我们将不胜感激。这对于被您提名表扬的员工有着极其重要的
意义，谢谢！
您得到的超前服务是＿＿＿＿＿＿＿＿＿＿＿＿＿＿＿＿＿＿＿＿＿＿＿＿＿＿＿＿
＿＿＿＿＿＿＿＿＿＿＿＿＿＿＿＿＿＿＿＿＿＿＿＿＿＿＿＿＿＿＿＿＿＿＿＿＿＿
为您提供该服务的员工是＿＿＿＿＿＿＿提供该服务的日期是＿＿＿＿＿＿＿
您的名字是＿＿＿＿＿＿＿＿＿＿＿＿＿房间号或联系电话＿＿＿＿＿＿＿
    为您方便起见，您只需将此卡交给您下榻饭店的任何员工即可，
    他们会非常乐意为您将卡片投入指定的信箱。
```

图10-8 表扬卡

2. 拜访客人

客房部经理定期或不定期地拜访住店客人，可以及时发现客房服务中存在的问题，了解客人的需求，便于进一步制定和修改有关清洁保养的标准及计划。同时，这种拜访也会增进与客人的感情交流，是客房部改善宾客关系、提高客人满意度的重要途径。

（七）重视细节服务，做好留言工作

酒店服务说到底是细节服务，细节服务是客房服务质量的重要决定因素。重视并做好对客人的留言工作是细节服务的重要内容。客房服务员要通过"客房留言条"，加强与客人的沟通。

【经典案例】

某酒店514房间曾常住过一位姓王的客人。有一次，该客人留言马桶坏了。清洁员小汪在整理房间时发现了该留言条，马上报修，修好后，小汪在留言条的下方注明："尊敬的王先生，您房间的马桶已修好。"言语不多，却一目了然地体现出一种有问必答、有难必帮的负责精神。清洁员小汪每次都按照客人出门时的留言，一一认真办理，同时每次都将办理结果反馈在留言条上。他这种认真负责的细节服务令客人十分满意，他们临离宾馆时将一封封热情洋溢的表扬信送到大堂副理处，一再表示自己的感激之情。

客房服务的特点是"暗服务",与餐厅服务员面对面的服务不同,客房服务员通常不接触客人(客房清洁卫生工作要求服务员在客人外出时进行),这就减少了与客人沟通的机会。实践证明,在客房放置"客房留言条",是一个非常有效、能够从内心感动客人的情感沟通方法,对于提高客人感觉中的服务质量、增强客人对酒店的好感、加深客人对酒店的良好印象具有重要的意义。国内很多酒店通过这种方法,鼓励客房服务员与客人进行沟通,都取得了良好的效果,心与心之间的沟通,拉近了客人与服务员之间的距离,使服务员的服务增添了感情色彩,也使他们的服务更加专注、用心和细节化。

"客房留言条"的功效就在于它的出其不意与情感沟通。但是同许多个性化服务形式一样,"客房留言条"服务也要把握一个"度"的问题。

有一位长住客人,两个月来每天都收到同样的留言条,上边写着:"知道您很劳累,特将您的袜子洗好,晾在晾衣绳上,祝好!"客人在第一次看到这样的便条时,当然很感动,但如果天天如此,客人会觉得酒店服务员只会说这一句话;或者形成习惯,觉得应该如此,要是有一天换了服务员,新来的服务员不知道这件事,终止了为客人洗袜子的服务,客人反而觉得服务下滑了。由此可见,"留言条"服务就像一把双刃剑,不能不引起我们的思考。

(八)加强对员工在仪容仪表与礼貌、礼节方面的培训

视频:仪表、仪容、礼貌、礼节的培训

服务员的仪容仪表与礼貌、礼节不仅体现员工的个人素质,而且反映酒店员工的精神面貌,是客房部对客服务质量的重要组成部分。管理人员必须加强对员工在这方面的培训。

(九)强调"隐形服务"

客房服务应以不打扰客人为原则,强调"隐形服务"和"暗服务"。丽思·卡尔顿酒店集团的创始人里兹常说:人们喜欢有人服务,但是要不露痕迹。

【经典案例】

泰国一些好一点的酒店都会提供一种跟踪服务,即在客人入住后,楼层服务员在客房门口底下立一根火柴棍大小、与房门颜色接近的小木棍。巡查的服务员以小木棍立着还是倒了来判断客人是否在客房里。当小木棍立着的时候,服务员一般不去敲门整理客房;只有当小木棍倒了,客人不在房间里时,服务员才会进入客房整理房间。

(十)为客人提供亲情化服务

服务质量的高低是由客人评价的,只有亲情化服务才能感动客人。客房部为客人提供亲情化服务已经成为很多酒店制胜的法宝,也是未来酒店服务和管理的发展趋势。

【经典案例】

去年,我去内蒙古出差,住在海拉尔的贝尔酒店。午休时,服务员小伊看我开着房门便进来问候:"您今天太累了吧?岁数大了还要多注意休息。"一回头,她看到我放在电视机上治疗冠心病的药,马上说:"您该吃药了吧?"我说:"不忙。"她说:"我把水给您凉上吧!"我说:"不用,一会儿自己来。"就在这个时候,我看到服务员小伊转过身去,手拿两个茶杯,往其中一个里面倒入半杯开水,把水从左手杯倒到右手杯,再从右手

杯倒到左手杯。我看着看着，视线不禁模糊了。我心想：我有两个女儿，我吃了五年药，孩子们从来都没给我凉过水，但服务员小伊却做到了，真比自己的女儿还亲哪！后来，我暗暗地下定决心，无论走到什么地方，都要把贝尔酒店的深情厚意传达给大家。

这就是亲情化服务、主动服务的魅力！

第四节　客房个性化服务

为客人提供个性化服务，不仅是提高客房服务质量的重要途径，而且是未来酒店管理的发展趋势。

要使客人高兴而来，满意而归，光凭标准、严格、规范化的服务是不够的，只有在规范化的基础上，逐渐开发和提供个性化服务，才能给客人以惊喜，才能让客人感觉到"宾至如归"，才能使客人"流连忘返"。

【经典案例】

让客人热泪盈眶的个性化服务

企业家 A 先生到泰国出差，下榻于东方酒店，这是他第二次入住该酒店。

次日早上，A 先生走出房门准备去餐厅，楼层服务生恭敬地问道："A 先生，您是要用早餐吗？"A 先生很奇怪，反问："你怎么知道我姓 A？"服务生回答："我们酒店规定，晚上要背熟所有客人的姓名。"这令 A 先生大吃一惊，尽管他频繁往返于世界各地，也入住过无数高级酒店，但这种情况他还是第一次碰到。

A 先生愉快地乘电梯下至餐厅所在楼层，刚出电梯，餐厅服务生忙迎上前："A 先生，里面请。"

A 先生十分疑惑，又问道："你怎知道我姓 A？"服务生微笑答道："我刚接到楼层服务电话，说您已经下楼了。"

A 先生走进餐厅，服务员殷勤地问："A 先生还要老位子吗？"A 先生的惊诧再度升级，心中暗忖："上一次在这里吃饭已经是一年前的事了，难道这里的服务员依然记得我？"服务员主动解释："我刚刚查过记录，您去年 6 月 9 日在靠近第二个窗口的位置上用过早餐。"A 先生听后有些激动了，忙说："老位子！对，老位子！"于是服务员接着问："老菜单？一个三明治，一杯咖啡，一个鸡蛋？"此时，A 先生已经极为感动了："老菜单，就要老菜单！"

给 A 先生上菜时，服务员每次回话都退后两步，以免自己说话时唾沫不小心飞溅到客人的食物上，这在美国最好的酒店里 A 先生都没有见过。

一顿早餐，就这样给 A 先生留下了终生难忘的印象。

此后三年多，A 先生因业务调整没再去泰国，可是在 A 先生生日的时候突然收到了一封东方酒店发来的生日贺卡：亲爱的 A 先生，您已经三年没有来过我们这里了，我们全体人员都非常想念您，希望能再次见到您。今天是您的生日，祝您生日愉快。

A 先生当时热泪盈眶，激动不已。

要为客人提供个性化服务，客房服务员必须在日常服务中，注意观察客人的需求特点，还应加强与前厅部的联系，建立并充分利用客历档案(内容包括客人的姓名、性别、年龄、出生日期、婚姻状况、通信地址、电话号码、公司名称、头衔等基本资料，旅行的目的、爱好、生活习惯，宗教信仰和禁忌，住店期间要求的额外服务等)。

一、称呼客人姓名

称呼客人姓名是为客人提供个性化服务的一个重要方面。国外有一句谚语，即"A guest's name is music to his ears"，意思是客人听到别人称呼他的姓名，就如同听到音乐一般美妙。对客人以姓氏相称，是对客人的一种尊重，表明承认客人的与众不同，是酒店对客人的一种特殊关照。

二、将自己的姓名留给客人

为了增强个性化色彩和与客人之间的亲切感，客房部还可要求当天为客人提供客房服务的服务员将其姓名以某种方式告知本楼层客人，使客人真正感到宾至如归。另外，服务员在服务过程中给客人的任何留言，都应签上自己的姓名(见图10-9)。

欢迎回家！

　　尊敬的宾客，希望我为您整理的房间能使您在入住期间感到如在家般的舒适。为使您入住期间更加方便、愉快，欢迎您请随时使用房间电话拨打"3"——饭店宾客服务中心，告诉我您对房间服务和清洁方面的个人要求。

　　再次感谢您选择入住××××大酒店！

　　最美好的祝愿来自于您今天的房间服务员＿＿＿＿＿＿

图10-9　欢迎卡

三、了解、识别和预测客人的需求

满足客人的需求，不足为奇，能捕捉到连客人自己都没想到而又确实存在的需求，才是服务的真功夫。了解、识别和预测客人的需求，这是为客人提供个性化服务的基础。"客人想到的，我们替客人做到，客人没想到的，我们要替客人想到而且做到"，只有这样的服务，才能使客人感到意外的惊喜。比如，发现客人走向电梯，服务员上前一步，为客人按亮电梯开关；看到客人买水果回来，主动送上水果刀；客人在会议室开会，钢笔突然没有墨水时，及时从身后递上一支笔……

【经典案例】

发现客人的需求之后该怎么做

客房服务员进入一间续住房，房间状态是这样的：有好多书堆放在写字台上，桌面上有许多凌乱的文件，书桌下有一些卷成团的面巾纸；房间没有开冷气；电视机上放着客人的身份证；茶几上有几瓶啤酒；床头柜上有一份精美的小礼物；行李柜面上有三个凌乱的塑料袋；一双皮鞋倒在房间正中的过道上；客人将放在迷你柜处的电热水壶拿到落地灯插座处使用……

客房服务员清理完房间后，让回房的客人看到了另一番情景，非常感动。

客房服务员做出判断并提供如下服务。

(1) 没有打乱书桌上文件的顺序，依次适当整理好，配放纸和笔，以便客人使用。

(2) 将垃圾桶移动位置（视客人的生活习惯需求而灵活地移动）。

(3) 客人有可能是感冒了，增配一盒纸巾。

(4) 礼品和啤酒说明会有小聚会，刚好客人的身份证放在电视机上，一看果然是客人的生日，请示上级，赠送鲜花和生日蛋糕。

(5) 增配一张棉被。

(6) 将鞋子整齐地摆放到行李柜前面容易看到的位置。

(7) 将塑料袋整齐折叠放在行李柜面上。

(8) 马上通知工程部师傅修复迷你柜处的插座，将电热水壶放回原来位置并烧一壶开水，之后留言告诉客人该插座可以正常使用。

(9) 对客人房间进行喜庆的布置，如用小花点缀及折叠不同的饰物摆放等。

(10) 最后留下一张温馨提示卡片，提醒客人注意休息，并建议客人感冒严重的话，可以到酒店医务室或附近的医院就诊。

从以上打扫续住房提供的服务来看，客房服务员只要在"情"和"细"上多下功夫，充分理解客人的需求，学会观察客人和分析客人，了解客人的喜好，就能推动客房个性化服务的开展，进而为客人提供更加细致、温馨的服务。

四、不断挖掘和发现个性化服务中的好人好事

酒店实施个性化服务是一项系统工程，酒店不但要倡导员工为客人提供个性化服务，还要采取措施，不断挖掘和发现个性化服务中的好人好事，予以激励。香格里拉集团在其管理的酒店内放置"我听说的好人好事"推荐表，是一种很好的做法。这不仅对提供了个性化服务的员工是一种激励，可以使其提供的个性化服务长期保持下去，同时，对部门和酒店其他员工也能起到一种很好的带动和示范作用，有利于创造良好的个性化服务氛围和企业文化。

五、个性化服务的全面实施

要使个性化服务在酒店全面落实，并取得切实的成效，必须采取以下措施。

(一) 完善一套激励机制

保持个性化服务的持续性需要依赖于基层管理人员和员工高度的敬业精神和良好的职业习惯。而高度的敬业精神和良好的职业习惯需要酒店有一套行之有效的激励机制来保证。山东新闻大厦采取"用心做事报告会"的形式，让用心做事的员工在报告会上宣讲自己的个性化服务事例，然后进行评比。这种形式的好处在于让员工现身说法，用员工教育员工，同时，

通过宣讲，让其他员工从中学到个性化服务的方法。这对于宣讲的员工来说，本身就是一种自我精神激励。然后通过评选，酒店颁发物质奖励进行肯定。这种激励机制保证了个性化服务的持续性。

（二）实现两个转化

1. 偶然性向必然性的转化

通过对个性化服务案例的分析、推介，实现由个别员工出于"偶然性"的个性化服务，向全体员工有意识的"必然性"的个性化服务的转化。个性化的服务案例为各岗位员工提供了个性化服务的方法和学习的榜样。

2. 个性化向规范化的转变

通过对个性化服务案例的全面分析，对于其中反映客人普遍需求的服务，实现由个性化的服务向规范化服务的转变。一些客人的个性需求往往也是大部分客人的共性需求。客房管理人员应对个性化服务案例进行认真分析，研究个性化服务是否是客人的普遍需求，衡量其推广的难度和可行性。例如，某酒店有一个客房部员工在清理房间时主动为客人缝补衬衣脱落的纽扣，客房部分析认为这是客人的共性需求，而且容易操作，随后作为规范化服务在部门中推广。总之，个性化服务转化为规范性服务是服务质量的一个飞跃。

> 【经典案例】
>
> **将个性化服务推广成标准化服务，错了吗？**
>
> 有客人提出了一个建议，说他喜欢自然醒，最好开夜床的时候窗帘能够留条缝，那样第二天早晨就会有光线从窗帘缝里照进来，自己就能自然醒过来了。本来如果将客人的这个建议录入他的个人档案，下次等他入住的时候提供这个个性化服务，绝对是一次成功的服务，但是这家酒店却修改了开夜床的服务规范，规定开夜床时窗帘都要留一条缝。结果还没实施多久就引起了多位客人的投诉，最后这个改动也只能草草夭折了。

此案例告诉我们：并非所有的个性需求都是客人的共性需求，因此，不能将所有针对某个客人的个性化服务都转化为酒店的标准化服务。这家酒店所犯的错误就是没有区分客人的个性需求与共性需求，将个别客人的需求等同于大众的需求，自然而然会导致失败的结果。

（三）提倡"三全"

"三全"即全员参与、全过程控制、全方位关注。提倡"三全"是做好个性化服务的必然要求。个性化服务不仅是对基层管理者和一线员工的要求，也是对酒店全体员工的要求。一线员工的对客个性化服务离不开二线员工甚至管理人员的协助。没有部门与部门之间的合作、其他员工的参与，个性化服务也许只停留在员工的心里，很难实施。

（四）注重"三小"

"三小"即生活小经验、宾客小动向和言谈小信息。生活小经验是提供个性化服务的依据和源泉，掌握更多的生活小经验会采取正确、有效的个性化服务。宾客小动向和言谈小信息是提供个性化服务的线索，客人的一举一动和客人的谈话会提供许多有价值的信息。

（五）强调"五个环节"

"五个环节"即客历档案的建立和使用、客人信息的快速反馈、创建优质的内部服务链、关注长住客人和续住客人的生活习惯、不断激励和培训,以塑造员工的良好的职业习惯。

六、谨防"个性化"退化为"机械化"

提供个性化服务,还要注意与客人沟通,并根据实际情况进行调整。否则,不但打动不了客人,而且还有可能让客人不满,甚至出现服务笑话。

【经典案例】

每次都不得不喝白开水

有一位客人住在某酒店,开会时感冒了,不想喝茶水,要了一杯白开水。服务员将其记入客历档案,每次该客人来住店,服务员总对他说:"李总,这是给您准备的白开水,请慢用。"看着服务员用心的样子,这位客人不愿意打击她,每次都不得不喝白开水。

某省领导是胶东人,喜欢吃虾酱玉米饼子,所以他每次到各地调研,各地的接待单位都把他的习惯记得牢牢的,早餐上虾酱玉米饼子,午餐上虾酱玉米饼子,晚餐还上虾酱玉米饼子;这个地方吃虾酱玉米饼子,下个地方也上虾酱玉米饼子。每次不想吃,该地领导给帮忙加,服务员给帮忙分。这让他见了虾酱玉米饼子都想吐,最后一站,一下车就对接待单位讲:今天能不能不上虾酱玉米饼子!

// 本 章 小 结 //

■ 住店客人大部分时间是在客房度过的,因此提高客房服务质量是保障客人在酒店获得舒适、方便的住宿体验的重要因素,也是客房管理的主要任务之一。

■ 客房服务项目主要包括迎送服务、客房小酒吧服务、房内用餐服务、洗衣服务、托婴服务、茶水服务、擦鞋服务、遗留物品和租借物品管理服务及其他委托代办服务等,客房部管理人员要为每项服务确立程序和标准。

■ 客房服务的基本要求是真诚、高效、礼貌、微笑。

■ 为了提高客房服务质量,必须加强对客房服务的培训,确保员工具有良好的仪表仪容和礼貌、礼节,同时,不断提高员工的服务意识和服务技能,为不同类型的客人提供针对性的个性化服务,另外,还要与前厅部、工程部、公关销售部等相关部门做好信息沟通。

■ 为客人提供个性化服务是未来酒店服务和管理的发展方向及发展趋势。

■ 称呼客人姓名,将服务者的姓名留给客人,了解、识别和预测住店客人的需求,是客房部常用的为客人提供个性化服务的方法。

// 课 堂 讨 论 //

服务员应该为客人洗内裤吗?

某酒店在开展细微化和个性化服务活动时,提倡"以情服务,用心做事",并提出,要力所能及地为客人做一些事。比如为客人洗洗袜子,看见客人带的毛巾脏了,帮客人洗干净,等等。"别的酒店提供这样的服务要收费,但我们不。我们只想让客人觉得在这里就像在家里一样,可以得到亲人般无微不至的照顾。虽然酒店不要求给客人洗内裤,但有的服务员也做了……"

讨论题:服务员应该为客人洗内裤吗?

// 思 考 题 //

1. 如何提高客房对客服务质量?
2. 客房部与其他部门沟通、协调的主要内容有哪些?
3. 如何对客房服务进行创新?
4. 如何为客人提供个性化服务?

// 知 识 拓 展 //

扫描二维码,了解客人类型和服务方法。

资料:客人类型和服务方法

// 经 典 案 例 //

"您出去呀!"

早上七点半,住在某四星级酒店的美国客人珍妮照常收拾好文件,提上公文包,锁上房门,准备到公司驻本地办事处上班。当她经过酒店楼层服务台时,一位服务员正在值台,见有客人走过来,便使用中文问候道:"小姐,早上好!您出去呀!"珍妮长年在中国工作,对中文较熟悉。听到此话,她停下了脚步,正视着服务员说:"你是新来的?"服务员点了点头。接着珍妮问道:"你说'小姐,早上好'我懂,那你说的'您出去呀'是什么意思?"服务员一看客人面容严肃,意识到自己的话可能伤害了客人,忙解释道:"在我们中国,平时遇到朋友都习惯说'你出去呀''你去哪里等',表示对朋友的关心,没别的意思。"听到此解释,珍妮说:"没别的意思?我懂中文,你不用说了,我懂!"服务员听到珍妮的话后,又微笑着解释了一遍,可珍妮还是不理解。联想到在公司驻本地办事处工作时,主任约翰经常怒气冲冲地指着下属说:"你出去!"珍妮认定这位服务员是在骂她,是要她滚出这家酒店。她越想越恼火,待要发作,又想到要赶去上班,只得作罢。临走时,她愤怒地对服务员说:"不听你解释了,我要赶去上班,回来再投诉你!"说完她气呼呼地走了。

// 酒店经理人对"经理的困惑"的答复 //

——"一样的"个性化服务,怎么不见好评如潮?

张彦浩(广州从化碧水湾温泉度假村常务副总经理):

个人认为,您把这位酒店专家遇到的"个性化"服务做成了千篇一律、面向所有客人的"规范化"动作,这种统一动作客人是能够感觉到的。同时,您采用的这种形式也不如服务人员手写的形式更能体现真诚,更能表达态度,制式化的物品不能触动客人内心。真正的个性化服务是因人而异的,是有针对性的,比如《服务指南》中的"总经理致辞"与接待贵宾时的"总经理欢迎信",哪一个更能让客人感觉到受欢迎和受重视,不言而喻。

第十一章　客房卫生管理

干净、整洁是客人对酒店客房的基本要求

客房卫生工作主要包括客房的日常清扫、客房计划卫生和酒店公共区域清洁保养几方面的内容。

卫生是客人对酒店客房的基本要求，也是客人决定是否选择某家酒店时首先要考虑的因素，因此，做好客房的卫生管理具有极其重要的意义。卫生管理是客房部管理工作的永恒主题，需要各级客房管理者常抓不懈。如今，客房服务与管理已进入数字化运营阶段。

学习目标

- 掌握客房清洁知识。
- 了解客房清扫程序及其相关管理问题。
- 熟悉客房计划卫生的组织和管理工作。
- 掌握对客房清洁质量进行控制的方法。
- 掌握客房设施、设备清洁保养的方法。

视频：酒店清洁机器人

关键术语

客房清扫　公共区域　计划卫生

> **经理的困惑**
>
> ——客房服务员不按操作规程工作怎么办？
>
> 在客房服务员做房时，酒店一般都要求其用不同的抹布擦拭不同的部位(浴缸、洗脸池、马桶等)，并禁止服务员把刚从房间撤下的脏布草当抹布用。可在实践中，据我所知，很多酒店(包括国外的酒店)的客房服务员在打扫房间卫生时，为了方便、省事，并没有区分抹布，还总喜欢用撤下的床单等擦浴缸，甚至擦马桶，且屡禁不止。作为客房管理者，我们对此应该加以理解，睁一只眼、闭一只眼，还是应该严格管理？如何才能有效地防止这种情况的发生？

第一节　客房清扫作业管理

客房清扫是酒店每天要进行的工作。客房的清洁程度是客人入住酒店最关心的问题之一，同时也是客人选择酒店的标准之一。整洁的房间，优雅的环境能使客人心情舒畅、轻松愉快，因此服务员必须按时、按服务规程和标准的要求，认真、高效地清扫客房，如图11-1所示。

清扫客房时要注意有些项目是每天都要进行的工作，如床铺的整理、地毯的除尘、写字台的干擦等。而有些项目则是隔一段时间才进行的工作，如翻转褥垫、换床罩、除污、维修等，其有的是周期性的，有的则是不定期的，视具体情况而定。

一、不同类型房间的清扫要求

客房状况不同，对其清扫的要求和程度也有所不同。一般来说，对于暂时没人居住，但随时可供出租的空房，服务员只需进行简单清扫或小扫除即可；对于有客人住宿的住客房及客人刚刚结账离店、尚未清扫的走客房，需要进行一般性清扫或中扫除；而对于那些长住客人离店后的客房，以及将有重要客人光临的客房则要进行彻底清扫或大扫除。

图11-1　服务员清扫客房(刘伟 摄)

进行简单清扫，服务员视具体情况每天擦擦灰尘；隔几天吸一次地毯，检查一下设施、设备是否管用；如室内空气不新鲜，打开窗户换气；调节温度，使室温比较适宜。

进行一般清扫，服务员还需要整理床铺、撤换脏布草(床单、枕套、浴巾、毛巾等)、补充客房用品并较为全面地清扫客房(倒垃圾、倒烟灰缸、擦洗卫生间、整理衣物……)。

进行彻底清扫，是在长住客人离店后。服务员要仔细地刮地毯，进行地毯除污，认真擦洗客房内各个角落，设施、设备的里里外外，如墙纸脱落或有污损，还应更换墙纸，翻转褥垫甚至撤换窗帘。此外，接待重要客人的房间也应进行大扫除，除污、打蜡、抛光，做到窗明几净、没有灰尘，床也要铺得整齐、美观，没有褶皱，床单上不留任何污迹。

二、清扫作业的标准时间

清扫作业的标准时间是客房管理者确定服务员工作定额和进行客房定员的依据。

一般而言，各种不同类型的客房所需要的清扫时间大致如下。

单人房：25~30 分钟。

双人房：30~40 分钟。

套房：40~60 分钟。

由此可见，清扫一间客房平均需要 30 分钟左右的时间，按照这个标准，每个服务员每天清扫的房间数为 12~16 间。

具体而言，服务员每天打扫客房的数量还取决于服务员体力的大小、工作经验的多少、劳动熟练程度、做床方法的科学与否、客房面积的大小、床的大小、客房状况（如空房、走客房、贵宾房等）、客房类型（单人房、双人房、套房）、客人素质的高低（素质高者住过的房间易整理，素质低者住过的房间则需要较长时间去整理）等因素。

三、不同类型房间清扫的先后顺序

为了提高客房利用率和服务质量，客房清扫要根据实际情况，按一定的先后次序进行。

客房清扫顺序根据酒店淡旺季有所不同。

（一）淡季清扫顺序

淡季按以下顺序清扫。

（1）前台指示尽快打扫的房间。

（2）门上挂有"请速打扫"牌的房间。

（3）走客房。

（4）贵宾房。

（5）其他住客房。

（6）空房。

（二）旺季清扫顺序

旺季酒店用房紧张，客房清扫顺序与淡季有所不同。一般来说，旺季依照下列顺序清扫。

（1）空房。在几分钟内打扫完毕，以便尽快交由前台出租。

（2）前台指示尽快打扫的房间。

（3）走客房。旺季应优先打扫，以便总服务台及时出租，迎接下一个客人的到来。优先打扫走客房还可以及时发现室内物品是否丢失或损坏，如有这种情况，则及时报告客房部或前台收银处以便酌情处理。另外，这样做还可以及时发现客房内是否有客人遗忘的物品以便及时送交客人。

（4）门上挂有"请速打扫"牌的房间。

（5）重要客人的房间。

(6) 其他住客房间。

以上客房清扫顺序还应根据客人的活动规律加以调整。客房清扫应以不打扰客人或尽量少打扰客人为原则，因此，应尽量安排在客人外出时进行。

【经典案例】

牙签的妙用

今天是我值夜班。在交接班时，上一班服务员告诉我，208房间住的是重要客人，需要做好跟踪服务。我记在了心上，不停地在楼层巡视，因为208房间一直有客人在谈话。

到了18：00，客人应该要用晚餐了，如果重要客人出去，我要及时做房间小整理和开夜床。所以这个时候，我就在楼层静候客人。这时手中的报话机响了，售房中心通知我去给310房间准备水果。我接到通知刚要走，转念一想，如果我去准备水果，208房间客人是否出来我怎么确定呢？可要是去敲门询问，肯定会打扰客人。我仔细想了想："对，就用这个办法！"

我疾步走回服务室，找来一根牙签，悄悄地来到208房间门口将其插到门缝里，然后就去准备310房间的水果了。

我送完水果回到208房间门口，低下头仔细看了看门缝，发现牙签掉在地上。我轻轻敲了门，房内无人应答。我以最快的速度整理了房间，并将晚宴卡放置在床头的显眼处，然后退离房间。

做好这一切，我轻舒了一口气，既为没有打扰客人而高兴，更为自己能够在关键时刻想出小小"妙计"而自豪。其实"用心服务"本应如此，只要我们本着"尽可能少打扰客人便是最好的服务"的原则，那么服务将会在规范化的基础上，更加富有创意，也会更加符合客人的心意！

（山东香江曲阜国宾馆　田慧霞）

四、客房清扫的一般原则和卫生标准

（一）客房清扫的一般原则

(1) 从上到下。例如，抹拭衣柜时应从衣柜上部抹起。

(2) 从里到外。尤其是地毯吸尘，必须从里到外。

(3) 先铺后抹。房间清扫应先铺床，后抹家具物品。如果先抹尘，后铺床，铺床而扬起的灰尘就会重新落在家具物品上。

(4) 环形清理。家具物品的摆设是沿房间四壁环形布置的，因此，在清洁房间时，亦应按顺时针或逆时针方向进行环形清扫，以求时效和避免遗漏。

(5) 干湿分开。在抹拭家具物品时，干布和湿布要交替使用，针对不同性质的家具，使用不同的抹布。例如，房间的镜、灯罩，卫生间的金属电镀器具等只能用干布擦拭。

（二）房间清洁卫生标准

(1) 眼看之处无污迹。

(2) 手摸之处无灰尘。

(3)设备用品无病毒。

(4)空气清新无异味。

(5)房间卫生达"十无"①。

五、客房清洁剂的种类及使用范围

清洁剂是客房服务员在进行客房清洁和保养工作时所必需的用品,选择和使用合适的清洁剂不仅可以增强工作效果、提高工作效率,而且对于做好客房设施、设备的保养工作具有重要意义。客房部管理人员应该熟悉各种清洁剂的性能和使用范围。

按用途划分,常用的清洁剂有以下几种。

1. 多功能清洁剂

多功能清洁剂呈中性,多用于去除家具表面的污垢、油渍、化妆品渍,有防霉功效。原装的清洁剂为浓缩剂,使用前要根据使用说明进行稀释。此种清洁剂不能用来洗涤地毯,对特殊污垢作用也不大。

2. 三缸清洁剂

马桶清洁剂属酸性清洁剂,能去除马桶、便池上的污垢,有较好的除臭、杀菌功效。使用时必须在马桶、便池有水的情况下倒入少许,稍过片刻用毛刷轻轻刷洗,再用清水冲净。日常清洁三缸最好选用碱性清洁剂,以利保养。

3. 玻璃清洁剂

客房内的玻璃和镜面,特别是卫生间内的镜面常有一些不易清除的污迹,如油渍、化妆品迹等。清除这类污迹使用装在高压喷罐内的玻璃清洁剂效果最好。使用时对准污迹喷洒少许,然后用干布擦拭便可光亮如新。

4. 金属抛光剂

客房内有很多金属制品,如门锁把手、水龙头、浴缸配件、扶手、卷纸箱、毛巾架等,容易染上手印和锈蚀。这种抛光剂只对金属制品除锈、去渍有效。使用时用抹布蘸抛光剂或将抛光剂直接喷在物件上,用干布反复擦拭直至光亮为止。

5. 家具蜡(家具保养蜡)

为使家具保持光洁,服务员按计划卫生的要求定期对家具物品进行上蜡保养。客房部选用的家具蜡多为浓缩乳蜡,家具蜡能较好地为木质家具、皮革制品去污除尘,并能在家具表面上形成保护膜,防尘、防潮、防污。使用时只需在家具物品上均匀喷洒,再用柔软的干布来回擦拭,即能光亮如新。

6. 空气清新剂

空气清新剂含有香精和杀菌成分,喷洒在客房内或大厅中,有灭菌和清新空气的作用,且芳香四溢。但有些客人不喜欢空气清新剂的香味,因此,在住客房中要慎用。

7. 杀虫剂

杀虫剂含除虫菊脂,能杀灭蟑螂、苍蝇、蚊子等害虫。客房区内一旦发现虫类,应立即

---

① "十无":天花板墙角无蜘蛛网;地毯(地面)干净无杂物;楼面整洁无害虫(老鼠、蚊子、苍蝇、蟑螂、臭虫、蚂蚁);玻璃、灯光明亮无积尘;布草洁白无破烂;茶具、杯具消毒无痕迹;铜器、银器光亮无锈污;家具设备整洁无残缺;墙上干净无污迹;卫生间清洁无异味。

施放杀虫剂。杀虫剂属于易燃品,所以要谨慎使用和妥善保管。

六、夜床服务

夜床服务通俗地讲,叫"做夜床",是客房服务员在一天中第二次进房对住客房进行小整理,体现酒店为住店客人所提供的热情、周到、细致的服务和无微不至的关怀。通常只有三星级以上的中高档酒店才为客人提供这项服务。

做夜床一般在客人吃晚饭时进行(通常在18:00~20:00)。其通常是对住客房进行一些简单的整理,在客人入睡前替客人拉开被子一角(呈45度),以方便客人入睡,同时在床头柜上摆放晚安点心,以示酒店对客人的关怀和祝福。

做夜床时,如遇到客人在房间,应征询客人意见。如果客人不需要,要在报表上记录。挂有"请勿打扰"(DND)牌或房门旁"请勿打扰"灯亮着的房间,不要打扰客人,可从门下塞进一张"夜床服务卡",待客人提出要求后再马上替客人整理。

做夜床主要包括三项工作:房间及卫生间的整理、开夜床、摆放晚安点心,如图11-2所示。

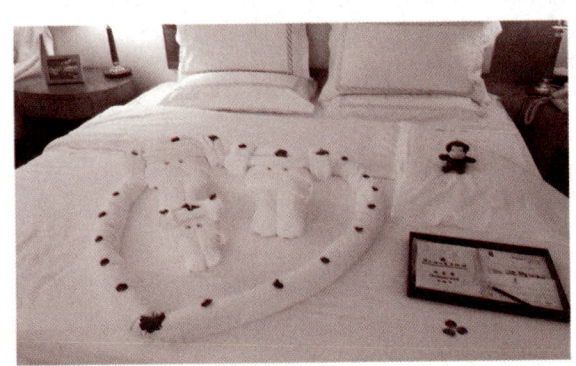

图11-2 拉开被子一角,并在床上摆放糖果、小公仔等祝客人晚安(刘伟 摄)

七、客房清扫时的注意事项

(一)以不打扰客人为原则

做客房卫生时,应选择客人不在房间时进行,以免打扰客人工作或休息。特别是不能在客人午休时间打电话进房,以免影响客人休息。酒店管理人员和服务人员要清楚:对于客人而言,午休比清扫房间重要得多。

假如打开门后,发现客人在房间,需要问明客人现在是否可以整理房间,征得客人同意后,方可开始做房。

【经典案例】

当DND(请勿打扰)灯亮着的时候

按照香格里拉大酒店的标准,每间客房每天至少要清扫一次,以确保客房内的状况,DND(请勿打扰)灯是无论房间内是否取电都可以亮的,而且DND灯亮的时候,门铃是不响的。楼层服务员在做房时,每天都会遇到有客房亮 DND 灯的情况,这有可能是客人在里面确实不想被打扰,也有可能是客人不在房内,而是之前的 DND 灯忘记取消。对于这种情况,香格里拉大酒店的标准程序是到 16 点,如果 DND 灯还是亮着的话,由客房部打电话到客房确认属于哪种情况,如果是客人忘记取消的话,就要进入打扫的,同时必须有主管或以上级别的人员一同进入。

在广交会期间,楼层服务员的工作量大,有时会遇上自己负责的客房有多间亮 DND 灯的情况。在他们已经完成其他客房做房服务,但又没到处理亮 DND 灯的客房时,为了早点完成工作任务,服务员会自己打电话到客房,以确定客人是否在里面。如果客人在里面,他们会问是否要洗衣之类的话,对于预退的房间,还会直接问客人什么时候走。对于那些还不能进入的房间,到了 16 点,客房部又会打电话到房内,这样就会很容易造成客人不满甚至投诉。

（二）敲门时应亮明身份

进入房间打扫卫生时,服务员要亮明身份,同时要注意敲门的声音大小适中,不可过急、力度过大;否则,不仅没有礼貌,而且还会使房内客人受到惊吓,或给客人带来不便。有些性急的服务员往往敲一下门便进房,还有些服务员往往从门缝往里看,这些都是缺乏礼貌和修养的表现。

（三）不得在客房内做清扫之外的事情

服务员不得在客房内吸烟、吃东西、看报刊(特别是客人的书刊)。

（四）不得使用客房内设施

服务员不得使用房内厕所;不得接听客人电话,也不得使用客房内电话与外界通话。除维修、检查外,不得收听、收看客房内音响、电视机;也不许躺或坐在床上休息。

（五）清洁客房用的抹布应分开使用

客房清扫使用的抹布必须是专用的。一般应配备 6 块抹布,其中,房间 2 块(湿、干各 1 块),卫生间 4 块(擦马桶 1 块,擦浴缸、面盆 1 块,擦地面 1 块,镜布 1 块)。房间抹布及擦拭镜子的抹布应用平布,其余用毛巾。另外,根据不同的用途,应选用不同颜色、规格的抹布(见图 11-3),以便区分,防止交叉使用。用过后的抹布最好由洗衣房洗涤消毒,以保证清洁的高质量。

（六）注意做好房间检查工作

客房服务员在打扫客房卫生时,特别要做好房间的检查工作。除了在抹尘时检查房内的电器设施、设备,还要检查淋浴器、抽水马桶等设施是否正常。发现问题后记入"客房服务员工作日报表"里的"备注"一栏。必要时,还要填写"维修通知单",并及时通知工程部进行维修(紧急维修可先用电话报修后再补开"维修通知单")。由客人造成的设施、设备的机械损伤,还要由客人负责赔偿。

如果是走客房,客房服务员还应检查床上、枕头下、桌面上、抽屉里是否有客人遗留的物品,如手机、钱包、充电器、

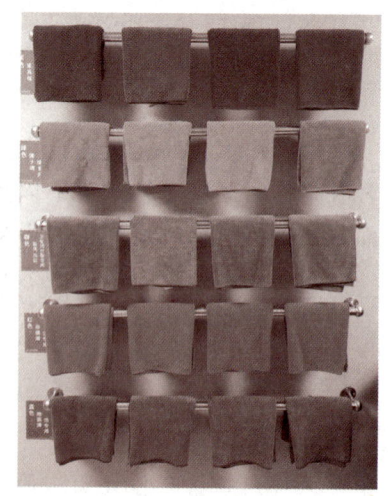

图 11-3 清洁不同的设施、设备要用不同颜色的抹布(刘伟 摄)

手表、戒指、书、衣物等,热水器内是否有客人未用完的水(如有,必须倒掉)。如果发现有客人遗留的物品,则应在"客房服务员工作日报表"上注明遗留物品的名称、发现地点及发现时遗留物品的状况等事项,并立即上交客房部经理室或总服务台(视酒店不同规定而定)。接收遗留物品的有关人员填写客房"遗留物品登记卡",然后将遗留物品加以妥善保管。

(七)不能随便处理房内"垃圾"

清理房内垃圾时,要注意扔掉的瓶、罐必须是空的,而且要确认所扔掉的报纸、杂志一定是客人废弃不用的,不可将这些报纸、杂志随便扔掉或擅自留下。有些物品,如一张画报,客房服务员很难判断到底是客人遗忘在房内的,还是废弃不要的,这时也应上缴或请示楼层领班加以处理。

【经典案例】

隐形眼镜不翼而飞

王先生与妻子来广州旅游,住进一家五星级酒店。第二天一早,他们准备早餐后去公园转一转。当他们回到房间时,妻子发现自己的隐形眼镜不见了,可是她在早餐前还看见了。于是他们四处查找,哪里都没有。无奈,王先生向酒店提出投诉。经核对,王先生夫妇去吃早餐,从出门到回房,准确的时长是50分钟,而在这一段时间内,只有实习生小平进入房间打扫卫生。小平回想当时的情景,发现自己不小心把杯子里的隐形眼镜和药水当作剩水给倒掉了……

(八)电镀部位要完全擦干

在打扫卫生间时,客房服务员必须要用干抹布(绝不能用湿布)将卫生间洁具上,特别是电镀部位的水迹擦干,否则,电镀部位很快就会失去光泽,甚至留下深色的斑块,严重的还会生锈。

(九)不得将撤换下来的脏布草当抹布使用

清扫卫生间时一定要注意卫生,绝对不能为了方便而把毛巾、脚巾、浴巾或枕巾、床单等撤换下来的脏布草当抹布使用,擦拭浴缸、马桶、洗脸池甚至客房内的水杯。也不能把擦洗浴缸、马桶或洗脸池的不同抹布混用。

(十)拖鞋应摆放在床头柜下

国外的酒店一般在客房不提供拖鞋,但国内酒店通常都将拖鞋作为客房低值易耗品为客人提供。有的酒店将其摆放在床前,有的将其摆放在沙发前,有的将其摆放在写字台下,还有的则将其摆放在壁柜里。实际上,将拖鞋摆放在上述地方都不合适:摆放在壁柜里或写字台下不容易被客人发现,失去了摆放的意义;放在床前或茶几(沙发)前虽然容易被发现,但不雅观。那么,到底应将拖鞋置于何处呢?事实上,将其放在床头柜下比较合适,既方便客人,也不影响房内整洁。等到做夜床时,再拿出来放在床边。

(十一)房内物品的摆放,要注意将商标面对客人

房间物品的补充要按照酒店规定的品种、数量及摆放要求补足、放好,并注意商标面对客人,如图11-4所示。

图11-4 客房物品摆放要注意将商标面对客人

(十二)损坏客人物品的处理

进行住房卫生清扫时应该小心谨慎,不要随意移动客人的物品,必要时应轻拿轻放,清扫完毕要放回原位。如万一不小心损坏客人的物品,应如实向主管反映,并主动向客人赔礼道歉,如属贵重物品,应由主管陪同前往赔礼道歉,并征求意见。若对方要求赔偿,应根据具体情况,由客房部出面给予赔偿。

(十三)离开房间时,应打开房内照明灯

客房服务员打扫完房间离开时,应打开房内台灯、落地灯、床头灯等主要照明用灯,让客人进房后,只需插上钥匙卡(牌),灯就会自动亮起,以免客人进房后在黑暗中摸索,给客人带来不便。

第二节 客房的计划卫生

客房的计划卫生是指在日常客房清洁的基础上,拟订一个周期性清洁计划,针对客房中平时不易或不必进行清洁的项目,采取定期循环的方式做彻底的清洁保养工作的客房卫生管理制度。

客房服务员每天清洁整理的工作量一般都比较大,所以对客房的某些部位,如通风口、排气扇、天花板、门窗玻璃、窗帘、床罩等,不可能每天清扫或彻底清洁(有些项目也没有必要每天进行,如地毯的清洗等)。为了达到清洁卫生的质量标准,使客人不仅对客房那些易接触部位的卫生感到满意,而且对客房的每一处卫生都放心,同时又不致造成人力浪费或时间的紧张,客房部必须定期对清洁卫生的死角或容易忽视的部位进行彻底的清扫、整理。

一、计划卫生的项目和清洁周期

针对不同的项目,客房的计划卫生应按不同的周期进行。

表11-1是某酒店楼层计划卫生项目及清洁周期安排。

表11-1 楼层计划卫生项目及清洁周期安排

每天	3天	5天
1. 清洁地毯、墙纸污迹 2. 清洁冰箱,扫灯罩尘 3. (空房)放水	1. 地漏喷药(长住逢五) 2. 用玻璃清洁剂清洁阳台、房间和卫生间镜子 3. 用鸡毛掸清洁壁画	1. 清洁卫生间抽风机机罩 2. 清洁(水洗)吸尘机真空器保护罩 3. 清洁职工卫生间虹吸水箱、磨洗地面
10天	15天	20天
1. 清洁空房马桶虹吸水箱 2. 清洁走廊出风口 3. 清洁卫生间抽风主机网	1. 清洁热水器、洗杯机 2. 冰箱除霜 3. 用酒精球清洁电话 4. 清洁空调出风口、百叶窗	1. 清洁房间回风过滤网 2. 用擦铜水擦铜制家具、烟灰缸、房间指示牌

续表

25 天	30 天	一季度
1. 清洁制冰机 2. 清洁阳台地板和阳台内侧喷塑面 3. 墙纸吸尘、遮光帘吸尘	1. 翻床垫 2. 抹拭消防水龙带、喷水枪及胶管 3. 清洁被套（12 月至次年 3 月，每 15 天洗一次，4 月至 11 月一季度洗一次）	1. 干洗地毯、沙发、床头板 2. 干（湿）洗毛毯 3. 吸尘机加油（由保养班负责完成）
半年	一年	
清洁窗纱、灯罩、床罩△、保护垫△	1. 清洁遮光布△ 2. 红木家具打蜡 3. 湿洗地毯（2、3 项由保养班负责完成）	注：带△的项目由财产主管具体计划，组织财管班完成，注意与楼层主管在实际工作中进行协调

二、计划卫生的组织

客房的计划卫生通常有三种组织方式。

（一）要求客房清洁工每天大扫除一间客房

例如，要求客房清洁工在所负责的 14 间客房中，每天彻底大扫除 1 间客房，14 天即可对负责的所有客房完成一次计划卫生。

（二）规定每天对客房的某一部位或区域进行彻底的大扫除

除日常的清扫、整理工作外，可规定客房清洁工每天对客房的某一部位进行彻底清洁。这样，经过若干天对不同部位和区域的彻底清扫，也可以完成全部房间的大扫除。其日程安排可参考表 11-2。

表 11-2　客房计划卫生安排表

星期	一	二	三	四	五	六
项目	门窗玻璃	墙角	天花板	阳台	卫生间	其他

（三）季节性大扫除或年度大扫除

集中在淡季对所有客房分楼层进行全面大扫除，一个楼层通常要进行一个星期，必要时，可请前厅部对该楼层实行封房，并与工程部联系，请维修人员利用此时对设备进行定期的检查和维修保养。

在实践中，以上三种计划卫生的组织方式可配合使用。

三、计划卫生的管理

（一）计划卫生的安排

客房部管理人员可将客房的周期性清洁卫生计划表贴在楼层工作间的告示栏内或门背后。

也可由楼层领班每天在客房服务员做房报告表上写上计划卫生的项目,督促客房服务员完成当天的计划卫生任务。

(二)计划卫生的检查

客房服务员每完成一个项目或房间后即可在"客房周期清洁表"(见表11-3)中填上完成的日期和本人的签名。

表 11-3　客房周期清洁表

姓名 房号 \ 项目	地毯	墙面	卫生间	家具	窗户	小酒吧	……	备注

领班等根据此表予以检查,以保证计划的落实和卫生质量。

(三)计划卫生的安全问题

客房的计划卫生中,有不少是需要高空作业的,如通风口、玻璃窗、天花板等。因此,在打扫计划卫生时,一定要要求和提醒员工特别注意安全,防止出现各种工伤事故。清扫天花板、墙角、通风口、窗帘盒或其他高处物体时,要用脚手架或使用凳子;站在窗台上擦外层玻璃时要系好安全带。

此外,在打扫计划卫生时,还应注意选择合适的清洁剂和清洁工具,以便提高工作效率,确保清洁卫生质量。同时,防止因清洁剂和清洁工具的选择和使用不当而损坏家具设备。

第三节　公共区域的清洁卫生

除了客房,客房部还要负责酒店所有公共区域的清洁卫生工作。公共区域清洁卫生工作的好坏,通常是客人评价酒店服务质量和酒店水准的一个重要因素,特别是公共洗手间,是反映酒店卫生状况的一面镜子,常常是一些专家评价一家酒店卫生状况和档次的重要指标。

酒店公共区域的清洁卫生工作通常由客房部的公共卫生班组负责,这样组织的好处在于能够使清扫工作专业化,提高劳动效率和工作质量。

为了保持公共区域的清洁卫生,这项工作有时每天要进行数次,如厕所的冲洗、大堂的保洁、家具的复位等,如图11-5所示。

图 11-5　公共区域服务员正在清洁楼梯（郭淑梅 摄）

一、公共区域的范围

凡是酒店内公众共同享有的活动区域统称为公共区域。酒店的公共区域可划分为室内部分和室外部分。室外公共区域是酒店的外围区域，包括酒店的外墙、花园、前后大门等。室内公共区域又分为前台区域和后台区域两部分。其中，前台区域通常指专供客人活动的场所，如大堂、总服务台、电梯、楼梯、休息室、康乐中心、游泳池、餐厅（不包括厨房）、会议室、舞厅、公共洗手间等。后台区域通常指为酒店员工设计的生活区域，如员工休息室、员工更衣室、员工餐厅、员工娱乐室、员工公寓等。

二、公共区域清洁卫生工作的特点

首先，由于公共区域涉及的范围相当广，因此，其清洁卫生的优劣对酒店影响非常大。

其次，公共区域的客流量非常大，客人活动频繁，这就给公共区域的清扫工作带来不便和困难。为了便于清洁，同时尽量减少对客人的干扰，公共区域的清洁卫生工作应尽量安排在没有客人或客人活动较少的时间段进行。

再次，公共区域的清洁工作烦琐复杂，工作时间不固定，人员分散，造成其清洁卫生质量不易控制。这就要求公共区域服务员在日常工作中必须具有强烈的责任心，同时，管理人员要加强巡视和督促。

三、公共区域清洁保养的内容

（一）大堂的清洁

大堂是酒店客人来往最多的地方，是酒店的门面，往往会给客人留下第一印象。因此，这里的卫生工作显得非常重要。

大堂的清洁卫生工作主要在清晨或深夜进行，白天进行维护和保持。

1. 大堂地面的清洁

(1) 每天晚上应对大堂地面进行彻底清扫或抛光，并按计划定期打蜡。打蜡时应注意分区进行，打蜡区域应有标示牌，以防客人滑倒。

(2) 白天用油拖把循环迂回拖擦，维护地面清洁，保持光亮。拖擦地面时应按一定的路线进行，不得遗漏。每到一个方向的尽头时，应将附着在拖把上的灰尘抖干净再继续拖擦。

(3) 操作过程中应根据实际情况，适当避开客人或客人聚集区，待客人散开后，再进行补拖。遇到客人，要请客人原谅，说声"对不起"。

(4) 客人进出频繁的门口、梯口等容易脏的地面要重点拖，并适时增加拖擦次数，确保整个地面的清洁。

(5) 如在拖擦过程中遇有纸屑杂物，应将其集中堆在角落，然后用清扫工具将其收集起来并妥当处理。

(6) 遇有雨雪天气，要在大堂入口处放置伞架和脚垫，并竖立防滑告示牌（见图11-6），同时注意增加拖擦次数，以防客人滑倒。此外，还要根据实际情况，适时更换脚踏垫。

图 11-6　清洁大堂、门厅等公共区域，要注意摆放防滑告示牌（刘伟 摄）

2. 扶梯、电梯的清洁

对大堂扶梯、电梯的清洁保养主要在夜间进行，白天只对其进行清洁维护，保持干净整洁。

(1) 夜间对大堂内扶梯和电梯进行彻底清洁，如有观景电梯则应特别注意其玻璃厢的清洁，确保其光亮无指印、无污迹，如图11-7所示。

(2) 夜间应注意更换电梯内的星期地毯，并对地毯或梯内地面进行彻底清洁。

(3) 擦亮扶梯扶手、挡杆玻璃护挡，使其无尘、无手指印，如不是自动扶梯，还应对楼梯台阶上的地毯、铜条进行擦抹，并使用铜油将其擦亮。

3. 大堂家具的清洁

(1) 夜间对大堂内所有家具、台面、烟具、灯具、标牌等进行清洁打扫，使之无尘、无污渍，保持光亮，并对公用电话进行消毒、擦净，使之无异味。

(2) 白天对家具等进行循环擦抹，确保干净无灰尘。

(3) 及时倾倒并擦净立式烟筒，烟灰缸内的烟蒂不得超过3个。更换烟灰缸时，应先将干净的烟灰缸盖在脏的上面一起撤下，然后换上干净烟灰缸，如图11-8所示。

图11-7　清洁电梯（郭淑梅　摄）

图11-8　酒店公共区域服务员在倾倒并擦拭大堂立式烟筒（郭淑梅　摄）

（4）随时注意茶几、地面上的纸屑杂物，一经发现及时清理。

4. 铜器的上光保养

除了对大堂的上述区域和设施进行清洁，还应对大堂等公共区域的铜器进行上光保养。

上光时，可准备两块干净的软抹布及适量铜油，先用一块抹布抹去铜器上的灰尘和手印，然后将铜油滴在另外一块抹布上，接着用沾有铜油的抹布轻轻地在铜器上反复擦拭，直至又黄又光亮。

（二）酒店门庭的清洁

（1）夜间对酒店大门口庭院进行清扫冲洗，遇有雨雪天气，应适时增加冲洗次数。

（2）夜间对地面停车场或地下停车场进行彻底清扫，对油迹、脏渍应及时清洁，并注意定期重新划清停车线及检查路标的清洁状况。

（3）夜间对门口的标牌、墙面、门窗及台阶进行全面清洁、擦洗，使其始终以光洁明亮的面貌迎接客人。

（4）白天对玻璃门窗的浮灰、指印和污渍进行抹擦，尤其是大门玻璃的清洁应经常进行。

（三）餐厅、酒吧、宴会厅的清洁

餐厅、酒吧和宴会厅是客人的饮食场所，因此，卫生工作尤为重要。

餐厅的清洁工作主要是在餐厅营业结束后，对地毯进行吸尘，对家具、电话等进行擦拭、除尘，对于地毯上的污迹应及时予以清洁。

宴会厅面积较大，一次可接待数百人，人多步杂，每次使用后都要彻底清扫，主要进行以下工作。

（1）地毯吸尘。

（2）清扫板壁上的鞋印、指印及客人张贴的画和其他饰物。

（3）清扫大厅吊灯。这是一项需要定期进行的工作。这项工作花时费工，常常需要搭脚手架，要将每一拼件洗净抹干（灯泡坏了要及时更换），因此，需要有一定的耐心。

(4) 每月一次的通风口除尘。

此外，餐厅、酒吧、宴会厅或其他饮食场所常常会有苍蝇出现（尤其是在夏季），公共区域服务员应随时或定期喷洒杀虫剂，防止蚊蝇滋生。

（四）公共洗手间的清洁

公共洗手间清洁的主要内容如下。
(1) 按顺序擦净面盆、水龙头、台面、镜面，并擦亮所有金属镀件。
(2) 用清洁剂清洁马桶及便池。
(3) 擦坐厕内的门、窗、隔挡及瓷砖墙面。
(4) 拖净地面，保持无水渍、无脏印。
(5) 喷洒适量空气清新剂，保持室内清新，无异味。
(6) 洗手台上摆放鲜花。
(7) 按要求配备卷筒纸、卫生袋、香皂、擦手纸、衣刷等用品。
(8) 检查皂液器、自动烘手器等设备的完好状况。

（五）其他区域的清洁

除了做好上述前台区域的清洁工作，还应做好酒店后台区域的卫生工作，特别是员工食堂、服务通道等的卫生。这些场所的卫生状况对员工的思想和精神状况，进而对酒店的服务质量有重要影响。有些酒店把卫生工作的重点放在接待客人的餐厅里，而对员工食堂的卫生情况、饭菜质量不予以重视，结果在寄生虫容易滋生的夏季（同时也是旅游旺季），由于食堂卫生不过关，很多员工病倒，致使酒店连正常的接待工作也难以进行，更不用说提高服务质量了，应当牢记这种教训。

员工通道的卫生也常常被忽视。酒店正门前客人进出的通道一般打扫得比较干净，而员工通道则是另一个样子。有的酒店通往酒店大楼的员工通道甚至连水泥地面都没铺，一遇到雨天，员工便不得不踩着泥泞的路，拖着沉重的步伐，走向酒店的各个岗位，致使楼道地毯上沾满泥巴，这样不但影响卫生，而且还会使地毯严重受损。

（六）绿化布置及其清洁养护

1. 绿化布置
(1) 对客人进出场所的绿化花草按要求进行布置，安排摆放位置。
(2) 根据规定的调换时间，定期调换各种花卉盆景，给客人一种时看时新的感觉。
(3) 重大任务前，如接待贵宾或举行晚会，则要根据酒店的通知进行重点绿化布置。
(4) 接到贵宾入住通知单，根据客人等级和布置要求，准备好摆放鲜花，按房号送至楼面交服务员，切记不要送客人所忌讳的花卉。

2. 清洁养护程序
(1) 每天从指定的地点开始，按顺序检查、清洁、养护全部花卉盆景。
(2) 拣出花盆内的烟蒂等杂物，擦净叶面、枝干上的浮灰，保持叶色翠绿、花卉鲜艳。
(3) 对喷水池内的假山、花草进行清洁养护，及时清除池内水中的杂物并定期换水。
(4) 发现花草有枯萎现象，及时剪除、调换，并修理整齐。
(5) 定时给花卉盆景浇水，水滴溅出或地面弄脏时用随身携带的抹布擦干净。
(6) 对于庭院内的树木、花草，定期进行修剪整理和喷药灭虫，花卉盆景按时调换。
(7) 养护和清洁绿化区时，注意不影响客人的正常活动，遇到客人礼貌问好。

第四节　客房设施、设备的清洁保养

对酒店客房的设施、设备保养不善是酒店业的一大问题，很多酒店设施、设备很豪华，但因为缺乏保养，很难正常运转。对设施、设备保养不善不仅会缩短其使用周期，还会直接影响对客服务质量，引起客人投诉。因此，客房员工必须掌握各种设施、设备的保养知识，养成良好的使用和保养习惯，做好对各类家具、设备的保养工作。

客房设施、设备的清洁保养工作要按规定的操作程序和有关要求进行。

一、保养的意义

做好客房前期保养和设备前期保养工作，将会使日常维修和紧急维修情况明显减少。我们面临的问题是怎样从无休止的维修和紧急维修中摆脱出来，有步骤地实施保养计划。

做好客房设施、设备的保养工作，不仅能够延长其使用寿命，降低经营成本，维持酒店档次，提高客房利用率，增加酒店利润，还可以提高客房服务质量，减少客人投诉，增加客人的满意度。

二、保养的方法

（一）门窗的保养

在开、关门窗时，平时应养成轻开轻关的习惯，这样不仅可以延长门窗的使用寿命，还能减少干扰，保持客房及楼层的清静。此外，雷雨天及刮大风时，应关好客房窗户，以免雨水溅入客房，或被大风吹坏窗玻璃。

（二）墙面的保养

酒店客房的墙面大都使用墙纸，对墙面经常进行吸尘，可以减少大清洗的次数。对于墙纸，应用比较干的软布拭抹，如有油污，可用汽油、松节油或不易燃的干洗液去擦，而小块油迹则可用白色吸墨水纸压住，用熨斗熨烫几分钟就能去除。

如果需要对墙面进行清洗，则在清洗前要用湿布在小块墙纸上擦一下，查看墙面是否掉色或渗色。若掉色或渗色就表明该墙纸不能水洗，在这种情况下，可试用膏型去污剂清洗。如果墙纸耐水性能好，可用海绵纤维物和不加漂白剂的中性合成清洁剂去污，方法是将湿海绵拧至半干，使它含有适当水分，擦洗时，随时挤去海绵上的污垢，保持海绵干净，然后再用清洁的水和干净的海绵把墙纸冲洗干净。

另外，如发现墙壁潮湿，天花板有漏水的现象，应及时报工程部维修，以免墙壁发霉，墙皮脱落，房间漫水。

（三）地毯的清洁与保养

地毯是房间的装饰品。由于客人使用卫生间后，容易将卫生间的水迹带进客房，造成对房内(特别是卫生间门口)地毯的损坏，为了便于对房内地毯的保养，降低客房经营成本，除个别有特殊需要的酒店外,包括五星级酒店在内的大部分酒店都应考虑只在卧室保留地毯,而在客房卫生间门口用大理石等高级石质装修材料取代地毯。

客房内地毯一般有两种类型:一种是羊毛地毯,另一种是化纤地毯。羊毛地毯高雅华贵,但造价很高,故一般只铺设在豪华客房。而化纤地毯则有易洗涤、色彩丰富和价格低廉的特点,为大多数酒店所欢迎。

无论哪种地毯,客房服务员都应采用科学的方法使用和保养,要坚持每天吸尘一次,并对地毯进行定期清洗。地毯上如出现污迹应及时除去,否则,时间一长将很难去除。除污时,要先了解地毯中化学纤维的成分和污渍的性质,然后选用合适的清洁剂清除污迹。

一般说来,酒店应每年清洗一次地毯,清洗地毯的方法有两种,即干洗和湿洗。

干洗的方法是将清洁剂均匀地洒在地毯上,然后用长柄刷将清洁剂刷进地毯里,过一小时后,用吸尘器彻底吸尘,地毯即被清洗干净。干洗的优点有:不影响使用;地毯不变形,不缩水;简单易行,不费时。

湿洗是先将清洁剂溶于水中,然后使用喷水器均匀地将溶液喷洒于地毯表面,再用毛刷刷洗,用抽水机吸去水分。等地毯完全干了以后,再彻底吸尘,这种清洗方法的优点是洗得干净、彻底,缺点是工序复杂、费时。一般来说,比较脏的羊毛地毯采用这种方法清洗比较好,但要注意,无论哪种方法,都要选用不损坏地毯纤维的清洁剂。

另外,要注意在一些重要通道,如建筑物入口、近楼梯的地方及客房卫生间门口等放置尘垫,防止污物进入地毯组织,同时,要注意经常将地毯使用的位置转移,使磨损均匀。

(四)空调设备的保养

客房使用的空调一般分为室内小型空调和集中送气的中央空调两种。

小型空调在使用时要注意不能让水溅到开关上,以免发生漏电,造成触电事故。在使用中如发出异常声音,应关闭电源,通知工程部进行检查修理。

中央空调由专人负责管理操作,集中供应,按季节供应冷、热风,各房间有送风口,设有"强、中、弱、停"四个档次,可按需要调节,要定期对鼓风机和导管进行清扫,此外,每隔2~3个月清洗一次进风口过滤网,以保证通风流畅,电机轴承传动部分,要定期加注润滑油。

(五)电器设备的保养

1. 电梯

电梯内外应经常擦洗,梯内地毯要每天吸尘、清洁。此外,还要防止不良客人或小孩用刀具等在电梯内乱划、乱画。

2. 电冰箱

电冰箱的门封胶边,尤其是门下面的胶边是容易弄脏的部位,要注意经常清洗干净,保持清洁,当冰箱门溅到水或弄污时,应及时用干布抹干,以免金属件生锈。

冰箱在使用一段时间后,要注意定期清理内部,以免积存污物,滋生细菌。

3. 电视

清扫客房时,每天应用干布擦去电视机外壳上的灰尘。在雨季,除应注意放置位置以外,最好每天通电使用一段时间,利用工作时机器自身散发的热量驱潮。

4. 照明设备

照明设备主要指门灯、顶灯、台灯、吊灯、床头灯等。这些设备的保养,首先是电源,周围要防潮，插座要牢固，以防跑电、漏电。擦拭灯罩（尤其是灯泡、灯管）时要断电，且只能用干布擦拭。

5. 电话

每天用干布擦净电话机表面的灰尘，话筒每周用酒精消毒一次。

（六）卫生设施、设备的保养

1. 卫生设施的保养

卫生设施要勤擦洗，对于洗脸盆、浴缸、马桶等设施，在擦洗时既要使其清洁，又要防止破坏其表面光泽，因此，一般选用中性清洁剂。切记不能用强酸或强碱性质的清洁剂。强酸或强碱性质的清洁剂不但会破坏瓷面光泽，对釉质造成损伤，还会腐蚀下水管道。

对浴缸、洗脸盆、马桶等卫生设施的保养，还应特别注意要防止水龙头或淋浴喷头滴、漏水，如发生类似现象，应及时报工程部维修，否则，久而久之，会使卫生洁具发黄，难以清洁。

2. 客房清洁设备的保养

除了卫生设施，还应做好对客房清洁用具及卫生设备的保养工作。对客房清洁设备的保养要做好以下工作。

（1）所有使用人员都必须了解和掌握清洁设备的操作要求，并严格按操作要求操作。

（2）所有清洁设备在使用后都应进行全面的清洁和必要的养护。

（3）设备使用前后都应检查其完好状况，发现问题要及时处理。

（4）要有良好的存放条件，并按要求摆放。此外，还要有供存放所有附件的柜子、抽屉、架子和挂钩等。

3. 吸尘器的保养

在客房所有清洁设备中，吸尘器的使用是最为频繁的，因此，做好对吸尘器的保养具有重要意义。

吸尘器的使用和保养要注意以下要点。

（1）检查各部件的连接是否严密，如有漏风的地方要及时修理。

（2）检查有无漏电现象，防止发生危险。

（3）吸尘器在使用时，要避免吸入硬物或尖锐的东西，以免蓄尘袋破裂，喉管堵塞或机件失灵。另外，也要防止吸入大片纸张、布片、棉花团等物，堵塞吸管和吸头。

（4）将电源插头拔下前，要先把吸尘器开关关掉。

（5）避免让吸尘器在电线上碾过。

（6）吸尘器使用完毕后，要定期清理蓄尘袋。保持刷子和吸尘器的外壳干净。否则，不仅不卫生，还会影响吸尘器正常工作，严重的还会使吸尘器停止工作，甚至会烧掉电源。

（七）木器家具的保养

木器家具的保养，除要经常除尘，保持表面清洁以外，还要注意"四防"，即防潮、防水、防热和防蛀。

（1）防潮。木器家具受潮容易变形、开胶、腐朽，因此房间应保持干燥，要经常打开门窗进行通风。潮气较重的房间，家具放置一般不要紧挨墙壁，以保持空气流通。平时擦洗时，也不能使用带水的抹布，而要用干燥的抹布，然后用软质干布擦干。

（2）防水。防水与防潮的道理是一样的。油漆家具如溅上水珠，家具表面的油漆会起泡、发霉，使油漆面失去光泽，因此，如不慎将水溅到家具上，应立即用干抹布擦净。对于铺有玻璃的桌子、茶几及床头柜等家具，注意不要让水浸入玻璃下面，如不小心被水浸入，应及时掀开玻璃擦干家具，以免被水浸泡而破坏家具表面的油漆。

（3）防热。油漆家具一般不要放在阳光直射的地方，如有阳光照射，应拉下窗帘，以防色泽减退。此外，一般家具表面的油漆怕烫，因而在放开水杯时，应使用垫盘（如不慎烫出白痕，用酒精擦拭即可去除）。

在有暖气设备的房间里，家具的放置应远离水、汽散热片，以防家具被烘干变形而破裂。

（4）防蛀。为了防止蛀虫繁殖，在橱柜抽屉层一般应放置一些樟脑丸或喷洒杀虫剂。

除上述要点以外，还要经常检查家具榫头、螺丝是否松动，五金零件有无丢失等，发现这些问题应及时报修，否则，时间一长往往会使损坏程度扩大，甚至使其因无法维修而报废。因此，对于木器家具来说，及时维修也是日常保养的重要一环。

（八）织物的保养

客房部的织物主要有客房枕巾、面巾、脚巾、手巾、浴巾、澡巾及床单等各类布草，布草的保养要注意以下几点。

（1）严格按操作规程办事。现代化酒店一般要求客房服务员在清扫客房及卫生间设施时使用专用的清扫用具。以卫生间为例，马桶、洗脸池及浴缸都有各自的专用抹布，但为了方便起见，在一些管理不善的酒店里，有些客房服务员常常使用客房内撤下的毛巾甚至床单来擦洗卫生设施、设备，他们认为反正这些布草都要送洗衣房洗涤，所以有一种"不擦白不擦"的思想，有的甚至使用床单擦皮鞋，岂不知这样做危害极大。首先，这样做减少了布草正常的使用年限；其次，这样做会使布草沾上各种不同性质、不同颜色的污迹，不易或根本无法洗涤干净，不能再次投入使用，一些酒店的大量床单就是因此而报废的。

（2）换下来的脏布草用专用的袋子装好送洗，不要乱堆乱放，或在脚下踩来踩去，更不要用床单包起来在地板上或水泥地上牵拖送洗，否则，不但会磨损床单，而且还会使布草织物与水泥摩擦起反应，所生成的碳化物无法清除。

（3）撤换下来的棉织品，干燥的与潮湿的最好分开放置。潮湿的应及时洗涤，否则容易生霉变质，不但影响使用期限，而且洗出来的效果也不好。

除上述要求以外，棉织品在使用和保管时应注意防潮、防闷热、防虫蛀、防日晒、防灰尘和防酸碱，它们都会在不同程度上影响织物的寿命与质量。

第五节　客房清洁质量的控制

如前所述，客房部的首要任务是"生产"干净、卫生、舒适的客房，客人对酒店产品的需求主要表现在食、宿两个方面，无论是食还是宿，他们都有很高的卫生要求，从心理学的角度来看，整洁、卫生的酒店客房可以给客人一种安全感和舒服感，因此，做好卫生管理对于提高客房产品质量、满足客人需要具有非常重要的意义。

做好客房清洁质量的控制要从以下几个方面入手。

一、强化员工的卫生意识

做好卫生管理,首先要求服务员及管理人员有卫生意识,对于卫生工作的重要性有足够的认识,为此必须经常强调、考核。此外,还要求管理人员及服务员注意个人卫生。

其次,强化员工的卫生意识还要求客房部员工对酒店的卫生标准有足够的认识,不以自己日常的卫生标准为酒店的卫生标准。酒店的卫生标准要与国际标准接轨,否则,很可能将国际旅游者正常的卫生要求视为"洁癖"。

二、制定卫生工作的操作程序和卫生标准

要做好客房卫生管理,还应制订一些服务规程、操作程序和卫生标准,这是确保客房清洁卫生的基础,也是对客房清扫员的工作进行考核、监督的依据。

在制定操作程序和卫生标准时,要注意遵循两个原则:一是要依据酒店的档次确定,酒店的档次不同,其清扫标准和服务规格应当有所区别;二是"双方便",即方便客人和方便操作。

三、严格检查制度

酒店应建立完善的客房检查体系,应严格检查制度,这是做好客房卫生管理、确保客房产品质量的关键。

(一)建立客房的逐级检查制度

检查客房简称查房,客房的逐级检查制度主要是指对客房的清洁卫生质量检查实行领班、主管及部门经理三级责任制,包括服务员的自查和上级的抽查。实行严格的逐级查房制度,是确保清洁质量的有效方法。

1. 服务员自查

服务员每整理完一间客房,要对客房的清洁卫生状况、物品的摆放和设备家具是否需要维修等进行检查。通过服务员自查不仅可以提高客房的合格率,还可以加强服务员的责任心和检查意识,同时,减轻领班查房的工作量。

服务员自查的重点是客房设施、设备是否正常,客用品是否按规定的标准、数量摆放;自查的方式是边擦拭灰尘边检查。此外,在清扫完房间,准备关门前,还应对整个房间进行一次回顾式检查。

2. 领班普查

领班检查是服务员自查之后的第一关,常常也是最后一道关,因为领班负责OK房的报告,前台据此就可以将该客房出租给客人。客房部必须加强领班的监督职能,确保每间客房都得到认真检查。

(1)领班查房的作用。

领班查房不仅可以查缺补漏,控制客房卫生质量,确保每间客房都属于可供出租的合格"产品",还可以起到现场监督作用和对服务员(特别是新员工)的在职培训作用。

领班查房时,对服务员清扫客房的漏项、错误和卫生不达标情况,应出返工单,令其返工。

(2)领班查房的数量。

领班查房数量因酒店建筑结构(每层楼客房数的多少)、客房检查项目的多少及酒店规定的领班职责的多少的不同而有所不同。一般而言,日班领班应负责约 80 间客房左右的工作区域的客房检查工作(负责带 5~7 个服务员)。而夜班领班的查房数量一般为日班领班数量的两倍,要负责约 160 间客房的工作区域。需要说明的是,上述工作量标准基本上是满负荷的,工作量偏大,酒店对领班的工作定额一般不应超过上述标准。

日班领班原则上应对其所负责的全部房间进行普查,但对优秀员工所负责清扫的房间可以只进行抽查,甚至"免检",以示鞭策、鼓励和信任。

(3)领班查房的顺序。

一般情况下,领班查房时应按环形路线查房,发现问题及时记录和解决,但对下列客房应优先检查。

资料:楼层领班查房表

① 检查那些已列入预订出租的客房。
② 对每一间整理完毕的走客房进行检查,合格后尽快向前台报告。
③ 检查每一间空房和贵宾房。
④ 检查维修房,了解维修进度和家具设备状况。
⑤ 检查每一间外宿房并报告前台。

3. 主管抽查

楼层主管是客房清洁卫生任务的主要指挥者。加强服务现场的督导和检查,是楼层主管的主要职责之一(见图 11-9)。

图 11-9　楼层主管在检查房间卫生情况(刘伟 摄)

主管检查的方式是抽查。抽查的好处在于这种检查事先并未通知,是一种突然袭击,所以检查的结果往往比较真实。

主管抽查有如下意义。

(1)检查督促领班工作,促使领班扎扎实实地做好工作。
(2)进一步保证客房卫生质量。
(3)确保客房部经理管理方案的落实。

（4）为客房部管理收集信息。

楼层主管对客房清洁卫生质量进行抽查的数量一般控制在20间客房左右。

（1）检查的内容。主管主要检查领班实际完成的查房数量和质量，抽查领班查过的客房，以观察其是否贯彻了上级的管理意图、领班掌握检查标准和项目的宽严尺度是否得当。主管在抽查客房卫生的同时，还应对客房楼层公共区域的清洁状况、员工的劳动纪律、礼节和礼貌、服务规范等进行检查，确保所管辖区域的正常运转。

（2）检查的重点。

① 每一间贵宾房。

② 每一间维修房（促使其尽快投入使用）。

③ 长住房、住客房和计划卫生的大清洁房。

4. 经理抽查

楼层清洁卫生工作是客房部工作的主体。客房部经理应花费1/2以上工作时间到楼面巡视和抽查客房的清洁卫生质量。这对于掌握员工的工作状况、改进管理方法、修订操作标准、更多地了解客人意见，具有十分重要的意义。

经理抽查房间应每天保持一定的数量，应特别注意对贵宾房的检查。

客房的逐级检查制度应一级比一级严，所以，经理查房要高标准、严要求，即所谓"白手套"式查房。经理查房宜不定期、不定时，检查的重点是房间清洁卫生的整体效果、服务员工作的整体水平，以及是否体现了自己的管理意图。

5. 总经理抽查

酒店总经理要控制客房的卫生和服务质量，也必须充分运用查房这一手段。查房的方式为不定期、不定时，或亲自抽查（见图11-10），或委派大堂副理或值班经理代表自己进行抽查，以获得客房部管理水平和服务质量信息，激励客房部经理的工作。

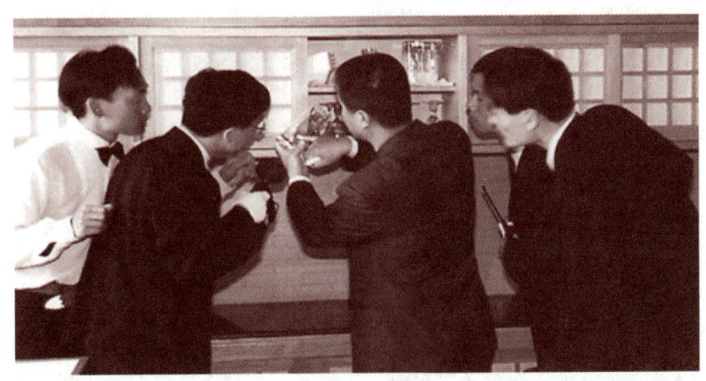

图11-10　酒店管理人员戴着白手套，用放大镜检查卫生（珠海御温泉度假村提供照片）

除了上述方式，酒店还可以组织如下方式的检查。

（1）定期检查。定期检查是一种有计划的公开检查，一般事先有布置，有明确的检查时间和检查内容。其目的是制造声势，创造气氛，促进工作。一般由总经理办公室主任、质检部经理、工程部经理、客房部经理、前厅部经理及大堂副理组成检查小组，由总经理或住店经理带领，每月定期对客房清洁卫生进行检查，或在重要任务下达前进行检查。

（2）邀请第三方检查。可聘请店外专家、同行、住店客人等检查客房的清洁卫生质量乃

资料：客房检查的内容和标准

至整个酒店的服务质量。这种检查看问题比较客观，能发现一些酒店管理者不易觉察的问题，有利于找到问题的症结。

（二）客房检查的内容和标准

检查房间时，除了检查房间整理和擦洗是否干净、合乎要求，用品配备是否齐全等卫生情况，还要检查客房设施、设备及各类机器的完好情况。

四、监督清洁过程

除了管理人员检查，还可以通过现代技术对服务员的做房过程进行实时视频监督。很多酒店不仅对客房服务员的做房过程进行实时拍摄，还将其发到抖音上，鼓励店内、外客人进行监督。

// 本 章 小 结 //

- 干净卫生是住店客人对酒店客房最基本的要求，是酒店客房管理的三大主要任务（服务、卫生、安全管理）之一，无论是五星级的豪华酒店还是经济型酒店，都应做好客房的卫生管理。
- 客房部的卫生工作主要是按照酒店的要求和标准，做好楼层客房的清洁整理，确保出租给客人的客房保持干净、整洁的状态。
- 房间清洁的具体卫生标准是：眼看之处无污迹，手摸之处无灰尘，设备用品无病毒，空气清新无异味。
- 为了确保楼层客房的卫生标准，除了做好日常清洁卫生工作，客房管理者还应组织和安排好客房的计划卫生工作，定期对一些卫生死角、难清洁的部位及长住客人离开后的客房，进行彻底清洁。
- 除了做好楼层客房的卫生工作，客房部还要负责整个酒店公共区域的卫生工作，包括酒店大堂的日常保洁，电梯、门窗的清洁，以及酒店外墙的清洁等，甚至还要负责餐厅、厨房的除污工作。
- 为了确保客房的卫生质量，必须建立严格的卫生检查制度，包括楼层领班的全面检查、主管及经理的每日抽查，以及酒店质管部门的不定期检查，等等。
- 客房设施、设备的清洁保养工作是客房服务质量和成本控制的重要环节。

// 课 堂 讨 论 //

某奢华酒店要求客房服务员在进入客房整理房间时，必须脱掉鞋子才能开始工作，你认为这样要求合理吗？

// 拓 展 阅 读 //

扫描二维码，观看"中国服务"金字招牌获得者——广州从化碧水湾温泉度假村员工"蒙眼铺床"绝技。

视频："蒙眼铺床"绝技

// 思 考 题 //

1. 如何做好客房计划卫生的管理？
2. 怎样控制客房清洁质量？

// 知 识 拓 展 //

"芯"办法能否解决卫生老问题？

——酒店卫生清洁工作的数字化管理

周三上午，杭州西湖文化广场亚朵酒店客房经理陈热爱在进行二次查房。与往日不同的是，她的手中多了一个手持式射频识别读卡器。将读卡器靠近床铺一扫描，她的手机上就显示出了客房房间号及布草的数量等数据。"布草只有更换过，我的手机上才会显示数据。"陈热爱说，"以往我们是依靠经验判断客房的布草是否按照规定更换过，现在有了这个'神器'，判断的准确率更高了。"

陈热爱口中的"神器"是一套"透明保洁智能监管"系统，能够自动监管酒店保洁问题。

近年来，酒店屡陷"卫生门"。如今"神器"面世，不仅客房棉织品未更换它会预警，抹布"一抹到底"、杯具清洗消毒不达标，它也会报警。杭州市下城区尝试用科技新办法"治愈"酒店卫生管理顽疾，不仅吸引了业界的目光，还被推上了新浪微博的热搜榜，成为全社会热议的话题。

解决老问题有了"芯"办法

"太好了，这样一来，酒店的卫生就有了保障。""今天在新闻上看到这条消息，希望能在全国普及。""如果能有更多酒店推出这样的卫生监管方式，出差的时候我就不用总带着自己的被套、枕套到处跑，也挺沉的。"……央视财经频道这则"杭州酒店床品抹布装芯片，混擦马桶会自动'报警'"的消息登上新浪微博热搜榜后，不少网友纷纷点赞。

据了解，杭州市下城区卫生监督所研发的这套"透明保洁智能监管"系统，具有洁具清洗消毒智能管理、棉织品流转识别、杯具洗消间智能监控三大模块。

除了在试点酒店布草上植入热熔芯片、服务员可手持读卡器识别酒店客房内所有布草的更换情况，部分试点酒店还推出了"芯片+手环+手机"的智能清洁模式，一旦清洁人员使用抹布操作不当或拿着清洁坐便器专用的抹布靠近洗手台，手环就会报警，督促清洁人员立即改正，并记录下这一错误操作，马上上报给酒店管理方和卫生监管部门。而有记录和识别洗消间员工洗消操作的摄像头及连接杯具洗消间内消毒柜的智能插座，则被安装在试点酒店的杯具洗消间内，系统通过对两者的数据进行智能分析，可综合判定该洗消间内杯具清洗消毒是否达标，进而形成每日杯具洗消报告。与此同时，入住酒店的客人也可以通过扫描客房内的二维码查看这些监管结果。

有了这套系统后，卫生监管部门可以实时知晓相关情况。一旦系统发现问题，预警信息首先会发送给酒店方，酒店方需立刻对违规情况进行整改。而且，这条预警记录会保留在后台，卫生监管部门如果发现酒店有一次或者两次没有整改，会马上上门监督检查。

对于此次杭州下城区用智能手段监管酒店卫生的做法，很多业者认为值得推广。

中国单体酒店联盟副主席顾晓春向记者坦言，尽管对于卫生问题，很多酒店都推出了详细的操作流程、管理框架，但是在实际操作中，难免会遇到监管不到位的问题。比如，清洁客房卫生，大部分酒店推出了"五色抹布法"，但"一抹到底"的问题仍屡禁不止。这是因为一部分一线员工在执行时，觉得流程烦琐，抱有钻监管漏洞的投机心理，用科技手段协助酒店和有关部门进行监管是件好事情。

北京第二外国语学院中国文化和旅游产业研究院副教授吴丽云认为，杭州下城区此次的试点是将数字技术与行业监管结合在一起的非常好的一个范例。如果能有效推广，或许真的可以彻底解决酒店的卫生顽疾。

科技助力不断尝试

其实，近几年，为了根治酒店卫生问题这一顽疾，各地各部门各企业纷纷出招，从最开始的共享布草到通过使用摄像机记录员工清洁客房的全过程,"亮"化服务,酒店业可谓是煞费苦心。随着科技水平的不断提升,在寻求解决卫生"死角"问题的过程中,借助科技手段尝试给布草植入可"溯源"的芯片,也成为酒店业不断提升服务水平的一大亮点。

2018年,由中国酒店协会和上海别样红信息技术有限公司共同研发的"酒店干净住,就扫净放芯"项目在西安落地,该项目与美团酒店达成合作,并在西安超过50家酒店进行试点。消费者可以通过美团酒店平台查询和预订带有"一客一换"专属标识的"净放芯"合作酒店,入住后用手机扫描布草智能芯片二维码,即可知道床单等酒店布草用品的洗涤和更换状态。据相关媒体报道,一枚缝制在客房用品边缘的智能芯片的成本仅几毛钱,可经受高温洗涤、熨烫二三百次,不会对酒店造成成本压力。

2019年,武汉首家绿色洗涤基地正式投入运营。这家基地给每一条毛巾、每一张床单都植入了芯片。芯片比打火机略小,耐水、耐高温,相当于布草的"电子身份证"。同时,所有的床单、被套与毛巾上也都印有二维码,方便住店旅客通过扫码获知包括该物品什么时候被洗过、被用过几次、经过多少度的高温消毒在内的相关信息。

除此之外,一些酒店集团也在通过技术手段提升卫生监管水平。2020年3月,首旅如家借助区块链技术,让卫生清洁流程变得可记录、可追溯。每位客人通过扫码可看到酒店各区域的保洁有多少次、最近一次保洁是在什么时候、督查人员是谁等。据了解,该技术已在部分试点酒店上线。

目前,华住集团在"安心360"升级举措中推出了可以对布草洗涤质量实时监测的"传感器计划",通过在洗涤厂的洗涤单机或洗涤龙上安装传感器,实现对洗涤品质的"可视化"监管,在线实时监测洗涤质量。据介绍,当水质硬度或酸碱值数据异常时传感会报警,监测的数据也会同步传入集团数据平台等。

根治"顽疾"还缺什么

尽管酒店业者在不断尝试,然而采访中,依然有业者存在疑问,目前酒店企业采用的种种措施仍处在试点阶段,因为实操中出现的一些问题,这些措施目前还没能在行业中广泛推行。那么,这一次,杭州下城区研发的"透明保洁智能监管"系统的前景如何呢?

在吴丽云看来,"透明保洁智能监管"系统之所以被一部分业者看好,是因为它是建立在监管部门和企业的共享机制上的,有关部门可以通过在线实时监管,从而实现对酒店市场的科学把控。"但是在推广初期,还是需要政府相关部门'推'企业一把,让其主动性更强。"

"在该方法推广时我们还需要思考一些关键性问题。"四川大学旅游学院李原教授提醒道,"比如,从技术上看,芯片植入布草、抹布,其耐久性如何?是否会影响清洁人员的操作及客人使用时的舒适度?客房是客人的私密空间,将芯片装在客房床品中,是否会让客人感觉隐私被侵犯?如何向客人做好解释工作,避免可能因此引发的投诉?另外,植入芯片所产生的成本是否会给酒店造成负担?只有把这些问题都解决了,才能让这种方法行之有效地坚持下去。"

另外,还有业者担心,虽然这一技术主要由一些地方的政府部门或是大企业推动,流程相对规范,但是未来一旦该技术被广泛应用,酒店行业对芯片的使用量会剧增,万一有不法厂商在数据上作假,或一线员工在实操过程中"偷梁换柱",最终恐难实现预期目标。由此看来,从芯片植入到数据信息采集,整个流程如何监管,也是亟待解决的问题。

// 酒店经理人对"经理的困惑"的答复 //

——客房服务员不按操作规程工作怎么办?

王琳钧(广东河源巴伐利亚庄园酒店群前厅部经理):

在我看来,在工作中一定是要严格管理的,原因有如下几点。

(1)我们睁一只眼、闭一只眼,有可能会给酒店带来严重的后果;我们一定要清楚我们睁一只眼、闭一只眼可能带来的"成本"是什么,如"经理的困惑"中的情形,一旦这个事情暴露,那将是对酒店致命的打击。

（2）我们睁一只眼、闭一只眼，有可能让员工养成不端正的工作态度。这样会让员工对每一项工作都马虎了事，因为他们知道领导对于他们发生的错误是默许宽容的。

刘江（浙江海德华美达酒店行政管家）：

从职业道德来说我们应该严格管理，从方便员工操作、提高做房速度来说，我们应该睁一只眼、闭一只眼。但根据以往酒店管理和客人的反映，我认为还是应该严格管理，杜绝此类不当操作。不要说把撤下的床单、被套拿来擦浴缸、马桶，就是把撤下的床单、被套扔在地毯上，也会导致客人投诉，有损酒店形象。另外，这样操作对棉织品的损耗也相当大。原本客房内配备的毛巾、浴巾是给客人擦身体用的，现在拿来擦马桶、地面，会有很多难以去除的污迹，在与马桶、地面摩擦过程中也减少了棉织品的使用寿命。

要防止此类事情发生，应注意如下方面。

（1）加强员工思想的培训。告诉员工酒店是我们的"家"，如果真的在家里来了客人，我们会拿一条擦过马桶的毛巾给客人使用吗？

（2）酒店应给员工配足抹布。酒店给员工配足抹布，而且抹布要用颜色来区分，明确哪些抹布用来擦杯子，哪些用来擦马桶，哪些用来擦地面。这样员工手中有足够的用具，也就不会再使用棉织品做清洁。

（3）加强巡查。楼层领班、主管要加强巡查，发现有员工使用棉织品做清洁时要及时纠正。如多次违反规定，可采取一些处罚手段，让员工慢慢形成一种习惯。

第十二章　棉织品与洗衣房管理

酒店洗衣房（刘伟　摄）

棉织品(又称布草)是酒店经营所需床单、台布等各种布类用品的总称。棉织品管理主要包括对这类物品的采购、保管和发放等。其目的是减少浪费，降低酒店经营的成本费用。

棉织品管理还包括对员工制服定做、采购、保管、发放和更新补充等。

此外，大型酒店一般都设有洗衣房，承担着对客衣、布草及员工制服的洗涤任务。洗衣房不仅要按质保量地完成各项洗涤任务，保证酒店经营活动顺利进行，减少客人投诉，还要厉行节约，降低洗涤费用，实现绿色环保型经营，为社区及旅游业的可持续发展做出贡献。

学习目标

- 了解棉织品的储备标准。
- 掌握棉织品储存与保养的方法。
- 了解洗衣房的组织机构及员工的岗位职责。
- 熟悉洗衣房的工作程序及质量标准。
- 掌握客衣洗涤纠纷的预防与处理技术。

关键术语

棉织品　布草房　洗衣房

> **经理的困惑**
>
> ——酒店洗衣服务对客人的赔偿是无限的吗？
>
> 为客人提供洗衣服务是酒店洗衣房的主要任务之一，在此过程中经常会发生客房纠纷问题，主要是在洗涤过程中发生客衣损坏时的赔偿问题。按照行业的惯例，赔偿额不超过该客衣洗涤费用的 10 倍，这一点在客衣洗涤单中都有明示。可一旦发生纠纷，很多客人对此并不理会，声称自己的衣服价格昂贵，要求"照价赔偿"，否则，就要"向法院起诉""向媒体曝光"。对此，我们应该怎么办？有一次，我们也曾应诉过，决定与客人"奉陪"到底，但令人遗憾的是，地方法院并不承认"赔偿额不超过该客衣洗涤费用的 10 倍"这一国际惯例，认为没有法律依据，属于"店堂告示"，以违反《中华人民共和国消费者权益保护法》为由，判我们败诉。难道，我们只能任消费者宰割吗？

第一节　棉织品管理

做好对棉织品的控制和管理，是酒店客房管理的主要任务之一，对于降低客房经营的成本和费用具有重要的意义。

酒店对棉织品的管理，主要由布草房负责。

一、棉织品的储备标准

客房部棉织品的储备标准为 3~5 套不等，取决于营业状况、客房出租率、洗衣房运转状况、部门预算等因素。一般最低标准是 3 套：一套在客房使用，一套在洗衣房洗涤，一套则储存在棉织品仓库备用。在预算不是很紧的情况下，标准可提高至 5 套：一套在客房内使用，一套在楼层储物室或工作车上，一套在中心棉织品仓库里，一套脏了送往洗衣房，一套在洗衣房处理。

二、棉织品的储存与保养

对于棉织品的储存与保养应注意以下要点。

（1）棉织品必须避潮储存，如果棉织品仓库与洗衣房相连，那么相连处的门就必须具有较强的密封性能，而且应尽可能地少打开。

（2）棉织品仓库必须保持良好的通风条件。

（3）棉织品仓库的搁板、搁架边沿应光滑，不能锋利突出。

（4）棉织品（尤其是混纺床单）在洗完并经过烘干机烘干以后，应放在储存架上"休息"，而不要直接拿去使用，这样可以延长棉织品的使用寿命。

（5）不能将棉织品堆放在混凝土地面上，可放在乙烯基石棉地面上。

（6）撤下的脏布草应及时洗涤。

（7）破损的床单等应及时缝补。

三、棉织品的更新

在酒店经营过程中，很多布草会因使用时间过长而改变颜色、破旧，甚至破损，还有些布草由于管理不善、操作不当而出现斑斑点点的污迹，如黄色锈斑、黑色油污等，对于这类布草，酒店应及时更换，使其退出服务过程，而不应凑合使用，否则会严重影响服务质量，使酒店的利益遭受损害。

通常，各类棉织品使用到八成左右陈旧程度时就需要更换新棉织品。这时，棉织品的洗涤次数为：床单、枕套 130~150 次；毛巾类 100~110 次；台布、口布 120~130 次。

布草的退换应由酒店布草使用单位与布草房（洗衣房）共同把关，对于退下来的旧布草、脏布草，酒店采购部门应及时如数予以补充，保证一定的周转量。

四、棉织品的盘点

布草房在对棉织品的管理中，还应做好盘点工作。对棉织品的盘点工作，应每月进行一次，盘点表如表 12-1 所示。

表 12-1　楼层布草每月盘点表

年　　月

名称	结存	进入	总数	房间	工作间	仓库	布草房	报损	遗失	合计	单价	金额	备注
特大床单													
中床单													
小床单													
枕套													
浴巾													
面巾													
脚巾													
……													

第二节　洗衣房管理

一、洗衣房的任务

酒店洗衣房的首要任务是负责洗涤、熨烫酒店客房部、餐饮部（厨房、餐厅、酒吧等）的布草，保证客房、餐饮部门的清洁卫生，从而确保酒店经营活动的正常进行。

对于高档酒店来说，客房布草一般每天要清洗一次，也就是说，如果一家酒店有1000间客房，共计2000张床位，那么，在客满的情况下，该酒店洗衣房每天就担负着洗涤2000条床单、4000个枕套、2000条洗脸巾、1000条脚巾和2000条浴巾的繁重任务，再加上餐饮部撤下的台布、餐巾等，其工作量之大不言而喻。不仅如此，洗衣房还要对这些布草进行整理和分类。

洗衣房的第二大任务是负责提供客衣的洗涤、熨烫服务。这既是酒店为客人提供的一项服务内容，同时也是酒店取得经济收入的一个重要途径。

洗衣房的第三大任务是负责酒店员工制服的洗涤工作。

除了上述三大任务，一些大型酒店的洗衣房还对社会开放，接受市民的衣物及其他小型酒店布草的洗涤要求，从而使洗衣房不仅是酒店的后勤保障部门，而且成为酒店重要的创收部门。

二、洗衣房的组织机构及岗位职责

（一）洗衣房的组织机构

洗衣房的组织机构如图12-1所示。

还有些酒店的洗衣房分为水洗组、大烫组、干洗熨烫组、工服组、客衣组、布巾组等。其中的分工如下。

水洗组：主要负责酒店各类布草及适合水洗的客衣、员工制服的洗涤工作。

干洗熨烫组：完成客衣和工服的干洗和熨烫。

大烫组：负责经水洗后布草的烫平、烫干工作。

客衣组：负责客衣的核对、打号、包装和收发业务。

布巾组：负责布草的收发、分拣工作。

工服组：负责工服的收发业务。

（二）洗衣房员工的配备标准

洗衣房的工作比较繁重，因而需要配备足够的人员。如果酒店洗衣房不对社会开放，则酒店客房数与洗衣房所需人员之间客观上存在着一定的比例关系。一般来说，这一比例为1∶0.12左右，也就是说，拥有1000间客房的酒店，洗衣房所需人员为120人左右。而如果酒店洗衣房同时对外开放，则要根据洗衣房的大小和实际业务量的多少，适当增加人员。

（三）洗衣房员工的基本素质要求

洗衣房员工应具备以下基本素质。

（1）有一定的工作经验。

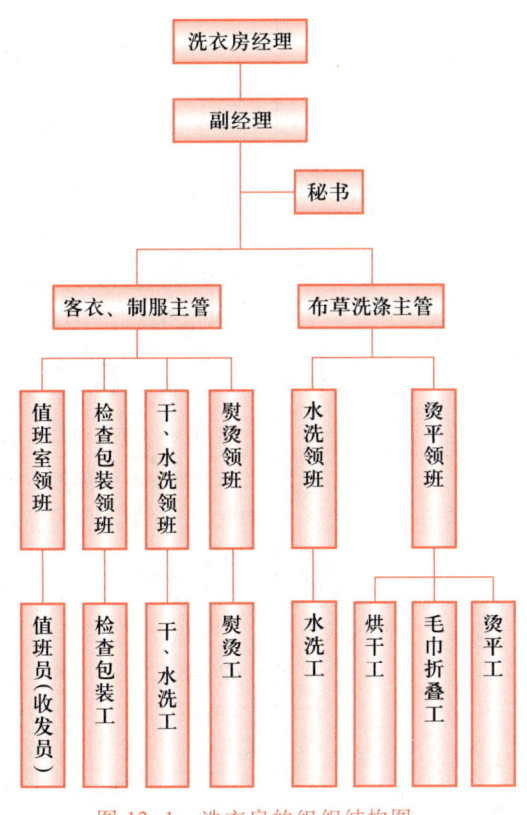

图12-1 洗衣房的组织结构图

（2）身体健康，吃苦耐劳。相对于酒店其他部门而言，洗衣房的工作比较辛苦，劳动强度较大，工作环境较差（温度高、噪声大），因此，员工必须具有健康的体魄和吃苦耐劳的精神。

（3）有强烈的工作责任心，工作耐心、细致。

（4）熟悉洗涤设备的使用和保养，熟悉各种布料的洗涤要求和标准，熟悉各种洗涤化学药品的用途。

（四）洗衣房各主要岗位的职责

洗衣房的岗位职责是根据洗衣房设备、洗衣业务范围及其管理体制来确定的，如表12-2所示。

表12-2 洗衣房各主要岗位的职责

岗位	职责
洗衣房经理	在行政管家（客房部经理或客务总监）的领导下，全权负责洗衣房的日常运行和管理工作。 （1）制定本部门各类规章制度、各项工作程序与标准。 （2）制定本部门消防及生产安全措施，确保员工人身及公共财产安全。 （3）决定员工的奖惩，任免下层管理人员。 （4）督导并检查下属员工的工作及工作质量。 （5）计划并组织全部门员工的培训。 （6）处理客人投诉及各类洗涤差错和损坏赔偿事宜。 （7）选购洗衣原料，保证仓库合理的储备量。 （8）控制洗衣成本及其他开支。 （9）定期与客房、餐饮部门进行沟通，听取他们的意见。及时调整本部门的工作安排和工作程序，以满足他们的要求。 （10）与工程部协作，做好设备的维修保养，督促工程部及时申购，储存易损设备部件。 （11）定期召开员工会议，做好与员工的沟通工作。 （12）负责做好员工的思想教育工作。 （13）不断地学习和研究国际有关纺织品及时装的洗涤知识，加强与国际上有关行业组织和协会的信息、工艺交流。 （14）根据酒店当年营销计划制定本部门经营指标，在保证酒店任务完成的同时，开拓市场，面向社会为酒店创收。
洗衣房主管（领班）	（1）督促下属员工遵守店规店纪及部门规章制度（包括安全操作制度、机器保养制度、清洁卫生制度等）。 （2）负责本组内员工考勤和工作分配。 （3）督促所属员工安全生产，按时、保质、保量完成当日任务。 （4）指导下属对机器设备的使用，控制原料成本。 （5）填报生产记录。 （6）向经理负责，按时向上报告洗涤用品及消耗量。按月制作各类用品报表交有关部门、定期领取工作用品。 （7）对所属员工进行培训。

续表

岗位	职责
洗衣房主管（领班）	（8）对员工工作表现进行定期评估，向经理提出奖惩意见。 （9）与有关班组沟通，搞好工作协作。 （10）下班前检查洗涤熨烫设备、工作场地的环境卫生和安全情况。
洗衣房文员	（1）记录员工每日出勤情况，做好每日生产统计（包括每日客衣收入统计与入账）及其他固定性记录工作，制作月经营报告等各类固定性报表。 （2）负责办公室各类文件的整理及存档。 （3）负责办公室的内务工作，如卫生、接听电话、接待来访客人等。 （4）管理部门财务及日常用品储存库。 （5）完成经理交给的其他工作。
客衣收发员	（1）接听房务中心或楼区电话，迅捷收取客衣。 （2）按时与楼区服务员清点客衣，检查待洗客衣情况，按清点交接单内容签收。 （3）整理衣物并在所收衣物上打码编号。 （4）衣物洗熨后，在装袋前检查质量、核对件数。洗烫不合格的退回有关组复洗或复烫。 （5）及时将装袋或上架衣物分送楼区服务员签收。 （6）完成上级管理员指派的其他工作。
洗涤工（干洗、水洗）	（1）清点收洗的客衣、布草，分类整理，洗前去污等，并做好洗涤记录。 （2）按程序和注意事项进行干、湿洗涤，并自查质量。 （3）搞好机件保养工作及环境卫生。
熨烫工	（1）鉴定各类不同织物的质地，将未洗净衣物退洗涤组返工，并做好记录。 （2）按规定的工作程序与标准熨烫各类衣物。 （3）做好清洁卫生。
织补工	负责拆、缝衣扣，织补客衣和缝补员工制服。

三、洗衣房的工作标准

（一）棉织品洗涤质量标准

（1）毛巾类。洗后的毛巾洁净、蓬松、柔软。
（2）床单、枕套类。洗后的床单、枕套清洁、柔软、洁白。
（3）台布、口布类。洗后的台布、口布清洁、柔顺、有挺括感，无任何油迹、污迹。

（二）客衣洗涤质量标准

（1）干洗。洗涤后的客衣清净，无任何污迹、汗渍、没有掉色、脱扣等现象。
（2）湿洗。湿洗后的客衣干净、完好、不褪色、不染色，无任何污迹。
（3）熨烫。整个客衣洗涤做到衣物洁净、无污迹、无异味、平整、挺括、折线清晰、裤线无双线。

（三）工服洗涤质量标准

洗衣房将不同种类和布料的工作服分类洗涤。洗后的工作服清洁、美观，无污迹，没有开线等现象。需要补修的工作服,交工服房补好。

四、客衣纠纷的预防与处理

(一)客衣纠纷的预防

对客人衣物的洗涤要求做到干净、整洁、送准、及时、不丢失、无损坏,否则,将可能引发客衣纠纷。

为了预防客衣纠纷的发生,洗衣房管理人员应从以下几方面入手,加强对客衣流通及洗涤各环节的管理。

(1)收取客衣时,认真细致地检查客人待洗衣物,发现可能洗不净的严重污迹、衣服破旧可能洗坏、口袋内有物品等事先告知客人。

(2)分类处理。打号时要将客衣按干洗、水洗、熨烫和手洗等几种类型分类登记,同时要严格检查,将需要去扣、装袋洗涤、先去油污、机洗、手洗的客衣严格分开。

(3)客衣洗涤、熨烫要严格按照操作规程办事。对不同质料的衣服,采用不同的洗涤方法,选用不同的洗涤剂,确保一定的洗涤时间,这样既可保证洗净衣服,又可避免损坏衣物。

(4)对洗好的衣物按不同的楼层、客房进行分拣。

(5)工作细致,质量检查、分号装袋不发生差错。

(6)为了防止丢失衣物或出现其他差错,明确洗涤责任,在客衣流通过程中要做好交接记录,检查客衣的数量与质量。

(7)客衣按洗涤速度可分为快速洗涤和普通洗涤两种类型,无论是哪种类型,都要求洗衣房按时洗涤完毕,及时送还客人。

(二)客衣纠纷的处理标准

1. 纠纷原因分析

当客人提出投诉,出现客衣纠纷时,主管先要认真听取客人的意见,态度诚恳、耐心,接着迅速分析和查明具体原因,以便有针对性地处理。引起客衣纠纷的原因主要有:客衣丢失,衣物破损,污迹未洗净,纽扣丢失,客衣染色、褪色,等等。

2. 客衣纠纷的处理

对于客衣纠纷,要在查清原因、掌握事实的基础上区别不同情况进行处理。凡属客衣洗涤过程中由酒店方面引起的客衣丢失、洗坏、染色及熨烫质量差等客衣纠纷,酒店方面应主动承担责任,该赔偿的赔偿,该修补的修补,该回收的回收,该回烫的回烫。若需赔偿,赔偿费最高不超过洗涤费的 10 倍,具体金额双方根据具体情况协商解决。凡属客人或客人衣物本身原因引起的洗坏、口袋物品丢失、污迹洗不掉等客衣纠纷,酒店方面不负赔偿责任,但应耐心解释。在整个客衣纠纷处理过程中要做到友好协商,事实清楚,原因明确,处理得当,让客人满意。

// 本 章 小 结 //

■ 酒店棉织品管理主要是各类布草、员工制服等的采购、保管、洗涤和发放。此外,住店客人衣物的收取、洗涤和发放也是棉织品管理工作的重要内容。

- 棉织品储备的最低标准是3套：一套在客房使用，一套在洗衣房洗涤，一套则储存在棉织品仓库备用。在预算宽裕的情况下，标准可提高至5套：一套在客房内使用，一套在楼层储物室或工作车上，一套在中心棉织品仓库里，一套脏了送往洗衣房，一套在洗衣房处理。
- 一般大型酒店都设有自己独立的洗衣房，负责酒店各类布草、员工制服、客衣等的洗涤工作。如果条件允许，还可以对社区开放，为社区提供洗衣服务，打造酒店另一盈利点。
- 根据洗衣房的大小，可以将其划归客房部管理，也可以将其视为独立的经营部门。但无论如何，洗衣房要确保布草尤其是客衣的洗涤质量，尽量避免或减少客人的投诉。为此，洗衣房除了要与楼层做好客衣的交接工作，还应严格按照操作规程，认真、负责地做好客衣的洗涤工作。

// 课 堂 讨 论 //

城市客栈酒店是一家准四星级酒店，为了方便客人，该酒店创新性地在其楼层为客人提供自助洗衣服务。客人只需交15元钱，就可在酒店楼层自助（也可交由服务员洗涤）洗衣一次，每次可装满一桶衣物。

请问：对于这种经营手法和服务项目，应如何评价？

// 思 考 题 //

1. 洗衣房的任务有哪些？
2. 如何预防客衣纠纷的发生？

// 知 识 拓 展 //

棉织品管理不善造成的后果

表12-3所列是一家拥有800间客房的酒店在6年内对客房床单盘存数字的真实记录。

表12-3 客房床单盘存清单（2018—2023年） 单位：条

项目\年份	2018年	2019年	2020年	2021年	2022年	2023年
现有床单	10500	12159	15176	16006	16497	18193
新采购	3600	3600	3600	3600	4000	4000
合计	14100	15759	18776	19606	20497	22193
损失	-1941	-583	-2770	-3109	-2304	-1890
合计	12159	15176	16006	16497	18193	20303

2018年，该酒店开业之初共有10500条床单。在800间客房里，有床位1200张，外加存放在楼层棉织品储存室的75张折叠单人床，共有床位1275张。

该酒店每个床位床单的配备标准是5套，有6375条床单（1275床×5）已从储存室拿出来投入使用，剩下的4125条储存在仓库里。

酒店开业第一年，棉织品的丢失数量多得惊人（1941条）。由于酒店在开业前招收了许多临时工，而在正常运营前还没有制定管理措施，加上所用的蓝色床单质地很好，所以偷窃现象非常严重。

除了偷窃现象，棉织品的损坏现象也很普遍，而且常常难以预料，因为管理阶层和部门负责人根本未料想到天气如此反常地潮湿，不知该如何处理。

此外，新的棉织品推车边沿锋利，极易钩破床单。加上缝纫室忙于制作桌布和赶制成百上千套制服，因此那些破床单要等很长时间才能得到缝补。再者，洗衣房棉织品滑槽底下堆放脏棉织品的混凝土地面在人们发现它有碍存放并铺上乙烯基石棉以前，已经使上百条床单遭到腐蚀沾染而过早地报废。加上服务员有时候把垃圾槽与棉织品滑槽搞混了，使许多床单沾上各色斑点而无法处理。

另外，储存室的一角过于潮湿，当发现时，已经有上百条床单发霉。

第二年，酒店采取并加强了许多管理和控制措施，情形大为改观，原先存在的大部分问题得到了解决。缝纫室也有时间进行缝补。因此这一年的损失减少了一大半，不过还是采购了同样数量的新床单。

直到2020年，常规的报损因素开始显露出来，大部分每天使用的床单预计仅可坚持2~3年。酒店客房出租率上升了近23%，达到90%以上，使棉织品得到了最大限度地使用。但由于新来的员工不能正确使用棉织品，损失数量又上升到了2770条。

2021年，第一批使用的6375条床单全部报废，而酒店客房出租率仍然很高。到了2022年，高出租率持久不降，由此造成了酒店对2023年形势的乐观估计，客房部管理人员唯恐床单不足，又订购了4000条。

2023年，缝纫室负责人辞职，酒店一直找不到像她那样能干的人来接替这一职位，导致破损床单不能及时得到缝补。加上乐观估计接待会议业务及预测棉布和合成纤维织物将出现短缺从而有可能极大地影响床单的供应，客房部管理人员又要求酒店有关方面订购了4000条床单。

以上因素使这家酒店的棉织品严重供过于求，虽然这远比供不应求要好，但在那种潮湿的季节，供应过剩将导致极大的浪费。

// 酒店经理人对"经理的困惑"的答复 //

——酒店洗衣服务对客人的赔偿是无限的吗？

姜东皓（北京中旅大厦客务部经理　北京客务经理协会理事）：

按照国际惯例，酒店提供洗衣服务对客人衣物造成的损害，其赔偿限额一般不超过该件衣物洗涤费的10倍，如果客人不接受酒店提出的解决方案，酒店就要做好应诉的准备，所以酒店最好有专职的律师或法律顾问，至少具有相对稳定的法律咨询渠道。

民事赔偿的原则之一是：谁主张，谁举证。因此客人主张的赔偿额度要以购置原始发票、专业机构对使用损耗的权威评估为依据，不妨在与客人的交涉中提及这些客观事实，把对方拉回友好协商、协调解决的桌边。无论怎样，都不能让客人或者消费者协会误认为只要酒店有了过错就可以对其随意宰割。

Robert Zhou（香格里拉大酒店行政管家）：

工作人员要具备专业的酒店客衣洗涤经验，能及早在洗涤前判断出洗涤过程中可能发生的洗衣问题，将问题解决在事故前。

本人提供一个较好的方法——购买保险。因为洗涤行业是再加工行业，不像餐饮业，如果对餐食不满意就可以免单，而洗衣服务是不满意就赔偿，所以要有健全的风险意识。

第十三章 客房部预算与成本控制

每月对客房用品及布草的盘点工作是客房成本控制的重要内容(刘伟 摄)

预算是管理人员用来控制和指导经营活动（特别是采购设备、用品）的依据。制定房务预算是客房管理者的基本职责之一。通过制定房务预算，可以有效地控制客房部各项成本、费用，提高客房部经济效益。

客房成本控制主要是在严格执行客房预算的基础上，做好客房设备用品的采购、保养和管理工作。客房成本控制是客房管理的主要任务之一。

学习目标

- 学会做客房部预算。
- 了解客房成本控制的主要途径和方法。
- 了解和掌握客房物品与设备管理的任务和方法。
- 掌握对客房用品进行控制的方法。

关键术语

客房设备　客房用品　预算

> **经理的困惑**
>
> ——如何控制客房经营成本?
>
> 李伟是某酒店的客房管家,今天早上,总经理找他谈话,要求他控制客房经营的成本和费用。他想来想去,除了加强管理,防止客房低值易耗品的流失,不知道还有哪些方面、采取什么方法可以节约成本和费用。而要控制客房低值易耗品的使用就要加强客房低值易耗品领用的管理,要求服务员根据每日实际需要的数量领用,并在做房时填写客用品配备清单。说实在的,李伟认为这也没必要:他相信服务员不会贪污或偷拿这些小东西,再者,酒店的监控很严密,即使想拿也带不出酒店。李伟开始考虑是否应该要求酒店采购部采购便宜一点的牙刷、牙膏、拖鞋等客房用品。

第一节　客房部预算

预算是管理人员用来控制和指导经营活动(特别是采购设备、用品)的依据。制定房务预算是客房管理者的基本职责之一。通过制定房务预算,可以有效地控制客房部各项成本、费用,提高客房部经济效益(见图13-1),同时也能使客房管理人员为今后一段时间的工作做好详细的规划。不仅如此,预算管理也是评定各部门、各职工工作绩效的一个重要准绳。

图13-1　客房设备用品是编制客房预算的重要内容

预算的制订应力求谨慎,必须使其成为指导开支的纲领。可以说,预算是整个客房经营管理工作的基础。

一、制订预算的原则

（一）轻重缓急

制订预算时，所有预算项目必须分清轻重缓急，按以下先后次序排列。

第一优先：来年绝对必须购置的项目。

第二优先：优化享受程度和外观的新项目。

第三优先：未来两年内需要添置的项目。

酒店在开业三年以后，有必要对某些设施进行更新、改造和重新装饰，这些更新项目往往占预算开支的一大部分，如果能将过去所购物品的购买和使用时间记录在案，就会给客房管理人员的年度资金预算计划提供方便。

（二）实事求是

预算必须实事求是，按照客房部的实际状况和经营需要确定。如果客房部管理人员为了得到预期的金额，在报预算时多报了两倍的金额，那么，将来的实际开支可能将是实际预算的两倍。事实上，如果按轻重缓急制订预算，就没有必要做这种"预算外的预算"。

（三）充分沟通

在绝大多数酒店，客房部要负责整个酒店的家具配备工作，因此，客房部管理人员必须与其他部门的负责人（特别是工程维修部）保持联系，以便协商确定客房部与这些部门预算有关的统一开支款项。

二、预算编制的程序与时间

（一）预算编制的程序

与其他部门一样，客房部管理人员先自行编制部门的预算，然后由财务部门会同各部门反复研究、协商、修订和平衡，再送总经理审查，最后送交酒店董事会审核批准。这种从基层开始，广泛吸收各部门管理人员（预算的执行者）参加编制的预算比由上级编好再交由下级强制执行的预算更容易得到贯彻。而且，负责成本控制的基层管理人员与业务直接接触，他们编制的预算往往比较切合实际，经过努力可以达到。总之，这种预算编制程序能较好地得到广大预算执行者的支持，提高他们完成预算所确定的目标和任务的自觉性与积极性，从而最终使预算充分发挥其应有的作用。

（二）预算编制的时间

预算编制的时间应与酒店其他部门预算同步进行，具体可视每个酒店的具体安排而定，但宜早不宜晚。有些酒店在年度开始以后好几个月，预算指标才下来，这样就影响了预算的作用。一般而言，应从本年度下半年开始就着手准备下个年度的预算编制工作。全年各项预算一般在上年的 11 月份便全部编制完成。这样做既不影响年终结算又不妨碍年度开始后预算指标的执行，从而在时间上保证预算管理真正发挥作用。

三、制订预算的依据

客房部制定预算的依据主要有以下几点。

（1）酒店在计划期内的经营预测（重点考虑市场的变化情况，包括国家公布的当地游客人数、新建酒店的数量及原有酒店的改造等情况）。

（2）酒店经营的历史资料（见表13-1）。

表13-1　一家有120间客房的美国酒店的客房部收支情况一览表

项目		单位（美元）	比例（%）
客房销售收入		2555110	0
部门费用	工资	355160	13.9
	员工用餐	10220	0.4
	工资税与员工福利	76653	0
	洗涤费用	38327	1.5
	瓷器、杯具、银器、布草等	25551	0
	佣金	38316	1.5
	预订费	17886	7
	其他支出	84312	3.3
客房部总支出		646425	3
客房部利润		1908685	74.7

注：以上费用项目中不包括行政管理费用、酒店营销费用、资产经营费用、维修和能源费用等酒店未分配的经营费用及折旧和摊提费用、利息等资本成本。

（3）客房部设施、设备及人员现状。

（4）计划期内物价及劳动力成本水平。

依据上述几项便可大致确定每月客房的出租率是多少。然后根据本酒店客源结构分别来制定平均房价，进一步分解计算出各类客源的住房率，最后确定整个酒店的收入预算指标。

客房部其他部门，如洗衣房、康乐中心的收入预算指标的编制，可根据以往的历史资料来确定占客房收入的比例，考虑价格指数变动，确立其收入的预算指标。

客房费用预算的编制是在出租率和收入预算的基础上进行的。但在酒店经营的实际工作中，由于市场形势的变化或季节性等原因，往往会使各月份的实际销售量水平起伏波动，致使实际的月份费用开支与原预算的每月费用开支不能互相比较。为了解决可比性的问题，客房费用可采用弹性预算方式。所谓弹性预算，就是在编制费用预算时，考虑到计划期间销售量（出租率）可能发生的变动，编制出一套能适应多种销售量的费用预算，以便分别反映在各该销售量情况下所应开支的费用水平。这种预算随着销售量的变化作机动调整，本身具有弹性，故称为弹性预算。

有了费用的弹性预算就可以根据实际的客房出租率，选用相应的预算费用与实际支付费用进行对比，这样便于管理人员在事前据以严格控制费用开支，也有利于在事后细致分析各项费用节约或超支的原因。

四、预算的编制

（一）客房部预算总表

客房部预算所包含的项目及预算表的格式如表13-2所示。

表13-2　20××年客房部预算总表　　　　　　　　　　单位：元

项目	上年实际	上年预算	本年预算	备注（原因）
第一优先项目				预计今年出租率上升9%；补齐缺编10名员工
工资	338400	340000	430560	增加物价上涨因素（按15%计）
工作服	16920	17000	26000	增加员工：今年需发皮鞋每人一双（70元/双）
医药费	25560	23560	27960	240元/(人·年)×104人+3000元重病超支保险费
床单			57600	补充两套，30元/床，急需补，否则会影响周转
洗衣房洗涤剂	36000	35000	45000	业务量增加，洗涤剂价格上调15%（已接到通知）
客房、公共区域洗涤用品	15000	18000	9600	部分改用国产产品替代合资、进口产品
客房易耗品	245000	230000	226000	去年还有一部分 3.3元/间×240间×82%出租率×365天×95%消耗率
维修保养费	70000	75000	38000	去年增加烘干机一台4万元
第二优先项目				
清扫工具等	9000	15000	11000	考虑各项上涨因素
临时工工资	12000	10000	6000	去年因人手不足用得多，今年旺季用些临时工(5～10月)
差旅、培训费	4800	5000	4500	去年批量实习，今年少数骨干学习培训
邮电通信费	2100	2000	2100	
第三优先项目				
办公用品及印刷品	4000	5000	3000	部分报表已够用
员工生日及生病等	2700	3000	2800	每个员工生日及病假达三天者的探望
奖金	293280	280000	330000	增加员工，业务增加，争取增长10%

续表

项目	上年实际	上年预算	本年预算	备注（原因）
劳保用品	16920	18000	18720	101人×15元/(人·月)×12个月
		累计	1238840	

说明：在第一优先项目中，床单须在旺季之前（3月底之前）解决；工作服中夏季服装及皮鞋在5月前解决，冬季服装在9月底前解决。

共需资金壹佰贰拾叁万捌仟捌佰肆拾元，当否，请审批。

（二）预算总表的分解

为了做好预算的控制，还应对预算的有关项目按月进行分解，如表13-3所示。

表13-3 月度预算表

项目	1月		2月		3月		……		12月	
	本年	去年	本年	去年	本年	去年	本年	去年	本年	去年
工资										
客房用品										
清洁用品										
……										

五、预算的执行与控制

客房部年度预算一经批准，客房部管理人员应严格执行，将经营活动控制在预算范围之内。为此，客房部管理人员必须对预算执行情况进行检查，一般每年检查不得少于两次，最好每月检查一次，并填写预算执行情况控制表（见表13-4）。

表13-4 预算执行情况控制表

项目	本月实际		本年累计		
	本年	去年	本年	预算	去年
工资					
客房用品					
清洁用品					
……					
直接开支合计					

由于预测不可能准确无误，所以预算指标与实际业务运行存在较大误差不足为奇，可以通过修订预算进行弥补。

在预算与实际状况存在较大误差时，客房部负责人应立即召集所有管理人员通报情况，寻找现实可行的办法来消除因开支过大造成的赤字，或寻找利用剩余资金提高效益的其他途径。

第二节　客房物品与设备管理

客房物品与设备管理是客房成本控制的重要环节。

一、客房物品与设备

客房物品与设备主要有以下几种。
（1）电器和机械设备。包括空调、音响、电视、电冰箱、传真机等。
（2）家具设备。如床、写字台、沙发、衣柜等。
（3）清洁设备。如吸尘器、吸水机、洗衣机、烘干机等。
（4）房内客用品。包括客房免费赠品、客房用品（如床单等布草、衣架、烟茶具）及客人租借用品（如吹风机、熨斗、熨衣板）等。
（5）建筑修饰品。如地毯、墙纸、地面材料等。

以上内容基本上可分为两大类，即客房设备和清洁设备。加强对客房物品、设备的管理工作，对于提高客房服务质量、降低客房经营成本和费用具有重要意义。

二、客房物品与设备管理的任务

客房物品与设备管理的任务主要有如下方面。
（1）编制客房物品与设备采购计划。
（2）制定客房物品与设备管理制度。
（3）做好物品与设备的日常管理和使用。
（4）对现有设备进行更新和改造。

三、客房物品与设备管理的方法

（一）编制客房物品与设备采购计划

客房部要根据实际工作需要，及时编制要求增加物品与设备的计划，报酒店采购部门及时采购所需的各种物品与设备，以保证客房经营活动的正常进行。

酒店客房设备及清洁设备一般在开业之初就已准备就绪。客房部管理人员如果在酒店开业之初参与管理，就要提出客房设备及清洁设备的采购计划；客房部管理人员如果是在酒店开业后才介入酒店客房管理工作的，那么，当客房更新改造计划需要制定与实施之际，也必须参与其中。

客房设备的选择要遵循协调性（设备的大小、造型、色彩、格调、档次等必须与客房和酒店档次相协调）、实用性、安全性、经济性等基本原则。另外，在选择清洁设备时，还应考虑安全可靠（电压相符，绝缘性好）、操作方便、易于保养、使用寿命长、噪声小等因素。

(二)做好物品与设备的审查、领用和登记编号工作

设备购进以后,客房部管理人员必须严格审查。同时,设立物品与设备保管员,具体负责物品与设备的分配、领用和保管工作。保管员应建立设备登记簿,将领用的设备按进货时的发票编号分类注册,记录品种、规格、型号、数量、价值及分配到哪个部门、班组。低值易耗品也要分类注册,凡来库房领取物品都要登记,每个使用单位一本账,以便控制物品的使用情况。

(三)分级归口管理

客房物品与设备应实行分级归口管理,由专人负责,将物品与设备管理同部门、班组的岗位职责结合起来,在确保服务质量和合理限度的情况下,实行增收节支有奖、浪费受罚的奖惩措施。

客房设备的日常管理和使用是由客房管理系统各部门、各班组共同完成的,各部门、班组既有使用这些设备的权力,也有管好、使用好这些物品与设备的责任,因此,必须实行分级归口管理。分级就是根据客房部管理制度,分清这些设备是由部门、班组或个人中的哪一级负责管理。归口是按业务性质,将物品与设备归其使用部门管理。分级归口管理使客房设备的管理有专门的部门和个人负责,从而使客房设备的管理落到实处。

对客房设备分级归口管理的关键:一是账面落实,各级各口管理的物品与设备数量、品种、价值量一清二楚,有案可查;二是完善岗位责任制、维修保养制和完全技术操作制等规章制度;三是和经济利益挂钩。

(四)做好客房物品与设备的日常保管和使用

客房物品与设备分级归口以后,班组和部门要设立物品与设备管理员,他们在客房部的领导下,与服务员一起共同负责本班组或部门的物品与设备的日常管理和使用。班组管理员一般由班组长兼任,在物品与设备的使用过程中,班组管理员要定期和客房物品与设备保管员核对,发现问题及时解决。

客房物品与设备在日常使用中,要特别注意严格遵守维修保养制度。

客房设备在使用中要努力防止事故发生,一旦发生事故,要立即通知工程部及时修理或采取措施,使设备尽快恢复其使用价值。事故的发生,如果是由于个别员工玩忽职守,对其要严肃处理;如果是由客人造成的,必要时应要求客人赔偿。

(五)建立设备档案

设备档案主要有客房装修资料(记录客房家具、地毯、建筑装饰和卫生间材料等)和机器设备档案,内容包括设备的名称、购买日期、生产厂家、价格、维修记录(时间、项目、费用等)。这是对设备进行采购和管理的依据。

(六)及时做好客房物品与设备的补充和更新工作

酒店是高消费场所,客人对酒店及客房物品与设备的要求很高,不仅要干净卫生,而且要常变常新,从而使客房物品与设备具有折旧快、更新期短的特点。因此,客房部管理人员必须事先做好计划,根据物品与设备的品种、规格、质量等规定各种物品与设备的使用周期,并定期检查设备的性能和使用效果,提出设备更新计划,报酒店批准,及时做好物品与设备的补充和更新工作。

客房设备的更新,依据其类型的不同而具有不同的特点和要求。清洁设备的更新往往视其质量、使用和保养情况决定。通常,只要机器不出现明显问题,如老化、严重磨损、清洁效果不佳等,就可以照常使用,而不实行强制性淘汰。而其他设备,特别是各类家具及装修

设备则有所不同,为了体现酒店的规格、档次,保持并扩大对客源市场的吸引力,酒店一般都要对客房进行计划中的更新改造,并对一些设备用品实行强制性淘汰。按其更新周期的不同,可分为部分更新和全面更新两种情况(见表13-5)。

表13-5 客房设备的更新周期

部分更新(5年左右)	全面更新(10年左右)
(1)地毯。 (2)墙纸。 (3)沙发布、靠垫等装饰品。 (4)窗帘。 (5)床罩。	(1)衣柜、写字台。 (2)床垫和床架。 (3)椅子、床头板。 (4)灯具、镜子、画框等装饰品。 (5)地毯。 (6)墙纸和油漆。 (7)卫生间设备(包括墙面和地面材料、灯具和水暖器件等)。

以上更新计划应根据各酒店的具体情况提前或到期进行,如果延期,则应警惕可能出现补漏洞式的跑马工程和酒店规格水准的下降或不稳定。

第三节 客用品的管理

客用品指客房各类客用低值易耗品。客用品的使用和消耗量伸缩性比较大,因此,做好对客用品的控制是客房成本控制的重要环节。

一、客用品的选择

酒店客用品的选择必须慎重,酒店要么就不提供客用品(俗称"六小件"),要提供就必须保证客用品的质量。

客用品的选择应遵循以下因素。

1. 质量

酒店没有义务为客人免费提供"六小件"(国外的酒店大都不提供),但为了方便客人,也为了竞争的需要,如果选择提供,就要确保客用品的质量,以免给客人造成伤害,引起客人的投诉,甚至引起法律纠纷。

2. 实用

客用品是为方便客人的住店生活而提供的,因此,必须符合方便、实用的原则,所选购的客用品必须是客人所真正需要的,同时,要方便使用。一些酒店提供给客人的洗发液、淋浴液等卫生用品装在玻璃瓶或硬质塑料瓶内,客人使用时,半天倒不出来,也无法挤压,结果不仅给客人造成极大的不便,也造成了很大浪费。

3. 美观

客用品应该精致、美观,避免给客人以粗糙、贬值之感。

4. 适度

客用品质量和种类必须与酒店的档次相适应。此外，客用品的量也应与客人的实际需要量相适应，避免造成不必要的浪费。

5. 高性价比

客用品的选择除了要考虑实用、美观、适度，还要考虑价格问题，这是客用品成本控制的关键因素之一。酒店应在保证一定品质的前提下，选择性价比高的产品。

为了体现绿色环保和可持续发展理念，同时降低客用品采购成本，越来越多的酒店将采用可多次使用的大瓶装高档洗浴用品代替传统的低档一次性客房洗浴用品，这将成为一种发展趋势。

二、客用品的控制

（一）确定消耗定额

客房部管理人员应按照客房总数、客房类型及年均开房率，确定各类客用品的年均消耗定额，并以此为依据，对各班组、个人的客用品控制情况进行考核。

由于团体客人和散客对客用品的消耗量有所不同，所以，也可以根据酒店每年接待的团体客人和散客的比例和数量，分别计算团体客人和散客的消耗定额，然后加总，即为客房部客用品总的消耗定额。

（二）确定储备定额

确定储备定额是实施客用品控制的基础之一。应将其列出作为书面材料，以供日常发放、检查及培训之用。

1. 中心库房储备定额

客房部应设立一个客房用品中心库房，其存量能满足客房一个月以上的需求。

2. 楼层布草房储备定额

楼层布草房往往需要储备一周的用品。储备量应列出明确的标准，贴在布草房的门后或墙上以供领料对照。

3. 工作车配备标准

工作车上的配备往往以一个班次的耗用量为基准。

（三）做好客用品的日常管理工作

1. 客用品发放的控制

客房用品的发放应根据楼层布草房的配备定额明确一个周期和日期。这不仅可方便中心库房的工作，也是促使楼层日常工作有条理、少漏洞的一项有效措施。

在发放日期之前，楼层领班应将其所辖楼层的库存情况了解清楚，并填写领料单。凭领料单领取货物之后，即将此单留在中心库房，以便统计。

2. 做好客用品的统计分析工作

（1）每日统计。服务员在做房时，应填写客房服务员工作日报表（见表13-6），并在做完房后，对主要客用品的耗用情况加以统计。最后，由房务中心文员对整个客房部所有楼层的客用品耗用量进行汇总，填写每日楼层消耗品汇总表（见表13-7）。

表13-6 客房服务员工作日报表

房号	状况	清扫时间		人数	补充用品															备注
		入	出		肥皂(大)	肥皂(小)	卷纸	浴帽	洗发液	沐浴液	牙具	梳子	剃须刀	指甲刀	卫生袋	圆珠笔	拖鞋	购物袋	针线包	擦鞋纸	
01																					
02																					
03																					
合计																					

表13-7 每日楼层消耗品汇总表

文员_____　　　　　　　　　　　　　　　　　　　　　　　日期_____

楼层＼项目	卷纸	洗发液	淋浴剂	擦鞋纸	圆珠笔	小铅笔	明信片	箱贴	梳子	牙具	针线包	香皂
餐饮层												
四层												
五层												
……												
合计												
金额												

备注：_____　　　　　　　　　　　　　　　　　　　　当日做房数_____

（2）定期分析。一般情况下，客房部应每月对客房客用品的耗用情况做一次定期分析。

①根据每日楼层消耗品汇总表制作各楼层消耗品月度用量汇总表（见表13-8）。

表13-8 楼层日常消耗品月度用量汇总表

____年____月　　　　　　　制表人_____　　　　　　　审核者_____

楼层	开房数（间天）	香皂		卫生纸		圆珠笔		购物袋		……	
		总耗量（块）	平均量（块/间天）	总耗量（卷）	平均量（卷/间天）	总耗量（支）	平均量（支/间天）	总耗量（只）	平均量（只/间天）	……	……
总计											

② 结合住客率及上月情况,制作每月客用品及物资消耗分析对照表(见表13-9)。

表 13-9 每月客用品及物资消耗分析对照表

品名	单位	单价（元）	上月消耗	金额（元）	本月消耗	金额（元）	与上月相比	
							增%	减%
圆珠笔	支							
夹纸笔	支							
开瓶扳手	个							
卫生袋	只							
针线包	个							
擦鞋纸	张							
杯垫	张							
行李牌	张							
意见书	张							
维修单	张							
店卡	张							
塑料提包	个							
牙具	个							
服务指南	本							
洗发液	袋							
沐浴液	袋							
洗衣粉	袋							
洗衣单	本							
剃须刀	个							
擦铜油	瓶							
矿物油	瓶							
筷套	支							
菜单	本							
橡皮圈	个							
早餐卡	张							
家用蜡	听							
合计								

上月住客率	本月住客率	与上月相比		上月每间房消耗额	本月每间房消耗额
		增	减		

制表人_____ 时间_____

③ 制作每月客用品盘点及消耗报告表。除了对客用品的消耗情况进行理论上的统计，还要在月末对客用品进行盘点，如两者不符且差距较大，要分析原因，找出对策，如表13-10所示。

表13-10 客房部每月客用品盘点及消耗报告表

项目	单位	上月库存	本月领货	本月消耗	本月盘点	与统计结果差额	备注
厕纸							
面纸							
浴帽							
洗发液							
沐浴液							
擦鞋纸							
卫生袋							
香皂							
洗衣袋							
茶叶袋							
拖鞋							
门卡							
文件夹							
圆珠笔							
记事纸							
针线包							
衣架（女）							
衣架（男）							
购物袋							
水壶							
水杯							
水洗衣单							
干洗衣单							
牙刷							
小梳子							

④ 结合年初预算情况，制作月度预算执行情况对照表（见表13-11）。

表13-11 月度预算执行情况对照表

部门_____　　　　　　月份_____　　　　　　　　　年份_____

费用项目	编号	预算	支出总数	所占比例	上月支出	结余

（四）控制流失现象

客用品的"流失"是造成客用品失控的重要原因，有两种情况：一种是一些客人在服务员做房时"顺手牵羊"，从工作车上拿走部分客用品；另一种更普遍、更严重，是服务员利用工作之便，经常且大量拿走客用品以自用或提供给他人使用，在管理不善的酒店，客用品甚至常常被大量带出酒店，形成客用品流失的"无底洞"。针对上述情况，客房部可采取以下措施。

（1）要求服务员在做房间卫生时，将工作车紧靠在房门口停放，以便监督。

（2）加强对服务员的职业道德教育和纪律教育。

（3）要求服务员做好客用品的领取和使用记录，以便考核。

（4）与保安部配合，做好对员工上下班及员工更衣柜的检查工作。

（五）落实奖惩政策

年末要根据消耗定额、年初预算及其执行情况，落实奖惩政策。通过奖惩，严格管理制度，强化服务员对客用品的节约意识。

除上述客用品的控制以外，还应努力做好客用品的节约工作。一方面，对于客房内客人没有用过的客用品，应继续使用，不应随手扔掉；另一方面，客房管理工作应紧随"绿色潮流"，尽量使用固定罐装容器盛放的卫生用品，以减少不必要的浪费和对环境造成的污染。

// 本 章 小 结 //

- 预算管理是客房部管理人员应该掌握的一项技能。制定预算的原则是分轻重缓急，讲究实事求是，进行充分沟通。
- 客房部制订预算的依据：酒店在计划期内的经营预测；酒店经营的历史资料；客房部设施、设备及人员现状；计划期内物价及劳动力成本水平。
- 预算一经批准，客房部管理人员应严格执行，将经营活动控制在预算范围之内。为此，客房部管理人员必须对预算执行情况进行检查，并填写预算执行情况控制表。
- 客房成本控制是提高酒店经济效益的重要途径和客房管理的主要任务之一，客房成本控制的主要途径是做好客房预算及客房设备用品的采购和管理工作。做好客房设备用品管理不仅可以降低客房经营成本，还可以保障客房服务质量。
- 客房物品与设备管理的主要任务：编制客房物品与设备采购计划；制定客房物品与设

备管理制度；做好物品与设备的日常管理和使用；对现有设备进行更新和改造。

■ 酒店"六小件"的配备在为客人提供方便的同时，也造成了大量浪费和环境污染，为管理工作增加了难度。从发展的趋势看，这种做法将逐步被淘汰，取而代之的是在客人提出要求时，由宾客服务中心随时为客人提供。

// 课 堂 讨 论 //

总经理要求将客房中的"财产清单"全部撤下

安徽省淮南市某一酒店总经理作出了一个决定：撤走放在《服务指南》里的那份"财产清单"。他为什么会作出如此决定呢？这还得从一次索赔事件说起。

一天，一位客人在床上一边看电视一边喝饮料，不小心将饮料洒到了床单上。这位客人立即自行洗涤床单受污部分，但就是洗不干净。客人主动找到客房服务员说明情况并表示愿意赔偿。对于赔偿多少钱，服务员做不了主，于是请来大堂副理处理。大堂副理找出放置于客房的《服务指南》中的"财产清单"，对客人说："就按照清单标的价格赔偿吧，一条床单120元。"话音一落，就引起了客人的不满："那么贵，就是一条新的床单也不值这么多钱啊！再说，这条床单也用旧了，要不就赔20元算了。"大堂副理拿不定主意，只好将此事直接向总经理作了汇报。

总经理接到汇报后陷入了沉思：首先，若按规定，要收客人120元，但客人无法接受。勉强索赔，有可能因此断了与这位常客的关系，而稳住老客人比发展新客人更重要。其次，现在使用的这种规格的床单确实不必花120元就能买到，清单中的定价无形中给客人的印象是带有处罚性质的。再细看财产清单中其他物品的价格也普遍高于实际价格。很显然，清单中"照价赔偿"的规定不合理，有损客人对酒店的感情，必须改正。再次，客人说的不无道理，床单折旧后的价值肯定低于原价格，况且受污床单还可以改作他用。即便向客人收取一定的补偿费用也合理，但未免显得酒店小气。于是该酒店总经理除了就这一事件指示大堂副理免予向客人索赔，同时还通知客房部：将《服务指南》中的"财产清单"全部撤下。

讨论题：总经理要求将客房中的"财产清单"撤下，这种做法妥当吗？

// 思 考 题 //

1. 编制预算的依据有哪些？
2. 如何编制客房经营预算？

// 知 识 拓 展 //

客房成本管理不是简单的数学题

客房易耗品的采购是客房部的日常工作之一，科学地做好易耗品的采购计划和成本管理对于部门的管理者而言是一项必要的管理能力。

一天，酒店新升职的客房部李经理提交申请单，申请采购酒店下个季度的客房洗漱用品。按酒店500间房量的标准，每房每天消耗1套洗漱用品的用量，他一共申请采购4500套洗漱用品，但总经理拒绝了他的申请。

李经理觉得很费解，很快总经理便把他请到了办公室，并向他提了几个问题。

"李经理，根据你平时住酒店的经验和工作经验，你觉得住客是不是一定会用酒店的洗发水或沐浴露？"

"不一定用，有些客人甚至自己带洗漱用品，不用酒店的洗发水或沐浴露。"

"这就对了，如果洗发水客人完全没有用过的、未拆封，我们还需要更换吗？另外，是否全部续住的客人都需要每天更换洗漱用品？如果我们没有更换这些未使用的易耗品，是否会降低客人的体验呢？成本管理是不是一道简单的数学题？请你统计一下实际的消耗量，再看看应该计划申请多少。"

听完总经理的话，李经理陷入了思考。

第二天，李经理便制订了行动计划。在接下来的两周，他和主要打扫客房的服务员对酒店客房的易耗品使用量进行了调查、统计和分析。经过对客人使用数据的分析，最后得出酒店的洗漱用品的使用率为48%~60%。两周后，李经理把采购申请洗漱用品的数量由原来的4500套调整为2700套，按照每套18元的成本价计算，通过这次调查和调整，可确认32400元费用支出不会发生在下个季度，同时通过用量分析方法，提高了客房部管理人员和服务员对房间易耗品的管理意识。

最后，总经理在新的采购申请单中批复时总结道：酒店每月需要采购的大小物品非常多，用量分析方法和巧用使用率除了适用于大件物品采购，也适用于小物品的用量分析，如一张A4纸、一双拖鞋、一批蒜头等。管理成本不等于节约成本，也不能简单理解为一道简单的加、减、乘、除的数学题，大家应该从日常工作中学习、使用和贯彻这种成本管理意识和方法，从而促进酒店成功。

案例点评：

成本管理对于酒店的健康发展有着重要的意义，经营成本低了，管理基础巩固了，酒店才有力量和资本去提高软、硬件质量，去扩大和促进酒店的发展。每套洗漱用品的价值虽不高，但是如果不加以管理，日积月累，对于酒店经营也是一笔不小的费用支出。对于优秀的酒店管理者而言，节约和管理成本并不是降低产品的质量或找同类的低档产品代替，而是合理且有效地管理成本，为酒店节约资源和资金，保证客人的体验不会因酒店的成本管理而降低。

对管理者的启迪：

（1）提高全员成本管理意识。水滴穿石，积沙成塔。成本无处不在，一点一滴的积累或浪费，都会影响到酒店的发展或兴衰。管理者要引导员工主动参与到成本管理工作中，注重培养员工的成本管理意识。管理成本既是酒店的管理要求，也是管理者的工作目标和岗位职责。

（2）成本管理不是简单的数学题，要认真分析用量和总结使用率，用科学的方法管理成本。

（3）管理成本不等于节约成本。酒店管理者管理成本时如果以降低产品的规格或质量为手段，将会直接影响客人的体验，进而影响酒店的口碑和生意。科学地管理物资的使用才是首要的选择，而不能以牺牲客人的良好体验作为代价。

// 酒店经理人对"经理的困惑"的答复 //

——如何控制客房经营成本？

James Kong（上海锦江汤臣洲际大酒店行政管家）：

个人认为客房成本控制包含以下方面。

（1）人力成本：合理安排，减少加班、浪费和超编雇用。

（2）运作物品控制：如对于布草、玻璃器皿等，每月有消耗量的分析报表，了解数据发生变化的原因。

（3）客用消耗品控制：加强数据分析，进行住房率和不同客源关系的分析比较，找出发生变化的原因，决定取舍。

（4）清洁用品控制：加强数据分析，与住房率、活动及计划清洁相联系。

（5）采购需求分析：购买必需的而非想要的。

（6）办公用品控制：购买必需的办公用品。

（7）设施保养：保养工作做好了，就不需要购买新的设施或延长设施替换周期，间接地减少了成本。

（8）能源节约。

采购廉价用品不能同时降低产品的品质和质量，否则就会拉低酒店的档次，同时也是对酒店客人的一种欺骗。

刘江（浙江海德华美达酒店行政管家）：

员工在做房时填写客房物品配备清单是必要的，不仅是为了防止服务员贪污或偷拿，更是为了方便仓库管理员每天统计客房用品的使用量及进行月底的客房成本的计算。另外，采购便宜的牙刷、牙膏、拖鞋等客房用品不可取，那样会降低酒店客房档次及客人住店的舒适度，可能还会引起客人的投诉。即使采购了便宜的客房用品，如不严格控制，成本一样降不下来。

客房节约成本及费用可采取如下方式。

（1）使用环保卡，提示客人如无须更换毛巾、床单可告知服务员。

（2）在客房马桶水箱内放入一块砖头或一个加满水的矿泉水瓶，以抬高水位，减少用水量。

（3）回收可回收的易耗品，由厂家重新消毒包装后再使用。

（4）将客房节能开关更换为只有插入本酒店房卡才能取电成功，其他任何卡都无效。

（5）客房空调可采用分层控制方法，无客人楼层空调可关闭，也可采用集中排房方法。

第十四章　客房部安全管理

防疫工作是客房部安全管理的重要内容
(图为珠海来魅力酒店在疫情期间员工为住店客人提供房内用餐服务　刘伟　摄)

安全是酒店业的大前提，也是客人对酒店最基本的要求。客房是酒店建筑的主体，酒店的安全问题也主要发生在客房部，因此，做好客房的安全管理对于保护客人生命、财产的安全及酒店财产的安全具有极其重要的意义。安全管理是客房管理的主要任务之一。

学习目标

- 了解客房部主要安全问题及其防范措施。
- 掌握火灾预防、通报和扑救的方法。
- 了解酒店对客人人身和财物安全的责任问题，以及酒店与此相关的权利和义务。

关键术语

安全　偷盗　火灾　权利　义务

> **经理的困惑**
>
> ——有人冒充客人盗窃怎么办？
>
> 住在我们酒店302房的刘小姐，见到隔壁304房的客人衣着光鲜、穿戴时尚，遂起歹意。她在看到并确认该房客人离开房间、房内无人后，佯装成304房的客人，站在304房门口给服务中心打电话，要求楼层服务员送一瓶开水到304房。
>
> 服务员很快将水送到304房，见刘小姐站在门口，就将水瓶递给她，刘小姐谎称房卡忘带出来，请服务员开一下门。该服务员见状，立即微笑着为刘小姐打开房门，然后离去。刘小姐进房后，立即将房内客人携带的贵重物品拿走，并马上到前台办理了退房手续。
>
> 304房客人回来后，发现自己的贵重物品不见了，便打电话问服务中心是否有人进他房间，服务中心告知曾有一位小姐要求给304房送开水，该客人立即明白他的东西是被该小姐偷走的，严肃要求酒店承担责任。
>
> 面对这样的问题，酒店该如何处理？另外，客房管家应该采取哪些措施，防止类似事件的发生？

第一节　客房部的主要安全问题及其防范

客人对酒店的要求是提供热情周到的服务，舒适优雅、干净卫生的客房。但这些都是以安全为前提的，安全需要是客人的第一需要。

发生在客房部的安全问题，主要有以下几种类型。

一、各类事故

客房部所发生的各类事故通常由客房设施设备安装或使用不当引起，以下是常见的几类事故。

（1）浴室冷、热水供应不正常，烫伤客人。

（2）设施、设备年久失修或发生故障而引起各种伤害，如天花板等建筑物掉落、倒塌，砸伤客人。

（3）地板太滑，楼梯地毯安置不当，以及走廊、通道照明不良而使客人摔伤。

对于以上事故，酒店应给予足够的重视，采取措施，确保浴室冷、热水供应正常，同时经常检查维修酒店的设施、设备，消除隐患。如地板太滑可铺设地毯，照明不良可更换灯泡；若地毯铺设不当，经常绊倒或摔伤客人，应考虑对其重新进行放置、调整。

此外，客房部员工在工作时，还要严格按照操作程序和操作规程进行操作，防止出现各种工伤事故。

二、传染病

传染病会危害客人和员工的健康，它的发生和传播大都与酒店的卫生工作有关，主要是食品卫生和环境卫生。食品卫生是餐饮部的责任，环境卫生则主要由客房部负责。当然，也有些不明缘由的传染病是地区性甚至全球性的，对此，酒店客房部也要做好疫情防范及消毒工作。

一般来说，客房部应该从以下几个方面着手做好环境卫生工作，防止传染病的发生和传播。

1. 按预定的清扫频率，组织正常的清扫和消毒工作

如果酒店所在地气温较高就应注意潮湿问题，应对潮湿的角落经常检查，并定期或不定期地喷洒杀虫剂。另外，要避免灰尘的堆积，角落、家具的底部时间一长就会成为灰尘集聚的场所，因而要组织系统、有效的行动来清除灰尘。

2. 布草的清洁

无论是客人使用的布草还是员工使用的布草都应保持清洁卫生，对于那些可能感染上病菌的布草应做好消毒工作。

3. 卫生间设施的特别清扫

浴缸、淋浴器、便器和洗脸池是客人身体直接接触的设施，病菌容易通过这些设施传染给随后入住的其他客人，因此打扫卫生时应特别予以关注。尤其是那些患有传染病的客人使用过的客房，在客人离店之后，要使用消毒剂对其卫生间设施进行彻底的清扫。

4. 消灭害虫

像蟑螂、蚊子、苍蝇、老鼠、蚂蚁、蜘蛛、跳蚤等害虫，不但影响环境卫生，而且往往是各种病毒的传播者，因此，稍一露头就要进行控制，在害虫容易出没的地方经常喷杀虫剂和毒药。在此方面，做好客房的计划卫生工作具有重要意义。

此外，为了防止传染病的蔓延，保障住店客人的安全与健康，酒店方面有权拒绝患有传染病的客人留宿。

三、偷盗及其他刑事案件

除了各类事故及传染病，客房部的主要安全问题还有偷盗及其他刑事案件。

（一）偷盗的类型

发生在酒店的偷盗现象一般有以下四种类型。

1. 外部偷盗

外部偷盗即社会上的不法分子混进酒店进行盗窃，这些人往往装扮成客人蒙骗店方，盗取住店客人及酒店的财物。防止这种类型的盗窃行为发生，酒店要加强管理，提高警惕性。

2. 内部偷盗

内部偷盗指酒店员工利用工作之便盗取客人及酒店的财物，这种类型的偷盗在全年偷盗事件中占很大比例。由于员工对酒店内部的管理情况、活动规律及地理位置都了如指掌，因此，他们作案也最容易。一般来说，酒店如发生失窃现象应先从内部入手进行侦查。

3. 内外勾结

内外勾结，一般是由酒店内部的员工为社会上的同伙提供"情报"及各种方便，由其同伙作案、销赃。这种作案方式手段"高明"，容易成功，给酒店造成较大的损失。

4. 客人自盗

客人自盗是指相识或不相识的客人同住一屋或住在相近的房间,其中一位客人利用这种"地利"与"人和"的方便,伺机窃取另一位客人的财物。这种盗窃虽然少见,但也时有发生。

(二)偷盗及其他刑事案件的防范

除了偷盗案件,客房部有时还会发生以谋财害命为主要特征的抢劫、凶杀案件,有效地防止盗窃及其他刑事案件的发生,是客房安全管理的主要任务。

客房部盗窃及其他刑事案件的防范可从以下几方面入手。

1. 提高员工的安全意识,不能用服务意识代替安全意识

客房安全管理中的一个常见问题是服务员经常会用服务意识代替安全意识,从而给高智商犯罪分子以可乘之机。我们看下面的案例。

【经典案例】

> 一天早上8点30分,某星级酒店客房服务员正在做房,有两名男子嘱咐其给1303房加两条浴巾,这两人并未进房,而是告知服务员他们要去餐厅用早餐,从服务员身边擦身而过。服务员遵照其要求,到1303房为其增配两条浴巾,并顺手清理床上零乱的东西。此时这两名男子又忽然返回,看见服务员正在清理,忙对服务员说:"不用麻烦你了,我们自己整理就行了。"这时候,服务员看他们已在收拾物品,就暂时退出。
>
> 这两名男子3分钟后从房间走出,刚离去一会儿,又来了两名男子,持房卡进入房间后,发现房间被盗,他们损失了相当多的财物。原来前两名男子是小偷,后两名男子才是真正的客人。

这是一种相对高智商性质的犯罪,犯罪分子相当熟悉和了解酒店的运作流程,他们知道,如果直接要求服务员为其打开房门,服务员势必要求他们出示房卡,并会询问他们的姓名,以便和前台核对,故而他们采用案例中的这种方式进入房间,使服务员失去判别的警惕性,从而达到偷盗的目的。

服务员对于一般的犯罪行为都较为警惕,但如果犯罪分子利用服务人员的服务意识,采取一些常规的行为,服务员就很难判别了。犯罪分子利用心理上这种"合乎常理"的惯性思维,使服务员误认为其就是此房的客人,没有对其进行身份核实,失去了判断力,从而给了犯罪分子入室盗窃的机会。碰到此情况,服务员理应礼貌地请客人出示房卡或证件,不能想当然地认为他们就是客人。

2. 严格核对客人身份

以上案例告诉我们,小疏忽也会酿成大错。首先,服务员要记住每一位住客的外貌和房号;其次,在遇到类似情况时,服务员不能放松警惕,要多记忆、多思考、多观察、多质疑,一定要先委婉地核对客人的身份,验证房卡或请其出示有效证件,切忌过于主观,盲目判断。

3. 加强员工的职业道德教育

针对内部偷盗现象,首先,客房部应对员工进行职业道德教育。其次,客房部还应采取各种有效的办法、手段(如合理排班、加强员工出入的管制检查及设置检举控告箱等)杜绝管

理漏洞，严格管理制度，不给做案者以可乘之机。同时，一旦发现有员工偷窃，应予以严厉打击，严肃处理，轻则留店察看，重则开除，甚至诉诸法律。

4. 做好客房钥匙管理

酒店的钥匙通常有以下几种。

（1）住客用钥匙。只能开启该号房门，供客人使用。

（2）通用钥匙。供客房服务员打扫房间使用，可开启十几个房门。

（3）楼层总钥匙。供楼层领班使用，可开启该楼层所有房间。

（4）总钥匙。可开启各楼层及公共区域的所有房门，专供客房部及工程部经理使用。

（5）紧急万能钥匙。只供总经理使用，也称酒店总钥匙。

（6）楼层储藏室钥匙。供楼层服务员使用。

（7）公共区域总钥匙。供公共区域领班使用。

酒店的钥匙是关系到客人生命、财产及酒店本身安全的一个重要因素。钥匙管理是楼层安全管理的一个重要环节，一般应注意以下几个方面。

（1）做好钥匙的交接记录。

（2）因公需用钥匙时必须随身携带，不得随处摆放。

（3）禁止随便为陌生人开启房门，其他部门员工如需进入房间工作（如行李员收取行李、餐饮服务员收集餐具，工程部员工维修房间设施、设备等），均须客房服务员开启房门。

（4）勿将房号印在房卡上。一些酒店为了方便客人，将房号印在房卡上，殊不知，这也为小偷做案提供了"方便"。

5. 从来访客人和住店客人身上发现疑点

在日常工作中，应注意从来访客人和住店客人的证件审查、言谈举止中注意发现疑点。以下疑点需要引起员工的注意。

（1）证件上照片与面貌不符。

（2）印章模糊不清或有涂改迹象。

（3）证件已过时、失效。

（4）交谈中神态不正常，吞吞吐吐，含糊其词。

（5）谈话内容、方式与身份不相符合。

（6）口音与籍贯不一致。

（7）说话自相矛盾，或说东道西，夸夸其谈。

（8）进出频繁，神情异常，行动鬼祟。

（9）服装式样、质量与职业身份不符。

（10）用小恩小惠拉拢腐蚀服务员。

（11）经常走窜其他客人房间。

（12）打探店内其他客人情况。

（13）客房内有凶器或麻醉剂之类的物品。

（14）只登记一人住宿的房间住了两个人。

（15）客人没有行李或行李极少。

（16）客房外来客人进出过多。
（17）在走廊或其他地方发现可疑的人或物（如行李）。
（18）与不相识的人乱拉关系。
（19）用钱挥霍。
（20）起居不正常。
（21）终日闭门不出，神态不自然。
（22）匆匆离店，原因不明。

遇有上述情况，服务员应向管理人员报告。但客房部服务人员及管理人员只能对以上疑点提高警惕，注意观察，而不能主观臆断，以此定罪，以免得罪、冤枉好人，而给坏人以可乘之机，使工作处于被动状态。

6. 抓好"三个重点、三个控制、五个落实"

除在日常服务中对住店客人进行以上观察以外，客房保安管理和内部防范还要抓好三个重点（重点部位、重点时间、重点对象）、三个控制（楼面的控制、电梯的控制、通道的控制）、五个落实（开房验证，住宿登记，跟房——客人退房离去或来访者走后入房安全检查，掌握客情，行李保管）。此外，还要加强对门卫及大堂保卫工作的管理，保卫人员应密切注意大堂内客人的动态，发现可疑的人或事应主动上前盘问、处理，及时消除各种隐患。

7. 其他防范措施

客房还可能发生的一种不安全事件，是某些客人对应客人要求进入客人房间为客人提供服务的服务员进行非礼或性侵。对此，酒店管理者也要做好防范工作。比如，可要求服务员为客人提供服务时把房门打开；深夜应客人要求进入客人房间提供服务时，最好安排男性服务员，如为女服务员，则最好安排两个人，其中一个人（最好为保安人员）在房外等候，以防不测。另外，还可采取其他防范措施。比如，国际货币基金组织前总裁多米尼克·斯特劳斯·卡恩在纽约酒店性侵女服务员案件发生后，纽约一些大酒店陆续为进入客房服务的服务员设置紧急报警按钮，以方便他们在遇到紧急状况时呼救。

最后，一旦酒店发生不安全事件，客房部员工要在报告领导及保卫部门的同时，注意保护好现场，不准无关人员无故进入现场，更不许触动任何物件，这对调查分析、追踪破案极为重要。此外，发案后，在真相未明的情况下，不能向不相干的客人等外人传播，如有客人打听，应有礼貌地说："对不起，我不清楚。"

四、发生偷盗现象的处理程序

【经典案例】

一天，在长富宫，两位美国人找到大堂经理，满脸怒气地说："我放在房间茶几上的300美元不见了，请立即给我查清，赔还给我。"大堂经理向客人表示："此事我们要先调查一下，进出客房是两位服务员同进同出，并有时间记录。"同时他委婉地提醒客人再仔细查找一下，询问是否需要报案。

发生任何偷盗现象均需首先报酒店保卫部门。接到通知后，保卫人员赶到现场，若发生在房间，则同时通知客房部的管理人员一同前往，请保卫部门通知监控室注意店内有关区域是否有可疑人员。查询被盗物品的客人是否有客人来访的有关资料，并做记录。专业问题最好由保卫人员询问，大堂经理做好翻译。视客人要求由客人决定是否向公安机关报案。

发生偷盗事件后，最好由保卫部门负责人与大堂经理同时出面与客人交涉。

基于酒店作业规则，若客人有物品遗失，酒店不应轻言赔偿。对此，酒店的住房手册及客人签字确认的登记卡上都有明确说明："请将您的贵重物品保存在房间或前台的保险箱内，否则遗失酒店恕不赔偿。"

【案例聚焦】

客人声称"房间内一万元现金"被窃后

早上10点，1904房的客人王先生打电话称其一万元现金在房间内被窃。值班经理接报后，立即与保安部主管、管家部主管赶到现场。据王先生所述，他结束公务后，回到房间时发现放在行李架上的皮箱被撬开，里面物件零乱，放在内层的一万元现金不翼而飞。王先生怀疑有人进入其房间行窃，要求酒店给予处理。就此事值班经理与各部门主管展开了一系列的调查活动。

（1）请客人回忆事发经过，详细填写遗失与盗窃记录单，并询问客人是否需要报警，如果需要的话，酒店可以从旁协助。王先生表示不愿意报警。

（2）要求管家部协助保安部调查所有出入口，注意发现可疑人员。

（3）查询前台接待处在王先生外出期间是否有其他人取过房间钥匙。前台接待员称曾经接过一个自称是1904房住客王先生打来的电话，说他的朋友现在在前台要进入他的房间，他因有要事不能赶回来，请为其开门。此接待员为确定1904房客人的身份，要求其报出自己的身份证号码，对方流利答出。接待员未核对证件便为其打开了房门。

王先生则完全否认他曾打过电话。坚持要酒店赔偿其损失。值班经理明确向王先生表示，酒店要分清楚责任后才能做出赔偿，如果酒店并无过错，就不应该承担赔偿责任。王先生威胁若解决的结果不能令其满意，将向媒体披露此事。值班经理建议王先生将此事交给警方处理，因为警方具备专业的分析和破案能力。但王先生还是执意不肯报警，并在大堂内大吵大闹。值班经理要求其立即停止吵闹，否则将以扰乱公共秩序为由报警。为了避免影响到其他客人，值班经理将王先生引至明珠廊偏厅，让西餐厅准备了一份热气腾腾的食物送到王先生面前。经过心平气和地与王先生沟通，动之以情，晓之以理，王先生改为要求酒店出具一份证明，证明其在店的损失和赔偿办法。经请示，当日行政总值出示证明如下：

证 明

1904房王先生宣称其房内现金被盗，酒店将此事全权交给警方处理，并服从警方的处理结果。

王先生得到证明后，不再表示异议，退房离店。

案例评析：

此案例反映了前台接待处取钥匙程序不够完善。当值接待员仅凭一个身份证号码就确定对方身份，考虑不周。为此，值班经理应要求前台接待处对转借钥匙的客人，要其填写钥匙转借授权通知书并严格执行此程序，不接受这种类似的电话授权，因为在电话中很难分辨对方的真实身份。如果客人真的有此需要，又不能赶回来，可以请他传真一份钥匙转借授权通知书，并附其签名。然后核对签名式样，与证件一致后才交给其钥匙。

第二节　火灾的预防、通报及扑救

【经典案例】

　　我带队在验收优秀旅游城市时，去酒店重点检查了安全设施，总共查了几十家酒店，发现80%的泡沫灭火器都是过期的；问员工怎么使用，员工也说不上来；我们在房间里对着报警器吹烟，把它吹亮了，但是没有一个消防员能够按时到达；有的响了十来分钟还没有人来，或者赤手空拳地上来了，惊慌得不知道怎么办……

除了上节所述客房部几种安全问题，客房部还有一种安全问题：火灾。实际上，火灾是客房部的头号安全问题（见图14-1）。客房部员工应该具有火灾的防范意识，掌握火灾的预防、通报和扑救知识。

图14-1　消防员在发生火灾的万豪酒店灭火（2009年2月26日，位于巴基斯坦首都伊斯兰堡的万豪酒店发生火灾，造成4人受伤）

一、火灾的危害

现代酒店设备先进、设施豪华，投资额巨大，小的投资上千万，大的往往上亿元，一场大火旦夕之间就会使这些巨额财产化为灰烬。无情的大火不但会烧毁酒店建筑物，而且直接威胁着人们的生命安全。

2018年8月25日，哈尔滨市松北区北龙温泉酒店发生火灾，造成20人死亡，20多人受伤。

2023年5月14日，杭州市杭州皇冠大酒店因电箱短路发生火灾，造成直接经济损失约44.8万元。

……

对此，一位酒店总经理曾经深有感触地说："作为酒店经营负责人，我最为关心的，而且常常使我坐卧不宁的就是'防火'。客人的财物丢失，我可以以经营利润照价赔偿，可是一旦发生火灾，建筑物付之一炬，客人丧生，那么，我进监狱是小事，国家将遭受难以估量的巨大损失。"

二、火灾发生的原因

火灾发生的直接原因有很多，美国有关方面对487起酒店的火灾原因分析结果如下。

（1）吸烟点火不慎者占33%。

（2）电器事故占21%。

（3）取暖、炊事用具占10%。

（4）火炉上的食物和烟道的油占6%。

（5）碎屑类着火占3%。

（6）自燃占2%。

（7）煤气泄漏占1%。

（8）纵火占17%。

（9）锅炉爆炸等其他原因占7%。

由此可见，酒店火灾主要发生在客房。其中，吸烟和电器事故不仅是引起客房部火灾的主要原因，而且也是整个酒店火灾事故的主要诱因。国外火灾多发生在深夜到黎明这一段时间，其原因就是国外客人大都习惯夜生活，在酒醉和疲劳时，深夜卧床吸烟，容易引燃被褥、床单等物，或者乱扔烟头、火柴，使地毯、纸篓等起火。在北京一家酒店中，一位日本客人因饮酒过量，又有睡觉前躺着吸烟的习惯，结果，人睡着了，小小的烟蒂引发火灾，致使这位客人丧生。

三、火灾的预防

除了在酒店的设计建设中安装必要的防火设施与设备（如自动喷水灭火装置及排烟设备等），火灾的预防还可以从以下几方面入手。

（一）做好职工培训，增强防火意识

酒店建成开业后，要对新上岗的员工进行安全培训，增强他们的防火意识；教会他们如何使用消防设施与设备，并使他们懂得在火灾发生的非常时刻，自己的职责是什么；同时，组织消防知识竞赛，必要时，还可利用淡季组织消防演习。

（二）在日常经营中采取必要的管理措施

（1）针对客人躺在床上吸烟这一习惯，应在床头柜上放置"请勿在床上吸烟"的卡片，

提醒客人务必将未熄的火柴或烟头扔进烟灰缸。

（2）对于因酗酒而大醉的客人及烟瘾大的客人所住的房间要经常检查。

（3）注意观察客人所携带的行李物品，如发现有易燃易爆等危险品，要立即向上级或总服务台报告。

（4）服务员打扫房间时，注意不要把未熄灭的烟头扔进纸篓。

（5）统计资料表明，酒店火灾多发生在夜间，因此，夜间值班员应切实负起责任，加强夜间巡逻。

（6）对维修人员因工带进的喷灯、焊接灯、汽油及作业产生的火花等要充分注意，并要对工作人员加以提醒。

（7）太平门不能加锁，如发现太平门、急用电梯等处堆有障碍物，应及时清除。

为了把火灾所造成的伤亡减少到最低限度，客房部还应利用时机，通过适当的方式向客人宣传安全常识，并向他们指出在非常情况下紧急疏散的路线等（一般酒店都有印制好的紧急疏散图，如图14-2所示，通常都贴在客房门内侧）。

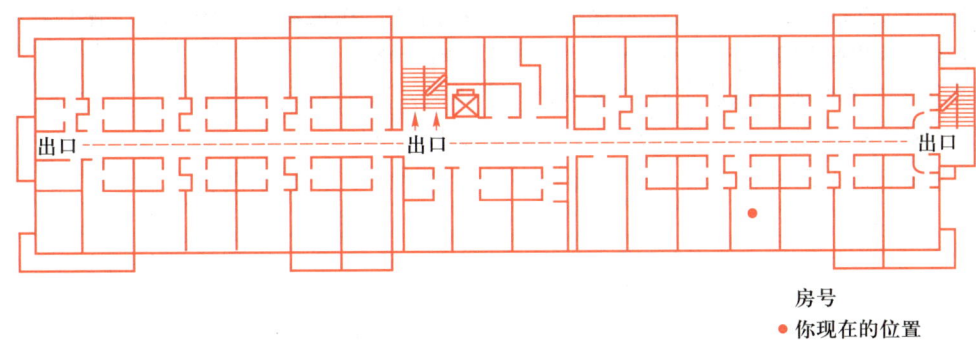

图14-2　紧急疏散图

知识链接

紧急疏散方案

（1）熟悉放置在写字台上的《旅客须知》内的紧急疏散方案。

（2）熟悉客房内的窗户。

（3）将钥匙放置在容易找到的位置，离开房间时随身携带，因为烟火阻碍出口时，可能需要钥匙回到自己的房间。

（4）当起火或有紧急情况时按下面的方法去做。

① 找到房间的钥匙并随身携带。

② 在开门前试一试房门是否烫手。

③ 到达最近的可用的出口楼梯，并立即下到底楼。（注意：不要使用电梯）

④ 如不能平安到达出口楼梯口，应回到房间，立即拨"0"通知话务员。

⑤ 在等待援助时，按自己的最佳判断来操作窗户。

⑥ 放置一块湿毛巾在房门底部。

⑦ 设法吸引楼房外面人们的注意。

四、火灾发生时客房部员工的职责

火灾发生后,客房员工应承担如下职责。
(1)向酒店防灾中心报警(如火势过大,应同时向消防部门报警)。
(2)按次序向客人发出通报。
(3)提醒客人有关注意事项,包括如下方面。
① 要求客人保持镇定,防止火未烧身,人已跳楼身亡,或由于恐慌、拥挤而造成其他意外伤亡事故。
② 提醒客人穿好衣服或睡袍,勿将身体直接暴露在火焰之中,以免烧伤。
③ 提醒客人随身携带房门钥匙,以便在无法从安全通道出去时返回房间,等待救援或采取其他措施。
④ 最好能将一件针织衫用水浸湿,蒙在头上,当作"防毒面具"。
⑤ 如整个通道已被浓烟迷漫,可提醒客人匍匐前进,在火灾中,浓烟往往比烈火更危险,而浓烟较轻,所以一般先上升后下降,因而,爬行有可能逃生。
⑥ 提醒客人不要乘坐电梯,以免突然停电、电梯失控而被堵在电梯内。
(4)向客人指示安全通道,疏散客人,引导客人迅速撤离现场。
(5)协助消防人员进行灭火,力争将酒店财产损失减少到最低限度。

五、灭火的方法

(一)火灾的种类

依照国家标准,火灾分为四大类,如表14-1所示。

表14-1　火灾的四种类型

类型	引发原因
普通物品火灾(A类)	由木材、纸张、棉布、塑胶等固体引发
易燃液体火灾(B类)	由汽油、酒精等引发
可燃气体火灾(C类)	如由液化石油气、煤气、乙炔等引发
金属火灾(D类)	由钾、钠、镁、锂等物质引发

对于以上不同类型的火灾,应用不同类型的灭火方法和灭火器材进行灭火。客房部的火灾通常属于A类,即普通物品火灾。

(二)常用的灭火方法

常用的灭火方法有表14-2所示的几种。

表14-2　常用的灭火方法

灭火方法	原理
冷却法	通过使用灭火剂吸收燃烧物的热量,使其降到燃点以下,达到灭火的目的。常用的这类灭火剂有水和二氧化碳

续表

灭火方法	原理
窒息法	通过阻止空气与可燃物接触，使燃烧因缺氧而窒息。常用的这类灭火剂有泡沫和二氧化碳等，也可采用石棉布、浸水棉被来覆盖燃烧物。
化学法	通过使灭火剂参与燃烧过程而起到灭火的作用。这类灭火剂有二氟二溴甲烷（1202）、易安龙灭火剂、惰性气体灭火剂等。
隔离法	将火源附近的可燃物隔离或移开，以此中断燃烧。

灭火的方法很多，但具体采用的哪种方法，要视当时的实际情况、条件而定。

本章小结

■ 客房部的安全问题主要涉及客房设施、设备的安装和使用引起的各类工伤事故和对客人造成的伤害，各类传染病，偷盗及其他刑事案件，火灾，等等。

■ 客房员工要有安全意识，针对不同的安全问题，采取不同的防范措施。客房部管理人员不仅要教育员工洁身自好，还要防止店外犯罪分子入室盗窃和伺机作案。教育员工做好客房钥匙的保管和管理工作，制定客房安全管理制度，并督促员工严格执行。对重点区域重点防范，对可疑人员严格盘查和重点关注，不给其以可乘之机。

■ 火灾是酒店最严重的安全问题，直接危及客人的生命和财产安全，因而是客房部管理人员最需要重视的。客房部员工不仅要在平时做好火灾的防范工作，而且要在火灾消防方面训练有素，一旦发生火灾，正确履行自己的职责，迅速灭火。

课堂讨论

如果你所工作的酒店客房发生了偷盗事件，你会如何处理？

思考题

1. 解释下列概念。
   C类火灾　窒息灭火法
2. 客房部的主要安全问题有哪些？如何防范？
3. 酒店火灾发生的原因有哪些？如何防范？

案例聚焦

酒店有无责任[①]

一天傍晚，一位当地制鞋业的刘姓老板来到福建晋江某酒店前台，问住在917房的胡先生是否已经退房离店。前台工作人员查询了有关资料后答道："还没有退房，离原定离店时间还有一天。"刘老板一脸困惑地说："这个房间是我为他订到明天的，这两天打他电话能通却不接，也不见他本人。如果回去的话也该给我打个招呼呀！能不能打开他的房间看看行李是不是还在？"由于平时刘老板经常带外地客人来住店，是酒店

---

① 陈文生. 滞后的发现[N]. 中国旅游报，2007-09-12：408.

的熟客，前台主管自然同意刘老板的要求，通知客房部领班协助开门。

当刘老板来到楼层时，客房部领班已在917房门口。她告诉刘老板："这个房间这两天都亮着'请勿打扰'的灯。昨天下午我们就敲过门，客人没应答。以后我们也就不敢再打扰了。刚才已试过用房卡开门，但进不去，因为客人将门的插销插上了，说明人还在里面。"刘老板用自己的手机拨通胡先生的手机，可以听到房内手机铃响，说明胡先生确实在房内。但任凭刘老板怎么呼唤胡先生的名字，房内就是没有应答声。刘老板顿时紧张起来："会不会出什么事？"胡先生是他从武汉请来的一位客商。此人年约50岁，身材较胖，说话常带喘气。刘老板猜想：胡先生会不会是高血压患者，发生脑溢血或心肌梗死之类的事故呢？刘老板不敢再往下想。

破门而入后发现客人衣着齐整地蜷缩在卫生间，已停止了呼吸。后经公安部门法医鉴定，证实了刘老板的猜测是正确的，胡先生因心肌梗死而亡，死亡时间就在入住酒店的当天晚上。

按理说，客人出于自己身体原因而突然死于酒店，酒店并无责任。但死者家属并不这么认为，他们提出：酒店每天都应当整理房间，也就是说胡先生在死去的第二天就能被发现，但为什么到了第三天下午才被发现呢？显然，酒店疏于管理。

酒店方也意识到对死者滞后的发现确实是工作疏忽所致。于是，酒店向死者家属表示了歉意同情和理解，不但免费接待了死者的几位家属，还主动送上数万元作为慰问金。最后，死者家属被酒店方的安排所感动，很快就完成了善后事宜离店，酒店终于恢复了平静。

案例评析：

酒店对胡先生突发性死亡虽然没有直接的责任，但也存在工作上疏忽的过错。在胡先生死去的第二天下午，客房服务员曾敲门却无人应答，之后也没有继续按程序去做。比如开门检查，若发现门打不开，再通过电话联络，若无人接听，即可判断房内出事，从而能够早一天处理这一事件。如果当时客房服务员按上面程序去做了，就不至于给死者家属留下话柄，也不至于使酒店因此陷入被动局面而付出不菲的代价。

本案例告诉我们：酒店服务员若不按程序办事，或执行程序不严谨、不完整，轻则影响服务质量，重则将产生无可挽回的声誉乃至经济上的重大损失。

这一案例还暴露了该酒店在管理上的一个漏洞：客房服务员在房间整理报告表上没有注明917房未整理，领班检查时对917房未整理也没有过问（领班职责是全面检查做房情况，包括检查某房间为何没有整理）。如果管理到位，有可能弥补服务上的过失，也有可能避免本案中死者滞后发现的情况。

// 酒店经理人对"经理的困惑"的答复 //

——有人冒充客人盗窃怎么办？

Grace Yu（大连香格里拉大酒店前厅部经理）：

这是员工没有接受酒店的正规培训，或部门管理程序不严谨导致的。客房管家面对此类问题首先应冷静配合保安部或公安机关调查，尽快破案，以减少客人损失；其次应了解这是员工个人失误还是部门管理、培训的问题，相信酒店对于给客人开门一定有相关严谨的程序（在任何情况下都必须核查清楚客人身份才可以开门）。今后应针对此事加强对员工的培训，加大内部检查管理力度。

姜东皓（北京中旅大厦客务部经理 北京客务经理协会理事）：

毫无疑问，遇到这种情况要马上报警，即以酒店的名义要求警方介入调查，因为这种情况已经属于刑事犯罪。酒店要从提供入住登记资料、客历档案、监控录像、前台接待员和当事客房服务员口供等方面配合警方侦查。酒店的客房房门开启程序有问题，主要是核查申请开房门人身份的步骤没有做好，给了犯罪分子可乘之机。前台人员要严格履行核查身份的职责，在核查时应采取多重手段，如核对登记人居住地址、开房人生日、联系电话，等等。酒店要对客房服务员加强培训，尤其是涉及客人生命、财产安全方面的安保制度要严格执行，不打折扣。对于受损失的客人在警方没有破案以前以沟通、安抚为主，如果对方有意协调解决并且所给出的赔偿额度酒店方能够接受，可以考虑协商解决，但是要出具书面证据留存。书面证据上建议不要出现"赔付""赔偿"等字眼，为稳妥起见，多用表示安慰、慰问、感谢等的词语。

第十五章　客房部人力资源管理

员工培训是酒店人力资源管理的重要内容
（图为受过严格培训的广州从化碧水湾温泉度假村客房部员工在向前来参加
"碧水湾现象研讨会"的酒店同行和旅游院校老师们展示"蒙眼铺床"技术）

提高服务质量首先要提高员工的素质，包括服务意识的培养，职业道德的教育，企业文化的熏陶，管理制度的灌输，专业知识和技能、技巧的培训等。前厅与客房部管理人员必须对员工进行多种形式的、长期的、系统的培训。对员工进行培训，不仅是管理人员实现管理目标的重要手段，同时，也是帮助员工获得发展的重要途径，是管理者应尽的义务。管理人员不仅要配合酒店人力资源部做好员工的培训工作，而且要善于发现问题，发现各种培训需求，针对部门中存在的各种服务和管理问题，及时提供各种针对性培训。

　　除了培训，本章还将讲述员工的评估问题。评估是激励员工的重要手段，是对员工工作全面的总结和评价，同时，也是酒店和部门奖金发放的依据，因此，做好对员工的评估工作具有重要意义。

　　本章还将讲述员工激励及管理人员应该掌握的管理方法、管理艺术和管理技巧。

学习目标
- 了解客房部员工的素质要求。
- 了解培训的内容和类型。
- 学会制订培训计划。
- 学会对新员工进行入职指导。
- 掌握培训的方法和艺术，成为合格的培训者。
- 掌握对员工工作进行评估的依据、内容、程序和方法。
- 掌握员工激励的方法。
- 学会沟通技术，掌握管理人员的管理方法和技巧。

关键术语
培训　考核　工作评估　激励　沟通　管理技巧

经理的困惑

——酒店如何管理"00后"员工?

现在的"00后"大学生即将走入社会,因他们所处的年代不同,所以养成了年轻一代的特性,在我所接触到的"00后"中,很多表现出桀骜不驯、自负等特点。酒店也即将开启聘用"00后"工作者的时期,"80后"或者"90后"管理者如何与"00后"进行沟通、实施管理?前厅部往往是接受客人投诉、意见比较集中的地方,作为管理者如何引导"00后"能迎合客人、虚心聆听客人的投诉、意见,提供优质的服务就成了我们所面临的问题。

第一节 员工服务意识的培养

服务意识是正确把握服务工作的内涵,时刻准备为客人提供主动、热情、周到、耐心、细致的服务等一系列思想和行为方式。有服务意识的酒店员工一进入工作状态,便能自然地产生一种强烈的为客人提供优质服务的欲望,并能主动为客人提供各种恰到好处的服务。就客房部工作而言,每当踏入工作区域,员工就要像走上了舞台一样,作为配角,时刻关注主角——客人的需求,以满足客人的需要为自己神圣的职责和最大的快乐。

酒店服务质量差,在很大程度上就是员工素质不高、缺乏服务意识造成的。因此,要提高服务质量,必须培养员工的服务意识。

一、正确理解"服务"的内涵

服务的英文是"service"。其中的"s""e""r""v""i""c""e",分别代表"smile"(微笑)、"efficiency"(效率)、"receptiveness"(诚恳)、"vitality"(活力)、"interest"(兴趣)、"courtesy"(礼貌)和"equality"(平等)。

二、树立"客人总是对的"的思想

培养员工的服务意识,要求员工牢牢树立"客人总是对的"的思想,并能在实际工作中积极地贯彻这一思想,将其作为指导自己实际工作、处理与客人关系的基本准则。

在酒店业乃至整个服务业流传着一句格言:"客人总是对的。"这句话对服务业产生了巨大的影响,对服务质量的提高起到不可估量的促进作用。但在酒店中,上至总经理,下至普通服务员,很多人并未真正理解这句话:难道客人偷东西也是对的?客人打人也是对的?客人逃账也是对的?对这句话,管理人员如果不理解,就无法说服员工;员工如果不理解,就无法以此指导自己的工作。于是便出现了与客人论"是"与"非",争"对"与"错",甚至打架的现象。

那么，应该如何理解"客人总是对的"这句话呢？

1. "客人总是对的"强调的是一种无条件为客人服务的思想

"客人总是对的"是由被誉为"现代酒店之父"的埃尔斯沃思·米尔顿·斯塔特勒（Ellsworth Milton Statler）先生首先提出来的，而后得到酒店业同行乃至旅游业和整个服务业的普遍认可。用它来指导服务工作，强调的是一种无条件、全心全意地为客人服务的思想，而不能教条地理解，否则，便会出现类似"客人偷东西也是对的？客人打人也是对的？客人逃账也是对的？"这样的问题。

2. "客人总是对的"指一般情况下，客人总是对的，无理取闹者很少

客人离家在外，一般不愿惹是生非，找不愉快，一旦客人提意见，或前来投诉，就说明酒店的服务或管理出了问题，重要的是赶快帮客人解决，而非争论孰对孰错。

3. "客人总是对的"并不意味着"员工总是错的"，而是要求员工"把对让给客人"

为此，员工必须宽宏大量，有时甚至要忍气吞声，无条件尊重客人，不要与客人争论"对与错"的问题，因为客人就是我们的衣食父母。

4. "客人总是对的"意味着管理人员必须尊重员工、理解员工

既然"客人总是对的"并不意味着"员工总是错的"，而是要求员工"把对让给客人"，那么，管理人员就必须尊重员工、理解员工。否则，将会极大地挫伤员工对客服务的积极性。

因此，能否正确理解"客人总是对的"这句话，对于做好酒店的经营管理和对客服务工作具有重要意义，是改善服务质量、提高管理水平的重要前提之一。只有正确理解了"客人总是对的"，员工才能全心全意为客人服务，管理人员才能灵活、妥善地处理各种有关客人和员工的问题。

三、要有全心全意为客人服务的意识

培养员工的服务意识，要求员工无条件、全心全意地为客人提供主动、热情、周到、耐心、细致、礼貌的服务。

（1）主动。员工对客服务要积极、主动，见到客人要主动打招呼，主动问候；想客人之所想，急客人之所急，甚至想客人之未想。客人想到的早已想到，客人还没有想到的，员工也替他想到，做到在客人未提出服务要求之前就服务到位。

（2）热情。服务要发自内心，要真心诚意，面带笑容，并注意礼貌用语。

（3）周到。服务要全面、体贴，要能够满足客人的一切合理要求，并力图把工作做到前面。

（4）耐心。员工在服务过程中要善于控制自己的情绪，站在客人的角度，理解客人，不厌其烦地为客人解答各种疑问。

（5）细致。服务工作做到一丝不苟，尽善尽美。

（6）礼貌。员工要把为客人提供热情、礼貌的服务，当作自己工作的一部分和自己应尽的职责，而非分外之事。服务工作必须热情礼貌，否则，就是半成品。有些客房服务员错误地认为，自己的工作是清扫和整理客房，而不是为客人提供服务，所以，见到客人不理不睬，缺乏基本的礼貌礼节，这是服务意识不强的表现。

第二节 员工的培训

【经典案例】

这两天我们有一批新加入的员工正在接受培训,在这两天的培训中,我们并不是教他们需要在工作中具体做些什么,而是跟他们解释酒店的信条、理念、文化。我们的目的是要他们明白他们为什么在这里从事这份工作,同时也让他们知道公司对他们的期望。员工上岗之后我们也会不定时地给他们提供学习的机会。为此,我们酒店还专门设置了培训总监一职,专门负责帮助员工安排学习课程。除此之外,每个部门的主管也要担负起本部门员工的日常学习工作,并列入考评。而且我们还设有质量总监一职,他会将客人的反馈告诉我们运营部门的同事,将客人提出的意见汇总,并加入员工培训的课程之中,及时、准确地告诉员工什么才是正确的服务方法。

——丽思·卡尔顿酒店

一、培训的意义与原则

(一)培训的意义

要想让员工的工作达到既定的规格水准,严格的培训是一种必需而有效的手段。培训的意义表现在以下几个方面。

1. 提高员工的个人素质

培训是员工获得发展的重要途径,可以使员工增强服务意识,提高外语水平,获得专业知识,掌握服务技能和技巧,从而使员工的个人素质得到全面提高。

2. 提高服务质量,减少出错率

酒店员工,尤其是新员工,在工作中经常出错,这就是缺乏培训的表现。因此需要通过培训,告诉员工该怎么做,服务质量的标准是什么,遇到一些特殊情况应该怎样处理等,从而避免出现错误和客人投诉。

3. 提高工作效率

培训中所讲授或示范的工作方法和要领,都是经过多次的实践总结出来的,员工通过培训,掌握服务的技能、技巧和科学的工作程序,不但能够提高服务质量,还可以节省时间和体力,提高工作效率,收到事半功倍的效果。

4. 降低营业成本

员工掌握正确的工作方法,能够减少用品的浪费,降低物件磨损程度,从而降低营业费用和成本支出。

5. 提供安全保障

培训可以提高员工的安全意识，使员工掌握正确的操作方法，从而减少工伤等各种安全事故。

6. 减少管理人员的工作量

如果员工素质低下，工作中不断出错，管理人员将被迫"四处灭火"，永无宁日。培训使员工素质得以提高，使客房部的工作有条不紊地进行，从而可以大大减少管理人员的工作量，也使管理者的管理工作变得轻松、愉快。

7. 改善人际关系

通过培训，员工和管理层之间能够相互了解，建立起良好的人际关系。

8. 使酒店管理工作走向正规化

一家酒店设不设培训部，或一个部门是否组织培训工作，在很大程度上反映了该酒店或部门的管理工作是否正规。培训可以使前厅部与客房部的工作走向正规化、规范化，也可以增强员工的服务质量意识。

需要说明的是，培训的作用是潜移默化的，它对员工和酒店的影响是长期的，可谓是"润物细无声"，那种期待培训解决所有问题、效果立竿见影的想法是不现实的。

（二）培训的原则

前厅部与客房部的培训工作应坚持以下原则。

1. 长期性

酒店业员工的流动性比较大，再加上酒店业是在不断发展的，客人对酒店的要求越来越高，科学技术在酒店的应用也层出不穷，因此，对员工的培训不是一朝一夕的事，必须长期坚持。

2. 系统性

培训工作的系统性表现在以下几个方面。

（1）培训组织的系统性。对员工的培训，不仅是人事培训部的事，也是各个部门的重要工作。系统性就是根据酒店的管理目标，把酒店的统一培训和部门自行培训结合起来，形成一个相互联系，相互促进的培训网络。部门培训与酒店培训部培训的内容和侧重点有所不同，前厅部与客房部应该加强与酒店培训部的沟通、合作与协调。

（2）培训参加者的全员性。前厅部与客房部员工，下至服务员、上至部门经理都必须参加培训，避免出现服务员经过培训而部门经理却是个"门外汉"，结果造成"外行管内行"的混乱局面。

（3）培训内容的系统性。每次培训活动应该是酒店及部门长、中、短期整体培训计划的一个组成部分，培训的内容应该与前一次及下次培训的内容相互衔接，避免培训工作的盲目性、随意性，以及培训内容上的相互冲突和不必要的重复。因此，管理人员应该建立培训档案，做好培训记录。

3. 层次性

虽然所有员工都必须参加培训，但由于岗位不同、级别不同、工作内容和要求不同，因此，培训工作要分层次进行，如服务员培训、督导人员培训、经理培训等，以便取得良好的培训效果。

4. 实效性

培训工作是提高员工素质和服务质量的重要保障,酒店为此需要投入可观的人力、物力、财力,因此,培训工作不能走形式,必须注重培训效果,前厅部与客房部管理者必须认真组织,严格训练,严格考核。对于考核不合格的员工不允许上岗,不达要求决不放行。培训的内容要针对部门服务和管理中存在的问题和薄弱环节加以确定,达到查缺补漏的目的。

5. 科学性

要按照制定的岗位责任书的内容,利用科学的方法、手段进行培训,不能图省事,采取"师傅带徒弟"这种简单、陈旧的方式。

二、培训的内容与类型

(一)培训的内容

部门不同,培训的内容有所不同。前厅部与客房部员工培训既有共同部分,也有不同部分。共同部分包括如下方面。

(1)酒店企业文化。
(2)酒店及部门规章制度。
(3)服务意识。
(4)职业道德。
(5)仪表仪容与礼貌、礼节。
(6)英语表达。
(7)安全知识。
(8)管理人员的管理技能。

(二)培训的类型

培训的类型如表 15-1 所示。

表 15-1 培训的类型

培训的类型	主要培训内容
岗前培训	包括对新员工的入职指导,岗位工作所需要的操作程序、服务规范,基本的服务技能、技巧的训练。 前厅部及客房部必须贯彻"先培训,后上岗"的原则。
日常培训	针对工作中发现的问题随时进行培训。它可以在不影响日常工作的情况下,穿插进行一些个别指导或训示,也可利用各种机会对一定范围内的员工进行培训。其目的在于逐步培养员工良好的工作习惯,提高其工作水准,使部门工作趋向规范化和协调化。客房部的日常训练是一项长期、无休止的工作,班前、班后的会议,部门例会和工作检查等都应与此联系起来。
下岗培训	对于上岗后,在业务、技术、职业道德等方面不称职的员工,要撤下岗位进行培训,直至经严格考核合格后方能上岗。对于经二次下岗培训后,考核达不到要求的,则考虑将其调离岗位。

续表

培训的类型	主要培训内容
专题培训	这是对员工就某个专项课题进行的培训。随着工作要求的逐步提高,有必要对员工进行有计划的单项训练,以扩大员工的知识面,进一步提高员工的专业素质。 (1)业务竞赛。可以是知识性的,也可以是操作性的。业务竞赛是激发员工自觉学习、训练和交流的好方法。 (2)专题讲座。可根据工作需要,选一个主题,由本部门员工或聘请其他专业人员来讲授或示范,如接听电话的技巧、处理客人投诉的方法、督导人员的管理技巧等。 (3)系列教程。如通过举办初、中、高级外语学习班,来满足不同员工学习外语的需求,提高员工的外语水平。
管理培训	又称为"晋升培训"或"发展培训",是一种针对有潜力的服务员和管理人员在晋升高一级的管理职位之前所设计的培训项目。以便使其能够有机会了解其他部门或岗位的工作内容、性质、特点,掌握必要的管理技能、技巧,以适应未来管理工作的需要。 管理培训实际上是员工在晋升前的"热身运动"。

三、新员工的入职指导

对新员工的入职指导是新员工岗前培训的重要组成部分。

新员工在刚步入单位或岗位时,总会有一种紧张和焦躁不安的感觉。对他们而言,新单位在很多地方是个充满未知数的"黑箱":这家酒店有发展前途吗?酒店的福利待遇如何?经理和督导人员很严厉吗?自己的工作职责是什么?自己能和其他员工友好相处吗?等等。这种感觉必定会影响到新员工应对新工作的能力,妨碍其有效地投入工作,尤其是使其不能和周围的同事、管理人员,甚至客人形成良好的人际关系。在这种情况下,新员工对工作很难有信心,而没有信心是不大可能把工作干得出色的。此时,管理人员的职责就是向新员工表示欢迎,帮助他们了解酒店、所在的部门、工作岗位及所要从事的工作,使他们消除疑虑,树立信心。

新员工的入职指导通常包括两方面的内容:酒店介绍和具体工作指导。

(一)酒店介绍

酒店介绍帮助新员工了解整个酒店的管理机构,并为树立酒店的价值观和经营理念打下良好的基础。同时,它也帮助新员工了解其所从事的工作对整个酒店的重要性,使员工热爱自己的工作。这部分工作是由酒店人力资源部组织实施的,他们会召集一次新员工会议。通常包括如下内容。

(1)酒店总经理(或副总经理)致欢迎辞。

(2)有关部门经理致欢迎辞。

(3)播放有关酒店的视频录像,发放有关酒店企业文化的资料。帮助员工了解他们所承担的角色对实现酒店管理任务和目标的重要性。

（4）发放员工手册和其他有关资料。与新员工讨论员工手册的有关内容（包括奖励制度、酒店政策、何时休息、何时拿到工资单、当班时应该穿什么样的衣服等）。

（5）陈述酒店有关方针政策和规章制度。

（6）讨论酒店工作的好处。

（7）讨论客人与员工的关系。

（8）填写有关个人表格。

（9）参观酒店。

（二）具体工作指导

具体工作指导是由员工所在部门的督导人员执行的。前厅部及客房部督导人员应该认真做好具体工作指导的准备工作，为新员工提供充分的资料和信息，使他们对自己的工作充满信心，并让他们知道，相关班组或部门欢迎他们加入。

具体工作指导通常包括如下内容。

（1）让新员工了解自己在酒店及部门组织机构中承担的角色。

（2）向新员工发放一本有关其所从事工作的说明书，并与其一起讨论有关内容。

（3）强调新员工将要从事的工作对整个酒店的重要性。

（4）讨论新员工将要接受的培训。

（5）向新员工发放工作评估表。

（6）向新员工介绍酒店晋升机会（举在酒店内成功晋升的员工的例子）。

（7）带领新员工参观本部门（切记，在新员工参观的前一天，要通知老员工新员工何时将开始上班。在参观过程中，要向新员工介绍所有工作区和即将与他们一起工作的老员工）。

（三）新员工的入职培训项目

对客房部新员工的入职培训，主要有表15-2所示的项目。

表15-2　新入职员工培训表

培训日期	培训项目（标准与程序）	受训人签名
	（1）客房部规章制度、组织机构	
	（2）服务员仪容仪表	
	（3）酒店设施介绍	
	（4）工作区介绍	
	（5）客房部防火措施	
	（6）迎送服务	
	（7）铺床单	
	（8）客房清洁	
	（9）物品摆设	

续表

培训日期	培训项目（标准与程序）	受训人签名
	（10）吸尘器的使用	
	（11）工作表的书写	
	（12）钥匙的管理	
	（13）来访登记	
	（14）工作车、工作间的标准	
	（15）请勿打扰	
	（16）客衣收洗	
	（17）遗留物品的处理	
	（18）加床、开床服务	
	（19）客用品的租借	
	（20）其他服务介绍	
	（21）杯具清消	
	（22）走客房、住客房、空房清洁的区别	
	（23）清洁剂的用途	

四、培训的组织

（一）培训的准备

1. 工作分析

工作分析确定员工必须掌握什么知识，要完成什么任务，以及执行任务时必须达到的标准。

工作分析可分为三步：确定工作知识、制定任务清单、对各岗位的每项任务进行工作分解。工作知识、任务清单和工作分解构成了评价工作的有效体系。

（1）工作知识。工作知识可以分为三类：酒店全体员工所需的知识、客房部员工所需的知识、各岗位所需的知识。

（2）任务清单。一份"任务清单"反映出一个岗位的全部工作职责。只要有可能，任务清单都应按每日工作的逻辑顺序列出任务。

（3）工作分解。工作分解常采用表格形式，包括需要的设备和用品、步骤、怎样去做，以及解释怎样去完成一个单项任务的提示。为了适应各项工作的需要和要求，工作分解的形式可以有所变化。表15-3是关于"运用有效的销售技巧"的工作分解。

表 15-3 "运用有效的销售技巧"的工作分解①

需要的资料：促销项目目录册、促销材料、宣传册、客房简图、餐厅和房内用餐菜单。

步骤	怎样去做	提示
1. 升级销售客房	□客人进店时推荐较高房价的客房 □描述高价房的特色和好处 □出示客房简图，帮助说明特点 □如果客人有孩子，建议其住大一点的房间，以增加空间 □建议商务旅客住条件更好的房间，或者更大的房间，以便开会 □如果一对夫妇正在度假，建议其住能留下深刻记忆的特色房 □直接问客人他们是否愿意入住所推荐的房间	升级销售是一种销售比客人原订房间更贵的客房的方法 向客人提供更好的房间不会伤害客人，是希望客人住得愉快 不要等待客人告知其要订的是某种房型。预测他们的需要，并且问自己是否能为他们订那种房型 客人通常都欢迎积极的建议
2. 推荐餐厅	□如果客人说没有时间离开房间，则推荐其订购房内用餐服务，告诉客人服务时间 □不要在深夜推荐房内用餐菜单上的大菜 □如果客人要找一个好地方吃饭，则推荐饭店的餐厅 □给客人看菜单，以帮助他们做出决定 □告诉客人预订和着装方面的要求 □倾听客人的意见，如果他们特别询问酒店外的餐厅，就建议去有地方特色的餐厅 □如果客人在找地方放松一下，建议其去茶室 □掌握菜单、营业时间和娱乐节目的变动信息，成为客人眼中本酒店的"专家"	推荐酒店餐厅的时候是在进行团体协作
3. 推荐饭店的促销项目	□问主管店内有哪些促销项目 □研究各促销项目的特点及益处 □热情地描述可以满足客人需要的项目 □给客人宣传册和其他促销材料	客人喜欢"得到了免费的东西或特别优待"的感觉

2. 发现培训需求

管理人员有时会感到一个员工或几个员工的工作有问题，但他们不能肯定到底是什么问题；有时也会感到员工有点不太对劲，但不知道从哪里着手改善。一份培训需求评估表能帮助找出一个员工的弱点，同样也能找出全体员工的弱点。根据这份表，对员工在必须掌握的每一项知识和技能进行打分，员工得分较低的项目就是培训的重点所在。

另外，前厅部与客房部管理人员还可以通过分析工作中带有普遍性的问题和根据酒店或部门制定的工作目标与现状之间的差距，确定是否需要培训、何时实施培训和怎样进行培训。

---

① 资料来源：招待业培训丛书，《总台员工指南》(密歇根州东兰辛：美国饭店与住宿业协会教育学院)

在下列情况下通常需要培训。

（1）酒店开业。

（2）新的设备、工作程序和管理制度投入使用时。

（3）员工从事一项新工作（无论是新员工，还是老员工改变工作）。

（4）管理者想帮助员工在事业上得到发展。

（5）工作效率降低时。

（6）工作中不断出现差错时。

（7）各岗位之间经常产生摩擦时。

（8）客人投诉较多，或员工工作不符合酒店的质量和数量要求。

（9）酒店或部门制定的工作目标与现状之间有较大差距。

3. 制订培训计划

确定培训需求以后，就要制订培训计划。一个完整的培训计划应该包括培训目标、培训时间、培训地点、培训内容、对受训者的要求、培训者、培训方式、培训所需要的设备和器材、培训组织等内容。

一年可以制订四次部门培训计划，每三个月左右一次，而且最好在下一季度开始前一个月完成各项计划。

（二）培训的实施

实施培训实际上就是按照工作分解的内容进行培训，工作分解就是培训指南，培训要遵循工作分解中各步骤。在每一步骤，演示并告诉员工要做什么、怎样做，以及它的细节为什么重要。

1. 给员工准备的机会

让新员工学习任务清单，从而对他们将要学着去做的所有任务有一个总体印象。如有可能，至少在第一期培训开始前一天把清单发给他们。在培训开始时，介绍本期的内容，让他们知道培训要持续多久、什么时候休息。

2. 实操演示

培训者在解说步骤的时候，还要做演示，要让员工真切看到培训在做什么，鼓励他们需要更多信息时随时提出问题。要保证有足够的时间进行培训，进展要缓慢、细致，在员工不能立刻理解时要耐心，所有步骤至少演示两遍。当第二次演示一个步骤时，要提出问题看他们是否理解了。根据需要反复演示每一步骤。

3. 技能实习

当培训者和受训者都认为他们已熟悉工作，能够合格地完成以下步骤时，受训者应尝试独立执行任务。及时实习有助于养成好的工作习惯，让每位受训者演示培训者所教授的工作的各步骤，能够让培训者清楚受训者是否真的懂了。要抑制代替员工去做的冲动。

员工的自信是进行工作所必需的。员工做得正确应立即给予表扬，当发现问题时，要温和地给予纠正。在培训这一阶段形成的坏习惯以后会很难纠正。要确保每位受训者都理解了，不仅能解释怎样去执行每一步骤，还能说明每一步骤的目的。

（三）跟踪检查

1. 在工作中继续予以指导

培训能帮助员工学习新知识，掌握新技能和态度，而指导则着重于对培训中学到的知识在工作岗位进行实际应用。指导者通过使用挑战、鼓励、纠正和积极强化等方法，巩固员工在培训阶段学到的知识、技能和态度。

在岗指导有如下注意事项。

（1）观察员工的工作，确保他们正确地执行任务。

（2）轻松地提出建议，纠正次要问题。

（3）当员工犯重大错误时，得体地纠正他们。最好的方式是在双方都不忙时，在一个安静的场所去纠正。

（4）在员工使用不安全的工作方法时，应立即纠正。

2. 不断给予反馈

反馈是告诉员工他们做得怎么样。有两种积极的反馈：一种是承认工作做得好；另一种是再指导，指出做得不对的地方，说明怎样才能改进。

反馈应注意如下一些事项。

（1）让员工知道他们什么地方做得对，什么地方做得不对。

（2）员工受训后做得好应告诉他们，这会帮他们记住所学的东西，还能鼓励他们在工作中运用这些行为和信息。

（3）如果员工没能达到标准，先就做得对的方面向他们表示认可，然后再告诉他们怎样去纠正坏习惯，解释为什么这样做很重要。

（4）明确、具体。

（5）注意遣词造句。听上去是在帮助员工，而不是命令、要求员工。

（6）确认听懂了员工所说的话，用诸如"我好像听见你说的是……"的句子去确认。

（7）确认员工听懂了，用诸如"我不能确定解释清了每件事，告诉我我刚才说了些什么"等去确认。

（8）意见应严肃而真诚。对员工的良好表现真诚赞扬，避免其因批评而难堪或受辱。

（9）告诉员工培训者不在时去哪里寻求帮助。

3. 评价

评价员工的进步，用任务清单作对照，确认员工对所有任务都已掌握。为尚未掌握的任务提供进一步培训和实践的机会。

4. 取得员工的反馈

让员工评价他们接受的培训，这能帮助培训者改进对员工的培训工作。保留每位受训者的培训记录，跟踪每位员工的培训史，并在员工的人事档案里保存一份培训记录。

（四）增强培训效果

培训工作能否取得成效，取决于酒店领导及有关方面和人员是否支持，取决于培训组织者能否精心策划，取决于培训者的业务水平和培训艺术，同时也取决于受训者的配合程度。要使培训工作卓有成效，必须做到以下几点。

1. 正确认识培训的重要意义

要做好培训，有关人员（包括部门管理人员、酒店领导及接受培训的员工）必须对培训的重要性和重要意义有充分的认识。这是做好培训工作的思想基础。

2. 部门及酒店领导重视培训，并给予大力支持

部门及酒店领导不但要认识到培训的重要性，而且必须在人、财、物、时间等方面给予

大力支持。这是培训工作得以顺利进行的前提条件和物质保障。在很多情况下，部门及酒店领导需要亲自抓培训。

3. 培训工作长期化、制度化

培训工作要长期化、制度化，长年坚持不懈，成为酒店发展战略之一。不能随心所欲，想培训就培训，不想培训就不培训，上面紧抓就应付一下，上面不抓就放一边。其势必造成员工对培训工作的偏见，使培训的组织更难，培训也收不到应有的效果。

4. 做好本部门的年度、季度和月度培训计划

各部门要做好培训的计划、组织和管理工作，根据本部门的工作内容、工作特点，员工的实际情况，配合酒店人力资源部，制定本部门的年度、季度和月度培训工作计划。培训的组织和管理者要切实负起责任，认真制订培训计划，选择不受干扰的地点、最佳的培训时间，挑选高素质的、合格的培训者，确定恰当的培训方式和能够满足实际需要的培训内容。这是使培训取得实效的有力保证。

5. 运用培训的艺术

要使培训取得良好的效果，培训者必须具有较高的专业素质和培训技能。除了认真准备和讲授，还要讲究培训的艺术性。

（1）频繁而短暂的授课，要比偶尔、为时甚长的授课效果好。

（2）所选用的学习材料的数量和类型都要符合受训者的需要和水平。

（3）尽量使用有助于教学的教具。

（4）尽量增加实践课程，鼓励学员自己动手。

（5）注意培养学员的学习兴趣。

（6）增强学员的信心。

（7）掌握授课的技巧。

【拓展阅读】

要成为一名有效的培训者，需要做到如下方面。

（1）有自信心。

（2）向员工表示自己喜欢培训工作。

（3）鼓励员工思考如何将培训内容运用于其工作之中。

（4）鼓励员工为自己树立培训目标。

（5）鼓励员工提问题。

（6）鼓励员工寻找完成工作的更好的方法。

（7）认真听取员工的意见。

（8）对员工所取得的即使是很小的进步都予以赞扬。

（9）把自己所取得的经验，甚至犯过的错误都拿来与员工分享。

（10）有幽默感，并将幽默感作为一种培训工具。

6. 做好培训的考核和评估

培训结束后，还应通过笔试、口试或实际操作测试等方式对受训者进行考核，以确定是否达到了培训的目标，同时征求参加培训员工的意见，收集他们对培训的看法，并从培训的

内容、方式、组织管理和培训效果等方面进行评估，总结经验和教训。

7. 做好培训的激励

为了增强培训效果，还应做好培训的激励工作。

（1）做好培训的考勤工作。对于出勤情况好、听课认真的员工予以表扬，而对于迟到、早退，甚至无故不参加培训者，予以批评或惩罚。

（2）将培训同任用相结合。根据每个员工的具体条件、个人愿望和工作需要，实行定向培养、定向任用，并把培训成绩作为是否任用的依据之一。

（3）将培训同晋升相结合。对于积极参加培训且培训成绩优异的员工，在晋升时，优先予以考虑。

第三节　员工的激励

有些员工虽然工作时间长，经验丰富，掌握较好的服务技能和技巧，但在工作中缺乏积极性、主动性、服从性、合作性差，工作质量低，这就是缺少激励的结果。

为了充分发挥员工的潜能，调动员工的积极性，前厅部与客房部管理人员必须学会激励员工，掌握有效激励员工的方法，如图15-1所示。

图15-1　广州从化碧水湾温泉度假村前厅部通过每日正反面案例学习对员工进行激励（刘伟 摄）

一、员工激励的原则

员工激励要因人而异。

什么东西能使每一名员工表现最佳？这里强调的是"每一名"，不同的员工需要用不同的因素去激励。较好的排班可能对上中班的前台接待员有激励作用，但对于一周两次来酒店上夜班的兼职夜审员可能没有什么作用；喜欢上中班的年轻人是由于中班更符合其生活方式，因而不会被调班去上早班所激励；对于前台接待员来说，能够调去做预订员对他可能会产生一定的激励作用，但对于一个新婚的话务员则可能没有多少激励作用，后者可能更关心一个能够满足家庭需要的合理的工作时间安排。如何激励每一个员工，是管理者所面临的一个挑战，毫无疑问，理解每一个员工的需求和目标是一项艰巨的任务，但是值得去完成。

二、员工激励的方式

（一）提供培训

培训是激励员工的有效方法之一。有效的培训不仅能使员工有更多的产出、更高的效率，还可以提高员工的工作自信心和员工的素质，使员工感觉到在这家酒店工作能够学习到知识、技能，有助于实现未来职业发展的目标。

（二）学会表扬和赞美员工

管理人员应把客人肯定的反馈意见转告员工，作为对其工作做得好的认可。反映营收、成就、出租率和客人满意度情况的图表也能成为有效的激励因素。

客人、管理人员及同事们的表扬都是强大的员工推动力。许多酒店用意见卡吸收客人的反馈。意见卡可以在前台发放，也可以放在客房、餐厅或其他地方。填好的客人意见卡，特别是那些表扬员工的意见卡，可以张贴在员工通告牌上。

部门可以对受到客人表扬的员工给予奖励。例如，在客人意见卡、给经理的意见或给部门的信件中受表扬的员工可以在酒店餐厅用餐，也可以获得一张礼品券，还可以受邀与总经理共同进餐。

另一种激励因素是月度优秀员工计划。部门月度优秀员工可以由管理人员选出，也可以由部门员工选出。一般说来，获此殊荣的员工表现出对部门及其标准、目标的非凡忠诚。部门月度优秀员工应该得到奖励证书或奖章。

【经典案例】

学会赞美你的员工

如果你是一位管理人员，有没有从心里关注过你的员工？你会发现他们的性格各异，有人严谨，有人奔放，有人外向活泼，有人内向沉稳，即使同一个人也有着不同的状态。这样的一群人在一起工作，其效果并不像数学公式 1＋1＝2 那样简单，两人协力的结果，可能几倍于一个人的力量；相反，如果互相不协力，效果可能是 0，甚至是负数。

有这样一个员工，在同事的眼里他是不可救药的一个人：上班迟到早退如同家常便饭，频繁地违规被开罚单，工作热情不高，服务意识缺乏，和同事的关系平淡，对上级的批评不屑一顾……用他自己的话说，他对这个小集体根本提不起兴趣，只是在机械地接受而已。这一系列的表现引起了我的注意，于是有一天找了一个很宽松的环境和他聊起了家常。刚聊时，他显得有些紧张，但我没有摆出领导谈话的架子，而像一个大姐姐一样询问了他的家庭情况、身体状况、工作中有什么困难需要帮忙。他逐渐放松了，同我说起了他的烦恼：刚来酒店时他也曾热情高涨，对待每一件工作都非常认真地去做，想得到上级的认可。但是不久他就发现，他的努力在上级眼中是理所应当的，并没有得到适时的表扬和鼓励，渐渐地就成了现在的样子。

听完他的讲述，我不失时机地对他进行了开导和鼓励，相信他一定能做得非常好。从那以后，我经常关注他的工作表现，不放过每一次值得表扬的亮点，利用各种机会让他恢复自信。经过一段时间，他有了很大的进步，和以往的他形成了鲜明的对比。他的转变让我深深地体会到：对员工的批评和指正固然不可少，但真心表扬能起到更好的推动作用。只有发挥每一名员工的最大潜力，才能造就一支有活力、积极进取的队伍！

（明珠宾馆　王春玲）

（三）重视沟通

让员工随时了解部门的工作情况等信息，能产生积极的效果。了解即将来临的活动的员工会感受到更大的归属感和价值感。

前厅部及客房部新闻简报或告示牌都是建立并保持正式沟通的良好方式。新闻简报中的文章可以与工作相关，也可以与个人相关，包括如下主题。

（1）工作岗位空缺公告。
（2）抵店、住店和酒店里的特殊活动。
（3）晋升、调动、辞职，以及退休通告。
（4）新招聘通知。
（5）工作提示。
（6）特别表扬。
（7）生日、结婚、订婚等通告。
（8）将举行的活动。

当告示牌的位置在部门全体员工都能到达的地方，且能让员工经常浏览信息时，它就是最有效的。在许多酒店中，告示牌是员工做好工作所需的每日信息的唯一来源。

（四）学会授权

合理授权是管理者必须掌握的一项技能，服务人员处于对客服务的第一线，特别是前台员工每天都要接触各种各样的客人，遇到各种各样的事情，需要及时、妥善地处理，否则，不仅会影响服务质量和服务效率，引起客人投诉，还会影响员工的工作积极性。

在工作中常常会看到这样的情形：酒店的结账时间是中午12点，某位客人询问前台员工自己是否可以延迟到下午2点以前。前台员工的回答"根据我们酒店的规定，退房时间是中午12点以前，我要请示一下领导再给您答复"。又如客人说："我是老顾客，能否给个优惠的折扣？"回答是："对不起，我只能给您这个折扣。"这些在一线服务中经常碰到的问题，前台员工常常不能马上给客人满意的答复，必须事事层层汇报，再层层听取指示。这样推诿拖沓，使客人无法忍受，于是便产生了有关服务质量的投诉。因此，现代服务管理强调对基层服务员的授权，让他们在一定范围内有无须汇报、当场处理问题的权限，以确保客人的满意度，特别是高档酒店更应如此。充分、恰当的授权能唤起员工的工作责任感、创造性和对客人的真切关怀。

当然，对一线员工进行授权，还应把握尺度，这样可以既确保前台员工在客人面前作出迅速、灵活和满意的反应，又可以使他们在一定的管理制度和规范内操作和处理事项。

（五）照顾员工合理关切

员工总会有一些特殊的有关排班方面的要求及其他一些与工作相关的请求，应当尽量地予以满足。由于与同班组的某个员工相处困难而要求调班的员工，可能只需要管理人员向他提出怎样与那位员工相处的建议；一位老员工可能会问管理人员怎样才能在酒店取得事业上的进步和个人的发展，管理人员可能不会立即答复，但可以向其表示自己会考虑此事，员工会明白，好事的出现也是需要时间的。倾听员工的需要，他们的请求可能会回答管理人员的问题。

（六）做好评估

员工需要了解自己的工作表现，员工和经理之间的互动能对员工的自我形象和工作观念产生影响。工作评估是经理用来激励员工和提高士气的有效方法之一。

有效的工作评估一般能够真实反映员工的工作表现。工作评估应该是公正、客观、资料丰富的，并且是积极向上的。在评估完成的时候，员工应清楚地了解自己什么地方做得好，什么地方还需要改进。每个员工每年接受至少一次评估。

许多部门经理使用书面工作评估表和程序。当需要对员工进行劝告或终止聘用时，书面评估会很有说服力。经员工认可并签署的书面工作评估应存入员工的个人档案。

表中还可以留出空间，让员工加上自己的意见，或者写下自己将来愿意考虑的其他岗位。随后可以由主管和员工共同制定下一个岗位的准备工作计划。书面评估表很重要的一个作用还在于，如果员工认为自己受到不公正的对待，它可以在法律诉讼中保护员工。另外，酒店能够拿出员工的工作史和违纪记录，并且能说明酒店为改变这种状况做了哪些工作，发生法律纠纷的机会就会少很多。在新的《中华人民共和国劳动合同法》颁布实施以后，这项工作的意义尤其重要。

（七）实施奖励

奖励是表彰工作中表现突出员工的有效方法之一。前厅部与客房部应该开发并建立奖励计划，使其对客人、员工和部门都有利。好的奖励计划应该能激发员工的竞争意识。

客房部和前厅部工作性质和特点不同，可以设计、实施不同的奖励方案。

1. 客房部奖励制度

（1）计件工资制。即按照楼层服务员每日打扫的客房数量计发工资。客房产品比较单一，适宜采用计件工资制计发工资。如果客房部员工缺乏工作积极性，可以按照多劳多得的分配原则，采用这一激励方案。

（2）等级工资制。打破工资一成不变的状况，启用工资等级制度，将员工按工作技能、知识及工作表现分为初、中、高级，通过考核拉开员工工资差距，从而激励员工不断进步。

（3）高质奖励方案。具体做法如下：通过领班每天查房，当场视察员工所清洁的房间状况，根据评定标准评出 A/优、B/良、C/中、D/差并写在黑板上，以直观的形式告知员工当天的工作情况；当月统计，与员工的出勤天数及每天平均的做房量相结合，在当月住房不低于80%的基础上对符合做房总量在前 10 位、优良率在 85% 以上、平均每天做房在 10 间以上的员工，分别给予一定的奖励，对当月做房效率最低的给予处罚。

（4）争取酒店对月度超额住房率给予单项奖励。客房部应根据部门运作的实际情况，制定"月度超额住房率奖励方案"供酒店管理层批准实施。

（5）实行免检制度。这是一种角色激励制度，通过给予表现较好的员工及具有一定资质的员工自做、自查、自检、自报完成一间客房的清洁、查房的权利，来达到节约人力成本、激励员工的目的。

实施免检制度时，酒店要注意为具有免检房资格的员工合理地规划未来的职业发展。这也是企业培养员工、为员工职业生涯做一个长远规划的负责任的行为。被评为"免检服务员"的员工应享有与众不同的荣誉、薪资、福利、地位、奖励和优先的晋级机会。

另外，员工获得免检资格，并不代表永久拥有免检资格和待遇优先资格。主管、经理要不定期、不定时地对其清洁后的合格房进行抽查，并设定免检率的底线，发现有超过一定百分比的房达不到免检标准时，应取消员工的免检资格和待遇，以保证员工免检资格的真实、有效。

2. 前厅部奖励制度

前厅部的奖励计划可以以提高出租率、客房营收、平均房价和客人满意度为中心。一个时期执行一项奖励计划能让员工集中于特别的目标。例如，前厅部经理可以开发一项与增加日平均房价或出租率直接关联的奖励计划，让员工努力去达到特定的出租率或特定的日平均房价。奖励应持续一段时间，这段时间过去以后，奖励计划即应结束。例如，在淡季，前厅部经理会将精力集中于增加出租率；而在旺季，前厅部经理会实施一项奖励计划，通过在前台升级销售让日平均房价最大化。

成功的奖励计划还为员工提供目标进展情况的反馈。例如，张贴在前厅部告示牌上显示每个进步的曲线图对员工有很大的激励作用。目标应具有挑战性，但不能脱离现实，显得高不可及。不现实的目标会挫伤员工积极性，也会削弱奖励计划的激励作用。

案例链接

一种别样的激励法

为了增强前厅部员工的工作责任感，可让每位前厅部员工尝试走出店外做销售工作。

可每天选取两名前台人员，在一个固定的时间段，比如每天10：00~12：00或16：00~18：00，到酒店周边散发宣传单；每周选取两天的下午时间（如每周的周二下午和周四下午），将所有不当班的前厅部员工分为若干组，去酒店周边的商务楼或者工业区签订协议。

前厅部员工不是应该待在前台接待客人吗？为什么要培训前厅部的员工去做销售工作呢？一方面，销售工作可以锻炼员工与客人沟通的技巧及口头表达能力；另一方面，做过销售工作的前台服务员，能体会到销售员的"辛苦"和"心苦"，就会明白争取到一名客人是多么的不容易，从而深刻懂得"认真的接待好每一名客人是自己的一份责任"。

（八）实施好人好事举荐制度，评选先进班组

1. 实施好人好事举荐制度

一些著名酒店实施好人好事举荐制度，对于被举荐者和举荐者本人都不失为一种很好的激励手段。

2. 评选先进班组

评选先进班组是一种集体激励方案。通过对班组的出勤率、仪容仪表、卫生质量、服务质量、班组纪律、成本控制、培训学习等内容的评定，将员工当月的表现及班组的整体表现作为评选先进班组唯一条件，以及对员工及领班半年的评定参考条件。这样将各区域的员工与领班捆绑在一起，使其荣辱与共，共同品尝成功的喜悦、失败的苦恼。

（九）竞争激励

竞争激励实际上也是荣誉激励。得到他人承认，获得荣誉感、成就感，受到别人尊重，

是著名心理学家马斯洛需求层次中的高级需求。客房部员工以青年人居多，他们争强好胜，上进心强，对荣誉有强烈的需求，这是进行竞争激励的心理基础。根据客房部的特点，可以开展一些英语口语、服务知识、服务态度和服务技能等方面的竞赛。组织这些竞赛不仅可以调动员工的积极，而且可以提高员工的素质。

（十）情感激励

在一个部门里，如果大家情投意合，互相关心，互相爱护，互相帮助，就一定会形成一个强有力的集体，从而为客人提供良好的服务。因此，管理人员必须重视"感情投资"。

在运用情感激励这一手段时，管理人员要注意做好以下两方面的工作。

（1）注意启发和诱导员工创造一个互相团结、互相帮助的环境。

（2）以身作则，对员工热情关怀、信任、体贴。对他们做出的成绩，要及时给予肯定；对他们的缺点，要诚恳地帮助改正；对他们工作中遇到的困难，要尽力帮助解决。特别是当员工家庭或个人生活遇到不幸或困难时，要给予同情、关怀，甚至在经济上予以支持和帮助，员工对此会铭记在心，从而获得极大的激励。在关键时刻向员工伸出同情与援助之手，比平时说上一千句、一万句激励的话要管用得多。

（十一）示范激励

"没有良将就没有精兵"，管理人员要以身作则，以自己的工作热情、干劲去影响和激励下属员工。

"榜样的作用是无穷的"，一个组织的士气和精神面貌在很大程度上取决于其领导成员。有什么样的管理人员，就有什么样的下属员工。没有一流的管理人员，就不可能有一流的酒店和一流的服务员，因此要造就一流的员工，管理人员首先应该从各方面严格要求和提高自己，把自己塑造成为一流的管理者。

（十二）晋升、调职激励与换位激励法

1. 晋升与调职激励

人人都有上进心理，所谓"不想当元帅的士兵不是好士兵"。利用人们的上进心理，给予员工职位的晋升，无疑是一种极为有效的激励方法。

除了对工作表现好的员工加以晋升，还可以通过在部门内部调换员工的工作岗位来激励员工。通常有两种情况：一是个别管理人员与员工之间存在下意识的偏见、古怪习性或意外事故的发生而引起尖锐的矛盾，如通过协调或其他方式仍无法解决，可将该员工调离本班组（岗位），以调动矛盾双方的工作积极性；二是虽然员工与管理者之间不存在矛盾，但目前的工作岗位不适合员工，不能充分发挥其个人专长和才干，通过调换工作岗位，不仅可以充分利用人力资源，还可以激励员工，极大地调动员工的工作积极性。

2. 换位激励法

换位激励是通过临时调换工作岗位，使员工有机会了解不同岗位的工作内容、特点，体会与自己原有工作岗位联系密切的岗位及人的难处，进而激励员工在以后的工作中相互理解、相互支持。

资料：我当一天领班

三、员工激励应注意的问题

在员工激励中，各级管理人员要特别注意以下问题。

1. 要尊重、理解和关心员工

在工作上要严格要求员工，但在生活上则要关心员工、尊重员工，以"情"动人。尊重员工，就是要尊重员工在酒店的岗位；理解员工，就是要理解员工的精神追求和物质追求；关心员工，就是要心系员工，尽可能解决员工的实际困难。只有员工真正意识到自己受到了尊重，他们才会以主人翁的精神积极工作。

【经典案例】

> 北京××酒店的总经理连续2小时站在职工食堂门口，一次又一次地拉开大门，向来参加春节联欢会的员工点头致意，说："您辛苦了！"经理们头戴白帽，腰系围裙，一溜站在自助餐台后，微笑着为职工们盛菜打饭，使员工心里涌起阵阵暖流，心与企业贴得更紧了。
>
> 被誉为超五星级的福建悦华酒店规定：管理人员见到员工时必须首先向员工打招呼或问好，从总经理到部门经理概莫能外。总经理数十年如一日，几乎每天早晨坚持在酒店门口迎候员工上班，送去清晨最美好的祝愿，悦华酒店给了员工一个家的氛围和环境，员工也把悦华当成了家。

2. 要经常为员工"理气"，使职工"气顺"

有些员工之所以缺乏工作热情，主要是因为"气不顺"：一气分配不公，二气有些管理人员搞特殊化，三气官僚主义令干群关系疏远。对此，管理人员应根据实际情况，认真分析，采取改进措施，为职工"理气"。

3. 多一些培训、指导与实干，少一些指责、惩罚与埋怨

常常听到一些客房部管理人员埋怨服务员没有清理好房间，引起客人的投诉；埋怨设备维修差，以致经常出现问题；埋怨某处卫生差，从而影响了酒店形象；埋怨服务员素质不高，从而使酒店软件管理跟不上……如此种种，好像管理人员有许多理由"横挑鼻子竖挑眼"，于是，埋怨、指责与惩罚便成了家常便饭。殊不知，苦口并非都是良药，埋怨、指责与惩罚只能在管理者与员工之间竖起一道墙壁。正如一位酒店员工所言：

试想，我们背井离乡、千里南下，以极大的热情投身酒店行业，哪一个不想将工作干得出色、圆满？哪一个不想得到领导和客人的认可与赞扬？又有哪一个不想让自己的青春年华闪耀光芒？出现问题、客人投诉，服务人员本已在自责、愧疚之中，若管理人员再不问青红皂白，劈头盖脸地埋怨、指责，岂不使其乱了方寸，增加精神包袱，产生逆反心理？

因此，工作中出现问题，管理人员首先应进行自查、自纠，对自己的管理工作进行反思，问问自己到底给予员工多少培训、多少指导，管理中还有哪些失误、哪些漏洞，而不是一味地去埋怨、指责与惩罚员工。

虽说惩罚是一种"负强化"激励手段，在一定条件下能够起到一定的积极作用，但管理者要记住：惩罚只是一种手段，而非目的，不能滥用，否则，不仅起不到激励作用，反而会引起对抗情绪，不利于团队精神的形成。有些管理人员工作方法简单粗暴，不管三七二十一，动不动就使用手中惩罚的"大棒"，结果使部门(班组)内一片怨声载道。因此，管理人员在管理实践中应该遵循的原则是：在"正强化"能解决问题的情况下，尽量少用或不用惩罚手段。

4. 激励要遵循公平性原则

客房部管理人员在对员工进行物质激励时，一定要注意公平原则，否则，不但起不到激励作用，反而会挫伤员工的积极性，甚至造成矛盾，影响团结。事实证明，下属对管理人员的能力和工作水平低大都可以原谅，而对管理人员不能一视同仁，处理问题不公平，则往往表现出不能容忍的态度。

5. 激励要有针对性

员工激励要有针对性，即针对不同的情况，采取不用的激励方法。例如，有些员工原本确有认真努力去工作的想法，但由于在一种松散的环境氛围之中工作，久而久之养成了懒散的工作习惯，管理人员一旦发现这种趋势，就必须加强劳动纪律，严格工作制度。又如，有的员工原本工作热情很高，但因承受不了同事的冷眼与讥笑，工作热情渐渐冷却。这时，管理人员就要考虑通过各种方法，营造良好的、积极向上的企业文化氛围。

6. 表扬和肯定是激励员工最好的办法

大多数管理人员认为金钱是最能激励人的要素，事实却不尽然。员工最想要的，其实是在他们圆满完成任务的时候，被他们认为重要的人所重视。激励员工最好的办法就是肯定和表扬。对大多数的员工来说，几句表扬的话就可以在其心中激起一股满足的暖流，点燃其工作的热情。

第四节　管理人员的管理方法与技巧

一、学会"时间管理"

管理人员每天都有很多事情要做，而时间是有限的。很多管理人员总是感觉时间不够用，有干不完的工作，处理不完的事情，从早忙到晚，还是觉得有很多该做的事没做，工作缺乏效率。这是不会管理时间，缺乏时间管理的意识和艺术的表现。

前厅部和客房部事务繁杂，管理人员对每天要做的事情要按照重要性和紧急程度进行梳理和排序，并将有限的时间进行适当的分配，这样才能争取工作的主动性，提高工作效率。事情处理遵循如下优先级。

首先，处理紧急且重要的事情。

其次，处理不紧急但很重要的事情。

再次，处理紧急但不重要的事情。

最后，处理不紧急又不重要的事情。

【案例聚焦】

管理时间的诀窍

一天，讲师把一个空罐子放在桌上，接着他从桌子下面拿出一些鹅卵石，这些石头正好可以放到罐子里去。讲师把鹅卵石放到罐子里之后，问道："你们看，这罐子装满了吗？"

"装满了!"学生们齐声回答。

"是吗?"讲师笑着说。他接着从桌子下掏出一些碎石子,他把碎石子倒进罐子,摇了摇,又加进去一些,问学生:"你们看,这罐子现在装满了吗?"

这一次学生的回答不太确定了:"可能没满。"

"很好!"讲师说完,又掏出一袋沙子。他把沙子倒进去后,又问学生:"现在你们说,这个罐子现在装满了吗?"

"没有。"这次学生们学乖了,他们很自信地回答。

"好极了!"讲师又拿出一大瓶水,把水倒进罐子。

做完这些事,讲师严肃地问学生:"从刚才这些事情里,你们知道了什么重要道理?"

有个学生回答:"我们的工作无论多么紧张,无论日程排得多满,要是压缩一下,还能做更多的事。这些事情是在阐述时间管理。"

讲师听了他的回答,点头微笑道:"答案是对的,但我要告诉你们的重要观念并不是这个。"讲师稍微停顿了一下,他的目光扫视着全班同学。他说:"我想告诉你们的重要观念是,如果你刚开始不把鹅卵石放到罐子里,以后也许永远没有机会再把它放进去了。"

二、组织员工培训

组织员工培训会使房务部管理人员的工作容易得多,如果能够做好培训的计划、执行和跟踪,员工在工作中出错的机会就会被减少到最低限度。每一项职务说明书都只列出了员工的主要岗位职责,但是,"灰色地带"——如处理客人投诉、向客人展示酒店热情好客的形象、推销酒店其他部门的产品等——不可能在职务说明书中反映出来。在此,岗位培训技术加上各种短视频培训等手段,是很好的培训方法,可以有效地解决工作中的"灰色地带"问题。管理人员不仅要把培训当作展示工作技能的时机,还应作为向员工传达经济指标,讲解接待服务工作的目的、酒店业及其从业人员的特性的机会。

三、实现团队和谐

管理人员要努力实现团队中员工关系的和谐。经常出现的情况是,新上任的管理人员没时间去了解每一位员工与组织中其他员工的关系。例如,员工都在想办法让新上任的经理给自己安排好的职位,这是很正常的现象。新任经理经受了"考验",处理了几件事以后,情况才会稳定下来。员工想知道新任经理的本领有多大、新任经理在压力下有什么反应,他们还想知道新任经理是否会在上级管理人员面前替他们说好话。管理人员不应被这种挑战所吓倒,勇敢地面对它,就会战胜挑战。管理人员在发现员工中可能存在的个性冲突时,要客观地看待其优点和缺点。而且,还要了解谁是员工中非正式组织的领导。

四、深入一线管理

管理人员必须改变以往管理人员决策、员工执行、管理人员又监督员工执行的一贯作风,要亲力亲为，深入一线进行现场管理，在工作现场就地收集数据信息，了解客人需求，对工作任务和服务的知识点进行整合。

现场的走动管理可以深入服务的各个环节，及时发现和解决存在的问题。如观察前台员工的有声服务是否到位，细微服务是否恰到好处，有没有客人对服务效率的投诉等。通过自己的身教言传，就地培训，在现场决策，纠正偏差，协调各方面关系，这样不仅能提高工作效率，同时也能展示管理人员高超的服务技能和优秀的管理素质，树立勤奋尽职、体恤下属的良好形象，更能及时和下属沟通思想，联络感情，实施现场激励并发现有用人才。

资料：五杯茶水的故事

五、不当"狮子王"，也不做"小绵羊"

（一）不做森林中的"狮子王"

许多人心目中的管理人员就像森林中的"狮子王"：狂野、骄傲、强硬、不具亲和力。其实这是一种认识上的误区。即使有这样的管理人员，他们也是不会成功的。

【经典案例】

一家酒店的前厅部员工小陈，因其干练果敢的性格被总经理看中，被提升为前厅部经理。但她上任后，非但态度强硬，不关心下属，还动辄待人以威吓、批评的口吻，最后落得威信扫地，怨声载道。她的错误在于，她没有认识到管理人员所应具有的核心作用。如果不掌握技巧，不能很好地团结、凝聚下属，那么谁肯为你努力工作？

不想成为人人怕的"狮子王"，就要避免在情绪不稳定时处理公事，同时也不要吝啬对员工简单的夸奖。

（二）不当随和的"小绵羊"

【经典案例】

季燕是一家酒店的客房部主管，她待人温和有加，严厉不足，信奉有事好商量、和气生财。但结果却往往不尽如人意。所有的下属都知道她脾气好，做错了事也觉得没什么大不了，养成了懒散的工作作风不说，还觉得她软弱可欺。

其实管理人员注意以下几点，就不会被人当成"小绵羊"。
（1）不为合理的要求道歉。
（2）不成为别人的工具。
（3）不迁就他人的错误行为。

六、努力赢得他人的尊重

无论是"狮子王"还是"小绵羊"，都不可能在当今环境复杂的职场中站稳脚跟，干好本职工作并不能成为晋升的资本，只有热情而无智勇，也不能显示作为经理的气质与风度。以下这些技巧能帮助管理人员赢得同事的尊重。

1. 正视问题

问题出现的时候正视它，回避问题只能使它变得难以对付。调查问题出现的原因、背景，让别人知道自己正在为此付出努力。

2. 深思熟虑

发表意见、作出决定之前，要全面、理性地思考，使自己的决定、发言、做法更加明智、合理、有效。

3. 保持自控

过于自负容易招致失败，自我控制常常会取得良好的效果。

4. 心平气和地面对争论

攻击性反应会让人摆出防御姿态，使真正的问题永远得不到解决。即使别人挑衅也不能激动，平静、理智会非常有利。

5. 直接表达自己的要求

有要求表明对工作重视，直接地提出要求，可显示为人光明磊落，而被动、畏惧，只会使问题得不到解决。

6. 适时沉默

运用无声的语言，如支持的眼神、恰如其分的手势，可以帮助强调意思。

七、掌握委派工作的艺术

出于各种原因，管理人员在对下属员工委派工作时，常常会遇到员工的抵触，因此，掌握委派工作的艺术就显得尤为重要。

八、学会与上司、下属的沟通技巧

（一）与上司有效沟通的原则

（1）确认信息是重要的，保证资料的完整性。

（2）确保资料的准确性。

（3）简洁。职位越高的人，责任越大，时间越少。

（4）报喜也报忧。

（5）向上司定期汇报工作，不要让上司信息闭塞。

（6）陈述问题的同时，提出解决方案。

（7）选择最佳时机。与上司会面时选择对方方便的时间。

（8）明确目的。明确与上司谈话的目的，希望上司采取的行动。

【拓展阅读】

不找借口找方法

清华大学高级总裁班的调查结果显示，在单位里最受欢迎的5种员工是：自动自发的员工，找方法提升业绩的员工，从不抱怨的员工，执行力强的员工，能提建设性意见的员工。

在单位里最不受欢迎的5种员工是：找借口的员工，损公肥私的员工，斤斤计较的员工，华而不实的员工，受不得委屈的员工。

一流人才的核心素质是，当遇到问题和困难的时候，他们总是能够主动去找方法解决，而不是找借口回避责任，找理由为失败辩解。

哪一种员工在领导的心中最有分量？在职场中，哪种员工最能脱颖而出？

回答无一例外：积极找方法解决问题和困难的员工。

只有积极找方法，才能出效益；只有积极找方法的人，才能弥补领导的不足，成为领导的左膀右臂。

主动找方法的人永远是职场的明星，他们在单位创造主要的效益，是今日单位最器重的员工，是明日单位的领导。

"只为成功找方法，不为失败找借口"，这是一流员工关于一流工作的宣言。

（二）与下属沟通的技巧

（1）告诉员工，"我们"做这件事，而不是"你们"做这件事。
（2）让员工成为做决定的一分子，让他们感觉到自己也有价值。
（3）学会和每一位个性不同的员工相处。
（4）作决定要公事化，而非个人化。
（5）员工做好事后，要肯定他们。
（6）对待员工要真诚。
（7）要始终支持员工。
（8）告诉员工要求他们照上司的方法做事的道理。

资料：领班的语言沟通艺术

第五节　员工的考核与评估

为了提高服务质量和工作质量，必须实施并加强对员工的日常考核和定期评估工作。否则，将会出现有令不行、工作涣散、服务质量恶化的状况。

一、日常考核

前厅部与客房部各级管理人员平时应做好对属下员工工作表现的观察与考核记录。这不仅是提高服务质量和工作质量的重要手段和途径，同时也是对员工进行客观、公正评估的基础。

考核应该逐级进行，涉及部门内包括管理人员在内的每一位员工。领班对服务员进行考核，主管对领班进行考核，而部门经理则对主管进行考核。如果服务员工作质量出现问题，领班没有发现，或没有处理，或没有在考评表中予以反映，就是领班的失职，主管发现后就要对领班进行扣分，而如果主管没有发现，或没有处理，则部门经理发现后，要对主管进行扣分和处理，除了对当事人进行批评教育，其结果还将在每月业绩奖中予以体现。当然，管理者任何时候都应明白，考核、评估只是手段而已，提高服务质量和工作质量才是最终目的。

考核的内容可以因部门及考核对象的不同而不同，对服务员的考核包括出勤情况、仪容仪表、服务态度、客人投诉情况、工作差错情况、违反店规店纪情况、与其他员工的合作程度、对管理人员的服从性及工作的责任心和自觉性等内容。而对管理人员的考核还应增加现场督导和管理情况、财产管理情况及考评工作执行情况等内容。

为了增强考核工作的客观性、公正性，考评员还应在考评表的背面附上扣分的理由和出现的问题，使被考评者心服口服，这也是日后对员工工作进行评估的客观依据。

二、工作评估

对员工的工作评估，就是按照一定的程序和方法，根据管理人员预先确定的内容和标准，对员工的德、才表现和工作业绩进行考察和评价。员工的工作评估既可以定期进行，也可以不定期进行。

（一）评估的作用

1. 激励员工更好地工作

通过工作表现评估，充分肯定员工的工作成绩及良好表现，能够激发员工的进取心。

2. 发现员工工作中的缺点和不足，以便采取相应的管理措施

如果工作中的缺点和不足属于员工工作态度不端正、努力程度不够，应分析原因，解决问题，帮助员工端正态度，改进工作。如工作中的缺点和不足属于缺乏专业知识或技能、技巧不熟练的问题，则应确定进一步培训的需要，并纳入下一步的培训计划。

3. 为今后员工的使用安排提供依据

评估可发现各方面表现突出、有发展潜力的员工。可对这类员工制订发展计划，提出更高的要求，为今后提升职务或担任更多、更重要岗位的工作打好基础。通过评估，也可发现不称职、不合格的员工，为保证工作质量和服务质量，应调动或解除其工作或职务。

4. 改善员工和管理人员的关系

评估能够加强员工与管理人员之间的双向沟通，促进他们的相互了解。认真、客观、公正的评估，能够对员工起到激励作用。但上级管理人员对下属带有偏见的、不够客观和公正的评估，会恶化员工和其上级管理人员之间的关系，对日后工作的开展造成不利的影响。

（二）评估的依据和内容

对员工评估的依据是酒店岗位责任制度或"工作说明书"中对该岗位员工的基本要求（包括工作职责、标准、任务等）及员工对岗位职责的履行情况。

评估的内容包括被评估者的基本素质、工作业绩、工作态度等，包括专业知识、责任感、理解能力、工作的自觉性、语言能力、工作数量、进取精神、工作质量、服务态度（有无微笑服务）、考勤及守时、礼节和礼貌、合作性、仪容仪表、服从性、与上司之关系、工作能力、与同事之关系、个人品德、其他。

对于上述内容，在考核时，可以根据其重要性的不同，赋予其不同的权重，进行打分，以全面、客观地反映该员工的整体素质。

（三）评估的程序和方法

1. 填写评估报告

对员工的评估通常为每年一次，评估报告一般由酒店统一设计和印制（见图15-2）。为了为年度评估提供依据，使年度评估更为准确，同时也为了进一步激励员工努力工作，也可以对员工进行月度评估，月度评估的形式和内容以简单为宜。

To be completed by the division head two months after the employee's starting date, transfer date or promotion date.
由部门经理在员工入职、调转或升职两个月后完成
Name of Employee 员工姓名：　　　　　　　Employee Number 员工号：
Position 职位：　　　　　　　　　　　　　　Department 部门：
Hire Date(New Employee) 聘用日期(新员工)：
Promotion/Transfer Date 提升/调转日期：

---

1. INDUCTION AND TRAINING 入职培训

1.1 Outline the efforts which have been made to induct and train the employee in this new position.	简述对新员工入职所做的引导及培训	
1.2 Outline the employee's response to the training given.	简述员工对所做培训的反应	

2. WORK PERFORMANCE 工作表现

2.1 Job Knowledge Does this employee understand and recognize the specific duties?	业务知识 该员工是否懂得工作的具体任务和责任？	
2.2 Job Interests How much enthusiasm has this employee shown in the job?	工作兴趣 该员工对工作表现出多少热情？	
2.3 Job Performance Is the quality and quantity of work up to the standard expected?	工作表现 该员工的工作质量和数量是否达到所期望的标准？	
2.4 Job Attitude Is this employee responsive to suggestions and instructions? Does he/she cooperate willingly and work well with others as a team?	工作态度 该员工对建议和指示是否作出反应？是否愿意同别人在工作中合作？	
2.5 Ability To Learn How fast does this employee understand and follow instructions within a given time period?	学习能力 在指定的时间里，该员工理解和执行指示有多快？	
2.6 Adaptability Is this employee able to meet changed conditions with ease and accept them willingly?	适应能力 该员工是否能轻松地适应变化了的情况并愿意接受变动？	
2.7 Personal Grooming/Appearance	仪容和仪表	
2.8 Attendance & Punctuality	考勤及守时	
2.9 Conduct	品行	

图15-2　员工表现评估报告

3. SUITABILITY 适用度

3.1 Comment on the suitability of the employee for this job and for the Department.	对员工是否胜任工作及所在部门进行评估。	
3.2 If you consider the employee suitable for passing probation, explain why.	如果您认为此员工可以通过试用期，请阐明原因。	
3.3 What do you plan to do if you consider the employee unsuitable for the position?	对您认为不称职的员工您如何打算？	

4. GENERAL COMMENTS 全面评估

4.1 In addition to the remarks you have made, list areas for performance improvement which have been discussed with and agreed to by the employee. 请您在对员工所做评估之外，通过与员工讨论并争得员工同意，列出该员工需要在哪些方面进行改进。	

5. PROBATION RECOMMENDATION (New Employee Only) 试用期意见 (只用于新员工)

I recommend that this employee's employment, as discussed above,
☐ be terminated prior to the expiry of the probationary period as he/she does not meet our minimum requirements;
☐ be extended for a further _____ days to allow us to more full evaluate him/her；
☐ be ratified, and he/she be confirmed as a permanent employee of the Shangri-La；
如上述，我建议对此员工的聘用
☐ 由于其不符合我们的最低要求应在试用期满之前终止合同。
☐ 再延期 _____ 日再做评估。
☐ 批准正式为香格里拉的雇员。

6. THE EMPLOYEE'S COMMENTS: 员工意见

_____
Signature 员工签字

7. AUTHORIZATION 批准

Immediate Supervisor's signature _____   Division Head Approval _____
直属督导签字   部门经理批准
Date _____   Date _____
日期   日期

Please return to the Human Resources Department no later than 14 days before the expiry of a new employee's Probationary period.
请在新员工试用期满前14天将此表交还人力资源部。

图 15-2（续）

为了使评估更加客观、准确，可以采用定性和定量相结合的方法。比如，可对上述评估表中的每个项目确定权重，对 A、B、C、D、E 不同档次，确定不同的分值，最后加总，就可得到该员工的整体评估分。再按照总评分的多少划分为不同的档次，作为月度或年度奖励的依据。

2. 评估面谈

评估表填写好以后，评估者（部门经理或主管）要与被评估者面谈，就评分表上的各个项目及评分情况逐条向被评估的员工解释说明。被评估者可以在面谈时对他的评估意见提出不同的看法，并与评估者进行深入的讨论。如不能取得一致意见时，可由人事部约见该员工，听取其意见，并做适当的处理。

（四）评估的注意事项

1. 评估必须客观、公正

评估者对评估工作必须严肃认真、客观、公正，以日常考核和员工的工作表现为依据，决不能主观臆断，凭印象或个人好恶进行评估。

2. 注意选择面谈地点

与被评估者面谈时，选择的地点要安静，不受其他人或各种噪声的干扰。

3. 鼓励对话

评估过程本身就是为酒店经营管理活动提供反馈信息的途径和上、下级之间的沟通渠道。单向的评估容易引起员工的不满，最终使员工的工作情绪与评估的宗旨背道而驰。因此，与被评估者面谈时，应当鼓励被评估者提不同意见或看法，而不能压制。

4. 不能有报复思想

评估的目的是向被评估者实事求是地指出缺点，提出改进的方法和努力的方向，热情地肯定优点，提出发展要求和希望。切忌将评估当成"秋后算账"。有些管理人员对员工平时工作中出现的缺点和毛病，不及时指出和提出善意的批评，而是记下来，在评估时进行"秋后算总账"，这样做是极其错误的，难以达到评估的目的，无法对员工起到激励作用。

// 本 章 小 结 //

■ 前厅部与客房部人力资源管理的主要内容包括人力资源计划的制订、培训、激励、考核和评估。其中，做好员工培训具有重要意义。

■ 为了使培训工作取得成效，培训工作应该遵循长期性、系统性、层次性、实效性和科学性的原则，同时要做好培训的考核和评估工作。

■ 员工的培训还应包括对新员工的入职指导。这是一项非常重要而又常常被管理人员忽视的管理工作。入职培训通常包括两方面的内容，即酒店介绍和具体工作指导。

■ 前厅部与客房部管理人员还必须实施并加强对员工的日常考核和定期评估工作。否则，将会出现有令不行、工作涣散、服务质量恶化的状况。

■ 员工激励是提高客房工作数量和工作质量的重要手段。客房部员工的激励与其他部门员工的激励有共性，也有其特殊性，客房部管理人员应该探索有效的激励方法。

■ 前厅部与客房部管理人员要学会时间管理，做好客情预测，掌握管理技巧，学会授权，学会与上司、下属的沟通技巧，掌握委派工作的艺术和赢得尊重的技巧，不当"狮子王"，也不做"小绵羊"。

课堂讨论

这样的激励方法管用吗？

上海一家酒店，为了激励员工，决定把每天的入住率通报贴在员工食堂门口，让全酒店人都关注酒店的营收。甚至连员工食堂的阿姨也知道，需要让每一名客人满意，酒店才会有回头客，才会有较高的入住率，大家才会有奖金。

对张榜公布入住率，管理层也曾犹豫过。有人担心若入住率只有30%，贴出来有点难看，不利于鼓励士气。但酒店高层态度非常明确——当全体员工都有忧患意识之时，就是酒店勇往直前之时。正是人人关注酒店营收，每位员工也就成了关注客人满意度的"大堂经理"。

讨论题：你认为酒店这种激励方法管用吗？

思考题

1. 前厅部及客房部管理人员应该掌握哪些管理艺术？
2. 如何培养员工的服务意识？
3. 对员工进行培训的意义表现在哪些方面？
4. 简述员工培训的内容与类型。
5. 如何对新员工进行入职指导？
6. 如何制订培训计划？
7. 试述对员工工作评估的程序和方法。
8. 如何对客房员工进行激励？
9. 在你工作过的酒店里，你碰到过哪些员工之间发生的个性冲突？对于这些冲突，管理人员是怎样处理的？如果你是经理，你会以不同的方法处理吗？
10. 如果你曾在酒店前厅部工作过，谈谈酒店是如何对你进行培训的。一般而言，让员工接受良好的培训对前厅部经理有哪些好处？

知识拓展

客房员工激励：计件工资制的利与弊

酒店客房部是劳动密集型部门，因客房部劳动强度大、工作枯燥、乏味，很多求职者都不愿意从事这项工作，缺员也就成为常态。为了提高客房部员工的工作积极性，体现多劳多得的原则，很多国内酒店选用计件工资制。

计件工资制是按照生产的合格品的数量（或作业量）和预先规定的计件单价来计算报酬，而不是直接用劳动时间来计量的一种工资制度。其一般表现形式有超额累进计件、直接无限计件、限额计件、超定额计件等。

酒店计件工资制可以是在一天工作时间的基础房间数上，对超出做房间数按一定金额给予补贴，每个月的工资包括基本工资和超房奖励。

客房部管理人员应该清楚，计件工资制有利有弊，在实行计件工资制时，要努力将其优点发挥到最大程度，同时，通过各种管理方法，克服计件工资制带来的各种弊端。

（一）客房计件工资制的好处

1. 激发员工的工作积极性

毋庸置疑，客房计件工资制的实行会带来"鲶鱼效应"，进一步刺激客房部员工的工作积极性。与吃"大锅饭""平均主义"相比，以每日劳动成果计算，多劳多得让整个部门形成积极向上、力争上游的氛围。

2. 实现员工队伍的优胜劣汰

在客房计件工资制的刺激下,员工通过竞争对比,最大限度地展现个人能力。同样,若部门在此基础上实行末位淘汰制度,那些表现消极的员工,必然需要更加端正心态、加强工作熟练强度,才能确保不被淘汰。这样,部门内部员工队伍建设可以有一个良性的循环机制,推进部门各项工作的有序开展。

3. 提高工作效率,提升工作责任心

心理学上有一个效应叫作"责任分散效应",指的是单个个体被要求单独完成工作任务时,个体的积极性与责任感就会凸显。在客房计件工资制的制度指导下,房间卫生清理效率可以大大提高。

4. 节约人力成本

酒店支付给员工的工资,除了基本工资,还有五险一金、员工餐、制服、其他福利等。实行计件工资制能够提高客房部员工的工作积极性和工作效率,势必会减少所需的人员,从而节约人力成本。

(二)客房计件工资制的弊端

客房计件工资制会带来员工队伍的积极正向改变,但是,也存在一些弊端,给管理工作带来挑战。

1. 难以保证客房卫生质量

实行计件工资制,员工为了多拿超房奖励,就会想方设法多做房,在日常操作中,不可避免地会出现"偷工减料"现象,卫生质量难以保证。比如,按规定,清洁一间客房需要40分钟,员工一味求快,在20分钟内完成房间的打扫,为了赶房不抹尘、吸尘,甚至凭直觉判断而漏换床上用品。

2. 加深员工与管理人员的矛盾

客房领班、主管负责查房工作,一般情况下3分钟完成一间房的检查,但在快速打扫的情况下,势必存在很多卫生问题,会增加领班、主管查房的难度。如果管理人员要求返工,员工虽然不会当面反抗,私底下肯定会对管理人员有意见,长此以往,会增加员工与管理人员之间的矛盾,给管理带来不利影响。

3. 增加房间分配安排的难度

很少酒店能做到一个楼层一名服务员,受每层楼房型分布和开房情况的影响,有些员工要负责两层或更多楼层的房间打扫,房间越集中,员工的清洁速度越快。而且大家都想做续住房,不想做退房,因为更换床上用品比较耗体力和时间。同时,大家都偏好分配到散客住客房而非团队住客房,因为劳动强度有区别。所以,管理人员每天分配房间是一件很头痛的事情,处理不好,员工会有意见,但房间的分配不可能做到绝对公平。

4. 影响抢房速度

酒店一旦有大型团队集中入住,就需要抢房,一般抢房的操作都是两人合做一间房,速度肯定比一人一间的速度快;但两人合做一间房,很难计算超房奖励。而采取一人一间的做法会造成抢房效率下降,影响客人入住。

5. 对新员工培训不利

客房新员工的培训方式大多是"以老带新",老员工需要花时间去教新员工,会耗费大量时间,以至于影响做房速度,所以谁都不愿意带新员工。而且当新员工熟悉基本操作后,其他没带新员工的老员工又会有意见,说两个人做房肯定比一个人快,矛盾会不断产生,最终影响到新员工的培训。

6. 影响专项计划卫生的安排

客房除了日常打扫房间,还有很多专项计划卫生需要安排人员单独完成,因为做计划卫生没有奖励,无论安排谁去做专项计划卫生,谁都不乐意,就会导致专项计划卫生难以落实。即便管理人员可以安排员工每日一间日清房,但在开房率较高的情况下,未必能够有效兼顾。

7. 影响员工身体健康

员工为了赚更多的超房奖励,可能超负荷工作,容易落下职业病,如腰肌劳损、肌肉拉伤、腰椎间盘突出等,从长远角度及人道主义关怀来看,这对员工本人和企业都不利。

为了避免以上问题,除了日常的培训,管理人员更多的是要不断加强和完善日常督导和检查工作,使管理工作更加细化和有针对性,从而不断完善客房计件工资制,在保证卫生质量和对客服务质量的前提下,通过计件工资制,提高工作效率,降低人工成本。

酒店经理人对"经理的困惑"的答复

——酒店如何管理"00后"员工？

唐伟良（国家级星评员　珠海美丽华酒店集团总裁　恒大酒店集团原副总经理　中国饭店业职业经理人白金勋章获得者　中山大学等客座教授）：

出于历史和现实的原因，中国酒店业一线服务岗位中许多员工是年轻人，20来岁的"00后"员工是其中的重要组成部分，而且随着时间的推移，该比例在不断上升。每一个时代都赋予当代人以烙印，因此，应当用动态和多元化的眼光来看待"00后"的特点。我们如果还是拿10年前，甚至20年前我们的师傅辈定下的老规矩来管理他们的话，往往收不到应有的效果。

我曾经和许多新入职的新员工和实习生交流，发现他们虽然比较自我，但是更加自信，敢于表达；他们虽然纪律性较弱，但是更有创新精神；他们虽然集体荣誉感不如上一代那么强，但是个人成就感和表现欲很强；他们虽然不像前辈那样吃苦耐劳，但是更懂得使用现代科技。管理人员有两个选择，要么把老模式套在他们身上认为他们不行，要么按照他们新的特点为他们量身打造一个创新的管理模式，发挥他们的优势。

我认为，酒店总经理、人力资源部、各个部门，都应当悉心研究"00后"年轻一代的行为模式和特点，调整酒店内部管理手段，以符合他们的需求，让他们发自内心地认为，这家酒店是一个年轻人愿意加入、适合未来发展的企业，只有这样他们工作起来才有热情，最终才能让客人满意。

例如，在经营上，鼓励他们更多参与，在酒店经营上进行"头脑风暴"，尤其是在电子商务、网络营销方面，为他们提供发挥创意的平台；在管理上，更加人性化，尊重和聆听他们的合理需求；在服务上，通过应用科技降低劳动强度，方便员工，提高效能；在生活上，根据年轻人的喜好在员工区域提供无线网，开通微博、微信与员工互动，组织各种他们感兴趣、能发挥潜能的活动；在事业上，给他们提供更加清晰的职业规划，引导和培养他们树立积极阳光的人生观、价值观、工作观。总之，随着时代的发展，"00后"将逐步成为未来十年酒店员工的主体，与其抱怨时代的变化，不如拥抱未来。

第十六章　房务管理的发展趋势

对客房部员工的客房清扫过程进行直播,会成为客房管理的一种发展趋势吗?
(图为广西南宁金庆盛金钻酒店为了让客人住得放心,对服务员清扫过程进行直播,
客人在前台办理住宿登记的时候,就可以看到服务员清洁客房的过程)

随着社会的发展和科学技术的进步，21世纪酒店前厅部与客房部服务和管理模式将发生一些重大的变化，及时、准确地预测和把握这些变化趋势，对于指导并搞好酒店前厅部与客房部的经营管理工作具有重要意义。

另外，互联网和移动技术的发展将使酒店管理，特别是酒店房务管理产生革命性的变化。未来手机移动端将进入酒店管理系统，改变传统的酒店沟通和管理模式，极大地提高房务管理的效率和对客服务质量，同时，加大对客房部员工考核的力度，提高客房管理的科学性。

学习目标

- 把握前厅部与客房部服务与管理的发展趋势。
- 了解酒店客房绿色经营管理的趋势和内容。
- 了解手机移动技术应用于酒店客房部经营管理的模式。
- 学会利用移动技术对酒店客房管理进行变革。

关键术语

前厅管理　客房管理　发展趋势　绿色经营　手机移动端　管家系统

> **经理的困惑**
>
> ——手机移动端的使用会对酒店客房管理产生哪些影响?
>
> 移动互联网的发展对酒店业产生了越来越大的影响,我们是即将开业的高星级酒店,想知道我们是否有必要采用手机移动端进行管理、手机移动端的使用对酒店客房管理会产生哪些影响、目前酒店行业有哪些好的手机移动端管理系统。

第一节　前厅服务与管理的发展趋势

一、一职多能,人尽其才

一职多能既可以精简机构,也可以培养人才。就前厅部而言,根据客人的活动规律,上午是客人退房较为集中的时段,收银员的工作较为繁忙,接待员则没有多少事干;下午入住客人较多,办理住宿登记的前台接待员较为繁忙,而办理结账退房手续的收银员则较为清闲。考虑到这一特点,大部分酒店的前台都会将接待与收银的工作合并,前台的每一位员工都可为客人提供登记、问询和结账服务。此外,总机话务员也将承担起多项职能。客人按下酒店房间电话机上房务中心的功能键,会发现接听电话的是总机话务员,对方会将接收到的信息及时传递给相关部门跟办。

对员工进行一职多能的培训,可让他们掌握更全面的业务技能,成为出色的服务人员,为客人提供全方位的服务。拥有这样的员工队伍,不仅能为酒店节约人力成本,更能提高酒店的整体服务水平。

二、前台接待将发生一些重大变化

(一)前台接待由站式改为坐式

传统的酒店客人是站立办理住宿登记手续的,进入 21 世纪,将有越来越多的酒店,特别是度假式酒店,将站式接待改为坐式接待(见图 16-1)。这主要基于以下几方面的原因。

(1)使长途旅行后的客人彻底放松。客人经过旅途劳顿,到达酒店后,比较疲劳,改为坐式接待后,可以使客人彻底放松,不必站立登记。

(2)增加酒店的亲和力。坐式接待能够拉近酒店与客人之间的距离,使客人产生回到家里的感觉。

图 16-1　请客人坐下来办理入住登记手续将成为未来酒店前厅服务发展的趋势之一
(图为阳朔悦榕庄酒店前台接待　刘伟　摄)

（二）入住登记的模式多样化

进入 21 世纪以后，入住登记的模式变得多种多样，有的在酒店外完成入住登记，有的在客房内完成入住登记，有的则采用自助（Do It Yourself，DIY）模式，由客人在酒店大堂通过自助入住登记机自主完成入住登记。

例如，北美洲的一些酒店集团在机场取行李的地方为客人办理入住登记手续。在美国迈阿密的一家酒店中，根本看不到总服务台，客人的住宿登记工作都在由机场开往酒店的专车上完成。

三、收益管理普及化

收益管理能够使酒店的客房等资源得到最有效的利用，使酒店管理从经验管理上升为科学管理，从而较大程度地提高酒店的经济效益。因此，越来越多的酒店及酒店集团日益重视并实施收益管理。

四、定价策略灵活化

与收益管理理念相适应，酒店的定价策略将更加灵活。前台接待员将得到更大的授权，根据客人及酒店的实际情况灵活定价。越来越多的酒店将没有固定的房价，而是根据当天的开房率来定价，以创造最大的利润。

与灵活化的价格策略相适应，"今夜酒店物价"将成为一种新的发展趋势。晚上 6 点还闲置的酒店客房、9 点后的餐馆座位，这些是被业内人称为"易腐的产品"。经常入住酒店的人都知道，预订的酒店房间通常会被保留到晚上 6 点，而 6 点之后仍未入住，则被视为预订失效。这也就意味着，酒店在这个时间段后将产生一定量的剩余"库存"，即"尾房"。"今夜酒店特价"正是为这些"尾房"搭建的销售平台。每晚 6 点，酒店会检查空房数量，同时减去 6 点后到店的需求量，就可以将"尾房"放在"今夜酒店特价"上，以平时 2~7 折的价格进行售卖。

五、酒店预订网络化

随着互联网的普及，越来越多的客人将选择 OTA 进行预订，因此，对于酒店（特别是单体酒店）而言，应该重视 OTA 订房渠道，加强 OTA 销售渠道管理。

如国内著名的携程旅行网、去哪儿网等网站，以及国际上的 Booking.com、Airbnb 是最具影响力的 OTA。OTA 订房在酒店客房销售中所占比重越来越大（很多酒店已达到 30%~40%），呈逐年攀升的趋势。几乎每家大型酒店都与数十家 OTA 签署了订房协议，个别酒店甚至与 60 多家 OTA 签署了协议。实际上，因为存在管理成本问题，并非签署的 OTA 越多越好，所以，酒店应对 OTA 每年梳理一次，淘汰一批，再签约一些新的。

六、客房分配自主化

客人可以在预订时或入住登记时，通过安放在总服务台的电脑终端显示器查看各楼层的电脑平面图和客房使用情况来选择客房,这种根据"点房"方式与选择飞机座位或在电影院买票看电影一样简单。

七、商务中心职能转换

由于信息技术的飞速发展,客人对酒店商务中心的依赖程度将大大减少,使得商务中心生意清淡,正如一些商务中心负责人自嘲:"我们商务中心设备齐全,唯一缺少的就是顾客!"

未来,酒店商务中心服务模式将由酒店员工为客人提供商务服务,转向客人自助服务(上网、打印、复印、接发传真等),酒店员工为客人提供协助。

考虑到商务中心业务大幅减少及成本控制的压力,很多酒店开始取消商务中心,或虽保留商务中心,但不再配备专职商务中心工作人员,而由酒店礼宾部员工代为管理,如图16-2所示。

图16-2 深圳深航国际酒店商务中心由酒店礼宾部员工代为管理(刘伟 摄)

还有一些酒店开始将商务中心发展为酒店会员发展中心,通过为酒店会员客人提供免费商务服务等增值服务,吸引客人加入酒店会员,如图16-3所示。

图16-3 加入酒店会员便可免费享用商务中心服务设备(刘伟 摄)

八、免押金和免查房的酒店将越来越多

为了加快入住登记和退房的速度,提高客人的满意度和体验感,同时,提高酒店的竞争力,越来越多的酒店(特别是度假型酒店)将实施免押金和免查房政策。而随着竞争的加剧、社会的进步和客人素质的不断提高,这一趋势也将从度假型酒店逐步延伸到城市商务酒店。

第二节 客房服务与管理的发展趋势

一、客房服务的发展趋势

(一)客房服务将走亲情化道路

近年来,越来越多的酒店开始走亲情化道路,而且已经取得巨大成功,成为东方酒店(特别是中国酒店)区别于西方酒店的一大特色(见图16-4)。

图16-4 亲情化服务将成为未来酒店客房服务的发展趋势

(二)客房服务将更加突出个性化

客人的需求是千差万别的,既有共性的部分又有个性化的部分,因此要使服务质量上一个台阶,不仅要为客人提供标准化服务,满足客人的共性需求,还必须为客人提供个性化服务,满足客人的个性化需求。如果说服务的标准化、规范化是保障酒店服务质量的基础,那么,个性化服务就是服务质量的灵魂,是服务质量的最高境界(见图16-5)。

(三)管家服务将成为酒店服务新潮流

管家服务是个性化服务的极致,是未来酒店服务的发展趋势。不管是从东京到纽约,还是从北京到上海,提供管家服务的顶级酒店都呈现增加趋势,酒店培训机构也正在为酒店培训越来越多的优秀管家,管家的服务内容也更加全面,包括商务型专职管家服务、生活型专职管家服务等。

图 16-5　广州碧水湾温泉度假村客房开机画面：对贵宾的个性化欢迎
（员工创新性地将度假村董事长的头像与贵宾的头像放在一起并做"诗"一首）

（四）客房服务将广泛应用智能化与数字化

进入 21 世纪，数字化在酒店客房服务与管理中将得到广泛的应用。客人需要任务服务时只需在电脑或电视屏幕上按键选择即可。客房内的设施、设备也将完全由电脑控制，更加智能化：客人在客房内可以随心所欲地变换四季景色，也可以将"窗户"按照自己的意愿通过遥控器转变为美丽的沙滩，或绿色的草原等；客房叫醒钟将由叫醒光代替；席梦思床可以由客人遥控弹性和硬度；房间灯将由语音控制，一句话即可实现开、关。

（五）客房为客人提供足够多且使用方便的电源插座

未来酒店客房为客人提供足够多，且安装位置方便、合理的电源插座，以满足住店客人手机、相机等越来越多的电器设备的充电需要（见图 16-6）。为了满足客人躺在床上玩手机的需要，床头一定要有不间断电源插座，方便客人为手机充电。

（六）客房越来越追求舒适感

为了让客人的居住更加舒适，很多酒店开始在床上做文章：床上用品越来越高端，质地也越来越好，床也随之变得越来越宽（无疑给服务员做房增加了难度）；接着优化床垫，床垫变得越来越厚，越来越松软（一些酒店的床看上去像个大面包）；床上枕头的数量也变得越来越多，一些豪华酒店一张床上甚至放了多达 8 个枕头（见图 16-7）。床垫厚和松软、床上摆放的枕头多似乎已经成为当今豪华酒店和豪华客房的标志。

图 16-6　未来酒店客房为客人提供足够多且安装位置方便、合理的电源插座（刘伟　摄）

图 16-7　有 8 个枕头的某豪华酒店的床

其实，床并非越松软越好，很多客人并不喜欢，他们更习惯于睡硬一点的床，有的甚至要求酒店更换硬板床。至于枕头，数量过多不仅给服务员增加了很多工作量（意味着劳动成本及酒店经营成本的增加），也给客人带来了很多麻烦——他们在睡觉之前必须先把多余的枕头放一边，有时甚至不知道往哪里放。

因此，酒店追求舒适感无可厚非，但要把握"度"，那些华而不实的一时"时尚"，最终会被市场和消费者所淘汰，就像当年所有星级酒店要求用毛毯铺床为如今的棉被铺床所取代一样。

二、客房管理的发展趋势

进入21世纪，酒店客房的经营管理和服务将发生如下变化。

（一）客房管理数字化

客房部管理人员将通过各种管家小程序、客房管理软件及手机移动端等，实现对客房的数字化管理。与此同时，客房设施、设备也将实现数字化管理。

客房空调将由前台控制。当客人办好入住手续后，前台可通过电子遥控开启客房内的空调，以方便客人入住，为客人带来舒适的入住体验。

客房内将安装电子识别器，并在服务台安装电子屏幕，当客人外出时，信息可及时传达至服务台的电子屏幕上。如何判断客人是否在客房，以便在不打扰客人的情况下，提供客房清扫服务，一直是困扰很多酒店的难题。未来，越来越多的酒店将在客房内安装红外电子识别器，这样，当客人外出时，信息可及时传达至服务台的电子屏幕上，从而大大方便客房服务员整理打扫，同时也避免了打扰客人休息的情况。客房服务员不用去推测客人是否出门、现在打扫是否合适，也不会因进入时间不当而受到客人抱怨，让客人在不知不觉中体会到酒店无微不至的服务。与此同时，酒店还可运用这套系统通过与住宿单的对比，避免排房错误情况的发生。

客房内将安装扩音设备，将客人自带的手机等电子设备通过蓝牙等设备与房内音响系统相连，为客人提供个性化的音响娱乐体验服务。

（二）更加注重客人的人身安全和健康问题

在21世纪，客人将更加注重自身的安全与健康，因此，客房管理将充分考虑客人的这一需求，采取各种有效的措施和手段，防止恐怖活动、各类犯罪及各种类型的传染病等对客人造成损害，确保客人在酒店住宿期间的安全与健康。

为了确保楼层的安全，并防止闲杂人员进入客房楼层，越来越多的酒店将采用电脑控制的客房电梯自动识别系统。只有持房卡的客人才能开启通往住客楼层的电梯（见图16-8）。

（三）"绿色客房"大受欢迎

"可持续发展"是未来人类所追求的自然、社

图16-8　酒店楼层电梯通过房卡识别住店
　　　　客人的身份（刘伟　摄）

会、经济、文化等的发展模式和发展目标,进入21世纪,符合可持续发展思想的"绿色酒店""绿色客房"受到酒店经营者及客人的普遍推崇和欢迎,如图16-9所示。

(四)客房市场进一步细分

在21世纪,客人对酒店服务的要求越来越高,这迫使酒店市场细分,以最大限度地满足不同类型客人的不同需求。传统的以一种模式接待所有客人的时代将一去不复返,酒店市场将被分割为商务酒店、旅游观光酒店、度假酒店、青年旅馆、经济型酒店、豪华酒店、精品酒店、特色酒店等多种类型。不仅如此,同一家酒店和客房还会被划分为商务楼层、行政楼层、女性楼层、儿童客房、长者客房等。不仅客房的硬件会发生变化,服务的内容和方式也会发生重大变化。

(五)客房成为人们的"家外之家"

未来酒店客房将被打造成客人的"家外之家"。如配备娱乐器具、安装休闲设施、赠送小食品等,使客房越来越贴近客人的生活需求(见图16-10)。

图16-9 大瓶装的品牌客房洗浴用品受到客人和酒店的欢迎(刘伟 摄)

图16-10 广州香遇公司在酒店客房为客人提供具有安神、助眠功能的沉香香熏灯具(刘伟 摄)

(六)客房成为在线电商平台的线下体验场

随着近年来消费升级,酒店的体验功能和外延平台不断扩大,而这一优势被在线电商平台"盯"上,甚至被视为新零售的重要线下场景。阿里巴巴旗下的飞猪旅行早在几年前就开始在酒店"玩"起了黑科技;而携程旅行网直接创立了自己的酒店品牌;另一电商巨头京东也开始发力,接下来将携手1000个全球知名实物品牌及1000家酒店,打造近2万间零售体验场客房,为广大消费者提供新鲜、有趣的住宿体验。

早在2017年,京东就提出"无界零售"的理念,其核心是"场景无限、货物无边、人企无间",以互联网和大数据为载体,优化供应链,打破线下和线上的隔阂,满足产品个性化、场景多元化、价值参与化的商业趋势。京东旅行负责人表示,零售的本质是人、货、场,而酒店是天然的体验场景,京东将从品质、新奇和兴趣三个方面实施场景拓展战略,打造年轻人专属的全新消费场景。

传统酒店的客房、公共区域基本都是标配,一些酒店为了增强住客的体验,开始利用空间来打造互动场景,利用客房的软装设施打造特色客房。京东将把高品质产品引入酒店客房,使酒店从标准住宿向品质体验场转型，在提升住客体验的同时，促进酒店客房出租率及平均房价的提升，赋能酒店提升溢价能力。据了解，京东与君澜酒店开展品质体验方面的合作，为客人提供印有"京造"标签的"非标配"物品，包括电动牙刷、乳胶床垫、LED 化妆镜等 35 个居家生活品类。数据显示，"京造"房带动整个酒店的平均房价上涨 10% 左右。"京造"房的出租率达到 80%，远高于其他房型，好评率及复购率也较为领先。酒店入住客户中进行体验并在客房中扫码购买服务的用户达到 26%。

第三节　移动端房务数字化管理

一、手机端预订与自助入住

从发展的趋势来看，未来越来越多的酒店将实现客人手机端预订、自助入住及自助选房。这样不仅可以提高工作效率，还可以降低酒店运营成本，同时保护客人的隐私。

（一）手机端预订

客人可以通过手机在酒店公众号等自媒体和 OTA 平台预订酒店，如图 16-11 所示。

（二）手机端自助办理入住

客人可以通过手机自助办理入住登记手续，并交付押金，如图 16-12 所示。

图 16-11　客人通过手机预订酒店

图 16-12　客人可以通过手机自助办理入住登记手续，并交付押金

(三)手机端自助选房

客人通过手机自助办理入住登记手续,交付押金后,便可自助选房(见图16-13)。

(四)拿钥匙进房

客人通过手机自助办理入住登记手续、自助选房,抵店后只需在前台或自助入住机上刷身份证即可拿到房间钥匙进房(见图16-14)。

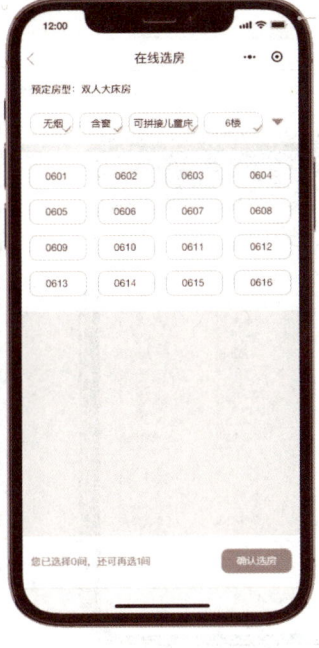

图16-13　客人通过手机自助选房

图16-14　客人在自助入住机上刷身份证即可拿取房间钥匙(刘伟 摄)

未来,客人也可不拿房卡,而直接到楼层客房刷脸、视网膜、二维码或通过输入密码、操作手机App进房。

二、移动端客房管家系统

(一)房态管理系统

1. 房态系统

房态管理是客房管家系统的重要内容,做好房态管理对于提高客房利用率和对客服务质量都具有重要意义。移动终端技术的应用使得客房房态管理更为及时、便利,很多情况下,不再需要房务中心员工进行操作,而直接由客房服务员及主管在手机上操作就可实现房态的即时转换,前台对客房部的各种指令也不用通过房务中心,而直接发到客房服务员的手机上,从而大大提高工作效率。

客房管家系统中的房态系统主要针对空房、在住房、VIP房、未住脏房、在住脏房、维修房、预留房等房间类型进行转换和管理(见图16-15)。

2. 管家系统

点击图 16-15 中的任何一个房号，即可进入客房管家系统。其主要包括图 16-16 所示的内容。

（1）入账。以客房小酒吧的酒水入账为例，服务员补充客房小酒吧中的酒水时，不需要填写纸质做房报表，只需在移动端客房管家系统中点"+"即可。这样，系统会自动计入客人账单中，并自动统计酒店消耗情况，而无须人工统计，大大降低了客房管理的人工成本（见图 16-17）。

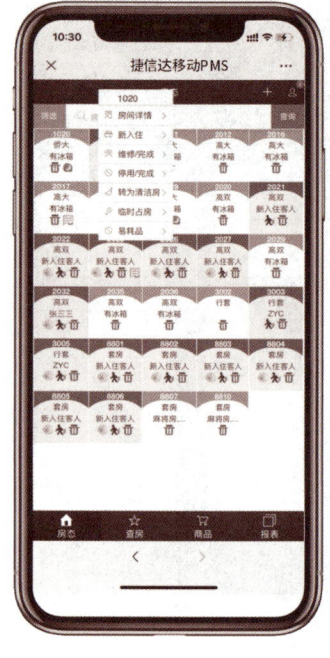

图 16-15　房态系统界面

图 16-16　客房管家系统界面

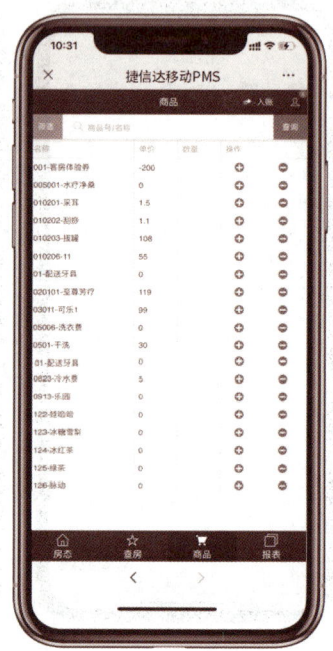

图 16-17　房务入账操作界面

（2）设为净房。领班检查完服务员打扫过的房间，如合格，则点击移动端客房管家系统上的"设为净房"，该房就在总台房态表中显示为可出租房。

（3）设为脏房。客人结账时，客房服务员查房过程中，就可将该房设为脏房。另外，尚未清洁的住客房也都属于脏房。

（4）查房。客人结账时，需要查房，此时，客房服务员只需点击移动端相关消费项目或赔偿项目及数量，保存后，相关查房信息及客人的消费信息将即刻进入前台账户。另外，客房服务员打扫完房间后，客房部管理人员的查房也可在此界面操作完成（见图 16-18）。

（5）报修。如做卫生或查收时发现有些项目需要报维修，客房服务员或主管可直接选需要报修的项目，并对报修项目做补充说明。酒店工程部便可第一时间收到报修申请表，安排人员去楼层对所报修项目进行维修保养（见图 16-19）。

（6）录易耗品。采用移动端客房管家系统，客房服务员也不用填写纸质客房用品使用报表，只需在移动端直接点击"+"即可，不仅方便操作，也方便统计和客房部进行成本核算（见图 16-20）。

（二）服务通知系统

通过服务通知系统，可由总台或房务中心通过移动端向楼层服务员发出服务指令。

图 16-18　查房操作界面　　　图 16-19　报修申请界面　　　图 16-20　易耗品录入界面

1. 离店查房通知

有客人离店时，总台通过移动端通知房务中心或直接通知相关区域的楼层服务员查房（见图 16-21）。

2. 客人入住通知

有客人入住时，总台通过移动端直接通知相关区域的楼层服务员（见图 16-22）。

3. 客人借物通知

有客人借物时，房务中心可通过移动端通知相关区域的楼层服务员（见图 16-23）。

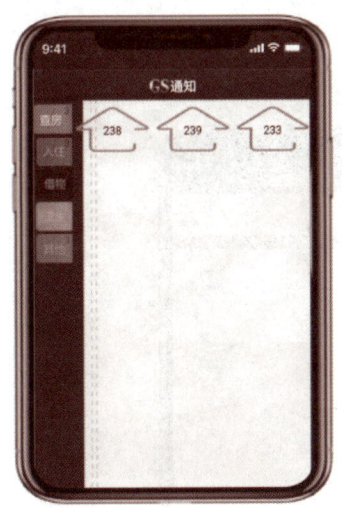
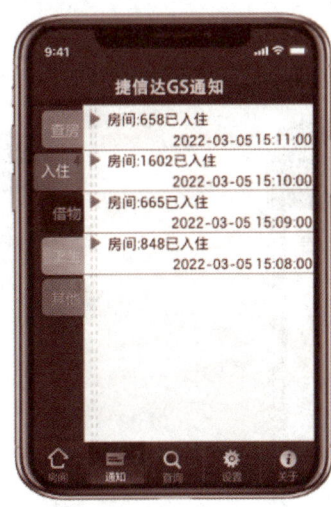

图 16-21　查房通知界面　　　图 16-22　入住通知界面　　　图 16-23　借物通知界面

4. 卫生通知

需要做房间卫生时，房务中心可通过移动端通知相关区域的楼层服务员直接去相关房间做卫生(见图16-24)。

5. 其他通知

前厅及房务中心有其他通知也可在移动端显示(见图16-25)。

(三)房务查询系统

通过房务查询系统可以进行入账历史、查房历史、报修历史、房态历史及免打扰等每个房间历史信息的查询(见图16-26)。

图16-24　卫生通知界面　　　　图16-25　其他通知界面　　　　图16-26　房务查询系统界面

1. 入账历史查询

客房部管理人员或服务员需要查询某个房间的入账历史，可在查询系统中直接点击"入账历史"，接着输入房号，按"查询"键，即可查询该房的入账历史(见图16-27)。

2. 查房历史查询

客房部管理人员或服务员需要了解某个房间的查房历史，可在查询系统中直接点击"查房历史"，接着输入房号，按"查询"键，即可查询该房查房历史(见图16-28)。

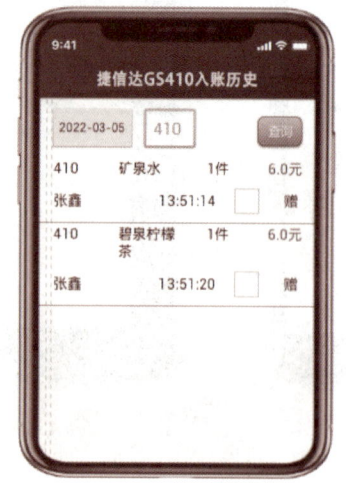 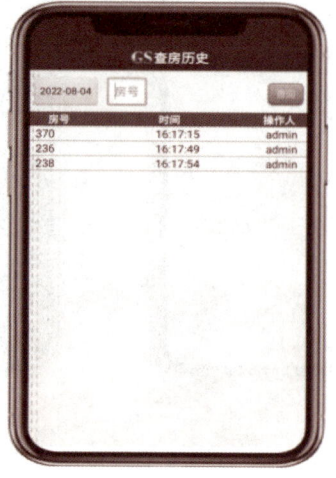

图16-27　客房入账历史查询界面　　　　图16-28　查房历史查询界面

314

3. 报修历史查询

如需了解某个房间的报修历史，可在查询系统中直接点击"报修历史"，接着输入房号，按"查询"键，即可查询该房间的报修历史（见图16-29）。

4. 房态历史查询

出于管理的需要，管理人员如需查询某个房间的房态操作历史，可在查询系统中直接点击"房态历史"，接着输入房号，按"查询"键，即可查询该房房态历史（见图16-30）。

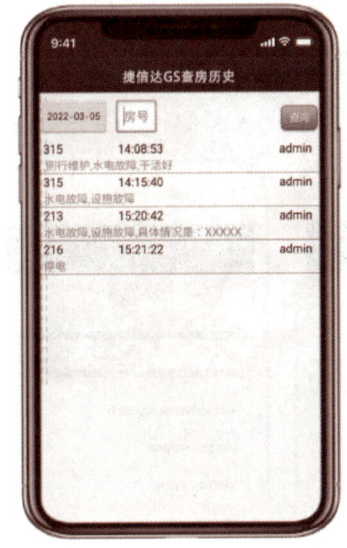 

图16-29　客房报修历史查询界面　　　　图16-30　房态历史查询界面

// 本 章 小 结 //

■ 21世纪前厅服务的发展趋势：一职多能，人尽其才；为客人提供"一步到位服务"和"一条龙服务"。前台接待方式也将发生一些革命性的变化，越来越多的酒店将改站式接待为坐式接待，入住手续的办理也将从店内转向店外。

■ 前厅经营管理的发展趋势：机构精简，灵活定价，预订的网络化，实施收益管理。

■ 客房经营管理的发展趋势：服务和管理智能化和高科技化；客房服务个性化；客房装修和布置将更加突出特色，注重文化品位。

■ 未来酒店将实施绿色管理，与可持续发展和节约型社会相适应的"绿色客房"将大受欢迎。

■ 移动技术正在改变传统的酒店经营和管理模式，手机移动技术的应用可以极大地提高客房管理效率和客人的满意度，同时，也成为激励客房部员工的有效工具和手段。

■ 手机移动端的使用是未来客房管理的发展趋势。

// 课 堂 讨 论 //

手机移动技术在哪些方面可以改善客房管理？

// 思　考　题 //

1. 简述前厅服务与管理的发展趋势。
2. 简述客房服务与管理的发展趋势。
3. 为什么说手机移动端的引入可以对客房部员工起到激励作用？

// 知 识 拓 展 //

以智能手机为代表的移动互联网如何改善客房管理？

移动互联网、智能手机可以通过系统储存任务，派发任务到员工手机，并可以进行自动记录，经过统计分析，就可以对比、生成管理与服务过程的各种数据（见图 16–31）。下面从几个维度来看数据的形成及它的作用。

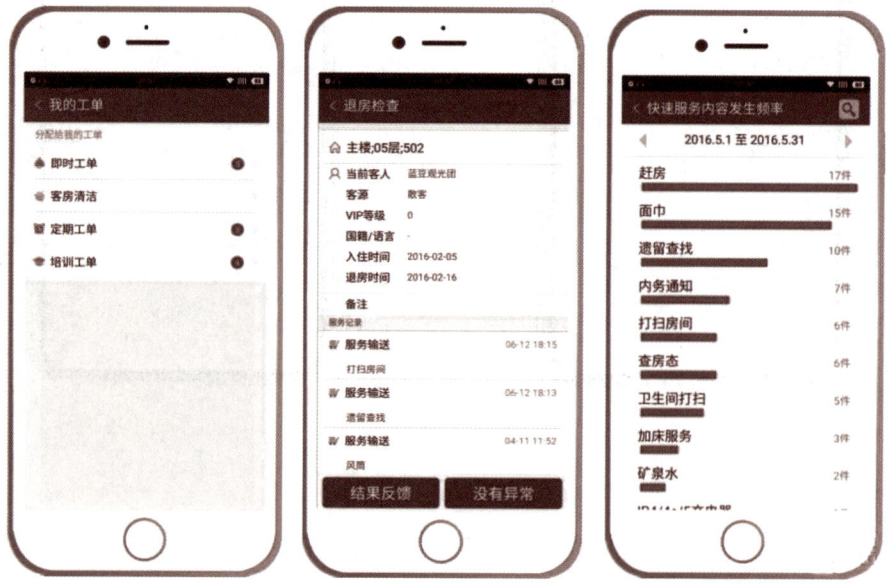

图 16–31　管理与服务过程的各种数据

1. 客房清洁质量与放房速度

客房清洁质量是酒店的一项核心指标。在实际工作中，客房服务员的房间清洁质量与主管检查工作的互动关系用传统的方法难以进行记录统计。通过移动终端，主管可以根据查房情况，认定合格或要求重做，责任清楚。

所得的数据（见图 16–32）可用于评估每位客房服务员和主管工作质量的总体情况，从而有效控制客房清洁质量。通过手机操作，主管可清楚服务员做房的速度，可依据最有效率的原则进行查房，提高放房速度。

清洁卫生 Cleanning

序号 No.	酒店名称 Hotel Name	日均清洁人员人均清洁房量 Avg. Romm Clanning per day	日均清洁人员人均工时 Avg. Work Time per day	清洁检查率 Cleaning check rate	清洁检查一次通过率 Cleanning One-time Pass Rate	计划卫生完成率 Periodic Tasks Completion Rate	住客反馈 Guests feedback：住中投诉数（个/周）Weekly Complaint During Staying	高频投诉关键词 Key word of Complaint			网络差评数（个/周）Weekly OTA negative comment	差评数/一周入住房数 Negative comment/ welly Occupancy
1	酒店A	17	7.7	88.56%	88.56%	76.33%	3	垃圾桶不干净	房间有异味	毛巾不干净	6	0.48%
2	酒店B	16	7.3	87.45%	87.45%	82.65%	2	毛巾不干净	垃圾桶不干净	房间有异味	3	0.26%
3	酒店C	15	7.1	90.24%	90.24%	76.53%	6	房间有异味	毛巾不干净	垃圾桶不干净	6	0.47%
4	酒店D	15	6.8	82.43%	82.43%	67.83%	5	垃圾桶不干净	房间有异味	毛巾不干净	3	0.26%
5	酒店E	15	7.3	79.43%	79.43%	62.34%	3	毛巾不干净	垃圾桶不干净	房间有异味	2	0.16%
6	酒店F	16	6.9	87.45%	87.45%	87.63%	5	房间有异味	毛巾不干净	垃圾桶不干净	6	0.47%
7	酒店G	16	7.6	87.45%	87.45%	85.24%	8	垃圾桶不干净	房间有异味	毛巾不干净	12	0.71%
8	酒店H	13	7.2	90.24%	90.24%	73.42%	4	毛巾不干净	垃圾桶不干净	房间有异味	5	0.40%
9	酒店I	13	6.6	82.43%	82.43%	81.32%	9	毛巾不干净	房间有异味	垃圾桶不干净	8	0.71%
10	酒店J	13	6.2	79.43%	79.43%	84.72%	11	房间有异味	垃圾桶不干净	毛巾不干净	[illegible]	0.95%
*注释 Note	优秀	≥14	≥7.5	≥90%	≥90%	≥85%	≤5				≤3	≤0.2%
	良好	14~12	7.0~7.5	90%~85%	90%~85%	85%~75%	5~10		/		5~10	0.2%~0.5%
	中等	12~10	6.5~7.0	85%~80%	85%~80%	75%~65%	10~15				10~15	5%~10%
	不合格	<10	<6.5	<80%	<80%	<65%	>15				>15	>10%

图 16–32　清洁卫生数据

上述所有数据对工作质量、工作效率的分析非常有帮助。

2. 员工工作任务节点控制

有部分任务对完成的时间有较高的要求，如在住房时客人提出的各种要求，若不能及时处理，将引起客人投诉。所以此类任务的时间因素很重要。又如工程报修，纸质报修单有好几联，容易出现漏单、推诿的情况，而且事后还很难查证。运用移动终端可以准确记录，不漏单，还可计算完成任务所需时间，从效率上保证了服务质量(见图 16-33)。

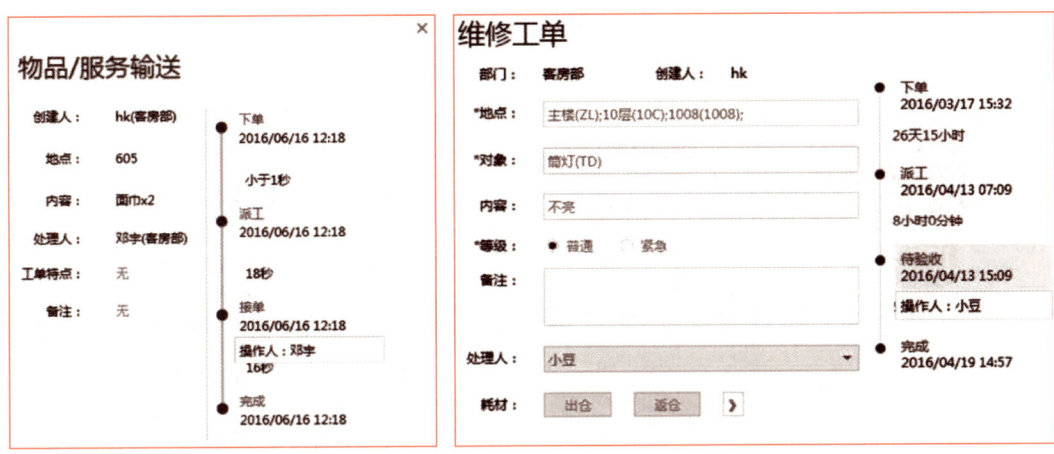

图 16-33　任务记录

3. 工作效率衡量

酒店服务工作有相当一部分可进行量化，如工程部的计划维保、报修，客房部的房间清洁、计划卫生，主管的查房，对客人的输送等服务都可以根据酒店的标准进行量化。系统可以进行自动记录统计，衡量每名员工、每个酒店的工作效率情况(见图 16-34)。

服务效率 Service

序号 No.	酒店名称 Hotel Name	平均耗时 Average Time Cost Per Order				异常比例 Abnormal Rate	退房检查率 Check-out Rate	住客反馈 Guests Feed Back					
		退房 Check-out	服务输送 Room Service	退房到房间可售平均耗时 Avg.Time Cost Per Room for sale				住中投诉数（个/周）Weekly Complaint During Staying	高频投诉关键词 Key word of Complaint			网络差评数（个/周）Weekly OTA negative comment	差评数/一周入住房数 Negative comment/welly Occupancy
				总用时 Total Time Cost	房间清洁用时 Cleaning Time Cost								
1	酒店A	3.5min	5.8min	64 min	34.3min	6.22%	96.45%	3	退房检查等待时间长	送毛巾满	入住等待时间长	6	0.48%
2	酒店B	5.5min	6.4min	75 min	27.5min	2.54%	94.34%	2	入住等待时间长	退房检查等待时间长	送毛巾满	3	0.26%
3	酒店C	2.7min	4.5min	85 min	32.4min	3.45%	95.31%	6	送毛巾满	入住等待时间长	退房检查等待时间长	6	0.47%
4	酒店D	3.2min	13.4min	97 min	44.5min	5.64%	83.43%	5	退房检查等待时间长	送毛巾满	入住等待时间长	3	0.26%
5	酒店E	3.7min	18.min	121 min	46.2min	2.57%	98.74%	3	入住等待时间长	退房检查等待时间长	送毛巾满	2	0.16%
6	酒店F	4.5min	10.1min	59 min	35.8min	4.32%	93.46%	5	送毛巾满	入住等待时间长	退房检查等待时间长	6	0.47%
7	酒店G	6.6min	30.4min	60 min	42.min	1.98%	96.43%	8	退房检查等待时间长	送毛巾满	入住等待时间长	12	0.71%
8	酒店H	2.9min	8.9min	110 min	22.5min	7.43%	91.37%	4	入住等待时间长	退房检查等待时间长	送毛巾满	5	0.40%
9	酒店I	4.5min	25.3min	79 min	36.4min	4.57%	97.38%	9	入住等待时间长	送毛巾满	退房检查等待时间长	8	0.71%
10	酒店J	11.2min	23.5min	88 min	31.3min	8.01%	98.92%	11	送毛巾满	退房检查等待时间长	入住等待时间长	16	0.95%
*注释 Note	优秀	≤3min	≤5min	≤60 min	≤25min	≤2%	≥98%	≤5				≤5	≤0.2%
	良好	3min~5min	5min~15min	60 min~90 min	25min~35min	2%~5%	98%~95%	5~10				5~10	0.2%~0.5%
	中等	5min~10min	15min~30min	90 min~120 min	35min~45min	5%~10%	95%~90%	10~15				10~15	5%~10%
	不合格	>10min	>30min	>120 min	>45min	>10%	<90%	>15				>15	>10%

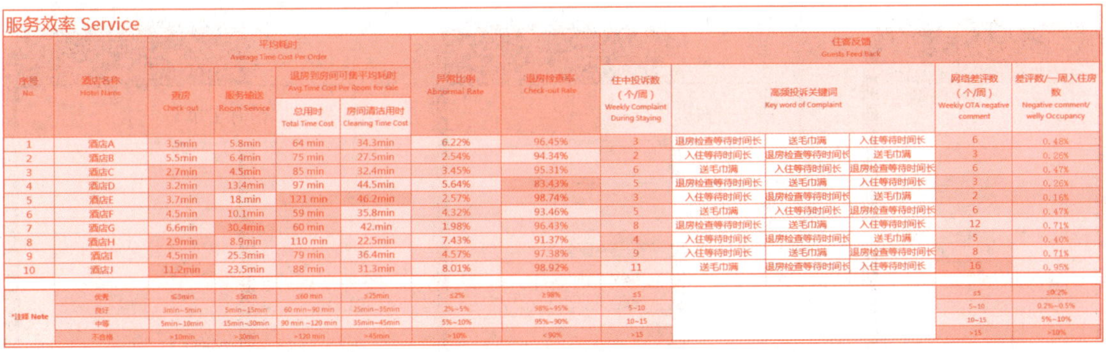

图 16-34　服务效率记录

4. 住客服务管家

住客服务管家是全方位提升客人体验的有效工具，可以帮助酒店快速响应客人需求，有效预防和处理客人投诉、提升客人满意度。在应用过程中，系统自动统计客人的相关数据，生成客人偏好档案，为酒店的个性化服务建立数据基础(见图 16-35)。

(1) 客人微信下单/前台一键下单，批量下单，点对点发送，免除中间转接。

(2) 形成任务记录，超时自动提醒。

(3) 针对赶房、打扫房间、遗留查找等场景，对不同的服务类型，适配不同的流程。

(4) 落实服务标准，重要任务自动抄送主管，不同任务设置不同超时时限。

(5) 移动化管理，手机实时查询对客服务工单，方便管理。

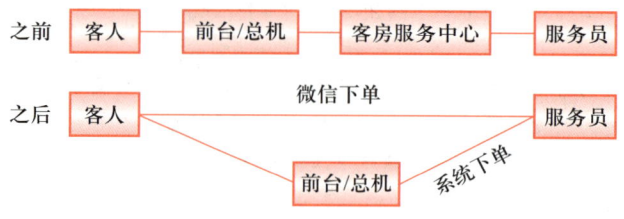

图 16-35　对客服务输送的流程优化

使用效果数据如图 16-36 所示。

图 16-36　使用效果数据

5. 客房管家

客房管家致力于帮助酒店快速处理客房的日常性任务，全面落实周期卫生，实现对人力和物料的系统管理，高效落实酒店客房事务的每一个细节，保证客房设施完善、卫生达标及客人体验完美（见图 16-37）。

 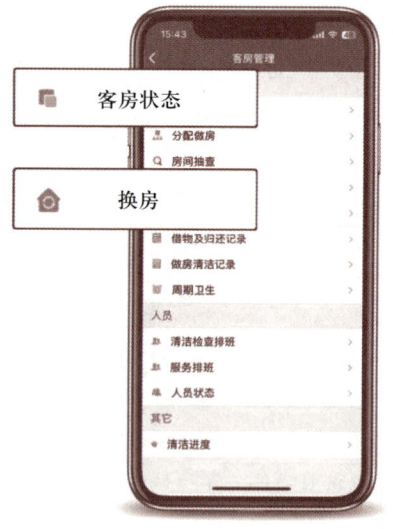 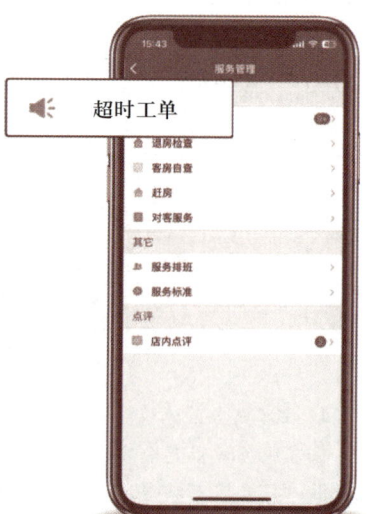

图 16-37　客房管家

（1）信息化提高做房效率，分房结果和主管清洁检查实时通知。

（2）支持区域抢房，减少客房服务员等待时间，一天做更多的房。

（3）管理人员可在手机查询部门工单状态、房态、进行任务调度等。

(4)量化管理客房部,日报/月报数据多维度呈现客房工作,减少管理人员的工作量(见图16-38)。

客房清洁				退房检查		
脏房数 120	分配 97	完成清洁 96	完成检查 96	退房数 50	建单数 36	完成数 36
	—	99.0%	100.0%		72.0%	100.0%
客房清洁工作效率: 人均完成清洁房间13.7间				查房单平均耗时:5.1分钟 最长耗时:18.4分钟		
住客服务		客房维护			汇总	
建单 73	完成服务 73	报修单数 18	计划卫生完成 17	验收单数 27	工作人数 14	
	100.0%		65.4%		85.7%	
服务单平均耗时:11.4分钟 最长耗时:7小时16.6分						

图16-38 客房工作数据

// 酒店经理人对"经理的困惑"的答复 //

——手机移动端的使用会对酒店客房管理产生哪些影响?

朱靓(广州南沙大酒店副总经理):

客房部的工作主要由客房清洁、周期计划工作、对客服务和一些临时的工作任务组成。传统的客房管理主要通过对讲机、电话或者微信等工具来沟通联系,员工总是需要通过电话询问来了解和传达信息,这种口头沟通的方式,既耗时、耗力,降低效率,又无证可寻,稍有不慎就会导致信息传达有误,甚至引来客人投诉。同时,通过手工分配工作任务和填写纸质报表,人工追踪每一项任务落实,既烦琐又耗费大量时间、人力,且难以统计分析。没有客观数据支撑、淡、旺季明显的酒店,更难以实现最优人力资源配置。

因此,传统的客房管理模式让我们的管理人员总是纠结于工作效率低,导致客房质量难以监控,周期卫生由于责任不清、问责困难,难以完全落实,影响房间清洁质量,客人投诉及人工成本上升等几大问题。

随着互联网技术在客房管理的全面应用,借助手机移动终端的新型客房管理方法使以往的这些困惑终于得以一一解开。

在清洁房间方面,客房管理系统最大的特点是智能做房。

(1)做房任务自动统计,自动分配,有效平衡员工的工作量。

(2)面对做房任务,员工可抢房,多劳多得,员工每一步的清洁状态(如清洁中、待检查、已完成等)均可同步显示。

在酒水管理方面,员工在做房过程中可在手机端录入酒水消耗情况,查询酒水消耗历史记录及统计数量,避免酒水漏入账。

同时,发现客房有工程问题时,手机端同步每间客房的报修历史及便捷报修,避免重复报修或者漏报。

除客房清洁外,周期卫生也是客房管理中很重要的一项工作,但是客房的点对点任务繁多,采取纸质记录方式很容易遗漏。客房管家可将周期卫生任务一次性录入系统,按周期自动提醒执行,便捷分配所有执行对象,使每一项的进度可视化。员工通过手机接收任务,按照清单逐项处理。

而客房的管理人员可以直接通过手机管理房务工作,房间清洁完成后,自动提醒主管检查,如检查不通过,录入原因,通知客房服务员重新处理,检查通过,则直接通过手机放房。管理人员也可在手机上查询部门工单状态、房态，进行任务调度等，实时处理房态，合理分配人力。每一间客房的历史记录均永久保存，可随时查询客房历史住客、客房清洁记录、客房报修记录、计划卫生执行记录等。

在对客服务方面，客人可通过酒店微信公众号自助下单，由系统自动匹配跟进人。员工在手机上接收任务，完成后即时回复，节省转接环节，使前台/总机的话务量减少45%以上，且准确率大大提高。系统会自动记录客人的每一次服务需求和投诉事件，并生成客历档案，管理人员可以实时了解每一宗投诉的内容和相应的处理情况，将投诉处理责任落实到人，保证处理高质、高效，从而有效防止客人流失。

移动客房管家系统还支持多种场景下的工单，在保证服务质量的同时，提高服务效率。

客房管家系统的另一大特色是报表功能，统计分析数据可多维度评估客房工作，就关键指标生成日报、周报，有效实现员工工作量、工作效率统计，部门任务执行情况统计，布草、酒水等物料消耗统计。

除了蓝豆云移动客房管家系统，现在酒店管理系统厂商像绿云、西软、千里马、捷信达都陆续推出手机版酒店管理系统。总而言之，客房管家系统不仅能帮助酒店快速处理客房的日常性任务，全面落实周期卫生，还能实现对人力和物料的系统管理，高效落实酒店客房事务的每一个细节，从而保证客房设施完善、卫生达标及客人体验完美。

参考文献

1. 刘伟. 旅游概论[M]. 5版. 北京：高等教育出版社，2023.
2. 刘伟. 酒店管理概论[M]. 北京：高等教育出版社，2021.
3. 刘伟. 酒店运营管理[M]. 广州：广东旅游出版社，2023.
4. 朱承强，童俊. 现代酒店管理[M]. 4版. 北京：高等教育出版社，2021.
5. 唐颖. 酒店服务运营管理[M]. 武汉：华中科技大学出版社，2021.
6. 王曼. 论酒店安全管理及防范[J]. 农村经济与科技，2021，32(4)：140-141.
7. 王玮. "芯"办法能否解决卫生老问题[N]. 中国旅游报，2021-03-18.
8. James A Bardi. Hotel Front Office Management[M]. 3rd ed. New York：John Wiley & Sons，Inc.，2003.
9. Tom Powers. Introduction to Management in the Hospitality Industry[M]. New York：John Wiley & Sons，Inc.，2007.

郑重声明

高等教育出版社依法对本书享有专有出版权。任何未经许可的复制、销售行为均违反《中华人民共和国著作权法》，其行为人将承担相应的民事责任和行政责任；构成犯罪的，将被依法追究刑事责任。为了维护市场秩序，保护读者的合法权益，避免读者误用盗版书造成不良后果，我社将配合行政执法部门和司法机关对违法犯罪的单位和个人进行严厉打击。社会各界人士如发现上述侵权行为，希望及时举报，我社将奖励举报有功人员。

反盗版举报电话　（010）58581999　58582371
反盗版举报邮箱　dd@hep.com.cn
通信地址　北京市西城区德外大街4号
　　　　　高等教育出版社知识产权与法律事务部
邮政编码　100120

读者意见反馈

为收集对教材的意见建议，进一步完善教材编写并做好服务工作，读者可将对本教材的意见建议通过如下渠道反馈至我社。

咨询电话　（010）58582742
反馈邮箱　zhangwei6@hep.com.cn
通信地址　北京市朝阳区惠新东街4号富盛大厦1座19层
邮政编码　100029

资源服务提示

授课教师如需获得本书配套教辅资源，请登录"高等教育出版社产品信息检索系统（http://xuanshu.hep.com.cn/）"搜索下载，首次使用本系统的用户，请先进行注册并完成教师资格认证。